全本全注全译丛书

中华经典名著

张景　张松辉◎译注

黄帝四经
关尹子
尸子

中华书局

图书在版编目(CIP)数据

黄帝四经;关尹子;尸子/张景,张松辉译注. —北京:中华书局,2020.3(2025.8重印)
(中华经典名著全本全注全译丛书)
ISBN 978-7-101-14425-3

Ⅰ.黄… Ⅱ.①张…②张… Ⅲ.①黄老学派–哲学思想②杂家③道家 Ⅳ.B22

中国版本图书馆 CIP 数据核字(2020)第 033708 号

书　　名	黄帝四经　关尹子　尸子	
译 注 者	张　景　张松辉	
丛 书 名	中华经典名著全本全注全译丛书	
责任编辑	舒　琴	
装帧设计	毛　淳	
责任印制	陈丽娜	
出版发行	中华书局	
	(北京市丰台区太平桥西里 38 号　100073)	
	http://www.zhbc.com.cn	
	E-mail:zhbc@zhbc.com.cn	
印　　刷	北京中科印刷有限公司	
版　　次	2020 年 3 月第 1 版	
	2025 年 8 月第 8 次印刷	
规　　格	开本/880×1230 毫米　1/32	
	印张 19¼　字数 400 千字	
印　　数	42001-45000 册	
国际书号	ISBN 978-7-101-14425-3	
定　　价	48.00 元	

目录

黄帝四经

前言

出土文献对于学术研究具有不可替代的重要作用,它可以纠正今人对古代思想、事件的一些误解,填补许多研究领域里的空白,提供更多有价值的研究线索,《黄帝四经》就是众多出土文献中具有重大价值的代表之一。

一、《黄帝四经》的出土与写作年代

早在《汉书·艺文志》中,就有"《黄帝四经》四篇"的记载。班固可能见过该书,也可能是他根据朝廷的书目而记载下来的,但是后来的史书有关这本书的记载就很少了,因此,《黄帝四经》被列为古佚书之一。

1973 年底,考古人员对湖南长沙马王堆二号墓和三号墓进行发掘整理,三号墓首先清理完毕,其中出土的大量帛书,是这座古墓中最有价值的文物。在这批帛书中,又以《老子》甲、乙本及《老子》乙本卷前的古佚书《经法》《十大经》(有的学者认为应是《十六经》)《称》《道原》四篇最引人注目。

在最初的时候,人们并没有把这四篇古佚书与《汉书》中的《黄帝四经》联系起来,因此,1974 年文物出版社在出版这些古佚书的时候,命名为"老子乙本卷前古佚书"。

《考古学报》1975 年第一期发表了唐兰先生的《马王堆帛书〈老子〉

乙本卷前古佚书的研究》，该文认为，这四篇古佚书就是失传的《黄帝四经》。其理由如下：

第一，从内容上看，这四篇文章在思想体系方面是一贯的。第一篇《经法》主要讲的是法，第二篇《十大经》主要讲的是兵，第三篇《称》主要讲的是朴素的辩证法，第四篇《道原》讲的是大道，即事物的客观规律。四篇体裁各别，但互为联系，成为一个整体。所以说，这四篇是一本书。而该书一共是四篇，与《黄帝四经》篇数相符。

第二，从抄写时代和历史背景来看，这四篇应是《黄帝四经》。帛书抄写于汉文帝初期，此时是黄老道家思想盛行的时期，能够放置在《老子》之前的黄帝之言，也只有《黄帝四经》才能当之。

第三，从传授源流和流传情况来看，这四篇也应属于《黄帝四经》。"黄老"一词出自战国，黄帝、老子之言也是从战国流传下来的，《史记·老子韩非列传》记载："申子之学本于黄老而主刑名。……韩非者，韩之诸公子也。喜刑名法术之学，而其归本于黄老。"但《老子》不讲刑名，而四篇古佚书讲刑名。这说明，申韩重刑名，重点在黄帝，而不在老子。《隋书·经籍志》记载："汉时诸子，道书之流有三十七家。……其《黄帝》四篇，《老子》二篇，最得深旨。"这里说的"《黄帝》四篇"，显然就是指《黄帝四经》，人们常说的黄帝、老子之言，指的就是《黄帝》四篇和《老子》两篇，这些记载可以证明写在《老子》前面的四篇和黄帝有关的刑名之言就是《黄帝四经》。

唐兰先生的文章发表之后，也有不少学者提出不同意见，如裘锡圭先生就写了一篇《马王堆帛书〈老子〉乙本卷前古佚书并非〈黄帝四经〉》，以表示异议。应该说，唐兰先生断定"《老子》乙本卷前古佚书"就是《黄帝四经》的证据还不具备无可辩驳的充分性，因为至今也没有办法从这四篇文章中找到内证和其他更有力的旁证，这四篇古佚文的书名还存在其他许多可能性。但同时也不能否认，直到今天，唐兰先生的论证最为有力，在学界的影响也最大，被多数学者所接受。因此，在学界拿出更具说服力的其他结论之前，我们仍以"黄帝四经"命名这本书。

《黄帝四经》虽然以"黄帝"命名，但只能说这是战国时期的人假借黄帝的名义写作的一本书，这种现象在当时是很普遍的，如《黄帝内经》《黄帝铭》《黄帝君臣》《杂黄帝》等等，都是如此。

《黄帝四经》究竟写作于战国哪个时期，学界有不同看法。不少学者认为该书出现于战国末期，而唐兰先生依据《史记》中"申子之学本于黄老而主刑名"的记载以及《申子》的内容，认为《黄帝四经》成书的时间应在申不害相韩之前，也即前351年之前。

陈鼓应先生的《关于帛书〈黄帝四经〉成书年代等问题的研究》附议了这一观点，并且补充了两条证据：第一，《十大经·五正》中谈到"今天下大争"，《经法·六分》等多次提到"大国""中国""小国"，而这正是战国前期的形势，而不符合战国后期仅存几个大国的情况。第二，从单字词发展到复合词，是汉语演变的一个重要规律，而在《黄帝四经》中，"道"字出现八十六次，"德"字出现四十二次，"精"字出现九次，"神"字出现十四次，"性"字出现一次，"命"字出现十三次，却没有一例"道德""精神""性命"的复合词出现，这与《庄子》内篇和《孟子》的情况相似，这就证明《黄帝四经》成书于战国中期以前。

至于《黄帝四经》的作者是谁，至今没有结论。陈鼓应先生认为"这部书主要是一人一时所作"（《关于帛书〈黄帝四经〉成书年代等问题的研究》），而李学勤先生却认为"《黄帝书》（即《黄帝四经》——引者注）四篇本为一体，其著作年代容有不同"（《〈称〉篇与〈周祝〉》），既然年代不同，自然也不可能是同一人所作。

关于《黄帝四经》的产生地，更是众说纷纭，"有认为是郑国或韩国法家作品的，有认为是西楚淮南人作品的，有认为是齐国作品的，也有认为是越人作品的"（王博《论〈黄帝四经〉产生的地域》）。持不同观点的学者都能够言之成理，但所据证据都不够充分。

总之，作为出土文献的《黄帝四经》，还有许多疑难问题需要学者去研究、去解答。我们期待着有一天，学界能够拿出最接近事实的结论。

二、本书的思想内容

虽然关于《黄帝四经》的书名、年代、作者等问题莫衷一是，但在本书属于黄老学派著作这一问题上，学者的意见是一致的；对于本书在思想史上的重要地位，大家的看法也是一致的。

第一，本书的哲学思想。

《黄帝四经》上承老子思想，下启黄老学派，其哲学思想与老子最为一致的地方，就是把"道"视为自己思想体系中的最高概念。

"道"的本义是道路，人们从某地到某地，必须通过某条道路，否则，就无法到达自己的目的地。同样的道理，包括人在内的万物要想达到自己的目的，必须遵循某种规律、原则，否则就无法成功。在词汇比较贫乏的古代，老子就把道路的"道"拿来作规律、真理、原则等含义来使用。"道"是天地间所有规律、真理的总称。道家所讲的规律同今天所讲的规律虽然在概念上一样，都是指万物所必须遵循的客观法则，但在阐述规律的具体内容时，却有所不同。除了自然、社会规律外，道家还把一些伦理道德、甚至一些与规律相违背的东西也视为规律。

同老子一样，《黄帝四经》也很重视"德"。所谓"德"，就是具体事物的规律、本性。"德"大约有两层含义：一是指先天的德。万物一旦产生，就必定具备各自的本性和本能，比如人一生下来就知道吃喝，这就是人的最初本能。而这个本能，古人认为就是德赋予的。二是指后天的德。道是客观存在，人们学习的目的就是得道，然而人们又不可能把所有的道全部掌握，那么已经被人掌握的这一部分道就叫作"德"。

由此可见，"道"是所有规律的总称，是整体，是客观存在；而"德"是指具体事物的规律、本性，是个别，是主观存在。我们打一个比方："道"好比长江的水，浩浩荡荡；我们去喝长江的水，只能喝取其中很少一部分，而喝到我们肚子里的那些水就叫作"德"。所以古人说：

德者，得也。……何以得德？由乎道也。（王弼《老子道德经注》）

从大道那里得到的、属于个人所有的那一部分就是"德"。简言之，"道"是整体，"德"是部分，"道"是客观的，"德"是个人的。因为"德"是从"道"那里得来的，因此二者的内容又是一致的，这就是《老子》二十一章所说的"孔德之容，惟道是从"。

《黄帝四经·道原》（以下引《黄帝四经》，只注篇名）认为，在遥远的洪荒时期，天地万物都还没有出现的时候，大道已经存在了。大道无形无声，无增无减，而又无处不在。天地间的万事万物都是依据大道的规定性而出生、发展、死亡的。正因为大道是一切事物的行为准则，所以万事万物都要遵循大道行事，治国也是如此。作者认为，圣王能够体悟大道，"知人之所不能知，服人之所不能得"（《道原》），因此圣王能够做到无好无恶，清静无欲，知古达今，始终如一。圣王一旦掌握了大道，便能臣服万民，统一天下。

在方法论方面，《黄帝四经》与老子一样，特别重视辩证地去观察、处理问题。《称》说："天地之道，有左有右，有牝有牡。"任何事物都具有对立统一的性质。同时，作者还把万事万物都划分为阴阳两类："天阳地阴，春阳秋阴，夏阳冬阴，昼阳夜阴……"（《称》），认为只有阴阳这对相互对立统一的事物互为配合，各尽其道，做事才能够成功。在此辩证思想的基础上，作者提出了"无为而无不为"的治国策略。在《五正》中，黄帝在阉冉等大臣的指导下，先进入山中，静心修养，深思熟虑以积蓄力量，这就是"无为"的过程；一旦思虑成熟，时机到来，黄帝便发动军队，奋起作战，一举擒获叛乱的蚩尤，这就是"无不为"的结果。

在认识论方面，老子提醒人们"常无欲，以观其妙；常有欲，以观其徼"（《老子》一章），在认识客观世界时，一定要保持清静的心态，因为深重的欲望会遮蔽人的眼睛，使人无法认识真理，从而做出不理智的行为。《黄帝四经》继承了这一思想，同样认为"至正者静，至静者圣……则无所逃其神"（《道法》），只有思想最为正确的人才能够做到清静无欲，而最为清静无欲的人也就最为睿智,有了这种睿智,那么任何事情都无法逃脱他的神奇掌控了。

第二,本书的政治思想。

在社会政治方面,本书与老子思想有同有异。相同的地方是,他们都非常重视"道"在治国中的重要作用,要求一切行为都要遵循大道。不同的是,作者在重视大道的同时,又非常注重法制的运用。本书的开篇就是:

> 道生法。法者,引得失以绳,而明曲直者殹。故执道者,生法而弗敢犯殹。法立而弗敢废[也],[故]能自引以绳,然后见知天下,而不惑矣。(《道法》)

作者认为,大道是根本,而政令、法律则是其衍生品,因此人们制定的法令要符合大道。法令一旦制定,包括君主在内的所有人都不得违反。这就把道家的"道"与法家的"法"完美地融合在一起,不仅使"道"在治国过程中找到了落实之处,也为法令的合理性找到了坚实的理论基础。

这一观念就导致了老子与《黄帝四经》在治国的具体方法上的差异,老子重恩德,轻刑罚,而《黄帝四经》则强调刑德同施,恩威并重:

> 静作相养,德虐相成。两若有名,相与则成。(《果童》)

> 天德皇皇,非刑不行;缪缪天刑,非德必顷。刑德相养,逆顺若成。刑晦而德明,刑阴而德阳,刑微而德章。(《姓争》)

作者认为,无论是治理国内,还是讨伐他国,恩威两手都必须同时使用,否则的话,就难以成功。以老庄为代表的道家重德轻刑,以商鞅、韩非为代表的法家重刑轻德,而《黄帝四经》的主张则显得比较持中,因而也能够在理论上纠正两家的偏颇。

要想准确地使用法律,形名思想就必不可少,如果不能确定形名关系,执法就会发生偏差。因此,《道法》说:

> 是故天下有事,无不自为刑名声号矣。刑名已立,声号已建,则无所逃迹匿正矣。

天下人在做事的时候，都要为事物确定一个名号。名号一旦确立，就要循名责实，那么就没有人能够遮掩自己的行迹、隐藏自己的思想了。可以说，形名思想在《黄帝四经》中占有很重的分量。

关于本书讲的"刑名"，主要是就"形"与"名"、也即实体（事实）与名称之间的关系而言，"刑"通"形"，因此我们直接把"刑名"译为"形名"。到了后来，"刑名"又指"刑法的名称"，是专就刑法而言。

《黄帝四经》除了重道、重法、重形名、重恩威两手之外，还非常重视综合利用天时、地利、人和的治国方针和用兵策略：

> 王天下者之道，有天焉，有地焉，又人焉。参者参用之，［然后］而有天下矣。（《六分》）

> 治国，固有前道，上知天时，下知地利，中知人事。（《前道》）

作者认为，无论是治理内政，还是用兵打仗，都要综合利用天时、地利、人和，缺一不可。作者在书中还比较详细地阐述了如何综合利用三者的具体方法。比如，在治国时，不可扰乱四季的运行，不要违背农时；对待大地，作者除了主张因地制宜之外，还主张"隋高增下，禁也，大水至而可也"（《称》），除了阻挡洪水，不允许随便改变原始地貌；在人事方面，则应注意搞好君臣、君民之间的关系，主要方法就是顺从民意、施恩百姓、除去苛政、招揽贤人、加强教化等，使每一个人都能够按照各自的名分去做事，从而造就一个各安其分、井然有序的和谐社会。

第三，本书的人生处世观。

在为人处世方面，《黄帝四经》继承了老子的尚柔思想，甚至专门写了一篇《雌雄节》以申述这一主张：

> 凡人好用雄节，是胃方生；大人则毁，小人则亡；以守不宁，以作事［不成；以求不得，以战不］克；厥身不寿，子孙不殖。是胃凶节，是胃散德。凡人好用雌节，是胃承禄；富者则昌，贫者则谷；以守则宁，以作事则成；以求则得，以单则克；厥身则［寿，子孙则殖。是胃吉］节，是胃绔德。

　　作者认为,刚强的性格是一种凶德,而柔弱的性格则是一种美德;凡是用刚强的手段去处理问题的人,必败无疑;凡是用柔弱的手段去处理问题的人,就能够获得成功。这与老子的"柔弱胜刚强"(《老子》三十六章)思想是完全一致的。

　　谦逊退让,是道家所重视的美德之一。与老子相比,《黄帝四经》在重视"不争"的基础上,又明确指出"争"的必要性。《五正》说:"夫作争者凶,不争[者]亦无成功。"不要做首先挑起争端的人,但在应该争夺的时候,还是要奋起争夺,否则也无法成功。这一说法表面上看似比老子思想更积极,但实际上本质是一样的。老子说:"夫唯不争,故天下莫能与之争。"(《老子》二十二章)老子说的"不争",只是手段,通过"不争"这一手段,达到"天下莫能与之争"的目的。

　　知足,是道家的又一重要原则,《黄帝四经》同样提倡知足:"生有害,曰欲,曰不知足。"(《道法》)人一旦出生就会有患害发生,这些患害就是欲望,就是不知满足。正因为如此,作者提醒人们,即使在极为顺利的情况下,也要懂得适可而止:"功成而不止,身危又央。"(《国次》)

　　讲话要诚实,不可虚夸。《道法》说:"事必有言,言有害,曰不信,曰不知畏人,曰自诬,曰虚夸,以不足为有余。"作者认为,做事必需讲话,讲话也会带来灾难,而灾难产生的原因就是说话不讲信用,就是不知道敬畏别人,就是自我欺骗,就是自我虚夸,就是力所不及却大言力量有余。

　　最后要说明的是,《黄帝四经》所讲的人生处世原则,大多是就君主的个人修养而言,带有浓郁的政治色彩和政治目的。当然,我们可以把这些针对君主讲的处世思想移植到我们普通人身上,来为我们的日常生活服务。

　　《黄帝四经》言简意赅,虽然全书字数不多,却蕴含着极为丰富的思想。因此,上述内容仅仅是就其大体而言,还有许多有价值的思想,如哲学思想中的物极必反、政治思想中的重用贤人等等,因限于篇幅,我们就不再详细地一一介绍了。

三、本书的史料价值

任何一部文献的出土,都具有或大或小的史料价值。《黄帝四经》的史料价值主要表现在以下三个方面。

第一,思想史方面的史料价值。

《黄帝四经》在思想史料方面的贡献,主要在于它填补了一段由老子至黄老、法家的思想发展中的空白。《史记·老子韩非列传》记载:

> 申子之学本于黄老而主刑名。

> 韩非者,韩之诸公子也。喜刑名法术之学,而其归本于黄老。

> 太史公曰:老子所贵道,虚无,因应变化于无为,故著书辞称微妙难识。庄子散道德,放论,要亦归之自然。申子卑卑,施之于名实。韩子引绳墨,切事情,明是非,其极惨礉少恩。皆原于道德之意,而老子深远矣。

按照这一说法,老子的思想向着两个方向发展,一是向"虚"的方向发展,庄子是其代表;一是向"实"的方向发展,申不害、韩非是其代表。庄子继承老子思想的轨迹比较清楚,而申、韩是如何继承老子思想的,却显得较为模糊,因为老子很少谈刑罚,更不谈形名,以至于不少人对于司马迁把老、庄与申、韩同传的安排,感到很难理解。

《黄帝四经》的出现,可以说弥补了这一空白,解释了这一疑问。本书第一句话就是"道生法",把人为的法律同自然的大道密切地联系在一起。既然要制法、执法,就必须讲究形名,不然就无法正确地制法、执法。"道生法"一句,就在老子思想与申韩思想、《老子》与《申子》《韩非子》之间搭建了一座使彼此能够相互联系的桥梁。

从《老子》到《黄帝四经》,从《黄帝四经》再到《申子》,从《申子》再到《韩非子》,这条思想之流,给人的感觉是顺理成章、一气呵成。从这一点看,《黄帝四经》在思想发展史上的史料价值,是绝不可忽视的。

第二,历史学方面的史料价值。

由于年代的久远、人为的掩饰等各种原因,不少历史事实被尘封了起来。出土文献能够帮助后人抹去一些覆盖历史真相的尘土,《黄帝四经》在某种程度上,就起到了这一作用。

自古以来,人们视黄帝为华夏民族的共同祖先。然而由于时代的久远,关于黄帝的事迹,人们所知并不详细,而《黄帝四经》在揭示黄帝史实这一方面也做出了自己的贡献。我们看《正乱》对黄帝战胜蚩尤之后的一些行为的记载:

> (黄帝)出其锵钺,奋其戎兵,黄帝身禺之[蚩]尤,因而斋之。勒其□革以为干侯,使人射之,多中者赏;劗其发而建之天,名曰之[蚩]尤之旌;充其胃以为鞠,使人执之,多中者赏;腐其骨肉,投之苦醢,使天下疧之。

黄帝生擒蚩尤之后,令人剥下蚩尤的皮肤制成箭靶;剪下蚩尤的头发把它装饰在旗杆的顶端,称这面旗帜为"蚩尤旗";把蚩尤的胃里塞满毛发制成皮球,让人们追逐踢踏这只皮球;还把蚩尤的骨肉剁碎,掺在加苦菜的肉酱中,令天下的人们都来咀嚼。这种惩治敌手的手段,简直到了无以复加的残酷程度。这种残酷的行为,在较为原始的时代,应该说是可能存在的。然而在后来的正史中,很少看到这样的记载,因为在自称为黄帝传人的人笔下,黄帝是不会如此残忍的。

面对这一史料,使我们不由自主地想到刘邦的类似行为。《史记·黥布列传》记载:"十一年……夏,汉诛梁王彭越,醢之,盛其醢遍赐诸侯。"刘邦号称仁义之君,却有如此举动,令人不解。当面对《黄帝四经》时,我们对刘邦的这一行为多少能够理解了。《史记·高祖本纪》说刘邦刚刚起兵反秦时就"祠黄帝……于沛庭",黄帝不仅是华夏民族的共祖,也是历代帝王的楷模,模仿黄帝行为,使刘邦的这一残忍行为披上了一层"合法性"与"合理性"的外衣。而值得注意的是,《黄帝四经》是在文帝时埋入地下的,这就证明,至少在刘邦至文帝这一时期,这本书是广泛流传于世的,那么刘邦应该是看到过这本书。黄帝惩治蚩尤这一事实的披露，不仅能够使我们认识黄帝残忍的一面，也使我们看到这一残忍行为对后世的影响。

除了这一史料外，《五正》还记载了黄帝在与蚩尤作战前隐居博望山三年以修身养性、养精蓄锐的经过，《果童》记载黄帝大臣果童破衣烂衫、行乞各地以示范天下的经历，如此等等，都是难得的史料。这些史料很可能只是口耳相传下来的，其真实程度存在很大疑问，但毕竟为我们了解远古时期的历史，提供了可供参考的线索。

第三，文体学方面的史料价值。

无论是哲学、史学，还是文学，都与文体学具有密切的联系。在众多的文体中，有一种文体叫作"原"。《辞源》在解释"原"的含义之一时说："文体名。论文的一种，用原字为题，对某事物推究其本原，而加以论述。"接着引明代徐师曾《文体明辨·原》说：

> 自唐韩愈作五原，而后人因之，虽非古体，然其溯原于本始，致用于当今，则诚有不可少者。

所谓的"五原"，指韩愈写的《原道》《原性》《原毁》《原人》《原鬼》。徐师曾认为，"原"这种文体起源于唐代的韩愈，不是"古体"。这一观点又得到今人的肯定。

实际上，这种说法并不正确，不仅《文心雕龙》有一篇《原道》，其前的《淮南子》也有一篇《原道》，早在《黄帝四经》中，同样有一篇《道原》。所谓"道原"，也就是韩愈"原道"的意思，即探索大道的本原。这就说明，据现有资料，"原"这种文体，是由《黄帝四经》的作者所创（《文子》也有一篇《道原》，但该书的真伪问题，尚有争议）。仅此一点，就应该在文体学的发展史上为《黄帝四经》的作者留下一席之地。

《黄帝四经》出土之后，不少学者参与整理、校释，先后出版了《老子乙本卷前古佚书》（文物出版社 1974 年版）、《马王堆汉墓帛书（壹）》（国家文物局古文献研究室，文物出版社 1980 年版）、《黄帝四经与黄老思想》(余明光,黑龙江人民出版社 1989 年版)、《黄帝四经今注今译》(余明光,岳麓书社 1993 年版)、《黄帝四经今译◎道德经今译》(郑开、张慧姝、谷斌,中国社会科学出版社 1996 年版)、《黄帝四经今注今译》(陈鼓应,商务印书馆 2007 年版)。本书以《马王堆汉墓帛书(壹)》为底本,参考其他学者的译注成果和散见于各杂志的一些研究论文。前人的这些研究成果,为本书的写作提供了极大的便利。在此,特向这些前行者表示衷心的感谢。

《黄帝四经》是一部出土文献,残缺很多,对于其中的一些缺字,我们依据前人的研究成果,加以补足。这些后补的字句,虽然也多少都有依据,但毕竟是今人所补,因此仅供读者参考。无法补足的缺字,则以"□"代替。

由于我们的学识所限,在《黄帝四经》的译注中,一定还会存在不少失误和有待改进的地方,希望各位专家和读者给予批评和指正。

张景　张松辉

2019 年 10 月

经法

《黄帝四经》包含四部经典：《经法》《十大经》《称》《道原》。本篇是《黄帝四经》中的第一经。

经法，治国的重要法则。经，主要、重要。"经法"也可理解为"经国之大法"，这里的"经"则是"治理"的意思。《经法》共分九个部分，也即九篇文章。

第一个部分是"道法"。主要讲大道与法度之间的关系。作者认为"道生法"，并强调要人人守法。此外，还列举了害人的诸多行为，如不知满足、逆时而动、不自量力、不讲信用、自我虚夸等等，另外还谈到了天地、君主、百姓各司其职等问题。

第二个部分是"国次"。"国次"的意思是国家的秩序。上篇主要阐述如何治理自己的国家，而本篇则主要阐述在兼并他国之后，君主应该采取的措施。

第三个部分是"君正"。所谓"君正"即"君政"。本篇主要论述君主治国的原则。这些原则包括对内和对外两个方面。在对内方面，作者主张君主要顺从民意、施恩百姓、除去苛政、不夺农时、招揽贤人、加强教化等；在对外问题上，要求君主顺应天意，去帮助那些应该帮助的国家，去讨伐那些应该讨伐的国家，最终目的就是要达到"天下从矣"。

第四部分是"六分"。六分，指六逆、六顺的不同标准。所谓的"六逆"，指六种悖逆不顺的现象；所谓的"六顺"，指六种合理的现象。作者强调，六逆、六顺是一个国家兴衰存亡的分界线。

第五部分是"四度"。四度，四条治国准则。具体指君主与臣下要各守其职，贤人与不贤的人也要各居其位，一举一动都要参考、顺应天时地利，讨伐罪人要时机恰当。

第六部分是"论"。论，就是辨析、论述的意思。本篇主要论述了"天之道"和"人之道"，强调"人之道"要遵循"天之道"。作者反复申明名实相符的重要性，认为这是一个国家生死存亡的关键所在。

第七部分是"亡论"。本篇主要阐述导致亡国的几种因素，如犯禁绝理、六危、三不辜、三壅、三凶等等，并对这些亡国因素的具体内容做了详细介绍。

第八部分是"论约"。所谓"论约"，就是简述自己的观点。本篇主要论述天道与人理之间的关系。作者首先简单地论述了天道的内容，接着就明确要求人类社会的一切行为都要遵循天道。

第九部分是"名理"。本篇重点阐述了名号与正理之间的关系。作者指出大道是一切智慧的源泉，申述了物盛则衰、以柔克刚、信守诺言等道理，重点强调君主一定要弄清楚事情的名号是否符合正理及其实际情况，否则就会导致国家灭亡。

道法第一

【题解】

  道法，大道与法度。道，是所有自然、社会规律的总称。法，指法度、法律。作者首先认为，大道是根本，而法度、法律则是大道的衍生品，因此人们制定的法则要符合大道。法则一旦制定，包括君主在内的所有人都不得违反。其次，作者列举了各种害人的行为，如不知满足、逆时而动、不自量力、不讲信用、自我虚夸等等。第三，本篇提到了形名关系，要求名实相符。作者认为，形名一旦明确，就没有人能够遮掩自己的行迹和隐藏自己的意愿。第四，作者认为天地具有自己的永恒规律，百姓具有自己的永恒职业，贵贱具有自己的永恒位置，使用臣下具有永恒的方法，治理百姓具有永恒的法度。只要各司其职，天下就会安定。最后，作者再次强调，只有掌握了大道的人，才能够成为天下的领导者。

  道生法①。法者，引得失以绳②，而明曲直者殹③。故执道者④，生法而弗敢犯殹。法立而弗敢废［也］⑤，［故］能自引以绳⑥，然后见知天下⑦，而不惑矣。

【注释】

  ①道生法：依据大道而制定各种法律制度。道，是天地间所有规律、

真理的总称。"道"的本义是道路,人们从某地到某地,必须通过某一条道路,否则,就无法到达自己的目的地。同样的道理,包括人在内的万物要想达到自己的目的,就必须遵循某一种规律、原则,否则就无法成功。于是在词汇比较贫乏的古代,老子就把道路的"道"拿来作规律、真理、原则等含义来使用。

②引:正,确定。绳:绳墨。本指木匠画直线的墨绳。这里比喻法度、准绳。

③殹(yì):句尾语气词,相当于"也""兮"。

④执道者:掌握大道的人。

⑤法立而弗敢废〔也〕:"也"字原缺,据上文补。

⑥〔故〕能自引以绳:自引,自我端正。也即自我约束。绳,准绳。即各种法律制度。"故"字原缺,据下文"故能至素至精"补。

⑦见知:了解,明白。

【译文】

人们依据大道制定了各项法律制度。法律制度,是确定成败得失的准绳,是明确是非曲直的标准。因此那些掌握了大道的人,一旦制定了各项法律制度就不敢违犯。法律制度制定之后就不敢废弃,因此能够用这些法律制度约束自我,然后就可以了解天下万物的情况,而不会迷惑了。

　　虚无刑①,其裻冥冥②,万物之所从生③。生有害,曰欲,曰不知足。生必动,动有害,曰不时④,曰时而□⑤。动有事,事有害,曰逆⑥,曰不称⑦,不知所为用⑧。事必有言,言有害,曰不信⑨,曰不知畏人,曰自诬⑩,曰虚夸,以不足为有余⑪。

【注释】

①虚无刑:空虚而无形无象。刑,通"形"。本句描述大道,大道作为规律、真理,是无形无象,看不见摸不着的。

②嫠（jì）：通"寂"。没有声音。冥冥（míng）：幽暗深远、难以认识
　的样子。

③万物之所从生：万物都是从道那里产生出来的。没有大道，万物
　不可能出现，所以说道生万物。

④不时：行动不合时宜。比如处于冬天却要去干春天的事情、农忙
　季节征发百姓去服役等等。

⑤曰时而□：逆时而动。本句缺一字。又，陈鼓应《黄帝四经今注今
　译》认为此缺字为"倍"。"倍"通"背"，背弃。

⑥逆：悖逆，不符合大道。

⑦不称（chèn）：不量力而行。指所做的事情与自己的力量不相称。
　称，相称。

⑧不知所为用：不知道自己做事的目的。用，指所做事情的作用、目的。

⑨不信：不讲信用。

⑩自诬：自我欺骗。诬，欺骗。

⑪以不足为有余：力量不足却自称力量有余。

【译文】

　　大道空虚而无形无象，寂静无声而深邃难识，万物都是从大道那里
产生出来的。人一旦出生就会有患害发生，这些患害就是欲望，就是不
知满足。人出生之后必定要有所行动，而行动也会带来患害，这些患害
就是不能顺应时机而行动，也就是逆时而动。人一旦行动就要做事，做
事也会带来患害，这些患害就是做事违逆正理，就是不量力而行，就是做
事而不知道做事的目的所在。做事必须讲话，讲话也会带来患害，这些
患害就是说话不讲信用，就是不知道敬畏别人，就是自我欺骗，就是自我
虚夸，就是力所不及却大言力量有余。

　　故同出冥冥①，或以死②，或以生；或以败，或以成。祸
福同道③，莫知其所从生④。见知之道，唯虚无有⑤。虚无有，

秋毫成之⑥，必有刑名⑦。刑名立，则黑白之分已⑧。故执道者之观于天下殹，无执殹⑨，无处也⑩，无为殹⑪，无私殹。是故天下有事，无不自为刑名声号矣⑫。刑名已立，声号已建，则无所逃迹匿正矣⑬。

【注释】

①冥冥：指大道。"冥冥"是形容大道无形无象的样子。这里代指大道。

②或：有的人。以死：因（违背）大道而死。以，因为。

③祸福同道：祸福都是出于大道。违背大道则招祸，遵循大道则得福。

④莫：没有人。所从生：从哪里产生。

⑤无有：空虚，无形无象。

⑥秋毫成之：成就了所有的事物。秋毫，秋天新生的兽毛。本句意思是说，无论再小的事物，都离不开大道。

⑦必有刑名：所有的事物都有形有名。刑，通"形"。

⑧黑白之分已：事物的情况就明确了。黑白，代指事物的情况。已，句末语气词。相当于"矣"。

⑨无执：不要执着于一端。

⑩无处也：不要固守在一个地方。

⑪无为：是道家思想的核心词之一。道家所谓的"无为"，不是什么也不做，而是不要人为地干涉，要顺物而为。

⑫自为：人们要去确定。自，指做事的人们。为，动词。确定，命名。声号：名号。也即孔子说的"名不正，则言不顺"（《论语•子路》）的"名"。

⑬逃迹：隐藏自己的行迹。匿正（zhēng）：隐藏自己的意愿。正，箭靶的中心。引申为目的、意愿。

【译文】

因此万事万物都产生于无形无象的大道，有人因为违背大道而死亡,有人因为遵循大道而生存;有人因为违背大道而失败,有人因为遵循大道而成功。祸与福都是由大道决定的,而人们却不知道它们产生的原因。被人们认识的大道,是空虚无形的。然而就是这个空虚无形的大道,成就了包括秋毫在内的万事万物,而万事万物必定要有形有名。形和名的概念一旦确立,那么万事万物的情状就可以分辨清楚了。因此掌握大道的人在观察、处理天下事务时,就不会固执于一端,不会固守于一处,就能够做到清静无为,就能够排除私心杂念。因此天下人在做事的时候,都要为事物确定一个形名、名号。形名一旦明确,名号一旦建立,那么就没有人能够遮掩自己的行迹、隐藏自己的意愿了。

公者明,至明者有功;至正者静①,至静者圣②;无私者知③,至知者为天下稽④。称以权衡⑤,参以天当⑥,天下有事,必有巧验⑦。事如直木⑧,多如仓粟⑨,斗石已具⑩,尺寸已陈,则无所逃其神⑪。故曰:"度量已具⑫,则治而制之矣。"

【注释】

①至正者:思想最为正确的人。静:内心清静,没有杂念。

②圣:最为明智叫作"圣"。

③知:同"智"。智慧。

④稽:通"楷"。楷模,榜样。蒋锡昌《老子校诂》六十五章:"'稽'为'楷'之借字。'稽''楷'一声之转。"

⑤权衡:称量物体轻重的器具。权,秤砣。衡,秤杆。这里用"权衡"比喻法度。

⑥参以天当:要参照自然规律。天当,自然规律。当,恰当,不偏不倚。这里指不偏不倚的自然规律。

⑦巧验:检验,验证。巧,通"考"。《释名·释言语》:"巧,考也。考合异类共成一体也。"

⑧直木：树林，森林。形容数量之繁杂。直，通"植"。朱骏声《说文
　通训定声》："直，假借为植。"

⑨仓粟：仓库里的粮食粒。形容数量之多。粟，小米。这里泛指粮食。

⑩斗石：两种量器。十升为一斗，十斗为一石。这里用"斗石"比喻
　法度。

⑪无所逃其神：就无法逃脱法律制度的神奇控制。

⑫度量：用来计量长短和容积的标准。比喻法度。

【译文】

公正的人明智，最明智的人能够建立功业；思想最为正确的人能够做到清静，最为清静的人也就最为睿智；无私的人有智慧，最有智慧的人可以成为天下人的榜样。要用法度来审定是非，同时还要参照自然规律，那么天下的事情，都可以得到有效的验证了。事情像森林一样复杂，像仓中的粮食一样繁多，然而只要制度具备了，法律制定了，那么任何事情都无法逃脱法律制度的神奇掌控。所以说："法律制度具备了，就能够治理、掌控好所有的事情。"

　　绝而复属①，亡而复存，孰知其神②？死而复生，以祸为福，孰知其极③？反索之无刑④，故知祸福之所从生。应化之道⑤，平衡而止⑥；轻重不称⑦，是胃失道⑧。

【注释】

①绝而复属（zhǔ）：断绝的东西能够被重新连接起来。绝，断开。属，
　连接。这是描述大道的力量。

②孰：谁。

③其极：它的最终原因。极，最终。

④反索：反求于。索，求。无刑：即"无形"。指无形的大道。

⑤应化之道：应对万物变化的方法。道，原则，方法。

⑥平衡：寻找万物之间的平衡点。而止：而已。

⑦轻重不称（chèn）：轻重不相称，轻重不当。

⑧是：这。胃：通"谓"。叫作。

【译文】

　　断绝了的东西能够被重新连接起来，灭亡了的事物能够被重新复活，谁又能够知道其中的奥妙呢？死而复生，转祸为福，谁又能够知道其中的最终原因呢？只要反求于无形无象的大道，就可以懂得上述祸与福产生的根源了。应对万物变化的方法，就在于掌握万物之间的平衡点而已；举措如果轻重不当，这叫作没有能够按照大道做事。

　　天地有恒常①，万民有恒事②，贵贱有恒立③，畜臣有恒道④，使民有恒度。天地之恒常，四时、晦明、生杀、辇刚⑤。万民之恒事，男农、女工⑥。贵贱之恒立，贤不宵不相放⑦。畜臣之恒道，任能毋过其所长⑧。使民之恒度，去私而立公。变恒过度⑨，以奇相御⑩。正、奇有立⑪，而名〔刑〕弗去⑫。凡事无小大，物自为舍⑬。逆顺死生，物自为名⑭。名刑已定，物自为正⑮。

【注释】

①恒常：永恒。指永恒的自然规律。

②恒事：永恒的职业。

③恒立（wèi）：永恒的位置。立，通"位"。

④畜：养育。这里引申为培育、使用。

⑤四时：四季。晦明：夜晚和白天。辇：通"柔"。

⑥男农：男子从事农耕。女工：即女红。女子从事纺织。

⑦贤不宵不相放（fāng）：贤人与不贤的人不能处于同等的地位。也

即让贤人高贵,让不贤的人低贱。不宵,即"不肖"。不贤的人。放,
通"方"。并列。

⑧任能:任用贤人。毋过其所长:不要超过他的长处。也即因材而用。

⑨变恒:常规情况出现变化,也即发生了意外情况。恒,常规。过度:
超过应有的度。

⑩以奇相御:用权变的手段去处理它。奇,权诈,权变。

⑪正、奇有立(wèi):常规手段和权变手段各有自己的适宜之处。正,
正规,常规。立,通"位"。《老子》五十七章:"以正治国,以奇用兵,
以无事取天下。"

⑫而名〔刑〕弗去:要牢牢把握住事物的形与名。也即把握事物的
情状去处理它们。"名"后原缺一字,根据下文"名刑已定",应补
一"刑(形)"字。

⑬物自为舍:事物都各自为自己寻得一个合适的位置。舍,居所,位置。

⑭物自为名:事物都是各自为自己获取一个名号。这个名号是指前
一句说的"逆顺死生"。比如商纣王的行为就是"逆"——倒行逆
施,周武王的行为就是"顺"——顺应民心。

⑮物自为正:事物(主要指人)都要各自遵循正确原则。

【译文】

　　天地具有自己的永恒规律,百姓具有自己的永恒职业,贵贱具有自
己的永恒位置,使用臣下具有永恒的方法,治理百姓具有永恒的法度。
天地所具有的永恒规律,就是四季更迭、昼夜交替、生死变换、柔刚互变。
百姓所具有的永恒职业,就是男子农耕、女子纺织。贵贱所具有的永恒
位置,就是不让贤人和不贤的人处于同等的地位。使用臣下的永恒方法,
就是在任命官吏时不要超出他们的才能。治理百姓的永恒法度,就是要
去私门而行公道。如果一旦出现了非常规的事件,就要采取非常规的权
变手段去处理。常规手段和权变手段各有自己的适宜之处,要牢牢把握
住事情的情状去处理。所有的事物无论大小,都是各自为自己寻得一个

合适的位置。是叛逆还是顺应，是死亡还是生存，都是事物自己决定的。名号和情状确定之后，事物（主要指人）都要各自遵循正确的原则去做事。

故唯执〔道〕者能上明于天之反①，而中达君臣之半②，富密察于万物之所终始③，而弗为主④。故能至素至精⑤，恬弥无刑⑥，然后可以为天下正⑦。

【注释】

①执〔道〕者：掌握大道的人。"道"字原缺，据文义补。天之反：大自然循环往复的运行规律。反，同"返"。指循环往复。《老子》二十五章："吾不知其名，字之曰道，强为之名曰大。大曰逝，逝曰远，远曰反。"《老子》四十章："反者道之动。"本书《经法·四度》："极而反，盛而衰，天地之道也，人之李也。"道家认为，事物都是由弱到强，再由强到弱，呈反方向发展运动。

②中：指人世间。达：明白。君臣之半（pàn）：君臣之间的关系。半，通"畔"。边界线。这里引申为二者之间的关系。

③富：应为衍字，当删。郑开《黄帝四经今译》："富字是误写，应删去。"陈鼓应《黄帝四经今注今译》："'富'字当为下面'密'字之讹写，因未涂掉，故成误衍，当删。"密察：详细观察。密，细密，详细。所终始：开始与结束的过程与原因。

④弗为主：不做万物的主宰者。指不对万物进行人为的干涉，一切顺其自然。

⑤至素：最为本质的东西。至精：最为精微的道理。本句是讲圣人观察事物的深度。

⑥恬（hào）弥：广大宽广的样子。形容圣人的胸怀宽广。无刑：即"无形"。形容圣人顺物而变，不固执于一端。

⑦正：领导者。

【译文】

只有那些掌握了大道的圣人才能够懂得大自然循环往复的运行规律，能够明白人世间君臣之间的关系，能够详细观察万物开始和终结的过程与原因，然而却不去做万物的主宰者。因此圣人能够明白万物的本质，懂得精微的道理，心胸宽广而不固执于一端，然后就可以成为天下的领导者。

国次第二

【题解】

国次，是本篇首句"国失其次"的缩写。指国家的秩序。上篇主要写如何治理自己的国家，而本篇则主要阐述在兼并其他国家之后，君主应该采取的措施。

作者认为，兼并其他国家，首先一定要看准时机，顺应天意。其次，兼并之后，君主不可独占其利，而要施恩惠于他人，只有如此，才能巩固自己的战果。再次，作者具体提出要防止"五逆"——毋阳窃，毋阴窃，毋土敝，毋故执，毋党别。

从本篇可以清晰地看出从早期道家到黄老道家、法家的过渡痕迹。老子坚决反对军事上的主动进攻，而本篇则鼓励兼并战争，并为此出谋划策，这也反映出战国中后期的历史发展趋势。

国失其次①，则社稷大匡②。夺而无予，国不遂亡③；不尽天极，衰者复昌④。诛禁不当⑤，反受其央⑥。禁伐当罪当亡⑦，必虚其国⑧。兼之而勿擅⑨，是胃天功⑩。天地无私，四时不息。天地立，圣人故载⑪。过极失［当］⑫，天将降央。人强朕天，慎辟勿当⑬；天反朕人，因与俱行⑭。先屈后信⑮，必尽天极，而毋擅天功。

【注释】

①次：次序，秩序。

②社稷：地神与谷神。古人常用社稷代指国家。匡：损坏，败坏。

③夺而无予，国不遂亡：夺取一个国家而不施恩惠于这个国家的民众，那么这个国家就不会很快灭亡。予，给予，施恩惠。本书《十大经·行守》："夺之而无予，其国乃不遂亡。"

④不尽天极，衰者复昌：如果不彻底遵循天道，被征伐的衰败国家还会重新振兴起来。天极，天地的最高法则。《老子》六十八章："是谓配天古之极。"

⑤诛禁不当：征伐的对象和措施不当。诛禁，泛指讨伐、惩处。

⑥央：通"殃"。灾祸，灾难。

⑦禁伐当罪当亡：讨伐那些理当治罪、理当灭亡的国家。

⑧必虚其国：一定要彻底削弱他的国力。一说，"虚"同"墟"，本句的意思是"一定要使他的国家变成一片废墟"。根据上文"夺而无予，国不遂亡"，此解似不当。

⑨兼之而勿擅：兼并了其他国家但不独占其利。擅，独占其利。

⑩是胃天功：这才叫作符合天理的功劳。是，代词。代指"兼之而勿擅"。胃，通"谓"。叫作。

⑪天地立（wèi），圣人故载：天地万物各居其位，因此圣人才能成就自己的事业。立，通"位"。载，成，成功。《小尔雅·广诂一》："载，成也。"

⑫过极失［当］：超越了天理，措施也不恰当。"当"字原缺，据上下文补。

⑬人强朕（shèng）天，慎辟（bì）勿当：当敌国无比强盛的时候，要谨慎地避开它。人，指敌国。朕天，形容对方无比强盛。朕，通"胜"。辟，同"避"。

⑭天反朕（shèng）人，因与俱行：当上天要敌国灭亡时，就要顺应天意去消灭它。因，顺应。与俱行，即"与天俱行"。顺应天意去消灭敌国。

⑮信（shēn）：通"伸"。

【译文】

一个国家失去了正常秩序，那么这个国家就会严重地衰败。夺取这样的国家而不施恩惠给这个国家的民众，那么这个国家就不会很快灭亡；如果不彻底遵循天道，被征伐的这个衰败国家还会重新振兴起来。讨伐的对象和措施不正确，自己反而会为自身招来灾难。讨伐那些理当治罪、理当灭亡的国家，一定要彻底削弱其国力。兼并了其他国家但不独占其利，这才叫作符合天理的功劳。天地是公正无私的，四季是循环不息的。天地万物各居其位，因此圣人才能成就自己的事业。做事超越天理，措施也不恰当，上天将会降下灾难。当敌国无比强盛的时候，要谨慎地避开它；当上天要灭亡敌国时，就要顺应天意去消灭它。这就是先屈后伸的道理，一定要完全按照天理行事，而不要独占天的功劳。

兼人之国，修其国郭①，处其郎庙②，听其钟鼓，利其齎财③，妻其子女④，是胃［重］逆以芒⑤，国危破亡。

【注释】

①修其国郭：修筑这个国家的都城城墙。这样做的目的是要独占这个国家。国，国都，都城。郭，外城。这里泛指城墙。

②处其郎庙：住在这个国家的宫殿里。郎，通"廊"。宫殿四周的廊房。庙，太庙。帝王祭祖的地方。这里用"郎庙"代指朝廷、王宫。

③利其齎（zī）财：占有这个国家的财富。齎，通"资"。财富。

④妻其子女：霸占他们的妇女为妻妾。妻，用如动词。娶妻。子，古代的女儿也称"子"。如《庄子·齐物论》："丽之姬，艾封人之

　　子也。"

⑤是胃〔重〕逆以芒（huāng）：胃，通"谓"。"重"字原缺，据本书《经
　　法·明理》中"重逆□□，……国危有殃"补。重逆，大逆，大逆
　　不道。芒，通"荒"。失败。

【译文】

　　兼并其他国家之后，就去修治这个国家的城墙，住进这个国家的宫
殿，享用这个国家的钟鼓音乐，贪取这个国家的财富，霸占这个国家的妇
女，这些做法是大逆不道的取败行为，将会导致自己国破家亡。

　　故唯圣人能尽天极，能用天当①。天地之道，不过三
功②。功成而不止，身危又央③。

【注释】

①用：使用，遵循。天当：自然规律。这里指不偏不倚的自然规律。当，
　　恰当，不偏不倚。

②三功：解释有二。第一种解释，是说连大自然也只能在春、夏、秋
　　三个季节生养万物，建立功业。本书《经法·论约》："三时成功，
　　一时刑杀，天地之道也。"第二种解释，泛指三次建立功业。

③又：通"有"。央：通"殃"。

【译文】

　　因此只有圣人才能够完全按照天道做事，才能够遵循自然规律。按
照天地的运行规律，天地也只能在春、夏、秋三个季节建立功劳而已。功
成名就之后如果继续贪求不已，那么自身就会遇到危险和灾难了。

　　故圣人之伐殴①，兼人之国，隋其城郭②，焚其钟鼓③，布
其畜财④，散其子女，列其地土⑤，以封贤者，是胃天功。功
成不废⑥，后不奉央⑦。

【注释】

①伐：讨伐。这里指圣人讨伐其他国家的做法。殹（yì）：句尾语气词，相当于"也""兮"。

②隋（huī）：通"隳"。废掉，拆除。

③梦（fén）：通"焚"。焚烧。作者认为钟鼓属于奢侈品，故主张焚烧掉。

④布：分散，布施。

⑤列：同"裂"。分割。

⑥废：废止，失去。

⑦奉：通"逢"。遇到。央：通"殃"。灾难。

【译文】

因此圣人讨伐其他国家的做法是，在兼并其他国家以后，要拆掉它的城郭，焚毁它的钟鼓，分散它的资财，释放它的妇女，分割它的土地，以赏赐给贤能之人，这叫作符合天道的功绩。这样才能使建立的功劳不会失去，此后也不会遇到灾难。

毋阳窃①，毋阴窃②，毋土敝③，毋故执④，毋党别⑤。阳窃者天夺［其光］⑥，［阴窃］者土地芒⑦，土敝者天加之以兵⑧，人执者流之四方⑨，党别［者外］内相功⑩。阳窃者疾⑪，阴窃者几⑫，土敝者亡地，人执者失民，党别者乱，此胃五逆⑬。五逆皆成，［乱天之经，逆］地之刚⑭，变故乱常⑮，擅制更爽⑯，心欲是行⑰，身危有［殃，是］胃过极失当。

【注释】

①毋阳窃：不要公开地去非法占有权力财富。阳，公开，明目张胆。窃，窃取，非法占有。本段还是就君主而言，阐述兼并他国之后，

君主应该杜绝的一些行为。

②毋阴窃：不要暗中去非法占有权力财富。阴，暗中，偷偷地。

③毋土敝：不要过度使用土地而使地力衰退。敝，破败，衰退。

④毋故执：不要固执己见。故，通"固"。

⑤毋党别：不要拉帮结派，结党营私。

⑥阳窃者天夺[其光]：公开地窃取权力财富，上天就会剥夺他的功名。光，荣耀，功名。"其光"二字原缺，据本书《十大经·观》中的"阴敝者土芒，阳察者夺光"补。

⑦[阴窃]者土地芒（huāng）：暗中窃取权力财富，就会导致土地荒芜。芒，通"荒"。君主窃取权力财富，会导致百姓离心离德，从而使土地荒芜，国力衰败。"阴窃"二字原缺，据上文"毋阴窃"句补。

⑧土敝者天加之以兵：国家的地力衰退，就会引来敌国军队的入侵。地力衰退，国家就会衰弱，这样就会被敌国所侵扰。

⑨人执者：做人太固执。指君主固执己见。流之四方：就会被流放到边远地区。比如周厉王，他坚持己见，横征暴敛，镇压异己，最后被流放到彘（今山西霍州东北），并死于彘。

⑩党别[者外]内相功：拉帮结派就会导致内外相互攻伐。"者"字原缺，据上下文补。"外"字原缺，据后文"外内皆顺"（《四度》）补。功，通"攻"。

⑪疾：疾痛，灾难。

⑫几：危险。一说"几"通"饥"。饥荒。

⑬此胃五逆：这叫作五种倒行逆施的行为。胃，通"谓"。五逆，指上述的"阳窃""阴窃""土敝""故执""党别"五种倒行逆施的行为。

⑭[乱天之经，逆]地之刚：搞乱了天地纲纪，违背了自然规律。刚，通"纲"。纲纪。陈鼓应《黄帝四经今注今译》："'乱天之经，逆'五字原缺，今以意补。"

⑮变故乱常：改变旧制，搞乱常规。故，旧制。

⑯擅制更爽：擅自更改法度，导致一片混乱。更，更改。爽，差错，混乱。

⑰心欲是行：按照个人欲望行事。也即为所欲为。

【译文】

君主既不要公开地去非法占有权力财富，也不要暗中去非法占有权力财富，不要过度使用土地而使地力衰退，不要固执己见，不要拉帮结派。公开地去窃取权力财富，上天就会剥夺他的功名；暗中去窃取权力财富，就会导致土地荒芜；国家地力衰退，就会引来敌国军队的入侵；君主太固执，就会被流放到边远地区；拉帮结派，就会导致内外相互攻伐。公开去窃取权力财富就会带来灾难，暗中窃取权力财富就会遇到危险，地力衰退就会失去国土，固执己见就会失去民心，拉帮结派就会导致混乱。这些做法叫作五种倒行逆施的行为，有了这五种倒行逆施的行为，就会搞乱天地纲纪，违背自然规律，君主改变旧制而搞乱常规，擅自更改法度就会导致一片混乱，君主为所欲为，自身就会遇到灾难，这些行为就叫作违背天理，举措失当。

君正第三

【题解】

君正，即"君政"。正，通"政"。本篇主要论述君主治国的原则。这些原则，包括对内和对外两个方面。

在对内方面，作者主张君主要顺从民意，施恩百姓，除去苛政，不夺农时，招揽人才。在百姓丰衣足食的基础上，再去加强教化，推行政令，做到赏罚必行。概言之，就是实施恩威两手，以保证国家太平安定。

在对外问题上，作者要求君主"因天之生也以养生""因天之杀也以伐死"，顺应天意，去帮助那些应该帮助的国家，去讨伐那些应该讨伐的国家，最终目的就是要达到"天下从矣"。作者一再提出天下一统的观念，反映出战国时期民众的普遍愿望。

一年从其俗①，二年用其德②，三年而民有得③，四年而发号令，〔五年而以刑正，六年而〕民畏敬④，七年而可以正⑤。一年从其俗，则知民则⑥；二年用〔其德〕⑦，民则力⑧；三年无赋敛⑨，则民有得；四年发号令，则民畏敬；五年以刑正，则民不幸⑩；六年〔民畏敬，则知刑罚〕⑪；七年而可以正，则朕强适⑫。

【注释】

①一年从其俗：君主建国的第一年，要顺从当地的风俗习惯。《史记·鲁周公世家》："太公亦封于齐，五月而报政周公。周公曰：'何疾也？'曰：'吾简其君臣礼，从其俗为也。'"姜太公刚刚被封在齐国时，他的主要政治措施之一就是"从其俗"。

②用其德：任用有德行的人。

③有得：有所收益。

④［五年而以刑正，六年而］民畏敬：以刑正，使用、推行法律政令。以，用。正，通"政"。"五年而以刑正，六年而"九字原缺，据本段下文补。

⑤正：通"征"。征伐敌国。

⑥民则：当地民众的生活原则、习俗。

⑦二年用［其德］："其德"二字原缺，据上文"二年用其德"补。

⑧力：努力，积极进取。

⑨赋敛：赋税，税收。

⑩幸：侥幸。

⑪六年［民畏敬，则知刑罚］："民畏敬，则知刑罚"七字原缺，据上文补。

⑫朕（shèng）：通"胜"。战胜。适（dí）：通"敌"。敌人，敌国。

【译文】

君主建国的第一年要顺从当地百姓的风俗习惯，第二年要选拔任用有德能的人，第三年要让百姓有实际收益，第四年就可以发号施令了，第五年就可以用法律政令来治理百姓，第六年百姓就会产生敬畏心理，第七年便可以出兵征讨了。第一年顺从当地百姓的风俗习惯，可以掌握他们的生活原则；第二年任用有德能的人，百姓就都会积极努力进取；第三年依然免除赋税，百姓就会有实际收益；第四年发号施令，百姓都会产生敬畏之心；第五年使用法律政令去治理，百姓就不敢抱有侥幸心理，第六年百姓有了敬畏心理，便会懂得、遵循法令行事；第七年就可以率兵出征，能够战胜强大的敌国了。

俗者^①，顺民心殹；德者^②，爱勉之［也］^③；［有］得者，发禁扡关市之正殹^④；号令者，连为什伍^⑤，巽练贤不宵有别殹^⑥；以刑正者，罪杀不赦殹；［畏敬者，民不犯刑罚］殹^⑦；可以正者，民死节殹。

【注释】

①俗者：是上文"从其俗"的省略。

②德者：是上文"用其德"的省略。

③爱勉之：通过爱护贤人的方法去勉励民众积极进取。

④发禁：即"废禁"。指废除各种山泽禁令。发，通"废"。扡（chí）关市之正殹：废除关口市场的征税。扡，通"弛"。废除。关市，关口与市场。古代往往在关口和市场上收税。正，通"征"。征税。

⑤连为什（shí）伍：把百姓按照什伍的形式组织起来。连，联系，组织。什伍，古代户籍编制，五家为伍，十户为什，相联相保。《管子·立政》："十家为什，五家为伍，什伍皆有长焉。"另外，什伍也是古代军队的基层建制，五人为伍，二伍为什，分别设有伍长和什长。

⑥巽练：选拔。不宵：即"不肖"。品行不好、没有能力的人。

⑦［畏敬者，民不犯刑罚］殹："畏敬者，民不犯刑罚"八字原缺，据上文"六年而［民畏敬］""四年发号令，则民畏敬""民畏敬，则知刑罚"补。

【译文】

顺从当地百姓的风俗习惯，是为了顺应民心；选拔任用有德才的人，是为了通过爱护贤人的方法去勉励民众积极进取；要想让百姓有所收益，就要废除山泽之禁和对关口、市场的征税；要想有效地发号施令，就要以什伍的形式把百姓组织起来，通过选拔人才，使贤人与不贤的人区别开来；用法律政令治理百姓，就要做到有罪必罚而绝不姑息；百姓有了敬畏之心，就不敢去触犯法律；可以率兵出征，是因为百姓具有为国献身的精神。

　　若号令发，必厩而上九①，壹道同心②，[上]下不趀③，民无它志，然后可以守单矣④。号令发必行，俗也⑤；男女劝勉，爱也；动之静之，民无不听，时也⑥；受赏无德⑦，受罪无怨⑧，当也⑨。贵贱有别，贤不宵衰也⑩；衣备不相缮⑪，贵贱等也⑫；国无盗贼，诈伪不生，民无邪心，衣食足而刑伐必也⑬。以有余守⑭，不可拔也；以不足功⑮，反自伐也。

【注释】

①必厩而上九（qiú）：（百姓）必定会集结起来响应君主的号召。厩，聚集，集结。上，君主。九，通"仇"。配合，响应。《尔雅·释诂》："仇，匹也。"

②壹道：志同道合。

③[上]下不趀（chè）：趀，乖离，分裂。"上"字原缺，据文义补。

④单（zhàn）：通"战"。作战。

⑤俗：习惯。这里指"号令发必行"已经成为百姓的一种习惯了。

⑥时：时机。是说君主无论是让百姓动还是静，都选择恰当的时机，所以百姓无不听从。

⑦受赏无德：百姓受到奖赏而无须感恩戴德。德，感恩戴德。

⑧受罪无怨：受到惩罚也不会怨恨。

⑨当：恰当。意思是因为君主的赏罚得当，所以百姓受到奖赏不必感恩，受到惩罚也不会怨恨。

⑩贤不宵衰（cuī）也：贤人和不贤的人就会依次分出等级。不宵，即"不肖"。衰，由大到小依照一定的标准分出等级。

⑪衣备不相缘（yú）：服装不相互僭越。衣备，服装。缘，通"逾"。超越，僭越。

⑫等：等级，等差。

⑬刑伐必：坚决按照法律行事。刑伐，刑罚。

⑭有余：有充足的力量。

⑮不足：力量不够。功：通"攻"。进攻。

【译文】

　　君主如果发号施令，百姓必定会应声集结以响应君主，大家同心同德，上下团结一致，百姓毫无异心，这样就可以守护国家或出兵征战了。号令一旦发出，百姓一定执行，这是因为服从命令已经成为百姓的习惯了；男男女女相互劝勉，这是因为君主爱护百姓的缘故；或让百姓行动，或让百姓安定，百姓无不听从命令，这是因为君主选择的时机恰当；百姓受赏不用感恩戴德，受罚也不会抱怨仇恨，这是因为君主的赏罚得当。贵贱有了区别，贤人与不贤的人就能依次分出等级来；服饰不能相互僭越，这是因为它标志着人们的身份等级；国家没有盗贼，奸诈虚伪之事不会发生，民无邪念，这是因为百姓衣食富足而法律能够得到坚决的执行。以充足的力量守卫国家，国家就不会被攻占；力量不足却还要去进攻他国，这等于是自己讨伐自己。

　　天有死生之时①，国有死生之正②。因天之生也以养生③，胃之文④；因天之杀也以伐死，胃之武。［文］武并行⑤，则天下从矣⑥。

【注释】

①天有死生之时：上天掌握着一个国家生死存亡的时机。比如，严

重的天灾会导致或加速一个国家的灭亡,而风调雨顺则会帮助一个国家兴旺或推迟一个国家的灭亡。

②国有死生之正:国家掌握着决定自己生死存亡的政令。正,通"政"。政令。

③因天之生也以养生:顺应着天时去帮助那些上天想要其生存的国家。因,顺应。

④胃之文:这叫作"文治"。胃,通"谓"。

⑤[文]武并行:"文"字原缺,据上下文补。

⑥从:服从,归顺。

【译文】

上天掌握着一个国家生死存亡的时机,国家掌握着决定自己生死存亡的政令。顺应着天时去帮助那些上天想让其生存的国家,这叫作"文治";顺应着天时去攻伐那些上天想让其灭亡的国家,这叫作"武功"。文治武功并举,那么天下各国无不归附。

人之本在地,地之本在宜①,宜之生在时②,时之用在民③,民之用在力,力之用在节④。知地宜,须时而树⑤;节民力以使⑥,则财生。赋敛有度则民富;民富则有佴⑦;有佴则号令成俗而刑伐不犯⑧;号令成俗而刑伐不犯,则守固单朕之道也⑨。

【注释】

①地之本在宜:使用土地的根本在于种植适宜的庄稼。宜,指适宜的农作物。

②宜之生在时:适宜庄稼的生长根本在于把握好种植的季节。

③时之用在民:把握种植季节的根本在于百姓。

④力之用在节:使用民力的根本在于掌握好节度。节,节制,节度。

⑤须时：等待恰当时节。须，等待。树：栽种，种植。

⑥节民力以使：适度地使用民力。节，有节制地，适度地。

⑦佴：通"耻"。羞耻。这里指羞耻之心。

⑧号令成俗：国家的号令就会变为百姓的行为习惯。

⑨单（zhàn）：通"战"。作战。这里指讨伐他国。朕（shèng）：通"胜"。

【译文】

　　人类生存的根本在于土地，使用土地的根本在于种植适宜的庄稼，适宜庄稼的生长在于准确把握种植季节，准确把握、使用季节的关键在于百姓，使用百姓的关键在于让他们各尽其力，使用民力的关键在于要掌握好节度。知道土地适宜种植什么庄稼，并按照适当季节进行种植；适度地使用民力，就能有效地创造财富。税收适度而百姓就会富足；百姓富足就会有羞耻之心；有了羞耻之心就能够使国家的号令变成百姓的行为习惯，而且不会去触犯法律；国家的号令成为百姓的行为习惯而且不去触犯法律，这便是守国则稳固、攻伐则胜利的道理所在。

　　法度者，正之至也①。而以法度治者，不可乱也；而生法度者②，不可乱也。精公无私而赏罚信③，所以治也④。

【注释】

①正之至：最为公正。

②生：制定。

③精公：至公，最公正。精，完美，最好。赏罚信：赏罚必行。信，信实，必定。

④所以治：这就是治理国家的原则。所以，……原则。

【译文】

　　法律制度，是最为公正的。用法律制度来治理国家的时候，不能胡乱作为；制定法律制度的时候，同样不能胡乱制定。至公无私而赏罚必行，这就是治理天下的原则。

　　苛事①，节赋敛，毋夺民时②，治之安。无父之行③，不得子之用④；无母之德⑤，不能尽民之力。父母之行备，则天地之德也。三者备⑥，则事得矣⑦；能收天下豪桀票雄⑧，则守御之备具矣⑨；审于行文武之道⑩，则天下宾矣⑪；号令阖于民心⑫，则民听令；兼爱无私⑬，则民亲上。

【注释】

①苛事：应为"省苛事"。郑开《黄帝四经今译》："'苛'字上疑脱一字，'□苛事'与下面的'节赋敛'为对文。"陈鼓应《黄帝四经今注今译》："注家认为'苛事'上或脱'毋'字，或脱'省'字，是也。"省苛事，除去繁琐、苛刻的政令。译文从之。

②毋夺民时：不要侵占农时。在百姓需要耕种、收割庄稼的时候，却征发百姓去作战、服役，这叫作"夺民时"。

③无父之行：如果没有像父亲爱护儿子那样的行为。父，这里比喻君主。

④子：儿子。这里比喻百姓。

⑤母：母亲。这里比喻君主。

⑥三者：指"省苛事""节赋敛""毋夺民时"三件事。

⑦得：得当，成功。

⑧豪桀：即"豪杰"。桀，同"杰"。票雄：英雄。票，同"骠"。英勇。

⑨守御之备：守卫国家的人才。备，本指装备。这里引申为人才。具：具备。

⑩审：明白，知道。

⑪宾：宾服，归附。

⑫闿：合乎，符合。

⑬兼爱：博爱。

【译文】

削减苛刻的政令，适度征收赋税，不要侵占农时，国家就会太平安定。君主如果没有父亲一样的慈爱行为，就不可能去使唤百姓；如果没有母亲一样的恩情，就不可能使百姓尽心尽力。君主具备了像父母一样的品行，那么也就具备了像天地一样的美德。做到削减苛刻政令、适度征收赋税、不要侵占农时这三件事情，那么做事就能成功；能够收揽天下的英雄豪杰，那么守卫国家的人才就具备了；懂得施行文治武功的原则，那么天下就会宾服了；号令符合民心，那么百姓就会听从号令；君主博爱民众、大公无私，民众就会爱戴君主。

六分第四

六分，指六逆、六顺的不同标准。所谓的"六逆"，指六种悖逆不顺的现象，具体指太子具有君父一样的权威、臣下具有君主一样的权力、大臣在国外很有势力和影响、君主失去权位、君主残暴而臣下混乱、国家出现两个主人。所谓"六顺"，指六种合理的现象，具体指君主不失其权位、君主仁慈而大臣忠诚、君臣各守其职、上下同心同德、君主执法恰当而臣下遵循正理、君主掌握权位而臣下拥戴君主。

作者强调，这六逆、六顺是一个国家兴衰存亡的分界线。作为一个君主，要懂得帝王之术，明辨六逆、六顺现象，有功必赏，有罪必罚；还要恰当地结合运用天时、地利、人和三种因素，要像天无私覆、地无私载那样公正地对待万物。只有如此，才能够做到国富民强，万物曲成。

一说，本章章名"六分"应作"大分"。"大分"的意思是大义、要领。产生这种分歧，主要是因为"六"与"大"形近而造成的。

观国者观主，观家［者］观父①。能为国则能为主②，能为家则能为父。凡观国，有六逆③：其子父④，其臣主⑤，虽强大不王⑥；其谋臣在外立者⑦，其国不安，其主不晋⑧，则社稷残；其主失立^⑨，则国无本；臣不失处^⑩，则下有根^⑪，［国］
忧而存^⑫；主失立则国芒^⑬，臣失处则令不行，此之胃颓国^⑭；
［主暴则生杀不当，臣乱则贤不肖并立，此谓危国^⑮；］主两
则失其明^⑯，男女挣威^⑰，国有乱兵，此胃亡国。

【注释】

①观家［者］观父："者"字原缺，据前文补。

②为国：治理国家。为，治理。为主：当君主。为，当。

③六逆：六种悖逆不顺的现象。指下文说的"其子父""其臣主""其
　谋臣在外立""其主失立""主暴臣乱""主两"。

④其子父：做太子的却有君父一样的权威。子，指下文说的嫡子，也
　即太子。这是第一种悖逆的现象。

⑤其臣主：做大臣的却有君主一样的权力。这是第二种悖逆的现象。

⑥虽：即使。不王：不能称王于天下。也即不能统一全国。

⑦其谋臣在外立（wèi）者：其大臣在国外很有地位和影响。这是第
　三种悖逆的现象。立，通"位"。地位。《韩非子•说林上》："群
　臣有内树党以骄主，有外为交以削地，则王之国危矣。"把大臣与
　其他诸侯国结交视为对本国的威胁之一。

⑧晋：通"悟"。醒悟。

⑨其主失立（wèi）：君主失去权位。这是第四种悖逆的现象。

⑩臣不失处：大臣能够坚守自己的岗位。处，大臣所应有的权位，对
　下能够掌控百姓，对上而不僭越君主。

⑪则下有根：那么国家还有生存的基础。下，指下面的臣民。根，基础。

⑫［国］忧而存：忧，忧患，灾难。"国"字原缺，据上下文义补。

⑬主失立（wèi）则国芒（huāng）：君主如果失去权位，那么国家就会
　衰亡。芒，通"荒"。衰亡。

⑭颓国：衰败的国家。颓，衰败。

⑮〔主暴则生杀不当，臣乱则贤不肖并立，此谓危国〕：此十九字原
缺，据下文"主暴臣乱"及其他理由增补，详见陈鼓应《黄帝四经
今注今译》。这是第五种悖逆的现象。

⑯主两：两位君主并立。比如君父与太子分权，君主与后妃同时掌
权，权臣与君主争权等，都属于"主两"现象。这是第六种悖逆的
现象。失其明：国家就会失去明确方向。因为政出多门，纷争不断，
民众就会迷茫而不知所从。

⑰男女挣威：君主与后妃争夺权威。男，指君主。女，指后妃。挣，
通"争"。争夺。

【译文】

考察一个国家的好坏，主要是考察其君主；考察一个家庭的好坏，主
要是考察其父亲。能够治理一个国家的人才能够当君主，能够主持一个
家庭的人才能够当父亲。大凡考察一个国家的时候，有六种悖逆的现象
需要注意：身为太子却具有君父的权威，身为大臣却具有君主的权力，这
样的国家即使强大也不可能称王于天下；谋臣在其他国家很有地位和影
响，那么本国就不会安定；君主如果意识不到这一点，那么国家就会受到
损害；君主如果失去权位，那么国家就会失去依托；如果大臣此时还能够
坚守岗位，那么国家还有生存的基础，虽有忧患尚可生存；君主失去权位
就会使国家衰败，大臣无法坚守岗位就会使政令不通，这样的国家就叫
作衰败的国家；君主残暴就会赏罚生杀不当，臣下混乱就会使贤人与不
贤的人并列无别，这样的国家就叫作危亡的国家；一个国家同时有两个
主人就会使国家失去方向，君主与后妃争夺权势，就会导致国家内战，这
样的国家就叫作即将灭亡的国家。

　　适子父①，命曰上晲②，群臣离志；大臣主③，命曰雍塞④。
在强国削⑤，在中国破⑥，在小国亡。谋臣〔在〕外立者，命
曰逆成⑦，国将不宁。在强国危，在中国削，在小国破。主失

立，臣不失处，命曰外根⑧，将与祸阃⑨。在强国忧，在中国危，在小国削。主失立，臣失处，命曰无本，上下无根，国将大损。在强国破，在中国亡，在小国灭。主暴臣乱，命曰大芒⑩，外戎内戎⑪，天将降央⑫。国无小大，又者灭亡⑬。主两，男女分威，命曰大麋⑭，国中有师⑮。在强国破，在中国亡，在小国灭。

【注释】

①适（dí）子父：太子具有君父一样的权威。适，通"嫡"。嫡子，即太子。

②命曰：叫作。上曊（bèi）：逆上，悖逆君父。曊，通"怫"。古代"怫"与"悖"通。悖逆。

③大臣主：大臣具有君主一样的权力。

④雍塞：遮蔽。雍，通"壅"。闭塞。《韩非子·主道》："是故人主有五壅：臣闭其主曰壅，臣制财利曰壅，臣擅行令曰壅，臣得行义曰壅，臣得树人曰壅。"

⑤在强国削：这种事情如果发生在强大的国家，国家就会被削弱。

⑥中国：中等的国家。

⑦逆成：违背了常规。成，成规，常规。

⑧外根：朝廷之外的根基。外，相对于朝内、君主而言。朝外的根基是不可靠的。

⑨阃（lín）：通"邻"。接近，靠近。

⑩大芒（huāng）：严重的衰败。芒，通"荒"。衰败。

⑪外戎内戎：外忧内患。戎，军队，战争。

⑫央：通"殃"。灾难。

⑬又者：有这种情况。又，通"有"。

⑭大麋：大的迷惑。麋，通"迷"。

⑮有师：发生兵变、战乱。师，军队。这里指战乱。

【译文】

太子具有君父一样的权威，这叫作悖逆了君父，会使群臣与君主离心离德；大臣具有君主一样的权力，这叫作遮蔽了君主的威望。这些情况如果发生在强国，就会使强国削弱；发生在中等国家，就会使中等国家破败；发生在小国，就会使小国灭亡。谋臣在其他国家很有地位和影响，这种现象就违背了常规，国家将不得安宁。这种情况如果发生在强国，就会使强国面临危险；发生在中等国家，就会使中等国家削弱；发生在小国，就会使小国破败。君主失去权位，大臣还能坚守职位，这种情况叫作在朝廷之外还有一定的根基，但已经接近祸患了。这种情况如果发生在强国，就会使强国遇上忧患；发生在中等国家，就会使中等国家面临危险；发生在小国，就会使小国削弱。如果君主失去权位，大臣失去职权，这种情况叫作失去了生存的根基，君臣上下都失去了生存根基，国家就会受到极为严重的损害。这种情况如果发生在强国，就会使大国破败；发生在中等国家，就会使中等国家衰亡；发生在小国，就会使小国覆灭。君主残暴而臣下混乱，这种情况就会导致极大的衰亡，外患内乱接踵而至，上天将会降下灾难。无论大国小国，只要发生这种情况都会灭亡。国家出现了两个主人，君主与后妃争权夺利，这种情况就会使臣民迷惑而无所适从，国内就会发生战乱。这种情况发生在强国，就会使强国破败；发生在中等国家，就会使中等国家衰亡；发生在小国，就会使小国灭亡。

凡观国，有大顺①：主不失其立，则国〔有本；臣〕失其处②，则下无根，国忧而存。主惠臣忠者，其国安。主主臣臣③，上下不赾者，其国强。主执度，臣循理者，其国朝昌④。主得〔位〕臣楅属者⑤，王。

【注释】

①有大顺：有六种合理的现象。大，应为"六"字，因形近而误。译文
　从之。顺，顺理，合理。六种合理的现象指下文说的主不失其位、主
　惠臣忠、主主臣臣、上下不赿、主执度而臣循理、主得位而臣辐属。

②"主不失其立"三句："有本""臣"三字原缺，据文义补。

③主主臣臣：即儒家说的"君君臣臣"。君主要尽到君主的权利和义
　务，臣下要尽到臣下的权利和义务。

④朝（bà）：同"霸"。霸主。

⑤主得［位］臣辐属（fú zhǔ）者：辐属，就像车子的辐条聚集在车
　毂上那样聚集在君主的身边。楅，通"辐"。车子的辐条。属，聚集。
　车毂是指车轮中心有圆孔可以插轴的部分。"位"字原缺，据文义补。

【译文】

大凡考察一个国家，应有六种合理的现象：君主不失其权位，那么
这个国家便具备了存在的根基；如果大臣不能坚守职位，君主就会失去
下面的基础，这样的国家虽有忧患还能够继续生存。君主慈惠爱民，大
臣忠心事君，那么国家就会安定。君主尽到君主的权利和义务，臣下尽
到臣下的权利和义务，君臣上下同心同德，那么国家就会强盛。君主掌
握着恰当的法度，大臣遵循着正理做事，那么国家就会成为昌盛的霸主。
君主稳居于君位，大臣就像车子的辐条聚集在车毂上那样团结在君主身
边，这样就可以称王于天下了。

六顺、六逆［乃］存亡［兴坏］之分也①。主上执六分
以生杀②，以赏［罚］，以必伐③。天下大平④，正以明德⑤，参
之于天地⑥，而兼复载而无私也⑦，故王天［下］⑧。

【注释】

①六顺、六逆［乃］存亡［兴坏］之分也：分，分界线。"乃""兴坏"

三字原缺，据文义补。

②六分：六逆、六顺的不同标准。

③必：坚决，果断。伐：攻伐。指攻伐那些出现六种悖逆现象的国家。

④大（tài）平：太平。大，同"太"。

⑤正以明德：执法公正以显明自己的美德。

⑥参之于天地：参考、效法天地之理。

⑦兼复载：像苍天无不覆盖、大地无不托载那样。兼，指所有的事物。复，通"覆"。覆盖着。指上天覆盖着万物。载，托载着。指大地托载着万物。《庄子·大宗师》："天无私覆，地无私载，天地岂私贫我哉！"

⑧故王天［下］："下"字原缺，马王堆帛书整理小组补。所补是。

【译文】

六种合理现象和六种悖逆现象是决定国家兴衰存亡的分界线。君主掌握住这六种合理现象和六种悖逆现象的标准，并以此来决定生杀，以此来进行赏罚，以此来果断征战。这样天下就会安定太平，君主执法公正以显明自己的美德，还要效法天地之理，要像苍天无不覆盖、大地无不托载那样公正无私，这样就可以称王于天下了。

王天下者之道，有天焉①，有地焉②，又人焉③。参者参用之④，［然后］而有天下矣⑤。为人主，南面而立⑥，臣肃敬，不敢敝其主⑦；下比顺⑧，不敢敝其上。万民和辑⑨，而乐为其主上用；地广、人众、兵强，天下无适⑩。

【注释】

①天：指天时。

②地：指地利。

③又：通"有"。人：指人和。

④参（sān）者：指天时、地利、人和三种因素。参，同"三"。参用之：
　　结合在一起去使用它们。参，合在一起。

⑤[然后]而有天下矣：而，能，能够。"然后"二字原缺，依文义补。

⑥南面：古代以面向南为贵，因此君主接见大臣时，一般面向南而
　　坐。立：在位。

⑦敝：通"蔽"。遮蔽，蒙蔽。

⑧下比顺：臣民亲近顺从。下，下级。比，亲近。

⑨和辑：和睦。辑，和睦。

⑩无适（dí）：无敌。适，通"敌"。敌人，抵抗。

【译文】

　　想称王于天下的君主，要考虑到天时、地利、人和三个方面的因素。只有把这三个方面的因素结合起来运用，然后才能够占有整个天下。作为一个君主，要稳居自己的君位，使大臣们严肃恭敬，不敢蒙蔽君主；下级亲近顺从，不敢蒙蔽上级。民众和睦相处，乐于为君主效力；地域广大，百姓众多，军队强盛，这样就可以无敌于天下了。

　　文德厥于轻细①，[武]刃于[当罪]②，王之本也。然而不知王述③，不王天下。知王[术]者，驱骋驰猎而不禽芒④，饮食喜乐而不面康⑤，玩好嬛好而不惑心⑥，俱与天下用兵⑦，费少而有功，[战胜而令行，故福生于内]⑧，[则]国富而民[昌，圣人其留]⑨，[天下]其[与]⑩。

【注释】

①文德：指恩德。上文《君正》："因天之生也以养生，胃之文。"厥：
　　通"究"。穷尽，普及到。轻细：指小民、百姓。

②[武]刃于[当罪]：刑罚要施加于应该治罪的人身上。武，武功。
　　这里指刑罚。刃，杀死。这里引申为惩罚。当罪，应当治罪的人。

上文《君正》:"因天之杀也以伐死,胃之武。""武""当罪"三字原缺,据文义补。

③王述:帝王之术,当帝王的策略。述,通"术"。下文所缺"术"字据此补。

④驱骋驰猎:到处驰骋打猎。禽芒(huāng):沉迷于打猎之中。芒,通"荒"。迷乱,沉迷。

⑤喜乐:玩乐。喜,同"嬉"。嬉戏玩乐。面康:沉迷于玩乐之中。面,通"湎"。沉湎,沉迷。康,康乐,快乐。

⑥玩好:指各种珍宝。睘(xuān)好:形容女子轻柔美丽的样子。这里代指美貌女子。睘,通"嬛"。轻盈美丽的样子。好,女子貌美。

⑦俱与天下用兵:率领天下人用兵打仗。俱与天下,和天下人一起。

⑧[战胜而令行,故福生于内]:此两句原缺,据下文"战胜而令不行"等句子,据文义补。

⑨[则]国富而民[昌,圣人其留]:"则""昌"二字原缺,据文义补。"圣人其留"四字原缺,参照下文"圣之人弗留"补。圣人就会留在君主身边辅佐他。

⑩[天下]其[与]:"天下""与"三字原缺,据下文"天下弗与"补。与,帮助。

【译文】

施恩惠的时候要普及到小民百姓的身上,用刑罚的时候要去惩罚那些应当惩罚的人,这是做君主的根本原则。然而君主如果不懂得帝王之术的话,也无法称王于天下。懂得帝王之术的君主,到处驰骋打猎而不会沉迷于打猎之中,吃喝玩乐而不会沉湎于吃喝玩乐之中,各种珍宝、美女也无法迷惑他们的思想,这样的君主就能够率领天下的人从事征战,使用很少的费用而建立极大的功劳,他们征战必胜、令行禁止,国内会出现许多福庆的事情,使国家富强、百姓昌盛,圣贤也会留在他们身边辅佐他们,天下百姓也都会帮助他们。

［不］知王述者①，驱骋驰猎则禽芒，饮食喜乐则面康，玩好睘好则或心②；俱与天下用兵，费多而无功，单朕而令不［行］③，［故福］失［于内，财去而仓廪］空［虚］④，与天［相逆］⑤，则国贫而民芒。［至］圣之人弗留⑥，天下弗与。如此而有不能重士而师有道⑦，则国人之国已⑧。

【注释】

①［不］知王述者："不"字原缺，据文义补。

②或：通"惑"。迷惑。

③单朕（zhàn shèng）而令不［行］：单，通"战"。作战。朕，通"胜"。"行"字原缺，据文义补。

④［故福］失［于内，财去而仓廪（lǐn）］空［虚］：仓廪，贮藏粮食的仓库。此句缺字较多，据上下文义补。

⑤与天［相逆］："相逆"二字原缺，据文义补。

⑥［至］圣之人：最为贤圣之人。"至"字原缺，据文义补。

⑦有：通"又"。士：读书人。这里指人才。师：效法。有道：有道之人。

⑧则国人之国已：那么国家就会成为别人的国家了。已，句末语气词。相当于"矣"。

【译文】

那些不懂得帝王之术的君主，到处驰骋打猎就会沉迷于打猎之中，吃喝玩乐就会沉湎于吃喝玩乐之中，各种珍宝、美女也能够迷惑他们的思想；这样的君主率领天下的人从事征战，就会花费极多而无法成功，即使战胜也无法做到令行禁止，因此国内就不会出现福庆之事，财物就会被耗尽而仓库空虚，他们违背了天理，那么就会使国家贫穷而百姓困窘。那些最为贤圣的人也不会留下来辅佐他们，天下人也不会去帮助他们。在这种情况下他们还不去重视士人，不去向有道的人学习求教，那么他们的国家将为成为别人的国家了。

　　王天下者有玄德①，有［玄德］独知［王术］，［故而］王天下而天下莫知其所以②。王天下者，轻县国而重士③，故国重而身安④；贱财而贵有知⑤，故功得而财生⑥；贱身而贵有道⑦，故身贵而令行⑧。［故王］天下［者］天下则之⑨。朝主积甲士而征不备⑩，诛禁当罪而不私其利⑪，故令行天下而莫敢不听。自此以下⑫，兵单力挣⑬，危亡无日⑭，而莫知其所从来。夫言朝王，其［无私也］⑮，唯王者，能兼复载天下，物曲成焉⑯。

【注释】

①玄德：高尚的品德。玄，玄远，高尚。

②"有［玄德］独知［王术］"二句：具有高尚品德的君主独自掌握着帝王之术，因此称王于天下而天下没有人知道他们是如何做到这一点的。作者的这一观点，与法家极为相似。所谓"术"，就是君主驾驭臣民的权术，韩非对此解释说："术者，因任而授官，循名而责实，操杀生之柄，课群臣之能者也。此人主之所执也。"（《韩非子·定法》）韩非还指出，君主驾驭臣民的权术，要紧紧地掌握在君主自己的手中，不可让他人知道。此处"玄德""王术""故而"六字原缺，据文义补。

③轻县国而重士：看轻土地而重视人才。也即把土地分封给贤人，以争取贤人为自己效力。县国，指土地。士，读书人。这里指人才。

④重：稳重，安定。身安：君主自身安全。

⑤有知：有智慧的人。知，同"智"。

⑥功得：功劳得以建立。得，得到，建立。

⑦贱身：看轻自己。也即自己要谦卑。有道：掌握大道的人。

⑧身贵而令行：自身反而变得高贵，而且能够做到令行禁止。"贱身

而贵有道,故身贵而令行"所讲的"贱身"反而使"身贵"的道理,
与《老子》七章讲的"是以圣人后其身而身先,外其身而身存。非
以其无私邪? 故能成其私"的思想是一致的。

⑨[故王]天下[者]天下则之:则,效法。"故王""者"三字原缺,
据文义补。

⑩朝主:即"霸主"。积甲士:召集军队。甲士,穿甲衣的将士。不备:
没有防备的国家。一说"备"为服从义,"不备"即不服从命令的
国家。

⑪诛禁:讨伐。不私其利:不独占其利。

⑫自此以下:自霸主以下的君主。也即品德比不上霸主的君主。

⑬兵单(zhàn)力挣:出兵打仗,以武力相争。单,通"战"。作战。挣,
通"争"。争夺。

⑭危亡无日:身亡国危,指日可待。无日,不需多长时间。也即很快。

⑮其[无私也]:"无私也"三字原缺,据上文"而兼复载而无私也,故
王天[下]"补。

⑯物曲成焉:使天下大大小小的事物都各得其宜。曲成,多方设法
使其成功。

【译文】

称王于天下的君主具有高尚的品德,具有高尚品德的君主独自掌握
着帝王之术,所以能够称王于天下而天下没有人知道他们是如何做到这
一点的。称王于天下的君主,看轻土地而重视人才,因此就能使国家稳
固而自身安逸;看轻财利而尊重有智慧的人,因此就能够建功立业而增
加财富;自身谦卑而尊重有道之人,因此就能使自身显贵而令行天下。
所以称王于天下的君主,天下人都会去效法他们。霸主召集军队以征讨
那些没有防守意识的国家,诛伐理当治罪的国家而不图谋私利,所以能
够令行天下而没有人敢于违抗命令。那些比不上霸主的君主,出兵作战
以武力相争,其身亡国危指日可待,而他们居然还不知道这些灾难是如

何产生的。至于说到霸王,他们是无私的,只有那些能够称王于天下的君主,才能够像苍天无不覆盖、大地无不托载那样公正无私地对待万物,所以能够使天下所有的事物都各得其宜。

四度第五

【题解】

　　四度，四条治国准则。度，法度，准则。具体指：第一，君主与臣下要各居其位；第二，贤人与不贤的人要各居其职；第三，一举一动都要参考、顺应天时地利；第四，讨伐罪人要时机恰当。只有做到"四度"，才能够国富身安。除此之外，作者还提醒君主不要贪图虚名，不要聚集金银珍宝，要以文治为主而以武力为辅，要按照法律行事等等。

　　君臣易立①，胃之逆②；贤不宵并立③，胃之乱；动静不时④，胃之逆⑤；生杀不当，胃之暴。逆则失本，乱则失职，逆则失天，[暴]则失人。失本则[损]⑥，失职则侵⑦，失天则几⑧，失人则疾⑨，周雹动作⑩，天为之稽⑪。天道不远⑫，人与处，出与反⑬。

【注释】

①君臣易立（wèi）：君主与臣下的权位颠倒了。易，改变，交换。立，通"位"。

②胃之逆：这叫作大逆不顺。胃，通"谓"。叫作。

③贤不宵并立：贤人与不贤的人并立于朝堂做官。也即贤人与坏人

贵贱不分。不宵，即"不肖"。不贤的人。

④动静不时：行为不合时宜。动静，或动或静。代指所有行为。

⑤逆：悖逆了天时。

⑥失本则［损］："损"字原缺，据上文"主失立，臣失处，命曰无本，
上下无根，国将大损"补。

⑦侵：僭越、侵权的行为。

⑧失天则几：丧失天时就会出现危险。几，危险。一说"几"通"饥"。
指饥荒。

⑨疾：痛苦，灾难。也可理解为"痛恨"，指遭到天下人的痛恨。

⑩周蹇（qiān）：周旋，进退。泛指所有行为。蹇，同"迁"。迁徙，移动。

⑪稽（kǎi）：通"楷"。楷模，榜样。蒋锡昌《老子校诂》六十五章："'稽'
为'楷'之借字。'稽''楷'一声之转。"

⑫天道不远：自然规律就在人的身边。意思是君主可以通过观察身
边的事物以体悟自然规律，并按照自然规律办事。

⑬入与处，出与反：一举一动都要遵循自然规律。这两句应该视为
互文，也即把两句话结合起来理解。"入""出"，泛指一切行为。
与处，与大道在一起。与反，与大道一起循环往复。反，同"返"。
循环往复。

【译文】

　　君主与臣下的权位颠倒了，这叫作大逆不顺；贤人与不贤的人同在
朝中做官，这叫作混乱不堪；人们的行为不合时宜，这叫作违背节令；生
杀赏罚不恰当，这叫作残酷暴戾。大逆不顺就会使国家失去生存根本，
混乱不堪就会使臣下失去自己的职守，违背节令就会失去天时，残酷暴
戾就会失去民心。国家失去生存根本就会受到重创，臣下失去职守就会
发生僭越侵权之事，民众失去天时就会出现危险，君主失去民心就会遇
到灾难，君主的一举一动，都要效法自然。大自然的运行规律就在君主
的身边，君主的所有行为，都要与大自然的规律保持一致。

君臣当立①,胃之静②;贤不宵当立,胃之正;动静参于天地③,胃之文④;诛〔禁〕时当⑤,胃之武。静则安,正〔则〕治⑥,文则〔明〕⑦,武则强。安〔则〕得本⑧,治则得人,明则得天⑨,强则威行。参于天地,阖于民心,文武并立,命之曰上同⑩。

【注释】

①君臣当立(wèi):君主与臣下各居其位。

②静:安静,安宁。

③动静参于天地:一举一动要参考天时、地利。

④文:文治。

⑤诛〔禁〕时当:"禁"字原缺,据文义补。

⑥正〔则〕治:"则"字原缺,据上下文补。

⑦文则〔明〕:搞好文治就会政令清明。"明"字原缺,据下文"明则得天"补。

⑧安〔则〕得本:君主与臣下安宁了就会国家安定。"则"字原缺,据文义补。

⑨明则得天:政令清明了就会得到天助。

⑩上同:上同于天道。一说指民众上同于君主,即民众与君主同心同德。

【译文】

君主与臣下各居其位,这叫作安宁;贤人与不贤的人各居其职,这叫作恰当;一举一动都要参考天时地利,这叫作文治;讨伐罪人的时机恰当,这叫作武功。君主与臣下安宁了,那么国家就会安定;贤人与不贤的人职位恰当了,那么社会就会太平;搞好文治,那么政令就会清明;建立武功,那么国家就会强大。国家安定了,就有了生存的基础;社会安定了,就能够得到民众的拥戴；政令清明了，就会得到上天的帮助；国家强大了，就能够威行天下。参考天时地利，顺应百姓心愿，文治武功并举，这样做就叫作符合了天道。

　　审知四度①，可以定天下，可安一国②。顺治其内③，逆用于外④，功成而伤。逆治其内，顺用其外，功成而亡⑤。内外皆逆，是胃重央⑥，身危为缪⑦，国危破亡。外内皆顺，命曰天当功成而不废，后不奉央⑧。

【注释】

①审：明白，知道。四度：指上述四条治国的准则。具体指君臣当位、贤不肖当位、动静参于天地、诛禁时当。度，法度，准则。

②国：指诸侯国。先秦人说的"天下"，指整个华夏地区；"国"则指诸侯国，仅仅是"天下"的一个部分。

③顺治其内：按照这"四度"去治理国内。顺，顺从，按照。

④逆用于外：不按照这"四度"去处理国外事务。

⑤亡：失去。指失去在国外所建立的功业。

⑥是胃重央：这叫作严重的灾难。胃，通"谓"。央，通"殃"。

⑦为缪（lù）：被杀掉。为，被。缪，通"戮"。杀戮。

⑧奉：通"逢"。遇到。

【译文】

　　明白了上述四项治国准则，既可以治理好整个天下，也可以治理好一个诸侯国。能够按照这四项准则治理国内，却不能够按照这四项准则去处理外交事务，那么即使国内成功了也会受到国外的伤害。不能够按照这四项准则治理国内，而能够按照这四项准则去处理国外事务，那么即使在国外成功了也会失去这些功劳。如果在国内、国外都不能够按照这四项准则行事，这就是最大的灾难，君主将身陷危难，甚至被杀，最终导致国家灭亡。如果在国内、国外都能够按照这四项准则行事，就叫作符合了自然规律，那么就能够建功立业而且不会失去这些功业，以后也不会遇到任何灾难。

　　声华［实寡］者①，用也②。顺者，动也③；正者，事之根也。执道循理，必从本始，顺为经纪④，禁伐当罪，必中天理。怀约则窘⑤，达刑则伤⑥。伓逆合当⑦，为若又事⑧，虽无成功，亦无天央⑨。

【注释】

①声华［实寡］者：名声很美好而缺乏实际德才的人。华，华美。这里指名声美好。实，指实际美德与才能。"实寡"二字原缺，据文义补。

②用：通"庸"。庸俗的人。

③顺者，动也：顺从天理人情，这是行动的原则。

④顺为经纪：顺应着天理人情去经营、安排事情。

⑤怀（bèi）约则窘（jiǒng）：背弃盟约就会陷入困窘。怀，通"背"。约，盟约。窘，通"窘"。困窘。

⑥达刑：不合理的刑罚。达，不符合。《说文解字》："达，行不相遇也。"

⑦伓逆：与"逆"相背，也即顺理。不做悖逆的事情。合当：合理恰当。

⑧为若：如果。又事：即"有事"。遇到事情。又，通"有"。

⑨天央：上天降下的灾难。央，通"殃"。

【译文】

　　名声很美好而缺乏实际德才的人，就是庸俗的人。顺从天理人情，这是行动的原则；坚持正确原则，这是做事的根本。执守天道，遵循正理，必须从最基本的事情做起，顺应着天理人情去经营、安排事情，惩罚那些应该治罪的人，这一切都必须符合天道。背弃盟约就会陷入困窘，惩罚不当就会伤害自身。顺应天理而行为恰当，如果遇到事情，即使不能取得成功，也不会有什么天灾人祸。

　　毋［止生以死］①，毋御死以生②，毋为虚声③。声洫于实④，是胃灭名⑤。极阳以杀⑥，极阴以生⑦，是胃逆阴阳之命⑧。极阳杀于外，极阴生于内⑨，已逆阴阳，有逆其立⑩，大则国亡，小则身受其央。□□□□□□建生⑪。当者有［数］⑫，极而反⑬，盛而衰，天地之道也，人之李也⑭。逆顺同道而异理⑮，审知逆顺，是胃道纪⑯。以强下弱⑰，以何国不克⑱？以贵下贱，何人不得⑲？以贤下不宵，［何事］不［治］⑳？

【注释】

①毋［止生以死］：不要用死亡的手段去阻止那些应该生存的事物去生存。"止生以死"四字原缺，陈鼓应《黄帝四经今注今译》依据本文文义及庄子思想补。

②毋御死以生：不要用生存的手段去抗拒那些应该死亡的事物去死亡。御，抵御，抗拒。以上两句是说，一切都要顺应自然，对于该生的事物，就不要去杀死它们；对于该死的事物，就不要让它们继续生存。

③毋为虚声：不要去追求虚假的名声。为，追求。

④声洫（yì）于实：美名超过实际德才。洫，同"溢"。过分，超过。

⑤是胃灭名：这样做反而会失去原有的美名。灭，失去。

⑥极阳以杀：在主生的阳气极盛的情况下而去杀害它们。古人认为阳主生。

⑦极阴以生：在主死的阴气极盛的情况下却想让它们生存。古人认

为阴主死。

⑧是胃逆阴阳之命：这种做法就叫作违背了阴阳的运行规律。是，代词。代指上文的"极阳以杀，极阴以生"。命，天命，规律。

⑨极阳杀于外，极阴生于内：在主生的阳气极盛的情况下，想从外部杀死它们；在主死的阴气极盛的情况下，又想从它们内部寻找生机。

⑩有逆其立（wèi）：又违背了它们的生死秩序。有，通"又"。立，通"位"。位置，秩序。

⑪建生：扶植生存的事物。建，扶植，养育。前缺七字，无可补。

⑫当者有［数］：自然规律具有自己的定数。当，"天当"的省略。上文《国次》："故唯圣人能尽天极，能用天当。"天当指自然规律。当，恰当，不偏不倚。这里指不偏不倚的自然规律。"数"字原缺，据文义补。

⑬极而反：物极必反。事物发展到极端，会向相反的方向转化。

⑭人之李：人事之理。李，通"理"。

⑮逆顺同道而异理：违背阴阳规律和顺应阴阳规律的不同结果都是大道决定的，而人们可以采取不同的对策。理，对策。

⑯道纪：大道的主要情况。纪，原指丝团的头绪，引申为主要部分。

⑰以强下弱：以强国的身份对弱国表示谦卑。下，谦恭，谦卑。

⑱以何国不克：哪一个国家不能战胜？ 意思是，强国态度谦卑，会得到弱小国家的支持和拥戴。"以"字为衍文，应删。

⑲何人不得：什么样的人不能收服？ 得，得到，收服。

⑳［何事］不［治］：什么样的事情做不好？"何事""治"三字原缺，陈鼓应《黄帝四经今注今译》依据上文"贤不宵当立，胃之正……正［则］治"补。

【译文】

既不要用死亡的手段去阻止那些应该生存的事物去生存，也不要用生存的手段去抗拒那些应该死亡的事物去死亡，更不要去追求虚假的名声。美名超过了实际德才,反而会失去原有的美名。在主生的阳气极盛的情况下而去杀害它们,在主死的阴气极盛的情况下却想让它们继续生存,这种做法就叫作违背了阴阳的运行规律。在主生的阳气极盛的情况下,想从外部杀死它们;在主死的阴气极盛的情况下,又想从它们内部去寻找生机,这样做不仅已经违背了阴阳运行的规律,而且又搞乱了事物的生死秩序,这样做,大则国家败亡,小则殃及自身。□□□□□□扶植生存的事物。自然规律有自己的定数,那就是物极必反,盛极必衰,这不仅是大自然的规律,也是人类社会的发展规律。违背阴阳规律和顺应阴阳规律的不同结果都是大道决定的,而人们可以采取不同的对策。要明白违背阴阳规律和顺应阴阳规律的不同结果,这就是学习大道的主要内容。强盛的国家向弱小的国家表示谦卑,什么样的国家不能战胜?地位高贵的人向地位卑贱的人表示谦卑,什么样的人不能收服?贤良的人向不贤良的人表示谦卑,什么样的事情不能做好?

　　规之内曰员①,拒之内曰[方]②,[悬]之下曰正③,水之[上]曰平④,尺寸之度曰小大短长⑤,权衡之称曰轻重不爽⑥,斗石之量曰小多有数⑦。八度者⑧,用之稽也⑨。日月星辰之期⑩,四时之度⑪,[动静]之立⑫,外内之处⑬,天之稽也。高[下]不敝其刑⑭,美亚不匿其请⑮,地之稽也。君臣不失其立,士不失其处,任能毋过其所长⑯,去私而立公,人之稽也。美亚有名⑰,逆顺有刑⑱,请伪有实⑲,王公执[之]以为天下正⑳。

【注释】

　　①规之内曰员:用规画出的形状叫作圆形。规,画圆的一种工具。员,
　　　通"圆"。圆形。

②拒(jǔ)之内曰[方]：拒，通"矩"。用来画方形的工具。"方"字
　　原缺，据文义补。

③[悬]之下曰正："悬"，又称"悬锤"。用绳子悬挂一个重物，是用
　　来测量上下位置是否一致、建筑物是否垂直的一种工具。"悬"字
　　原缺，据文义补。

④水之[上]：水的表面。"上"字原缺，据文义补。

⑤尺寸之度：用尺寸量出来的度数。

⑥权衡：称量物体轻重的器具。权，秤砣。衡，秤杆。爽：差错。

⑦斗石：古代量粮食的两种器具。十升为一斗，十斗为一石。小
　　(shǎo)：通"少"。

⑧八度：八种度量标准。具体指上述的规、矩、悬、水、尺寸、权衡、斗
　　石等度量标准。然而这里只有七项，应是漏掉了一项。《墨子·法
　　仪》："直以绳，正以悬。"可能少了"绳墨"一项，因此在上文"水
　　之上曰平"之前，应有一句："绳之中曰直。"

⑨用之稽：用它们来考察、纠正事物。之，代指上述"八度"。

⑩期：运行周期。

⑪四时之度：四季运行的时间。度，季度，时间。

⑫[动静]之立(wèi)：进退动静的秩序。动静，泛指行为。立，通
　　"位"。位置，秩序。"动静"二字原缺，据文义补。

⑬外内之处：上下内外的位置。外内，泛指事物所处的方位。

⑭高[下]不敝其刑：地势或高或低都无法遮掩自己的形状。敝，
　　通"蔽"。遮掩。刑，通"形"。形状。"下"字原缺，据文义补。

⑮美亚(è)不匿其请(qíng)：是美是恶，无法掩盖自己的真实情况。
　　美，指土地肥沃。亚，同"恶"。指土质贫瘠。请，通"情"。真实情况。

⑯任能：任用贤能之人。毋过其所长：不要超过他们的长处。

⑰美亚有名：美好与丑恶各有自己的定名。意思是，用公认的各种
　　名称为是非善恶做出界定。

⑱逆顺：违背天道和顺从天道。有刑：各有自己的表现。刑，通"形"。形状，表现。

⑲请（qíng）伪：真诚与虚伪。请，通"情"。真实情况。有实：都有各自的实际内容。

⑳王公执〔之〕以为天下正：王公，泛指统治者。执之，掌握真实情况。为天下正：做天下的领导者。正，领导者。"之"字原缺，据上下文补。

【译文】

用规画出的形状叫作圆形，用矩画出的形状叫作方形，悬锤的下面就是最垂直的位置，水的上面就是最平的地方，用尺寸量出来的就是大小长短，用权衡称量出来的就是轻重恰当，用斗石量出来的就是多少数量。以上八种度量标准，是人们用来考察事物的准则。日月星辰的运行周期，春夏秋冬的循环时间，万事万物的行为秩序，事物的上下内外位置，这些都是上天要考察的内容。地势或高或低都无法遮掩自己的形状，土地或肥沃或贫瘠都无法掩盖自己的真实情况，这些都是大地要考察的内容。君主与臣下各居其位，士人也各得其所，任用贤能之人的时候不要让所授职务超过他们的才能，去除私心秉公办事，这是人们所要考察的内容。是非善恶各有定名，违背天道和顺应天道都有自己的具体表现，真诚和虚假都有各自的实际内容，君主只要掌握了这些情况，就可以成为天下的领导者。

因天时①，伐天毁，胃之武。武刃而以文随其后②，则有成功矣。用二文一武者王③。其主道④，离人理，处狂惑之立处不吾⑤，身必有瘳⑥。柔弱者无罪而几⑦，不及而翟⑧，是胃柔弱。刚正而〔强〕者〔临罪〕而不厩⑨。名功相抱⑩，是故长久；名功不相抱，名进实退，是胃失道，其卒必〔有〕身咎⑪。黄金珠玉臧积⑫,怨之本也;女乐玩好燔材⑬,乱之基也。守怨之本,养乱之基,虽有圣人,不能为谋。

【注释】

①因:顺应。

②武刃而以文随其后:在武力进攻之后,再用文治的方法去安抚民众。武,武功。这里指刑罚、征讨。刃,杀死。这里引申为惩罚、讨伐。

③二文一武:二分文治,一分武功。也即以文治为主,以武力为辅。

④其:应为"失"字之误。主道:做君主的原则。

⑤处狂惑之立(wèi)处不吾(wù):应为"处狂惑之立而不吾"。处于迷乱的境地而尚不省悟。后一个"处"字因前一个"处"字而误重,缺一"而"字。立,通"位"。吾,通"悟"。醒悟。

⑥身必有瘳(lù):自身必定受到杀戮。瘳,通"戮"。杀戮。

⑦柔弱者:善于守柔的人。守柔是道家非常重视的一种处世原则。《老子》十章:"专气致柔。"三十六章:"柔弱胜刚强。"无罪而几:即使没有犯下任何罪过也战战兢兢。几,危险。这里指像遇到危险一样战战兢兢。

⑧不及而翟(tì):还没有遇到灾难就小心翼翼。翟,通"趯"。惊惧。这里指提高警惕,小心翼翼。

⑨刚正而[强]者[临罪]而不厩:刚正而[强]者,刚强的人。厩,通"究"。明白。"强""临罪"三字原缺,据文义补。

⑩名功相抱:名声与功劳相符。

⑪其卒必[有]身咎:卒,最终。咎,麻烦,灾难。"有"字原缺,据文义补。

⑫臧(cáng):通"藏"。收藏。

⑬女乐:歌女,舞女。玩好:各种珍宝。燔材(zài):即"蕃载"。多

多地置办。嬙，通"蕃"。众多。材，通"载"。置办。

【译文】

顺应着天时，去讨伐那些上天要它灭亡的国家，这叫作武功。在武力讨伐之后要继之以文治，这样就会成功。以文治为主、以武力为辅的君主，可以称王于天下。那些失去了做君主的原则，背离了人事正理，身处迷乱的境地而尚不省悟的君主，必遭杀身之祸。那些善于守柔的人，即使没有任何罪过也会战战兢兢，还没遇到祸患也是小心翼翼，这叫作善于守柔。性格刚强的人即使面对着自己的罪行却还丝毫没有意识到。名声与功绩相符，这样才能长存久安；名声与功绩不相符，名声日盛而功绩日减，这叫作违背了天道，最终必有祸患。大量地收藏黄金珠玉，这是招惹怨恨的根本；大量地置办女乐珍宝，这是招惹祸乱的根源。守着招惹怨恨的根本，培植着招惹祸乱的根源，即便有圣人，也无法为这样的君主出谋划策了。

论第六

【题解】

论，辨析，论述。本篇论述的内容较多，大致分为三大部分。

首先，作者论述了"天之道"，也即所谓的"八正（指处理好与天、地、春、夏、秋、冬、内外、动静之间的关系）"和"七法（明显而正确的原则、恰当的度、真诚无欺、物极必反、事物发展的必然性、遵循正确原则、建立常规）"。虽然这些原则都还是就人事而言，但作者认为这些原则符合天道，故而归之于"天之道"。

其次，作者论述了"人之道"，也即所谓的"六柄"（认真观察、仔细辨析、相机而动、专心思考、随机应变、善于转化）和"三名"（名实相副、名实不副、君主失去名分）。这些内容主要是就君主而言。作者在本篇中，反复强调名实相副的重要性，认为这是一个国家生死存亡的关键所在。

除此，作者还论述了君主要效法天地、施行仁爱、修心养性、因地制宜等问题，甚至还少量涉及作战的策略，如以虚虚实实、实实虚虚的假象去迷惑敌军等。

人主者，天地之［稽］也①，号令之所出也，［为民］之命也②。不天天③，则失其神④；不重地，则失其根；不顺［四时之度］，而民疾；不处外内之立⑤，不应动静之化，则事窘于内而举窘于[外]⑥。[八]正皆失⑦,[与天地离]⑧。[天天,则得其神;重地],则得其根;顺四[时之度],□□□而民不[有]疾⑨;[处]外[内之位,应动静之化,则事]得于内而得举得于外⑩。八正不失,则与天地总矣⑪。

【注释】

①天地之[稽]也:是自然规律的效法者。也即君主要考察、效法自然规律。稽,考察,效法。"稽"字原缺,据文义补。

②[为民]之命也:为百姓的生存而着想。命,生命,生存。"为民"二字原缺,据本书《道原》中的"为民命"补。

③天天:把天当作天。也即尊重上天,效法上天。第一个"天"为意动词。

④神:精神,灵魂。比喻最重要的东西。

⑤不处外内之立(wèi):不能安排好里里外外各种事务之间的关系。立,通"位"。位置,地位。这里引申为事务之间的关系。

⑥事窘(jiǒng)于内而举窘于[外]:窘,通"窘"。困窘。举,举止,做事。"外"字原缺,据文义补。

⑦[八]正皆失:八正,八种政令。具体指处理好与上述的天、地、春、夏、秋、冬、内外、动静之间的关系。正,通"政"。政治措施。"八"字原缺,据文义补。

⑧[与天地离]:与自然规律相违背。离,脱离,违背。此四字原缺,据下文"与天地总"补。

⑨□□□而民不[有]疾:陈鼓应《黄帝四经今注今译》:"'顺四时之度而民不有(或"其")疾'与上文的'不顺四时之度而民疾'语句恰相骈对,文意已足,则中间的'□□□'似非缺文,乃是抄误后的涂迹。"此说甚确。

⑩而得举得于外:本句中的第一个"得"字为衍字,应删。按,此段

缺字甚多，据上下文及文义补。

⑪与天地总：与自然规律合为一体了。也即遵循了自然规律。总，
合为一体。

【译文】

君主，要效法天地，要制定各项政策法令，要使百姓安身立命。如果
君主不效法上天，就会失去自己的灵魂；不尊重大地，就会失去生存的根
基；不顺应四季变化的节令，民众就会痛苦不堪；不能处理好里里外外各种
事务之间的关系，不能顺应万事万物的动静变化，那么无论是国内政务还
是外交举动都会陷入困境。如果以上八项政务都出现了失误，那就是违背
了天地之道。效法上天，就会保全自己的灵魂；尊重大地，就有了生存的
根基；顺应四季变化的节令，民众就不会有痛苦；处理好里里外外各种事
务之间的关系，顺应万事万物的动静变化，那么无论是国内政务还是外交
举动都会取得成功。这八项政务都没有失误，这才是顺应了天地之道。

天执一①，明［三］②，［定］二③，建八正④，行七法⑤，
然后［施于四极］⑥，［而四极］之中无不［听命］矣⑦。
岐行喙息⑧，扇蜚需动⑨，无［不宁其心，而安其性，故而］
不失其常者⑩，天之一也。天执一以明三，日信出信入⑪，南
北有极⑫，［度之稽也］⑬。［月信生信］死⑭，进退有常⑮，
数之稽也⑯。列星有数⑰，而不失其行，信之稽也⑱。天明三
以定二，则壹晦壹明⑲，［壹阴壹阳，壹短壹长］⑳。天定二
以建八正，则四时有度㉑，动静有立，而外内有处。

【注释】

①天执一：上天遵循着大道。执，执行，遵循。一，指独一无二的大道。

②明［三］：使日、月、星明亮。一说"明"是"生成"的意思。三，指

日、月、星三者。"三"字原缺，据下文"明三以定二"补。

③［定］二：安排了阴阳二气。定，确定，安排。二，指阴阳二气。"定"字原缺，据下文"明三以定二"补。

④建八正：制定了八种政令。建，制定。

⑤行七法：推行了七种法则。七法指下文讲的明以正、适、信、极而反、必、顺正、有常。

⑥然后［施于四极］：这样以后（把八正、七法）施行于整个天下。四极，四方极为偏远的地区。实际即指整个天下。"施于四极"四字原缺，据文义补。

⑦［而四极］之中无不［听命］矣：四极之中，整个天下之内。"而四极""听命"五字原缺，据文义补。

⑧岐（qí）行喙（huì）息：泛指各种动物。岐，通"蚑"。虫子爬行的样子。代指各种虫子。喙息，用嘴巴呼吸。这里指用嘴巴呼吸的动物。喙，嘴巴。息，呼吸。

⑨扇蜚（fēi）需（rú）动：泛指各种动物。扇蜚，指各种鸟类。扇，指扇形的翅膀。蜚，通"飞"。需动，指没有腿脚、靠蠕动行走的虫子。需，通"蠕"。蠕动。

⑩"无［不宁其心］"三句：不失其常，没有失去它们的生存法则。常，常规，法则。括号中的十字原缺，据文义补。

⑪日信出信入：太阳非常守信地升起、落下。信，守信用。

⑫南北有极：向南北移动也有自己的原则。极，规则，原则。冬天，太阳偏移于南方；夏天，太阳偏移于北方。

⑬［度之稽（kǎi）也］：这是遵循法度的楷模。稽，通"楷"。楷模，榜样。

⑭［月信生信］死：月亮守信地定时出现、定时消失。括号中所缺字，据《鹖冠子·泰鸿》"日信出信入，南北有极，度之稽也；月信死信生，进退有常，数之稽也；列星不乱其行，代而不干，位之稽也。天明三以定一，则万物莫不至矣"一段文字补。

⑮进退：指月亮的盈满和损亏。

⑯数：定数，规则。

⑰列星：指天上众星。数：度数，规则。

⑱信：信用。

⑲晦：夜晚。明：白昼。

⑳［壹阴壹阳，壹短壹长］：此八字原缺，据帛书《缪和》"天之道，一阴一阳，一短一长，一晦一明，夫人道［则］之"一段文字补。短，衰败。长，兴旺。

㉑有度：各有规律。度，度数，规律。

【译文】

上天遵循着大道，使日、月、星辰变得明亮，使阴阳二气各得其位，制定了八项政令，颁布了七项法则，然后施行于整个天下，使天下万事万物无不服从。各种大小虫子、飞禽走兽，也都能宁心静气，安守天性，不违背各自的生存法则，这些都是天道所决定的。上天遵循着大道，使日、月、星辰变得明亮。太阳总是非常守信地升起落下，向南北移动的时候也皆有规则，这是遵循法度的楷模。月亮总是非常守信地按时出现、按时消失，其盈满和损亏也皆有常规，这是遵循规律的楷模。众星运行也各有度数，从不背离它们各自的运行轨道，这是恪守信用的楷模。上天使日、月、星辰明亮，使阴阳二气各得其位，于是就出现了一昼一夜、一阴一阳、一盛一衰的交替更迭现象。上天使阴阳各得其位，又制定了八项政令，于是就能够使四季具有运行的法度，动静进退井然有序，而里里外外的各种事物也就各得其所了。

天建八正以行七法：明以正者①，天之道也；适者②，天度也③；信者，天之期也④；极而［反］者，天之生也⑤；必者，天之命也⑥；□□□□□□□□□者⑦，天之所以为物命也⑧，此之胃七法⑨。七法各当其名⑩，胃之物⑪。物各［合于道者〕^⑫,胃之理。理之所在,胃之〔顺〕^⑬。物有不合于道者,胃之失理。失理之所在,胃之逆。逆顺各有命也^⑭,则存亡兴坏可知〔也〕^⑮。

【注释】

①明以正者:明显而正确的原则。

②适者:适度,恰如其分。

③天度:上天的法则。度,法度。

④信者,天之期也:诚信,这是上天的规定。期,契约,规定。

⑤极而〔反〕者,天之生(xìng)也:物极必反,这是天道的特性决定的。生,通"性"。性质。"反"字原缺,据文义补。

⑥必者,天之命也:事物都具有各自的必然性,这是天命决定的。

⑦者:"者"前缺九字,不成句。陈鼓应《黄帝四经今注今译》说:"此处缺九字,为'七法'的最后两项。依文意推断,事物除具有明了确定、适当、信实、极而反、必然等特性外,尚应有顺正、有常二性。因此,足其文,似可为:〔顺正者,天之稽也;有常〕者,天之所以为物命也。"

⑧为物命:为万物的生存而着想。

⑨七法:具体指上述的"明以正、适、信、极而反、必"五法,另外再加上陈鼓应臆补的顺正、有常两项。

⑩七法各当其名:施行七项法则的时候能够做到名副其实。当其名,实事与名称相符。

⑪物:事。这里指做事。

⑫物各〔合于道者〕:做事的时候,都能够符合大道。"合于道者"四字原缺,据文义补。

⑬胃之〔顺〕:"顺"字原缺,据文义补。

⑭逆顺各有命也:违背大道和遵循大道的人都有各自不同的命运。

⑮则存亡兴坏可知［也］:"也"字原缺,据上下文补。

【译文】

上天制定了八项政令,以施行七项法则:万物都具有自己明显而正确的原则,这是自然规律决定的;万物都要把握好恰当的度,这就是自然规律制定的法度;万事万物都要做到真诚无欺,这是自然规律所规定的;事物发展到极端就会向相反的方面转化,这是自然规律所制定的原则;万事万物都具有各自的发展必然性,这是由自然规律决定的。□□□□□□□□□□,这是上天在为万物的生存而着想。以上就是七项法则。施行七项法则的时候能够做到名实相副,这叫作真正在做事情。做事情的时候如果都能够符合大道,这叫作合理。做事情处处合理,这叫作遵循了大道。做事情如果不符合大道,这叫作失理。做事情处处失理,这叫作违背了大道。违背大道和遵循大道的人具有各自不同的命运,据此就可以懂得一个国家兴衰存亡的道理了。

　　［强生威,威］生惠①,惠生正②,［正］生静③。静则平④,平则宁,宁则素⑤,素则精⑥,精则神⑦。至神之极,［见］知不惑⑧。帝王者,执此道也,是以守天地之极⑨,与天俱见⑩,尽［施］于四极之中⑪,执六枋以令天下⑫,审三名以为万事［稽］⑬,察逆顺以观于朝王危亡之理⑭,知虚实动静之所为,达于名实［相］应⑮,尽知请伪而不惑⑯,然后帝王之道成。

【注释】

①［强生威,威］生惠:君主强大了就会有权威,有了权威后还要注意施惠于民。"强生威,威"四字原缺,据《商君书·去强》中的"强生威,威生惠"补。

②惠生正:施惠于民,就能够顺利推行政令。正,通"政"。政令。

③［正］生静：顺利推行政令，就能够使国家安静、太平。"正"字原缺，据上下文补。

④静则平：国家安静了，社会就会太平无事。

⑤宁则素：君主身心安宁了，就能够恢复自己素朴的天性。素，素朴的天性。

⑥素则精：恢复了素朴的天性，就能够做到精诚专一。

⑦精则神：做到精诚专一，就能够获得最高的精神境界。

⑧［见］知不惑：遇到事情就不会迷惑。"见"字原缺，据《鹖冠子·道端》中的"至神之极，见之不忒"补。

⑨极：最高原则。

⑩与天俱见（xiàn）：就能够像上天那样展现自己的美德。见，同"现"。显现。

⑪尽［施］：完全施行自己的政令。"施"字原缺，据文义补。四极之中：整个天下。

⑫六枋（bǐng）：六种帝王之术。六柄的具体内容，见下文。枋，通"柄"。权柄。这里指帝王之术。

⑬审三名以为万事［稽（kǎi）］：三名，三种名实关系。详见下文。稽，通"楷"。楷模。这里引申为原则。"稽"字原缺，据文义补。

⑭朝（bà）王：即霸业和王业。朝，同"霸"。霸业。以武力为主、以仁义为辅去统一天下的叫作霸业，以仁义为主、以武力为辅去统一天下的叫作王业。危亡：疑为"存亡"之误。

⑮达于名实［相］应："相"字原缺，据文义补。

⑯请（qíng）伪：真伪。请，通"情"。真实。

【译文】

　　君主强大了就会有权威，有了权威后还要注意施惠于民，施惠于民就能够顺利推行政令，顺利推行政令就能够使国家安静。国家安静了社会就会太平无事，社会太平无事了君主就能够身心安宁，身心安宁了就能够恢复自己的素朴天性,恢复了素朴天性就能够做到精诚专一,做到精诚专一就能够获得最高的精神境界。当精神境界达到极致的时候,遇见事情就不会迷惑。做帝王的人,要把握住这些原则,因此就能够坚守住大自然的规律,像上天那样展现自己的美德,就可以完全把自己的政令推行于整个天下,就能够掌握着六种帝王之术以号令天下,还能够懂得三种名实关系并把它们当作处理各种事务的原则,能够明白违背大道和遵循大道的不同表现,并以此观察如何建立霸业和王业以及国家存亡的道理,能够明了虚实动静的一切行为表现,能够懂得名实是否相符,能够完全清楚人情真伪而不会迷惑,然后就能够建立帝王之业。

　　六枋:一曰观①,二曰论②,三曰僮③,四曰槫④,五曰变⑤,六曰化⑥。观则知死生之国,论则知存亡兴坏之所在,动则能破强兴弱⑦,槫则不失讳非之〔分〕⑧,变则伐死养生,化则能明德徐害⑨。六枋备则王矣。

【注释】

①观:观察。指观察国家的情况。

②论:辨析,分析。

③僮(dòng):通“动”。相机而动。

④槫(zhuān):通“专”。这里指专心思考。

⑤变:随机应变。

⑥化:转化。如祸福转化、善恶转化等。

⑦破强兴弱:击败强国而复兴弱国。

⑧讳(wěi)非之〔分〕:是非之分。讳,通“韙”。正确。“分”字原缺,据文义补。

⑨徐(chú)害:除去灾害。徐,通“除”。

【译文】

六种帝王之术：一是善于观察，二是综合分析，三是相机而动，四是专心思考，五是随机应变，六是懂得转化。善于观察，就可以知道一个国家的生死存亡；善于综合分析，就能够明白一个国家兴衰存亡的原因所在；能够相机而动，就可以去败强国而振兴弱国；专心思考，就不会混淆是非的界线；能够随机应变，就可以去讨伐即将灭亡的国家而去保护应该存在的国家；懂得祸福转化，就能够显明自己的美德而除去灾祸。具备了这六种帝王之术，就可以称王于天下了。

三名：一曰正名①，一曰立而偃②；二曰倚名③，法而乱④；三曰强主⑤，威而无名⑥。三名察，则事有应矣⑦。

【注释】

①正名：辨正名分，确定名分。也即名实相副。

②一曰：此二字为衍文，应删去。立：能够建立法度。偃：安，安定。

③倚（qī）名：名分不正。也即名实不副。倚，同"敧"。偏斜不正。

④法（fèi）：通"废"。废弃，荒废。

⑤强主：强大的君主。一说是指刚愎自用的君主。强，刚愎。

⑥威（miè）：同"灭"。一说"三曰强主，威而无名"应为"三曰无名，强主灭"。意思是："如果失去应有的名分，即使强大的君主也会灭亡。"比如战国时赵武灵王就是如此，他要求国人穿胡人服装，以便于骑射，使赵国逐渐强大，甚至有吞秦之意。但他很早就让位给小儿子惠文王，自号主父。因为失去了君主的名分，最后在内乱中，这位昔日强大的君主被困死于沙丘宫。

⑦"三名察"二句：三种名实关系弄清楚了，事情发生后就能够拿出应对的办法。

【译文】

三种名实关系：一是名实相副，那么法度就能得以建立而国家得以安定；二是名实不副，那么法度就会荒废而且国家就会混乱；三是如果没有应有的名分，就连强大的君主也会灭亡。三种名实关系弄清楚了，事情发生后就能够拿出应对的办法。

动静不时，种树失地之宜①，〔则天〕地之道逆矣②。臣不亲其主，下不亲其上，百族不亲其事③，则内理逆矣④。逆之所在，胃之死国，〔死国〕伐之⑤。反此之胃顺，〔顺〕之所在⑥，胃之生国，生国养之。逆顺有理⑦，则请伪密矣⑧。

【注释】

①种树：种植，农耕。失地之宜：农作物与土地不相适宜。

②〔则天〕地之道逆矣："则天"二字原缺，据文义补。

③百族不亲其事：各行各业的人不热爱自己的职务。百族，各种各样的人。这里指各行各业的人。

④则内理逆矣：那么就违背了治国的道理。内，国内。这里指对国内的治理。

⑤〔死国〕伐之：要讨伐即将灭亡的国家。"死国"二字原缺，据前一句"胃之死国"补。

⑥〔顺〕之所在：顺应规律做事的国家。"顺"字原缺，据前一句"反此之胃顺"补。

⑦逆顺有理：如果能够理清违背规律和遵循规律这两种情况。

⑧则请（qíng）伪密矣：那么也就能够弄清楚一个国家的真假情况。请，通"情"。真实。密，严密，精确。这里指认识精准。

【译文】

行为不合时机，种庄稼又不能因地制宜，这就是违背了自然规律。

大臣不热爱君主，下属不热爱上级，各行各业的人不热爱各自的本职工作，这就是违背了治国规律。发生违背自然规律和治国规律的国家，就是即将灭亡的国家，对于这样的国家就应该去讨伐它。与上述做法相反的行为就叫作顺应了规律，凡是顺应规律做事的国家，就是充满生机的国家，对于这样的国家就应该去帮助它。弄清楚了一个国家是违背规律还是顺应规律，那么它的真假情况也就能够准确把握了。

　　实者视［人］虚①，不足者视人有余②。以其有事③，起之则天下听④；以其无事，安之则天下静⑤。名实不相应则定⑥，名实不相应则静⑦。勿自正也⑧，名自命也⑨，事自定也⑩。三名察，则尽知请伪而［不］惑矣⑪。有国将昌，当罪先亡⑫。

【注释】

①实者视［人］虚：国力强盛却要装出国力虚弱的样子。实，实力，有实力。视，通"示"。让别人看到。"人"字原缺，据下一句补。

②不足者视人有余：财力不足却要装作财力充足。以上两句是在讲作战的时候，要虚虚实实，实实虚虚，以迷惑敌军。

③以其有事：在国家有战事的时候。事，这里指战事。

④起之：发动民众出征。起，发动。之，代指民众。

⑤安之：让百姓在家安心生产。

⑥不：此"不"为衍字，当删。

⑦静（zhēng）：通"争"。争斗。

⑧勿自正也：任何事物都需要自己去遵循正确原则。勿，通"物"。事物。这里主要指人。

⑨名自命也：任何名声都是自己为自己命名的。比如一个人，有什么样的思想和行为，就会为自己获取什么样的名声。

⑩事自定也：做事情都需要自己去争取成功。定，安定，成功。

⑪则尽知请伪而［不］惑矣："不"字原缺,据文义补。

⑫"有国将昌"二句:占有一个国家而国家就会昌盛,讨伐有罪的国家就能够使它很快灭亡。当罪,面对有罪的国家。也即讨伐有罪的国家。

【译文】

国力强盛却要装出国力虚弱的样子,财力不足却要装作财力充足的样子。在发生战事的时候,发动民众出征而天下民众无不听从;在太平无事的时候,让民众安心从事生产而天下民众就会安宁。名实相副的国家就会安定,名实不相符的国家就会出现纷争。任何事物都需要自己去遵循正确原则,任何名声都是自己为自己获取的,做事情都需要自己去争取成功。懂得了三种名实之间的关系,就能够完全了解事物的虚实真伪了。这样的君主占有一个国家就能使这个国家昌盛,讨伐一个有罪的国家就能使这个国家很快灭亡。

亡论第七

【题解】

亡论，论亡国。本篇主要内容就是阐述导致亡国的几种因素。

第一是君主做事"犯禁绝理"，一旦违背天理，国家必亡。

第二是六危。所谓的六危是指：太子具有君父的权威，大臣具有君主的权力，谋臣怀有外心，听任诸侯任意去任免本该由天子任免的官员，君主身边的人相互勾结以蒙蔽君主，君主的父辈、兄弟结党营私以抗拒君主。

第三是三不辜：杀害贤良的人，杀害已经归降的民众，惩罚无罪的人。

第四是三壅：权势过大的后妃或外臣蒙蔽君主，权势过大的后妃和大臣各自为政以蒙蔽君主，权势过大的后妃和大臣相互勾结以蒙蔽君主。

第五是三凶：喜欢发动战争，违背天理倒行逆施，放纵欲望而随意妄为。

除此之外，作者还指出，君主要杜绝贪图财利、背弃盟约、刑罚不当、带头挑起祸端、招惹别人怨恨这五种行为，否则就会国破家亡。

凡犯禁绝理，天诛必至。一国而服六危者①，灭；一国而服三不辜者②，死；废令者，亡；一国之君而服三壅者③，亡地更君④；一国而服三凶者⑤，祸反［自］及也⑥。上溢者死⑦，下溢者刑⑧。德溥而功厚者隋⑨，名禁而不王者死⑩。抹利⑪，襦传⑫，达刑⑬，为乱首⑭，为怨媒⑮，此五者，祸皆反自及也。

【注释】

①服：从事，实行。这里引申为出现。六危：六种危险现象。详见下文。

②三不辜：三种无罪的人受到惩罚。详见下文。辜，罪。

③三壅：三种闭塞不通的情况。详见下文。

④更君：更换君主。

⑤三凶：三种凶恶的品德。详见下文。

⑥祸反［自］及也：灾难会反过来落在自己的身上。也即自取灾祸。"自"字原缺，据下文"祸皆反自及也"补。

⑦上溢（yì）者死：君主傲慢了就会死亡。上，指君主。溢，同"溢"。溢满，傲慢。

⑧下：指臣下。刑：受到惩罚。

⑨德溥：品德低下。隋（huī）：通"隳"。废掉，失败。

⑩名禁而不王者死：名号、法律不正确的国家就会灭亡。禁，禁令，法律。王，匡正，正确。《春秋繁露·深察名号》："王者，匡也。"

⑪抹（mèi）利：贪图财利。抹，通"昧"。贪图。

⑫襦传（rú zhuǎn）：背弃盟约。下文："约而倍之，胃之襦传。"

⑬达刑：不合理的刑罚。达，不符合。《说文解字》："达，行不相遇也。"

⑭为乱首：带头挑起祸乱。

⑮为怨媒：引起别人的怨恨。媒，媒介。

【译文】

凡是触犯了禁令，违背了天理，就会受到上天的惩罚。一个国家出现了六种危险的现象，这个国家就会灭亡；一个国家出现了杀戮三种无罪人的情形，这个国家就会毁灭；一个国家废弛了法令，这个国家就会衰亡；一个国家出现了三种闭塞不通的情况，这个国家就会丧失国土，更换君主；一个国家的君主具有三种恶德的话，这个国家就会自己招来灾难。君主傲慢，就会自取灭亡；臣下傲慢，就会受到惩罚。品德低下却建立了大功的君主就会毁灭，名号与法令都不正确的国家就会衰亡。贪图财利，背弃盟约，刑罚不当，带头挑起祸端，招惹别人怨恨，这五种行为，都是自取灾祸的行为。

守国而恃其地险者①，削；用国而恃其强者，弱。兴兵失理，所伐不当，天降二央②。逆节不成③，是胃得天。逆节果成④，天将不盈其命而重其刑⑤。赢极必静⑥，动举必正⑦。赢极而不静，是胃失天；动举而不正，〔是〕胃后命⑧。大杀服民⑨，僇降人⑩，刑无罪，过皆反自及也⑪。所伐当罪，其祸五之⑫；所伐不当，其祸什之⑬。

【注释】

①侍（dài）：通"待"。依赖，依靠。一说"侍"通"恃"，也是依赖的意思。地险：险要的地形。

②二央：加倍的灾难。二，加倍。泛指很多、重大。央，通"殃"。灾难。

③逆节不成：不做违背法度的事情。节，准则，法度。不成，不做。

④果：确实，真的。

⑤不盈其命：国家的命数也就不会长久。也即很快就要灭亡。

⑥赢极必静：当发展到极盛的时候，一定要安静下来。赢，通"盈"。满，盛。古人认为，盛极必衰，因此在极为鼎盛的时候，要特别小心，不可轻举妄动。

⑦动举：即"举动"。行动。

⑧〔是〕胃后命：后命，不符合天道。后，达不到。命，天命，天道。"是"字原缺，据上下文补。

⑨服民：已经归服的民众。

⑩僇（lù）降人：杀戮已经投降的将士。僇，通"戮"。杀戮。人，与前一句"民"相对，应指将士。

⑪过（huò）：通"祸"。灾祸。

⑫所伐当罪，其祸五之：应为"所伐当罪，其福五之"。"祸"应为"福"之误。《说苑·谈丛》："所伐而当，其福五之；所伐不当，其祸什之。"

⑬其祸什之：就会有十倍的灾祸。什，十。

【译文】

守护国家如果仅仅依靠险要的地形，国家就会被削弱；使用国力进攻他国如果仅仅依赖自己的强盛，国家就会变得衰弱。兴兵打仗而不合情理，去征伐不该征伐的国家，上天就会降下大祸。行为没有违背天道，就会得到天助；行为违背了天道，国家就无法长期生存，会受到上天的重罚。当国家发展到极为鼎盛的时候就一定要安静下来，一切行为都要符合正理。国家发展到极为鼎盛的时候却还不愿安静下来，就会失去天助；行为不符合正理，这就是违背了天道。大量地杀害已经归服的民众，屠戮已经投降的将士，惩罚没有犯罪的人，这都是自取灾祸的行为。讨伐那些应该讨伐的有罪国家，就会获得五倍的福祉；讨伐那些不应该讨伐的国家，就会遇到十倍的灾祸。

国受兵而不知固守①，下邪恒以地界为私者□②；救人而弗能存③，反为祸门④，是胃危根⑤。声华实寡⑥，危国亡土。夏起大土功⑦，命曰绝理。犯禁绝理⑧，天诛必至。

【注释】

①受兵：受到军队侵略。

②下邪恒以地界为私者□：下属官员也只是随意地划分地盘以求自保。下，指下属官员。邪恒，即"斜横"。或斜或横。形容随意的

样子。以地界，画地为界。所缺字可能是"有"或"保"字。

③救人：指救援别的国家。弗能存：不能使所救援的国家生存下来。

④祸门：招祸的媒介。

⑤危根：危亡的根源。

⑥声华：名声美好。这里指国家徒有强大的虚名。华，华美，美好。
　　实寡：实际力量很小。

⑦夏起大土功：在春夏季节大规模地进行土木工程建设。夏，夏天。
　　代指春夏。春夏季节是农耕季节，此时大兴土木，就是耽误农时，
　　违背了天理。

⑧犯禁：违反禁令。这里指做了不应该做的事情。比如上述的"国
　　受兵而不知固守""声华实寡"等。

【译文】

　　国家受到军队侵犯而君主不知道该如何去坚固地防守，下属官员也只是随意地划分地盘以求自保；救援其他国家却不能使这个国家生存下来，反而给自己招来祸患，上述情况都是招致危险的根源。虚张声势而实际力量很小，这样会危害国家、丢失国土。春夏季节却大兴土木，这叫作违背了天理。做了不应该做的事情，违背了天理，一定会受到上天的惩罚。

　　六危：一曰适子父①，二曰大臣主②，三曰谋臣［外］其志③，四曰听诸侯之废置④，五曰左右比周以雍塞⑤，六曰父兄党以儢⑥。［六］危不朕⑦，祸及於身。

【注释】

①适（dí）子父：太子具有君父一样的权威。适，通"嫡"。嫡子，即
　　太子。

②大臣主：大臣具有君主一样的权力。

③［外］其志：有外心。"外"字原缺，据文义补。一说应补"离"字，

亦可。

④听诸侯之废置：听任诸侯去任免本该由天子任免的官员。废，罢
免。置，任命。在天子能够正常行使权力的情况下，天子的官员与
诸侯国的重要官员由天子任免，诸侯任免这些官员则属于僭越。

⑤左右：指君主身边的人。比周：相互勾结。雍塞：遮蔽君主的耳目。
雍，通"壅"。堵塞。

⑥父兄：指君主的父辈和兄弟。党以偾（fú）：结党营私以抗拒君主。
党，结党。偾，通"拂"。不顺从，违抗。

⑦［六］危不朕（shèng）：解决不了这六种危险情况。朕，通"胜"。
战胜，解决。"六"字原缺，据上文补。

【译文】

六种危险情况：一是太子具有君父一样的权威，二是大臣具有君主一样的权力，三是谋臣怀有外心，四是听任诸侯任意去任免本该由天子任免的官员，五是君主身边的人相互勾结以蒙蔽君主，六是君主的父辈、兄弟结党营私以抗拒君主。如果不能解决这六种危险的情况，灾难就会落在君主身上。

［三］不辜①：一曰妄杀杀贤②，二曰杀服民，三曰刑无罪。此三不辜。

【注释】

①［三］不辜：三种无罪的人。实际意思是"伤害三种无罪的人"。
"三"字原缺，据下文补。

②妄：错误。杀杀：衍一"杀"字，当删。

【译文】

伤害三种无罪的人：一是错误地杀害贤良的人，二是杀害已经归降的民众，三是惩罚无罪的人。这就是伤害三种无罪的人。

三雍①：内立朕胃之塞②，外立朕胃之傅③，内外皆朕则君孤直④，以此有国，守不固，单不克⑤，此胃一雍；从中令外［胃之］惑⑥，从外令中胃之［贼］⑦，外内遂净⑧，则危都国⑨，此胃二雍。一人主擅主⑩，命曰蔽光⑪；从中外周⑫，此胃重雍⑬；外内为一⑭，国乃更⑮，此胃三雍。

【注释】

①三雍：君主被闭塞的三种情况。雍，通"壅"。闭塞，遮蔽。

②内立（wèi）朕（shèng）胃之塞：内官后妃的势力超过君主，就叫作对君主的闭塞。立，通"位"。内位，即内主，指后妃。朕，通"胜"。胜过，超过。胃，通"谓"。

③外立（wèi）朕胃之傅（fú）：外臣的势力超过君主，叫作与君主相抗衡。外立，即外位，指权臣。傅，通"拂"。不顺从，违抗。

④朕（shèng）：通"胜"。孤直：孤立在位。也即孤立。直，通"职"。职位。

⑤单（zhàn）：通"战"。出兵作战。

⑥从中令外［胃之］惑：后妃假借朝廷名义对外发号施令，会使外面的臣民感到迷惑不解。中，指官中的后妃。"胃之"二字原缺，据下一句补。

⑦从外令中胃之［贼］：外面的大臣依靠权势挟制朝廷，这叫作对国家的伤害。外，指外臣。贼，伤害。"贼"字原缺，据文义补。

⑧外内遂（zhú）净：外臣与后妃相互争权夺利。遂，通"逐"。净，通"争"。争夺。

⑨都国：国家。都，都城。

⑩一人主擅主：一个人控制了君主。擅，擅权，控制。主，第一个"主"为衍字，当删。第二个"主"是指君主。

⑪蔽光：遮蔽了君主的权威。光，代指美德、权威。《韩非子·外储说上》：“夫日兼烛天下，一物不能当也；人君兼烛一国，一人不能拥也。故将见人主者梦见日。夫灶，一人炀焉，则后人无从见矣。”

⑫从中外周：从内外两个方面对君主进行封锁。周，环绕，封闭。

⑬重雍：严重的闭塞。

⑭外内为一：外面的权臣与内宫的后妃结为一体。

⑮国乃更：国家就要改朝换代了。

【译文】

君主被闭塞的三种情况：内宫后妃的权势超过君主，这叫作对君主的闭塞；外臣的权势超过君主，这叫作与君主相抗衡；在这种情况下去治理国家，防守的时候不会牢固，攻战的时候不会取胜，这是第一种对君主的闭塞。后妃假借朝廷名义对外发号施令，会使外面的臣民感到迷惑不解；外面的大臣依靠权势挟制朝廷，这叫作对国家的伤害；外臣与后妃相互争权夺利，国家就会受到损失；这是第二种对君主的闭塞。一个人控制了君主，这叫作遮蔽了君主的权威；如果后妃与权臣从内外两个方面对君主实行封锁，这就是对君主的非常严重的闭塞；一旦后妃与权臣勾结在一起，那么国家就要改朝换代了，这是第三种对君主的闭塞。

三凶①：一曰好凶器②，二曰行逆德③，三曰纵心欲④，此胃［三凶］⑤。

【注释】

①三凶：三种凶险的事情。

②好凶器：喜欢战争。凶器，指兵器。这里代指战争。《韩非子·存韩》：“兵者，凶器也，不可不审用也。”

③行逆德：违背天理，倒行逆施。

④纵心欲：纵欲，随意妄为。

⑤此胃〔三凶〕："三凶"二字原缺，据上下文补。

【译文】

三件凶险的事情：一是喜欢发动战争，二是违背天理、倒行逆施，三是放纵欲望、随意妄为，这叫作三件凶险的事情。

〔昧〕天〔下之〕利，受天下之患①；抹一国之利者，受一国之祸②。约而倍之③，胃之襦传④；伐当罪，见利而反⑤，胃之达刑⑥；上杀父兄，下走子弟⑦，胃之乱首；外约不信，胃之怨媒。有国将亡，当〔罪复〕昌⑧。

【注释】

①"〔昧〕天〔下之〕利"二句：贪图整个天下财利的人，就会承受整个天下人施加给他的灾难。如历史上的夏桀、商纣。昧，贪图。"昧""下之"三字原缺，据下文补。

②"抹（mèi）一国之利者"二句：贪图一个诸侯国财利的人，就会承受整个诸侯国的人施加给他的灾难。如春秋时期的晋灵公。抹，通"昧"。贪图。国，指诸侯国。

③约而倍之：与其他国家签订了盟约而又背叛了盟约。倍，通"背"。背叛。

④襦传（rú zhuǎn）：背弃盟约。

⑤见利而反：得到对方给予的好处之后就半道而返。反，同"返"。意思是，打着讨伐有罪之国的旗号出兵，但在得到对方的贿赂之后，便撤回军队。

⑥达刑：不合理的刑罚。达，不符合。《说文解字》："达，行不相遇也。"

⑦下走子弟：下面赶走了自己的子侄、弟弟。走，逃跑。这里指赶跑。

⑧当〔罪复〕昌：自己当初要讨伐的有罪之国也会再次兴盛。"罪复"

　　二字原缺，据《国次》中"不尽天极，衰者复昌"补。

【译文】

　　贪图整个天下的财利，就会承受整个天下人施加给他的灾难；贪图一国的财利，就会承受整个国家施加给他的灾难。与他国签订了盟约而又背叛了盟约，这叫作不讲信用；讨伐有罪的国家，获得对方的贿赂之后就中途撤军，这叫作违背了天罚；杀害自己的父辈兄长，赶走自己的子侄弟弟，这叫作带头挑起祸乱；与他人有约定却不守信用，这叫作引起怨恨的媒介。这样的人占有一个国家就会国破家亡，他当初要讨伐的有罪之国也会再次兴盛。

论约第八

【题解】

　　论约，简述自己的观点。论，论点，观点。约，简约，简述。本篇主要论述天道与人理之间的关系。作者首先简单地论述了天道的内容，接着就明确要求人类社会的一切行为都要遵循天道；同时还要求人们在效仿天道的时候，要不偏不倚，把握好适当的度；最后，作者指出，只有那些掌握了天道的人，才能够辨明形与名之间的关系，因此也才能够正确处理好各种人事关系，才能够把天下治理得太平安定。

　　始于文而卒于武①，天地之道也；四时有度，天地之李也②；日月星晨有数③，天地之纪也。三时成功④，一时刑杀⑤，天地之道也；四时时而定⑥，不爽不代⑦，常有法式⑧，[天地之理也]⑨；一立一废，一生一杀，四时代正⑩，冬而复始⑪，人事之理也，逆顺是守⑫。

【注释】

　　①始于文而卒于武：始于生养抚育的文治而终于肃杀严酷的武功。卒，最终。作者下文认为，春、夏、秋三季为生养收获的季节，而最

后的冬季则是肃杀残酷的季节。遵循这一自然规律,君主首先要施行生养抚育百姓的文治,最后才去使用肃杀严酷的武功,以惩治那些坏人坏事。

②李:通"理"。道理,秩序。

③星晨:即"星辰"。晨,通"辰"。有数:各有自己的运行定数。

④三时:指春、夏、秋三季。成功:成就了万物。

⑤一时:指冬季。

⑥四时时而定:四季交替运行各有自己的定规。本句衍一"时"字,当删。

⑦不爽不代(tè):没有出现任何差错。爽,差错。代,通"忒"。错误,差错。

⑧常有法式:具有永恒的法则。常,永恒。

⑨[天地之理也]:本句原缺,据上文"天地之李也"补。

⑩四时代正:根据四季的不同节令,采取不同的政治措施。代,交替,变更。正,通"政"。政治措施。

⑪冬(zhōng):通"终"。

⑫逆顺是守:即"逆顺守是"。无论是处于逆境还是顺境,都要坚守着这些原则。逆,逆境,不顺利的时候。顺,顺境,顺利的时候。是,代指以上所述的原则。

【译文】

始于生养抚育的文治而终于肃杀严酷的武功,这是大自然的规律;四时的运行各有自己的法度,这是大自然的规则;日月星辰各有自己的运行定数,这是大自然的纲纪。春、夏、秋三季成就了万物,冬季则杀死了万物,这就是大自然的规律;四季交替运行各有自己的定规,不会出现任何差错,具有永恒的法则,这就是大自然的规则;有出现则有消失,有生长则有死亡,根据四季的不同而采取不同的政治措施,终而复始,这就是人类社会的原则,无论是处于逆境还是顺境都要坚守着这些原则。

功洫于天①，故有死刑；功不及天，退而无名②；功合于天，名乃大成③。人事之理也，顺则生，理则成④，逆则死，失［则无］名⑤。怀天之道⑥，国乃无主⑦；无主之国，逆顺相功⑧。伐本隋功⑨，乱生国亡。为若得天⑩，亡地更君⑪。不循天常⑫，不节民力，周迁而无功⑬。养死伐生⑭，命曰逆成⑮；不有人僇⑯，必有天刑。逆节始生⑰，慎毋［谌］正⑱，皮且自氏其刑⑲。

【注释】

①功洫（yì）于天：做事超过了天道所规定的度。也即没有把握好不偏不倚的中庸原则，做事过度了。功，事情。这里指做事情。洫，同"溢"。溢满，过度。

②退而无名：事业衰退而建立不了功名。退，衰退。

③名乃大成：建立伟大的功名。名，指功名。

④理：合理，顺从正理。

⑤失［则无］名：失，失去天道、人理。"则无"二字原缺，据文义补。

⑥怀（bèi）：通"背"。违背。

⑦国乃无主：国家就会失去它的立国根本。主，根本，基础。把"无主"理解为没有一个好的君主，亦可。

⑧逆顺相功：悖逆天理者和遵循天理者就会相互攻伐。指国家将会陷入一片混乱。功，通"攻"。攻伐。

⑨伐本：伤害了立国的根本。隋（huī）功：毁掉自己的事业。隋，通"隳"。废掉，失败。

⑩为若得天：本句应为"为若失天"之误。如果失去天道。为若，如果。陈鼓应《黄帝四经今注今译》："'得天'与'亡地更君'意乖，故疑'得天'为'失天'之误。"一说"得天"为得罪于天。

⑪亡地：丧失国土。更君：更换君主。

⑫天常：天道，天理。常，永恒不变的天道。

⑬周迁：活动，行动。

⑭养死伐生：养育那些应该死亡的事物，攻伐那些应该生存的事物。

⑮逆成：违背了常规。成，成规，常规。

⑯僇（lù）：通"戮"。杀戮。

⑰逆节始生：当对方违背正理的行为刚刚发生的时候。

⑱慎毋〔谌（kān）〕正：千万不要去讨伐、纠正他们。因为他们正处于气盛的时候，此时去讨伐，对己不利。慎，表示告诫，相当于"千万"，用于否定。谌，通"戡"。讨伐。"谌"字原缺，据文义补。一说应补一"先"字，亦可。

⑲皮（bǐ）且自氐其刑：他们将会自己招来灾难。皮，通"彼"。指违背天理的人们。氐，通"抵"。抵达，遇到。

【译文】

做事超过了天道所规定的度，就会发生败亡之祸；做事达不到天道所规定的度，便会事业衰败而无功无名；做事符合天道所规定的度，才能成就大功大名。人类社会的法则是，顺应天道就能够生存，符合天道就能够成功，违背天道就会灭亡，失去天道就会无功无名。如果违背了天道，国家就会失去生存的根本；失去了生存根本的国家，就会出现违背天理者与遵循天理者之间的相互攻伐。根本遭破坏、事业被毁掉，那么就会导致天下大乱、国家灭亡。一旦失去了天道，就会丧失国土、更换君主。不遵守天道，不节约民力，其结果便是一切行为都无所成功。去养育、帮助那些应该死亡的事物而去讨伐、杀害那些应该生存的事物，这叫作违反常规；这样做如果没有受到人事的刑戮，就一定会受到上天的惩罚。当对方违背正理的行为刚刚发生的时候，千万不要去讨伐、纠正他们，他们将会自己遇到惩处的。

故执道者之观于天下也，必审观事之所始起^①，审其刑名^②。刑名已定，逆顺有立^③，死生有分，存亡兴坏有处，然后参之于天地之恒道^④，乃定祸福、死生、存亡、兴坏之所在。是故万举不失理^⑤，论天下而无遗策^⑥。故能立天子，置三公^⑦，而天下化之^⑧，之胃有道^⑨。

【注释】

①审观：仔细观察。审，仔细。所始起：所产生的根源。

②刑名：形与名的关系。刑，通"形"。"形"指形体、实体，"名"指名称、概念，"形名"指实体与名称之间的关系。

③逆顺有立（wèi）：违背天理的与遵循天理的也就有了确定的标准。立，通"位"。位置。这里引申为标准。

④恒道：永恒的大道。

⑤万举：泛指极多的行为，所有的措施。

⑥遗策：失策，错误的决策。

⑦三公：古代朝廷中三位最高官员。周代为太师、太傅、太保。

⑧化之：接受教化，也即服从政令。

⑨之：代词。这。

【译文】

因此掌握了大道的圣人在观察天下的时候，一定要详细考察事情产生的根源，仔细审核事物的形与名之间的关系。形与名的关系确定了，那么违背天理的与遵循天理的也就有了区分的标准，死亡与生存也就有了确切的分别，存亡兴衰也就能够各得其所，然后再参照大自然的永恒规律，就可以明白祸福、生死、存亡、兴衰的原因所在。因此他们的一切举措都会符合天理，谋虑天下之事的时候也不会失策。因此就能够建立天子，任命三公，使天下百姓都接受他们的教化，这就可以称为掌握了大道的圣人了。

名理第九

【题解】

名理，名号与正理。本篇重点阐述了名号与正理之间的关系。作者首先指出，大道是一切智慧的根源，因此人们不能违背大道。接着，作者申述了物盛则衰、以柔克刚、信守诺言等道理。最后重点强调，作为君主，遇事一定要弄清楚这些事情的名号，进一步考察这些名号是否符合正理，是否符合它们的实际情况。作者认为，只有这样才能使国家兴旺，否则就会导致国家灭亡。

道者，神明之原也①。神明者，处于度之内而见于度之外者也②。处于度之［内］者③，不言而信④；见于度之外者，言而不可易也⑤。处于度之内者，静而不可移也⑥；见于度之外者，动而不可化也⑦。动而静而不移⑧，动而不化，故曰神。神明者，见知之稽也⑨。

【注释】

①神明：极为聪明，最高智慧。古人认为，人的最高智慧来自大道。

②处于度之内而见于度之外者也：处于法度之内而能够了解法度之

外的事情。得道圣人的行为处处符合法度，但他们又能够了解那些不合法度的事情。

③处于度之[内]者："内"字原缺，据上文补。

④不言而信：不用讲话就能够取得别人的信任。

⑤言而不可易也：他们讲的话就是不可更改的真理。易，改变，更改。以上四句话可以理解为"互文"，即把这四句话结合起来理解。意思是，那些能够"处于度之内而见于度之外"的圣人，不用讲话，就能够取得别人的信任；一旦讲话，他们的话就是不可更改的真理。

⑥静而不可移也：安静无事的时候，他们的思想不可改变。

⑦动而不可化也：有所行动的时候，他们的思想也没有变化。以上四句也是"互文"，意思是那些圣人，无论是动还是静，都能够坚守大道而毫不动摇。

⑧动而：此二字为衍字，当删。

⑨见知之稽（kǎi）也：是思想领域里的楷模。见知，知识，思想。稽，通"楷"。楷模，榜样。蒋锡昌《老子校诂》六十五章："'稽'为'楷'之借字。'稽''楷'一声之转。"

【译文】

大道，是最高智慧的来源。具有最高智慧的圣人，自身处于法度之内而能够了解法度之外的事情。因为圣人的行为处处符合法度，所以他们不用讲话就能够取得别人的信任；因为圣人了解法度之外的事情，所以他们讲的话就会成为不可更改的真理。当他们处于法度之内的时候，清静无事而思想不可改移；当他们去了解法度之外的事情的时候，有所行动而思想依然不会发生变化。清静时坚守大道不可改变，行动时依然坚守大道没有变化，这叫作最高智慧。具有最高智慧的人，就是思想界的楷模。

有物始［生］①，建于地而洫于天②，莫见其刑③；大盈冬天地之间,而莫知其名④。莫能见知⑤,故有逆成⑥;物乃下生⑦,故有逆刑⑧,祸及其身。养其所以死⑨,伐其所以生;伐其本而离其亲⑩,伐其与而□□□⑪,后必乱而卒于无名⑫。

【注释】

①有物始[生]:物,指大道。"生"字原缺,据《十大经·行守》中的"无形无名,先天地生"补。

②建于地而洫(yì)于天:涵盖了整个天地。建,立。洫,同"溢"。溢满,超过。道是宇宙间所有规律的总称,因此无论是天地,还是天地间的万物,无不是在遵循着规律而生存。从这个意义上讲,大道充满了天地,甚至是涵盖了天地。

③莫见其刑:没有人能够看到它的形体。刑,通"形"。形体。大道作为规律,是看不见、摸不着的。

④"大盈冬(zhōng)天地之间"二句:大盈,充满。冬,通"终"。整个。莫知其名,没有人知道它叫什么名字。《老子》二十五章:"有物混成,先天地生。寂兮寥兮,独立而不改,周行而不殆,可以为天下母。吾不知其名,字之曰道,强为之名曰大。"

⑤莫能见知:没有人能够了解大道。见知,认识,了解。

⑥逆成:违背了常规。成,成规,常规。

⑦物乃下生:违背大道的事情就会发生。物,事情。下,劣等的,悖逆的。

⑧逆刑:违背大道的刑罚。也即不合理的惩罚。

⑨养其所以死:养护那些可以导致自己死亡的事物。比如去干违背天理、人情的事情。

⑩离其亲:疏远自己的亲人。

⑪伐其与:攻伐自己的友好国家。与,结交,亲附。这里指友好的国家。本句缺三字。

⑫卒：最终。无名：无功无名。

【译文】

有一种事物——大道刚一出现，它就涵盖了整个天地，但是没有人能够看到它的形体；它广大无边、充满于天地之间，却没有人能够知道它叫什么名字。因为人们不能完全认识大道，所以违反常规的事情就会经常发生；因为违反常规的事情经常发生，所以也就出现了违背大道的刑罚，其结果是自取其祸。去养护那些可以导致自己死亡的事物，而去损害那些能够保护自己生存的事物；破坏自己的生存根本而去疏远自己的亲人，攻伐自己的盟友而□□□，其结果必定是一片混乱而无功无名、一事无成。

　　如燔如卒①，事之反也②；如隰如骄③，生之反也④；凡万物群财⑤，绲长非恒者⑥，其死必应之。三者皆动于度之外⑦，而欲成功者也，功必不成，祸必反［自及也］⑧。以刚为柔者栝⑨，以柔为刚者伐⑩。重柔者吉，重刚者威⑪。若者⑫，言之符也⑬；已者⑭，言之绝也⑮。已若不信⑯，则知大惑矣⑰；已若必信，则处于度之内也。

【注释】

①如燔如卒（cuì）：如果发展得过于盛满。燔，通"蕃"。众多，鼎盛。卒，通"倅"。盈满。

②事之反也：事物就会向相反的方向发展。也即物盛则衰。

③如隰（yáo）如骄：一个人如果傲慢了。隰，通"遥"。淫逸，过度。《方言》卷十："遥，淫也。"

④生之反也：那就要走向生存的反面。也即走向死亡。

⑤群财：万物。财，通"材"。

⑥绹（diào）长：太长了，过度生长。绹，本指丝织品很长。这里泛指很长。非恒者：不符合常规的事物。恒，常，常规。

⑦三者：指上文说的"如燔如卒""如繇如骄""绹长非恒者"。

⑧祸必反［自及也］："自及也"三字原缺，据文义补。

⑨栝（huó）：通"活"。生存。

⑩伐：败坏，失败。《说文解字》："伐，败也。"

⑪威（miè）：通"灭"。

⑫若（nuò）：通"诺"。允诺，诺言。

⑬言之符也：行为要与诺言相符合。也即说到做到。

⑭已：停止。这里指停止兑现诺言。

⑮言之绝也：行为与诺言不相符合。绝，断绝，不相合。

⑯已若（nuò）不信：已经承诺了却不讲信用。若，通"诺"。

⑰则知大惑矣：那么这就是智慧方面最大的迷惑。知，同"智"。智慧。

【译文】

　　事物如果发展到了极盛，就会由兴盛走向衰落；人如果骄傲了，就会由生存走向死亡；所有的万事万物，如果过分生长而超出了常规，衰亡就一定会到来。上述的三种情况都是因为其自身的活动已经超出了正常的法度，却还奢望着功成名就，他们是绝对无法成功的，而且还会自取灾祸。把刚强的性格改变为柔弱的性格就能够生存，把柔弱的性格改变为刚强的性格就必定败亡。重视柔弱性格的人就事事吉祥，追求刚强性格的人就会灭亡。许下诺言，就要做到行为与诺言相符合；不去实现诺言，就是行为与诺言不相符合。已经承诺了却不守信用，那么这是智慧中的最大迷惑；已经承诺了就一定要坚守信用，这种行为就符合了法度。

　　天下有事，必审其名①。名□□循名厩理之所之②，是必为福③，非必为材④。是非有分，以法断之；虚静谨听⑤，以法为符⑥。审察名理名冬始⑦，是胃厩理⑧。唯公无私，见知不惑，乃知奋起。故执道者之观于天下［也］^⑨，见正道循理，能与曲直^⑩，能与冬始^⑪，故能循名厩理。刑名出声^⑫，声实调合^⑬。祸材废立^⑭，如景之隋刑^⑮，如向之隋声^⑯，如衡之不臧重与轻^⑰。故唯执道者能虚静公正，乃见［正道］^⑱，乃得名理之诚^⑲。

【注释】

①必审其名：一定要首先弄清楚这些事情的名分。比如一个君主出征讨伐他国，就要弄清楚他出征讨伐的理由，也即要"师出有名"。

②名□□：缺二字。疑为"已审"二字。陈鼓应《黄帝四经今注今译》疑为"理者"二字。循名厩理之所之：按照事情的名分去探究它的道理与它的目的。厩，通"究"。探究。之，第一个"之"是"与""和"的意思。王引之《经传释词》卷九："之，犹与也。"所之，所追求的目的。之，到，追求。比如一个君主打着救民水火的旗号去进攻他国，那就要考察他打的这个旗号有没有道理，还要考察这是否是他的真实目的。

③是：代词。代指以上这种做法。

④非必为材（zāi）：如果不这样做就会带来灾难。非，不，不这样做。材，通"灾"。灾祸。

⑤虚静：内心清静。只有内心清静，看问题才能够深刻、准确。谨听：审慎地观察。谨，谨慎，审慎。听，观察，处理。

⑥符：依据。

⑦名理名：第二个"名"字为衍字，当删。冬（zhōng）始：始终。冬，通"终"。

⑧是：代词。代指以上行为。胃：通"谓"。叫作。厩：通"究"。探究。

⑨故执道者之观于天下［也］："也"字原缺，据上下文补。

⑩能与曲直：即"能与道曲直"。能够与大道在行为上保持一致。曲直，或曲或直。代指一切行为。

⑪能与冬（zhōng）始：能够与天道、正理始终保持一致。一说"与"通"举"，把握的意思。

⑫刑名出声：形与名都具有自己的具体名称。刑，通"形"。指实际情况。声，指显现在外的名称。

⑬声实调合：事物的具体名称要与这个事物的实际情况一致。调合，符合，一致。

⑭祸衬：祸福。衬，注家认为"衬"为"福"字之误。郑开《黄帝四经今译》："本句意不可解，疑'灾'为'福'字之误。"

⑮如景（yǐng）之隋刑：就好像影子跟随形体一样。景，同"影"。影子。隋，通"随"。跟随。刑，通"形"。形体。

⑯如向之隋声：就好像回音跟随着声音一样。向，通"响"。回音。隋，通"随"。

⑰如衡之不臧（cáng）重与轻：就好像秤杆不会隐藏物体的轻重一样。衡，秤杆。臧，通"藏"。隐藏。

⑱乃见［正道］："正道"二字原缺，据文义补。

⑲名理之诚：名称与道理的真实情况。诚，真实。

【译文】

天下一旦发生了什么事情，首先要仔细审查这些事情的名号。名号审查清楚了，然后根据这些事情的名号去考察它们的道理与做这些事情的目的所在，这样做就能够给自己带来幸福，不这样做就会给自己带来灾难。在弄清楚是非分别之后，要用法度去加以裁决；要采取虚静审慎的态度去观察事物，处理这些问题时要以法度为依据。要自始至终地仔细考察名号与道理的产生过程，这才叫作能够彻底地探究其中的道理。只有那些大公无私的人，才能够认识天道而不迷惑，才能够发愤图强。因此掌握了大道的圣人在观察天下事物的时候，能够明白正道而遵循天理，一切行为都能够与天理保持一致，而且能够始终保持一致，因此他们能够按照名号去考察其中的道理。所有事物的形和名都具有显现在外的具体名称，事物的具体名称一定要与它们的实际情况相吻合。灾祸、福祉、废除、建立，这些名称与实际情况的关系就好像影子跟随形体一样，还好像回音跟随声音一样，还要像秤杆能够显示物体的轻重一样。因此掌握了大道的圣人能够做到内心清静、公正无私，能够认识正确的道理，能够把握住名称与道理的真实情况。

　　乱积于内而称失于外者伐①，亡刑成于内而举失于外者灭②，逆则上洫而不知止者亡③。国举袭虚④，其事若不成，是胃得天⑤；其事若果成⑥，身必无名。重逆［以荒］⑦，守道是行⑧，国危有央⑨。两逆相功⑩，交相为央⑪，国皆危亡。

【注释】

①称失于外：外交方面的举措也发生失误。称，举，举措。伐：失败，衰败。

②亡刑：亡国的迹象。刑，通"形"。行迹，迹象。

③逆则上洫（yì）：违背天道而傲慢骄横。逆，违背，违背天道。洫，同"溢"。溢满，傲慢。不知止者：不知改正的君主。止，停止。指停止错误的行为。

④国举袭虚：举全国之力去袭击弱小的国家。国举，即举国。虚，指虚弱的国家。

⑤是胃得天：这是得到了天佑。因为袭击弱国的行为一旦成功了，那么袭击弱国的君主会更加傲慢骄横；如果失败了，君主可能会从中吸取教训，从而改邪归正。

⑥其事若果成：袭击弱国的行为如果真的成功了。果，真的。

⑦重逆［以荒］：会更加地违背天理，以至于造成大的混乱。荒，混乱。"以荒"二字原缺，据本书《国次》中的"□逆以芒，国危破亡"补。

⑧守道是行：按照这种原则去做事。道，原则，方法。这里的"道"不是指大道，而是指上述的原则、方法。

⑨央：通"殃"。灾难。

⑩两逆相功：对内对外的双重违背天理的行为一起损害国家。两逆，指国内举措不当和外交举措不当。相，一起，共同。功，通"攻"。攻伐，损害。

⑪交相：一起，共同。为央：造成祸殃。央，通"殃"。

【译文】

国内动荡不安却又在外交上举措失当的君主，就会失败；国内已经出现了败亡的迹象却又在外交上出现失误的君主，就会灭亡；违背天道、傲慢骄横而又不知改正的君主，就会亡国。举全国之力去袭击弱小的国家，如果没有成功，这是上天在保护他；如果袭击弱小国家的行为成功了，他最终也会无功无名。严重地违背天道就会导致国家混乱，按照这一原则一意孤行，必定会使国家危殆、自取祸殃。对内对外的双重违背天理的行为一起损害国家，都会为国家带来灾难，凡是这样做的国家都会灭亡。

十大经

　　十大经，顾名思义，就是十篇重要的经文，而实际上，《十大经》共有十五篇文章。出现这种情况的原因，学界的看法不一。一般认为，"十大经"的"十"为虚数，并非实指。这在古籍中是常见的现象，如本书中的"五邪"（《成法》）、"单数盈六十"（《正乱》）等等。其他书籍，如《老子》一章中的"有名，万物之母"中的"万"、《庄子·天运》中的"以奸者七十二君"中的"七十二"，都是虚数，而非实指。

　　《立命》主要介绍黄帝的行为和他的演说词，阐述了效法天地、爱惜生命、讲究诚信等道理，反复强调了黄帝成为天子的合法性。

　　《观》是一篇哲学思辨极高的论文。文章从宇宙生成、四季离析、万物出现谈起，由此延伸到社会人生等诸多问题，反复提醒人类的行为不得违背自然法则。

　　《五正》说明要想治理好国家，必须从君主自身修养做起，而君主的具体修养方法，就是道家"无为而无不为"的原则。

　　《果童》阐述了主要治国原则：要效法自然，要采取恩威两手，要善于使用人才，要做到法律面前人人平等。

　　《正乱》比较完整地记载了黄帝与蚩尤斗争的全过程，其中包括平叛前的准备工作、平叛的过程、黄帝于平叛之后为天下民众所制定的禁令。本篇是研究黄帝的一份难得的史料。

《姓争》阐述了解决氏族部落之间相互争斗的方法，这个方法的核心就是在平息争斗的时候，要恩德与刑罚两手并用。

《雌雄节》主要阐述道家"柔弱胜刚强"的思想。作者认为刚强是一种凶德，柔弱是一种美德，凡是用柔弱手段去处理问题，就能获得成功。

《兵容》谈用兵打仗的原则，一是打仗时要善于观察并利用天时、地利、人和三个条件；二是要善于抓住战机，当机立断；三是作战时不要使用不当的刑罚；四是不要背叛盟约。

《成法》强调，用来治理国家的主要法则就是归依大道，让包括人在内的万事万物都去遵循着各自的名分行事，如此就能够使天下太平。

《三禁》讲三种被禁止的行为，一是上天禁止没有永恒正确准则的行为，二是大地禁止违背农事规律的行为，三是君主禁止违反国家政令的行为。

《本伐》阐述用兵的基本原则。本篇把战争起因归纳为为利益而战、为正义而战、为泄愤而战三大类，并预测了各自的结局，强调用兵打仗不可按照君主个人意志而随心所欲。

《前道》阐述了主要的治国原则，一是要重用圣贤；二是君主要懂得天时、地利、人和，不可以侥幸心态去主观专断；三是要正名；四是要遵循大道。

《行守》主要讲君主的行为操守，一是要与民同心同德；二是不要骄横好斗；三是讨伐他国时要注意运用恩威两手；四是为政不要苛刻暴虐；五是要善于用人；六是性格不要太刚直。

《顺道》主要介绍了大庭氏顺应天道治国的一些原则。这些原则主要有：君主思想要正确而清静，恭敬而俭朴，谦卑而简易，柔和而谦退，诚信而仁慈。作者特别强调君主不要使百姓缺乏衣食，不要做战争的发动者，不要搞阴谋诡计，不要独自去决断疑难问题。

《名刑》从形名关系入手，指出万物属性不可改变，因此人们就不要去干涉万物的发展变化，一切顺其自然，同时提醒人们不必受万物变化的打扰，保持一种平静的心态。

立命第一

【题解】

立命，"命"字原缺，马王堆帛书整理小组根据文中"立有命"补。所谓"立命"，意思是立身处世的原则都是以天命作为依据的。结合本篇的具体内容，意思是说黄帝即位为天子及其所作所为都是符合天命的。本篇主要介绍黄帝的行为和黄帝的演说词。

本篇首先讲黄帝天性爱惜生命，讲究诚信，能够广泛地效法天地万物，因此也就能够成为天下的宗主。在接下来的演说词中，黄帝声称自己受命于天而成为天子，故而有权立诸侯、置官员，并反复强调自己敬畏上天，热爱大地，爱护百姓，因而自己的天子之位也就永远不会丧失。

昔者黄宗①，质始好信②，作自为象③，方四面④，傅一心⑤，四达自中⑥。前参后参⑦，左参右参，践立履参⑧，是以能为天下宗⑨。

【注释】

①黄宗：黄帝。黄帝为天下人的宗主，所以称黄帝为"黄宗"。宗，主。

②质始：天性爱惜生命。质，本质，天性。始，生，生命。《释名·释言语》："始，息也，言滋息也。"好信：讲究信用。

③作自为象：有所行动，自己就去寻找效法的榜样。古人主张人要
　效法自然、学习他人等等。作，行动。为，动词。寻找。象，效法。
　这里指效法的对象。《广雅·释诂三》："象，效也。"

④方四面：向各个方面学习。方，通"仿"。仿效。四面，四面八方。
　代指各个地方。关于"方四面"的解释很多，第一种解释带有神
　话传说性质，说黄帝长有四个面孔，朝着四个方向。第二种解释
　说黄帝招揽人才以治理四方。《尸子》："子贡曰：'古者黄帝四面，
　信乎？'孔子曰：'黄帝取合己者四人，使治四方，不谋而亲，不约
　而成，大有成功，此之谓四面也。'"

⑤傅一心：帮助自己一心思考。傅，辅佐，帮助。

⑥四达自中：心中能够明白四面八方的事情。达，通达，明白。中，
　心中。

⑦前参后参：对于面前、身后的事物都要加以参考、效法。"前后"与
　下一句的"左右"，都是泛指各个方面与各种事物。一说"参"同
　"三"，指天、地、人。"前参后参，左参右参"的意思是说，一举一
　动都要效法天、地、人。

⑧践立（wèi）履参：即位之后，依然坚持效法万物。践立，即位。立，
　通"位"。履，履行，坚持。

⑨是以能为天下宗：因此他本人能够成为天下的宗主。因为黄帝能
　够效法万物，集真理于一身，所以他本人也就能够成为人们的效
　法对象，从而为天下之主。

【译文】

远古时代的黄帝，其天性爱惜生命，讲究信用，有所行动的时候他就
去寻找效法的榜样，而且是向各个方面效法，以帮助自己一心思考，所以
他心中能够了解方方面面的各种事情。黄帝既参考、效法前面和后面的
事物，也参考、效法左边和右边的事物，在即位之后依然坚持效法万物，
所以他本人就能够成为天下之主。

　　"吾受命于天^①，定立于地^②，成名于人^③。唯余一人〔德〕乃肥天^④，乃立王、三公^⑤，立国、置君、三卿^⑥。数日、曆月、计岁^⑦，以当日月之行^⑧。允地广裕^⑨，吾类天大明^⑩。

【注释】

①吾受命于天：我接受上天的命令。从本句开始至本篇结束，都是黄帝的演说词。

②定立（wèi）于地：在大地上建立了自己的天子之位。立，通"位"。这里指天子之位。

③成名于人：在民众之中成就了自己的美名。

④唯余一人〔德〕乃肥（pèi）天：余一人，我一个人。后来"余一人"成为天子的自我称号。肥，通"配"。符合。"德"字原缺，据文义补。

⑤乃立王、三公：于是就置立天子、三公。王，指天子。夏、商、周三代的天子称"王"。三公，古代朝廷中三位最高官员。各个朝代所指不同，周代为太师、太傅、太保。

⑥立国、置君、三卿：建立诸侯国，为他们任命君主和三卿。国，指诸侯国。三卿，周代制度，诸侯皆有卿，分上、中、下三级，也即上卿、中卿、下卿。

⑦数日：推算出日子。曆（lì）月：推算出月份。曆，通"历"。计算。计岁：推算出年份。

⑧以当日月之行：以符合日月的运行规律。当，适当，符合。

⑨允地广裕：我的胸怀像大地那样宽广。本句句首疑缺"吾"字。允，相当，符合。广裕，宽广。

⑩类：类似，犹如。大明：非常明亮。

【译文】

　　（黄帝说：）"我接受上天的命令，在大地上建立了自己的天子之位，在民众当中成就了自己的美好名声。因为只有我一个人的品德可以与上天相配,所以可以在人间置立天子、三公,建立诸侯国,并为诸侯国任命君主、三卿。我推算出日子、月份、年份,使之符合日、月的运行规律。我的胸怀如大地一样宽广,我的品德像上天一样清明。

　　"吾畏天、爱地、亲〔民〕,□无命,执虚信①。吾畏天、爱〔地〕、亲民,立有命,执虚信②。吾爱民而民不亡③,吾爱地而地不兄④,吾受民□□□□□□□□死⑤,吾位不〔失〕⑥。吾句能亲亲而兴贤⑦,吾不遗亦至矣⑧。"

【注释】

①"吾畏天"三句:□无命,根据下文"立有命",本句也应为"立有命"。立身处世有天命作依据。也即遵循天命行事。实际是说自己当天子是符合天命的。执虚信,坚守虚心、诚实的原则。一说"虚"指大道,大道看不见、摸不着,因此是"虚"。"民"字原缺,据下文补。

②"吾畏天"三句:此三句与前文重复,应为衍文。"地"字原缺,据上文补。

③亡:死亡。亦可理解为逃亡。

④兄:荒芜。《释名·释亲属》:"兄,荒也。"

⑤吾受民□□□□□□□□死:本句缺字较多。依据文义,是说自己爱护百姓,而百姓就不会死亡。受,亲近,爱护。《广雅·释诂》:"受,亲也。"一说,以上"吾爱民而民不亡,吾爱地而地不兄,吾受民□□□□□□□□死"疑为误抄,应为"吾畏天而天不亡,吾爱地而地不兄,吾受民而民不死",意思是"我敬畏上天而上天的护佑就不会失去,我热爱大地而大地就不会荒芜,我爱护百姓而百姓就不会死亡"。可供参考。

⑥吾位不〔失〕:"失"字原缺,据文义补。

⑦句(gǒu)：通"苟"。如果。亲亲：亲近自己的亲人。兴贤：起用贤人。

⑧吾不遗亦至矣：我就功德圆满而无任何缺憾了。遗，遗憾，缺憾。

【译文】

"我敬畏上天、热爱大地、爱护百姓，我立身处世以天命为依据，坚持虚心、诚实的原则。我爱护百姓而百姓就不会伤亡，我热爱大地而大地就不会荒芜，我亲近民众而民众就不会死亡，我的天子之位永远不会失去。我如果再能做到爱护自己的亲人、起用贤人，那么我就可以说功德圆满而没有任何缺憾了。"

观第二

【题解】

观，观察，视察。本篇先写黄帝派遣大臣力黑到天下各地视察，然后再通过力黑与黄帝的一问一答，阐述了许多哲学、政治问题。

本文是一篇哲学思辨极高的论文。文章从宇宙的生成谈起，由此一直延伸到社会人生等诸多问题。首先，作者描述了宇宙的原始状况、天地阴阳的逐步形成、春夏秋冬四季的离析，以及万物的出现过程，俨然一幅万物生成图画。接着，作者提醒人类应该效法自然去生产、去生殖，在政治上也要像大自然那样，先恩德而后刑罚。作者反复警告，人类的行为如果违背了自然法则，就会搅乱自然秩序，造成万物混乱，初步提出了对后世影响极大的天人感应思想。

本篇极为重要，其中所论述的哲学、政治思想，几乎成为后世数千年人们的思想观念的基础。还有一些词语，如"当断不断，反受其乱"，则成为后世的口头禅。

[黄帝]令力黑浸行伏匿①，周留四国②，以观无恒③，善之法则④。力黑视象⑤，见黑则黑⑥，见白则白。地□□□□□□□□〔则〕恶⑦。人则视克⑧：人静则静⑨，人作则作⑩。力黑已布制建极⑪，□□□□□曰⑫："天地已成而民生⑬，逆

顺无纪⑬，德疟无刑⑭，静作无时，先后无名⑮。今吾欲得逆顺之﹝纪，德疟之刑，静作之时﹞⑯，以为天下正⑰。静作之时，因而勒之⑱，为之若何⑲？”

【注释】

① ﹝黄帝﹞令力黑浸行伏匿：力黑，人名。又叫力牧，黄帝的四位辅佐大臣之一。《汉书·艺文志》：“力牧，黄帝相。”浸行，潜行。也即后世所说的微服私访。伏匿，隐藏。这里指隐藏自己的身份。“黄帝”二字原缺，据上下文补。

② 周留：即“周流”。周游，到处视察。留，通“流”。四国：四方之国。也即整个天下。

③ 无恒：品行不好的人。恒，恒德，美德。《论语·子路》：“子曰：‘南人有言曰：“人而无恒，不可以作巫医。”善夫！’‘不恒其德，或承之羞。’”

④ 善之法则：为百姓制定恰当的法则。善，好，恰当。之，代指百姓。

⑤ 视象：观察自然和社会的各种现象。

⑥ 见黑则黑：看到黑色的颜色就认定它是黑色的。这是比喻，比喻为自然、社会的各种现象加以分类、鉴别，好的就是好的，坏的就是坏的。

⑦ 地□□□□□□□□则恶：本句缺字较多。陈鼓应《黄帝四经今注今译》疑为“地之所德则善，天之所刑则恶”，意思是“天地所养护的事物就要善待它，天地所惩罚的事物就要抛弃它”。

⑧ 人则视竟（jìng）：把人们的行为看作借鉴。也即借鉴人们的行为。竟，通“镜”。镜子。引申为借鉴。

⑨ 人静则静：人们应该安静休息的时候就让他们安静休息。比如冬天，人们闲暇无事，开始休息，那就让他们休息。

⑩ 作：劳作。如春、夏、秋三季，人们要下地耕作。

⑪布制：颁布制度。建极：建立原则。极，准则，原则。

⑫□□□□□曰：本句缺字较多，疑为"以正之。力黑曰"。意思是：
"以纠正百姓的行为。力黑说"。

⑬天地已成而民生：天地形成之后，人类开始出现了。民，人，人类。

⑬逆顺无纪：是非善恶没有一定的纲纪。逆，违背天理。即错误。顺，
顺应天理。即正确。

⑭德疟无刑：赏罚没有一定的准则。德，施恩德，奖赏。疟，通"虐"。
虐待，惩罚。刑，通"型"。法度，准则。

⑮先后无名：贵贱尊卑没有确定的名分。先后，指先后尊卑。

⑯"今吾欲得"三句：如今我想制定恰当的关于是非善恶的准则，
赏善罚恶的标准，休息与劳作的时间。这三句后九字原缺，据文
义补。

⑰正：通"政"。政令，法令。

⑱勒之：统率百姓。勒，统率，领导。另外，把"勒"理解为"约束"
亦可。

⑲为之若何：如何能够做到这一点呢？本句应该是力黑向黄帝的请
教之语，故而引出下文黄帝的一番回答。

【译文】

黄帝委派大臣力黑隐藏自己的身份去微服出访，巡视天下各国，考
察人们的品德是否有不合规范的地方，并为百姓制定恰当的行为准则。
力黑仔细考察各种现象，看到黑色的就确定它为黑色，看到白色的就确
定它为白色。凡是天地养护的事物就善待它们，凡是天地惩罚的事物就
抛弃它们。把百姓的行为作为自己的借鉴：人们冬闲的时候需要休息了
就让他们休息，农忙的时候需要劳作了就让他们劳作。力黑制定、颁布
了各项规章制度后，对黄帝说："天地形成之后人类也随之出现，但此时
是非善恶尚无一定的标准，奖赏与惩罚也没有一定的规则，休息与劳作
也缺乏时间上的规律性，贵贱尊卑也没有确定的名分。如今我想制定恰

当的关于是非善恶的标准,赏善罚恶的规则,休息与劳作的时间规律,把
这些作为治理天下的政令。百姓休息与劳作的时间规律有了,我们就可
以凭此来统率天下百姓,如何能够做到这一点呢?"

　　黄帝曰:"群群□□□□□□为一囷^①,无晦无明^②,未
有阴阳^③。阴阳未定,吾未有以名^④。今始判为两^⑤,分为阴
阳^⑥,离为四[时]^⑦,□□□□□□□^⑧。[德虐之行]^⑨,
因以为常^⑩,其明者以为法^⑪,而微道是行^⑫。行法循□□□
牝牡^⑬,牝牡相求^⑭,会刚与柔^⑮,柔刚相成,牝牡若刑^⑯。

【注释】

①群群(hún)□□□□□□为一囷(qūn):整个宇宙就是混混沌沌
　的一团元气。群群,通"混混"。混沌不分的样子。囷,古代的一
　种圆形谷仓。这里用来比喻整个宇宙。中缺六字,疑为"沌沌,窈
　窈冥冥",形容混沌不分的样子。本句描述天地万物形成之前的
　宇宙模样。古人认为,在天地万物形成之前,宇宙间一片混沌之
　气,这种混沌之气叫作"元气"。随着时间的推移,"元气"中又清
　又轻的气逐渐上升,慢慢形成了天;而元气中又浊又重的气逐渐
　下降,慢慢形成了地。天地形成之后,一部分天气(又叫作阳气)
　下降,一部分地气(又叫作阴气)上升,天地二气(也即阴阳二气)
　在天地之间的大空间里相互冲荡、交融,于是就形成了人类及其
　他万物。

②无晦无明:没有白天和夜晚之分。晦,黑暗,指夜晚。明,光明,指
　白天。

③阴阳:指阴阳二气。

④吾未有以名:我也没有办法给它们命名。有以,有办法。

⑤今始判为两：后来开始分离为天地。今，指后来。判，剖开，分离。两，即"两仪"，指天与地。

⑥分为阴阳：阴阳二气也分离开来。

⑦离为四[时]：分离为春、夏、秋、冬四季。"时"字原缺，据文义补。

⑧□□□□□□□：此缺七字。

⑨[德虐之行]：奖赏与惩罚的原则得以施行。此四字原缺，据《国语·越语》中的"德虐之行，因以为常"补。

⑩因以为常：要遵循这些原则，把它们作为常规。因，顺应，遵循。

⑪其明者以为法：把自然、社会规律作为法则。明者，本书作者把阳气、太阳以及人类的美德视为"明"。这里代指各种属于阳性的规律。本书《姓争》："刑德皇皇，日月相望，以明其当。……刑晦而德明，刑阴而德阳，刑微而德章。其明者以为法，而微道是行。"

⑫而微道是行：遵循自然、社会规律做事。微，微暗的，次要的。作者把阴气、月亮、刑杀视为"微"。这两句中的"明"和"微"应看作互文，泛指所有的自然、社会规律。

⑬行法循□□□牝牡（pìn mǔ）：所缺三字疑为"道是为"。全句为"行法循道是为牝牡"。遵循大道、法则，这就符合阴阳运行的道理。行法，行为符合法则。牝牡，本指鸟兽的雌性和雄性。这里用来代指阴阳。牝为雌、为阴，牡为雄、为阳。

⑭牝牡相求：阴阳二气相互交融。

⑮会刚与柔：阳气的刚强之性与阴气的柔和之性团聚在一起。

⑯牝牡若刑：阴阳二气就能够演化为有形体的万物。若，乃，就。刑，通"形"。有形体的万物。

【译文】

黄帝说："最早的宇宙就是一团混混沌沌的元气，此时没有白天与夜晚的分别，也没有阴气与阳气的区分。此时连阴气与阳气都没有能够确定下来，所以我也就没有办法为它们命名。后来上天与大地分离

开来,阴气和阳气也有了区别,然后又离析为春、夏、秋、冬四个季节,
□□□□□□□。奖赏与惩罚的原则得以施行,要遵循这些原则并把它
们作为常规,要把自然、社会规律作为法则,要遵循自然、社会规律做事。
遵循大道、法则行事就符合阴阳运行的道理,阴气与阳气相互交融,而阳
气的刚强之性与阴气的柔和之性就能够团聚在一起,刚强之性与柔和之
性相辅相成,于是阴阳二气就能够演化为具有形体的万物了。

"下会于地①,上会于天②。得天之微③,时若□□□□□
□□□□④,寺地气之发也⑤,乃梦者梦而兹者兹⑥,天因
而成之⑦。弗因则不成⑧,[弗]养则不生⑨。夫民之生也,
规规生食与继⑩。不会不继⑪,无与守地⑫;不食不人⑬,无与
守天⑭。

【注释】

①下会于地:上天的阳气向下降落,与地上的阴气会合于大地。古
　人认为,天上的阳气下降,与地上的阴气聚合,于是就形成了五谷
　草木。

②上会于天:大地的阴气向上升起,与天上的阳气会合于上天。古
　人认为,大地上的阴气上升,与天上的阳气聚合,于是就形成了日
　月星辰。

③得天之微:万物得到了上天的精微阳气。微,精微。形容阳气的
　微妙。

④时若□□□□□□□□□□:此缺十字。

⑤寺(shì)地气之发也:依靠地气(阴气)的发动。寺,通"恃"。依赖,
　依靠。

⑥乃梦(méng)者梦而兹者兹:于是该萌发的事物就萌发了,该滋长
　的事物就滋长了。乃,于是。梦,通"萌"。萌发,发芽。兹,通"滋"。

滋长，生长。

⑦天因而成之：上天顺应着万物的天性去成就它们。因，顺应。

⑧弗因则不成：如果不顺应万物的天性就无法成就它们。

⑨〔弗〕养则不生：大地如果不养护万物而万物就无法生长。根据
　　前文，本句的主语应为大地。"弗"字原缺，据上文补。

⑩规规：谋划的样子。生食：生产食物。继：后代子孙。

⑪不会不继：没有婚配就没有后代。会，会聚。这里指婚配。

⑫无与守地：就不会有人去守候着大地。实际是说没有人在大地上
　　耕作、生活了。

⑬不食不人：没有食物就没有人类了。

⑭无与守天：也就没有人去守候着上天。实际是说没有人去遵循天
　　道做事了。

【译文】

"上天的阳气向下降落与地上的阴气会和于大地之上就形成了五谷
草木，大地的阴气向上升起与上天的阳气会合于天上就形成了日月星
辰。因为得到了上天的精微阳气，时若□□□□□□□□□□，再依靠
地上阴气的发动，于是该萌生的事物就萌生了，该生长的事物就生长了，
上天顺应着万物的天性去成就万物。上天如果不顺应着万物的天性而
万物就不能成功，大地如果不去养护万物而万物就无法生长。人类刚一
出现，就要谋划着去生产食物与繁衍后代。人类没有婚配就不会有后代，
这样就不会有人类在大地上生活；没有食物就不会有人类，这样也就没
有人类去遵循天道行事了。

"是〔故〕赢阴布德①。〔重阳长，昼气开〕民功者②，
所以食之也③。宿阳修刑④。童阴长⑤，夜气闭地绳者⑥，〔所〕
以继之也⑦。不靡不黑⑧，而正之以刑与德⑨。春、夏为德⑩，

秋、冬为刑⑪，先德后刑以养生⑫。姓生已定⑬，而适者生争⑭，不谌不定⑮；凡谌之极⑯，在刑与德⑰。刑德皇皇⑱，日月相望⑲，以明其当⑳，而盈［绌］无匡㉑。

【注释】

①是［故］赢阴布德：因此，当阴气特别盛满的时候，就要注意布施恩德了。古人认为，阴主杀，当阴气达到极点的时候，阳气开始冉冉而生，而阳主生。赢，盈满，过度。"故"字原缺，据下文补。

②"［重（chóng）阳长］"二句：阳气不断积累生长，于是白天出现了，就发动百姓从事生产劳动。重，慢慢积累。昼气，即白天。古人认为昼为阳，夜为阴。开民功，发动百姓去从事生产劳动。"重阳长，昼气开"六字原缺，据下文补。

③所以食（sì）之也：这就是养活百姓的方法。食，给……吃，供养。

④宿阳修刑：当阳气积累的时间太久的时候，就应该注意整修刑法了。宿，长久。

⑤童（chóng）阴长：阴气不断积累生长。童，通"重"。慢慢积累。

⑥夜气闭地绳（míng）者：夜晚降临，大地一片昏暗。夜气，即夜晚。闭，封闭。这里指降临。绳，通"冥"。昏暗不清的样子。

⑦［所］以继之也：这是让人们在家婚配、生育后代的方法。继，后代。"所"字原缺，据文义补。

⑧不靡（mí）不黑（mò）：不要过多地去约束人们。靡，通"縻"。约束。黑，通"纆"。本义是绳索，引申为约束。

⑨而正之以刑与德：然而要用刑罚和恩惠去引导人们走向正道。正之，使人们的言行正确。

⑩春、夏为德：春季和夏季体现了大自然对万物的恩惠。春、夏季节，万物生长，所以说体现了大自然的恩德；人们要效法自然，所以古代在春、夏季节尽量少杀人。

⑪秋、冬为刑：秋季和冬季体现了大自然对万物的刑杀。秋、冬季节，万物凋零，所以说体现了大自然的刑杀；人们要效法自然，所以古代多在秋、冬季节处决犯人。

⑫先德后刑：先施恩德而后使用刑罚。也即重恩惠，轻刑罚。

⑬姓生已定：姓氏出现后而各有定分。定，定分。指各个氏族部落具有各自应有的地盘、权利等。

⑭而适（dí）者生争：而敌对部落、国家之间开始出现纷争。适，通"敌"。敌对部落或国家。

⑮不谌（kān）不定：如果不去讨伐他们，社会就不会安定。谌，通"戡"。讨伐。

⑯凡谌（kān）之极：大凡讨伐敌国的原则。极，原则。

⑰在刑与德：在于使用刑罚和恩惠两种方法。黄帝已经意识到，战胜敌人，仅仅靠武力是不行的，在使用武力的同时，还要注意广施恩惠，收买民心。

⑱刑德皇皇：光明正大地去使用刑罚和恩惠两种办法。皇皇，光明正大的样子。

⑲日月相望：日月交替出现，相辅相成。相望，本义是指彼此相距不远，交替出现。这里用来比喻刑罚与恩惠互为配合，相辅相成。

⑳以明其当：以表明自己对刑罚与恩惠的使用恰如其分。

㉑而盈［绌］无匡（wǎng）：而自己的行为就不会出现失误。盈绌，盈满和不足。引申为进退、行为。匡，通"枉"。偏颇，失误。"绌"字原缺，据下文"其时赢而事绌"补。

【译文】

"因此当阴气满盛的时候就要开始布施恩惠了。此时阳气逐渐积累生长，于是白天出现了，此时就要发动人们开始从事生产劳动，这就是用来养活人们的办法。阳气积累的时间太久了就要开始注意使用刑杀了。阴气逐渐积累生长，于是夜晚降临而大地一片昏暗，这就是让人们在家婚配、生育后代的方法。对于百姓不要过多地去加以约束,然而也要注意使用刑罚和恩惠两种办法把他们引向正道。春季和夏季体现了大自然对万物的恩惠,秋季和冬季体现了大自然对万物的刑杀,可见要先恩惠而后刑杀,以此来养护生灵。姓氏出现以后而各部落、国家各有自己的定分,然而相互敌对的部落和国家之间常常会发生争斗,如果不对敌国加以讨伐而社会就无法安定下来;大凡讨伐敌国的正确原则,就在于要同时使用刑罚和恩惠两种办法;要光明正大地去使用刑罚与恩惠两种方法,就好像天上的日月交替运行一样,要让天下的人们都知道我们的刑罚与恩惠使用得恰如其分,那么我们的行为就不会出现失误了。

"夫是故使民毋人埶①,举事毋阳察②,力地毋阴敝③;阴敝者土芒④,阳察者夺光⑤,人埶者�兵⑥。是故为人主者⑦,时挃三乐⑧,毋乱民功⑨,毋逆天时,然则五谷溜孰⑩,民〔乃〕蕃滋⑪。君臣上下,交得其志⑫,天因而成之。夫并时以养民功⑬,先德后刑,顺于天⑭。

【注释】

①使民毋人埶(shì):使用民众之力的时候不要依仗人多势众。毋,不要。埶,同"势"。人多势众。

②举事:做事。阳察(shā):不要伤害了阳气。察,通"杀"。杀害,伤害。朱骏声《说文通训定声》:"察,假借为杀。"

③力地:努力种地。阴敝:伤害阴气。敝,伤害。《黄帝内经·素问》:"暴怒伤阴,暴喜伤阳。"这是就个人情绪对自身健康而言。古人认为,以此类推,民众的集体情绪还会进一步影响到整个自然界的阴阳,《庄子·在宥》说:"人大喜邪,毗于阳;大怒邪,毗于阴。阴阳并毗,四时不至,寒暑之和不成。"这段话的意思是,人太高兴就会伤害阳气,太愤怒就会伤害阴气,阴阳二气都被伤害了,四

季就不会按时出现，寒暑无法调和。"举事毋阳察，力地毋阴敝"两句亦可理解为互文，提醒人们无论做任何事情，都不要因为自己的情绪而伤害了阴阳二气。

④土芒（huāng）：土地荒芜。芒，通"荒"。

⑤夺光：使日月不明。古人认为，阴阳调和以生万物，而人的不良行为会破坏阴阳二气，严重时就会导致日月不明、寒暑不调等自然灾害。

⑥人执（shì）者扰（chuāng）兵：依仗人多势众的君主就会遇到战争灾难。扰，撞上，遇到。兵，兵器。代指战争。君主依仗人多势众，肆意发动战争，自然会遇到灾难。

⑦人主：即君主。

⑧时挃（zhì）三乐：要懂得时节，在春、夏、秋三季节制自己的享乐行为。挃，节制。三，指春、夏、秋三季。因为春、夏、秋三季属于农忙季节，因此君主也应该节制自己，不要去追求享乐。

⑨民功：百姓的事情，百姓的农事。功，事。

⑩五谷：指五种谷物，说法不一。一说指麻、黍、稷、麦、豆，一说指稻、黍、稷、麦、菽。这里泛指谷物。溜孰：顺利成熟。溜，顺利。孰，通"熟"。成熟。一说，根据《国语·越语下》中的"四封之内，百姓之事，时节三乐，不乱民功，不逆天时，五谷稑熟，民乃蕃滋"，"溜"应读为"稑"。稑，晚种而早熟的庄稼。这里泛指成熟。

⑪民［乃］蕃滋：蕃滋，人口繁殖众多。"乃"字原缺，据文义补。

⑫交得其志：都能够各得其志。交，都。

⑬并时：按时，顺应时节。

⑭顺于天：顺应了天道。因为大自然先在春、秋两季生养万物，后于秋、冬两季使万物凋零，君主也应该先施行恩惠，然后才考虑刑杀，这才是顺应了天道。

【译文】

"因此在使用民力的时候不要依仗人多势众，在有所行动的时候不

要伤害了阳气,在努力耕种的时候不要伤害了阴气;伤害了阴气就会导
致土地荒芜,伤害了阳气就会导致日月不明,依仗人多势众就会遇到战
争灾难。作为一位君主,应该懂得把握季节,在春、夏、秋三个季节要节
制自己的享乐行为,不要搞乱百姓的农事,不可违背农耕的天时,那么五
谷就能够顺利成熟,人口就会不断增加。君臣上下,都能够各得其志,上
天也会顺应人心而成就他们的事业。顺应着天时以帮助百姓进行农业
生产,要先施行恩德然后再考虑刑罚,这就是顺应了天道。

"其时赢而事绌①,阴节复次②,地尤复收③。正名修刑④,
执虫不出⑤,雪霜复清⑥,孟谷乃萧⑦,此材[乃]生⑧,如此
者举事将不成。其时绌而事赢⑨,阳节复次⑩,地尤不收⑪。
正名施刑⑫,执虫发声⑬,草苴复荣⑭。已阳而有阳⑮,重时而
无光⑯,如此者举事将不行⑰。

【注释】

①时赢:指万物生长的春、夏季节。这里引申为万物生长繁荣。时,
　季节。赢,盈满。事绌:去做秋、冬季节应该的事情。这里指肃杀
　一类的事情,比如大量地杀害生灵。《淮南子·时则训》:"孟春始
　赢,孟秋始缩。"绌,不足,收缩。

②阴节复次:秋、冬季节的气候就会再次出现了。阴节,指秋、冬季
　节。秋、冬季节属于阴。次,停留,出现。

③地尤复收:大地错误地再次收缩、肃杀。尤,错误。春、夏季节,大
　地本来应该舒展开来,使万物欣欣向荣,然而由于人们的错误行
　为,影响了大自然的阴阳二气,使大地也不合时令地收缩、肃杀万
　物了。

④正名(mìng):政令。正,通"政"。政治。名,通"命"。命令。修刑:
　使用刑罚。古人认为,在春、夏季节大量使用刑罚,是违背天时的

行为，会导致自然界的混乱。《淮南子·时则训》："孟春之月……布德施惠，行庆赏，省徭赋。……仲春之月……省囹圄，去桎梏，毋笞掠，止狱讼。"

⑤执（zhé）虫不出：蛰伏的虫子就不会出来活动。执，通"蛰"。蛰伏，冬眠。到了春、夏季节，冬眠的虫子本来应该出来活动了，但由于人们的错误行为，导致天气寒冷，冬眠的虫子也就无法出来活动。

⑥清：清凉，寒冷。

⑦孟谷：指早春季节的庄稼。萧：通"肃"。肃杀。这里指不能生长。

⑧此䘌（zāi）〔乃〕生：䘌，灾害。"乃"字原缺，据文义补。

⑨时绌：到了秋、冬季节。事赢：从事春、夏季节的事情。

⑩阳节复次：春、夏季节的气候就会再次出现了。阳节，指春、夏季节。春、夏季节属于阳。次，停留，出现。

⑪地尤不收：大地错误地不会收缩、肃杀。也即无法使万物凋零。

⑫施（chí）刑：不去使用刑罚。施，通"弛"。松弛，不使用。

⑬执（zhé）虫发声：本该蛰伏于地下的虫子依然在地上叫个不停。执，通"蛰"。

⑭草苴（chá）复荣：本该枯萎的草木又一次开花。苴，枯萎的草。荣，开花。

⑮已阳而有阳：已经过了一个春、夏季节，接着又过了一个春、夏季节。有，通"又"。

⑯重（chóng）时：重叠了两个春、夏季节。无光：使日月不明。

⑰不行：行不通，失败。

【译文】

"到了万物生长的春、夏季节，却去做秋、冬季节应该做的事情，那么秋、冬季节的气候就会再次出现了，大地将会错误地再次收缩、肃杀万物。此时颁布政令去大规模地使用刑罚，冬眠的虫子就不会出现，寒冷的霜雪将会再一次降下，早春的庄稼就无法生长，各种灾害就会发生，如此做事的人将难以成功。到了万物萧条的秋、冬季节,却去做春、夏季节应该做的事情,那么春、夏季节的气候就会再次出现了,大地也就错误地不会收缩、肃杀万物。此时颁布政令不去使用刑罚,那么本该冬眠的虫子依然会在地上鸣叫不停,本该枯萎的草木会再次开花。已经过了一个春、夏季节却又来了一个春、夏季节,这种季节的重复出现将会导致日月不明,如此做事的人将会失败。

"天道已既①,地物乃备②;散流相成③,圣人之事;圣人不巧④,时反是守⑤;优未爱民⑥,与天同道。圣人正以侍天⑦,静以须人⑧,不达天刑⑨,不襦不传⑩。当天时⑪,与之皆断⑫;当断不断,反受其乱⑬。"

【注释】

①已既:已经形成。既,成,形成。

②地物:大地上的万物。

③散流相成:万物或聚散,或流动,相辅相成。

④巧:机心巧智。

⑤时反是守:即"守时反"。顺应着时机的变化。守,坚守,顺应。时,时机,季节。反,反复,变化。古人认为,物极必反,而圣人就会顺应着这种变化而变化。司马谈《论六家之要指》:"故曰:'圣人不巧,时变是守。'"

⑥优未爱民:特别爱护百姓。优,优厚,特别。未,通"味"。滋味,兴趣。《说文解字》:"未,味也。"

⑦正以侍(dài)天:端正自我以等待天时。侍,通"待"。等待。

⑧静以须人:以虚静的心态去处理人事。须,等待,对待。

⑨不达天刑:不要违背天意而不去讨伐有罪之人。达,不符合,违背。

《说文解字》："达，行不相遇也。"

⑩不襦（rú）：不迟疑。襦，通"濡"。迟缓。不传（zhuǎn）：不改变。传，通"转"。转变，变化。

⑪当天时：遇到适当的天时。

⑫与之皆断：都要顺应天时做出决断。与，跟从，顺应。

⑬反受其乱：反而会遇到天谴，自取灾难。

【译文】

"天道已经形成，地上的万物也已经具备；万物或聚散、或流动而相辅相成，圣人顺其变化而行事；圣人没有机心巧智，就是顺应着时机的变化而变化；圣人特别爱护百姓，犹如天道博爱万物那样。圣人端正自我以等待天时的到来，以虚静的心态去处理人事，遵循着天意去惩罚有罪之人，而且从不迟延、从不改变。遇到恰当的天时，都要顺从天时立刻做出决断；应该做出决断的时候而没有做出决断，反而会受到天谴而自取灾难。"

五正第三

【题解】

五正,先秦主管五行的官长。这里泛指各种官员。五,指金、木、水、火、土五行。正,官长。其他解释还很多,一说指四季的各种政令,一说指君主自身和东、西、南、北各个地方的政令。

本篇通过黄帝与大臣阉冉的对话,说明要想治理好国家,必须从君主自身修养做起。关于君主的具体修养方法,本篇完全体现了道家"无为而无不为"的思想。本文记载,在阉冉的指导下,黄帝先进入山中,静心修养,深思熟虑以积蓄力量,这就是"无为"的过程;一旦时机成熟,黄帝发动军队,奋起作战,一举擒获叛乱的蚩尤,这就是"无不为"的过程。

黄帝问阉冉曰①:"吾欲布施五正②,焉止焉始③?"对曰:"始在于身④,中有正度⑤,后及外人,外内交绥⑥,乃正于事之所成⑦。"黄帝曰:"吾既正既静,吾国家愈不定⑧,若何?"对曰:"后中实而外正⑨,何[患]不定⑩?左执规,右执矩⑪,何患天下?男女毕迥⑫,何患于国?五正既布,以司五明⑬,左右执规,以寺逆兵⑭。"

【注释】

①阉（yān）冉：人名。黄帝的大臣。

②布施：颁布，任命。五正：先秦主管五行的官长。这里泛指各种官员。五，指金、木、水、火、土五行。正，官长。《左传·昭公二十九年》："木正曰句芒，火正曰祝融，金正曰蓐收，水正曰玄冥，土正曰后土。"关于"五正"的解释不一，一说泛指各种政令。五，泛指多。正，通"政"。政令。一说指东、西、南、北、中各个地方的政令。一说指君主自身和东、西、南、北各个地方的政令。

③焉止焉始：应理解为"焉始焉止"。从哪里开始？到哪里终止？焉，哪里。

④始在于身：从自身做起。也即从君主自身的修养做起。

⑤中有正度：自己心中有了正确的法度、思想。中，指君主心中。

⑥外内交绥（jiē）：自己与别人相处融洽。外，指别人、其他官员。内，指君主自己。绥，交接，交往。这里指交往融洽。

⑦乃正于事之所成：最终的目的就是把事情办成功。正，疑为"止"字。止于，最终。

⑧俞：通"愈"。越发地，更加地。

⑨后中实而外正：君主内心诚实而行为端正。后，君主。这里具体指黄帝。外，指表现在外的行为。

⑩何［患］不定："患"字原缺，据文义补。

⑪左执规，右执矩：手中掌握着法规制度。规、矩，用来画圆的工具叫作规，用来画方的工具叫作矩。这里代指法规制度。

⑫男女毕迵（tóng）：男男女女同心同德。迵，通"同"。同心同德。

⑬以司五明：以主持五种职务。司，主持，领导。五明，即"五名"。指与"五正"相对应的五种职务。这里泛指各种事务。

⑭以寺（dài）逆兵：以对付叛逆之人。寺，通"待"。对待，对付。

【译文】

黄帝向大臣阉冉询问说："我想任命各种官员，请问应该从哪里开始、到哪里终结？"阉冉回答说："应该从您自身修养开始,您自己心中有了正确的思想,然后把这种正确思想推及其他官员身上,您与其他官员相处融洽,最终的结果就是把事情办理成功。"黄帝问："我自身已经端正,内心已经清静,而我们的国家却越发地不安定,该怎么办呢？"阉冉回答说："如果您内心诚实而行为端正,怎么会担心国家不能安定呢？如果您能够掌握住法规制度,怎么会担心天下不能太平呢？全国男男女女同心同德,怎么会担心国家不能治理好呢？各种官员任命以后,让他们主持各种不同的事务,您只须掌握国家的法规制度,等待严惩那些叛逆之人就可以了。"

　　黄帝曰："吾身未自知,若何？"对曰："后身未自知,乃深伏于渊^①,以求内刑^②。内刑已得,后[乃]自知屈其身^③。"黄帝曰："吾欲屈吾身,屈吾身若何？"对曰："道同者^④,其事同;道异者,其事异。今天下大争^⑤,时至矣^⑥,后能慎勿争乎^⑦？"黄帝曰："勿争若何？"对曰："怒者,血气也^⑧;争者,外脂肤也^⑨。怒若不发,浸廪是为痈疽^⑩。后能去四者^⑪,枯骨何能争矣^⑫？"黄帝于是辞其国大夫^⑬,上于博望之山^⑭,谈卧三年以自求也^⑮。单才、阉冉乃上起黄帝曰^⑯："可矣。夫作争者凶,不争[者]亦无成功^⑰。何不可矣？"

【注释】

①乃深伏于渊:就深深地隐居在僻静之处。伏,隐居。渊,深渊。比喻僻静、隐秘的地方。

②内刑:自我修养、完善。刑,通"型"。典范。这里指修养自身,成为典范。

③后[乃]自知屈其身:您就知道克制自我了。屈,抑制,克制。"乃"

字原缺,据文义补。

④道同者:思想相同的人。道,思想。以下四句是阉冉在感叹自己遇到了志同道合的黄帝,所以就教给黄帝自我克制的方法。

⑤大争:严重的纷争,天下大乱。

⑥时至矣:考验您的时机到了。

⑦慎:表示告诫,相当于"千万",用于否定。

⑧血气:是内在的血、气作用的结果。

⑨外脂肤:是外在肢体作用的结果。脂肤,代指身体、肢体。脂,脂肪,肌肉。

⑩怒若不发,浸廪(lǐn)是为痈疽(yōng jū):有了怒气如果不发泄出来,就会慢慢积累而形成毒疮。浸廪,慢慢积累。痈疽,发生于体表、四肢、内脏的急性化脓性疾患,是一种毒疮。这两句话的意思是告诫黄帝,心中最好不要产生怒气,一旦有了怒气,会影响自己身心健康。

⑪后能去四者:您如果能够忘却血、气、脂、肤这四种事物。实际也即忘却自身,达到忘我的境界。去,去除。这里指忘却。

⑫枯骨何能争矣:只剩下一把枯骨,又如何能够与人争斗呢?

⑬辞:告辞,辞别。国大夫:国家的大臣。

⑭上:登上。博望之山:山名。在今安徽淮南一带。其他地方叫博望山的还很多。

⑮谈(dàn)卧:心境恬淡地静静隐居。谈,通"淡"。恬淡。自求:自我修养。

⑯单(shàn)才:人名。黄帝的大臣。一说"单才"假借为"战哉",是阉冉对黄帝讲的话,请求黄帝下山与蚩尤作战。上:登上博望山。起:请黄帝起身下山。

⑰"夫作争者凶"二句:不要做首先挑起战端的人,但在应该作战的时候,还是要奋起作战,否则也无法成功。作,开始。这里指首先挑

起。"者"字原缺，据上一句"作争者"补。

【译文】

黄帝说："我现在还不太了解自己，怎么办呢？"阉冉回答说："如果您现在还不太了解自己，那么就可以深深地隐居在僻静的地方，以便自我静心修养。自我修养完善了，您就知道如何克制自我了。"黄帝又问道："我很希望克制自我，但如何能够做到克制自我呢？"阉冉回答说："思想相同的人，就会做同样的事情；思想不同的人，就会做不同的事情。如今天下出现了严重的纷争，考验您的时机到了，您能够态度坚决地不去参与这些纷争吗？"黄帝说："如何才能够做到态度坚决地不去参与这些纷争呢？"阉冉回答说："发怒，是内在血、气作用的结果；争斗，是外在肌肉、皮肤作用的结果。有了怒气如果不发泄出来，那么慢慢积累就会形成毒疮。您如果能够忘却血、气、肌、肤这四种事物，只剩下一把枯骨了，又如何会发怒和争斗呢？"黄帝于是告别国家的大臣，登上了博望山，在那里心境恬淡地隐居了三年，静静地修心养性以求自我完善。此后单才、阉冉也登上了博望山，请求黄帝起身下山，说："现在您可以一战了。那些首先挑起战乱的人会遇到凶险，但一味地躲避战争的人也无法建功立业。现在怎么不可以下山一战呢？"

　　黄帝于是出其锵钺^①，奋其戎兵^②，身提鼓鞄^③，以禺之［蚩］尤^④，因而禽之^⑤。帝箸之明^⑥，明曰："反义逆时，其刑视之［蚩］尤^⑦；反义怀宗^⑧，其法死亡以穷^⑨。"

【注释】

①锵（qiāng）：通"斨"。武器名。方形的斧头。钺（yuè）：武器名。形似大斧，长柄。

②奋：发动，激励。戎兵：士兵，军队。

③身提鼓鞄（fú）：亲自带着战鼓。鞄，通"枹"。鼓槌。

④禺:通"遇"。接触。这里指交战。〔蚩〕尤:人名。传说中的古
代部落首领。黄帝时,蚩尤作乱,于是黄帝率军与蚩尤战于涿鹿,
擒杀蚩尤。"蚩"字原缺,据文义补。

⑤禽:通"擒"。擒获。

⑥箸:同"著"。宣明,宣布。明(méng):通"盟"。盟约。

⑦其刑视之〔蚩〕尤:会受到与蚩尤相同的惩罚。视,比照,与……
一样。"蚩"字原缺,据文义补。

⑧怀(bèi)宗:背叛宗主。怀,通"背"。背叛。宗,宗主。

⑨穷:穷究,彻底追查。

【译文】

于是黄帝拿出武器,激励士卒,亲自击鼓进军,与蚩尤决一死战,接
着就擒获并处死了蚩尤。然后黄帝就制订并宣布了盟约,盟约说:"今后
再有违反正义、背逆天时的人,会受到与蚩尤相同的惩罚;违反正义、背
叛宗主的人,按照法律都要处以死刑并彻底追究其责任。"

果童第四

【题解】

果童，人名。黄帝的大臣。本篇通过黄帝与果童的对话，阐述了以下几点治国原则。

第一，治国要效法自然，要采取恩威两手，只有把恩惠与刑罚完美地结合起来，做到相辅相成，治国才能成功。

第二，在使用人才时，要顺应着他们各自不同的才能去任用，不可强求一律。

第三，本篇的最后内容，值得我们特别注意。果童在强调法律面前人人平等的同时，还能够做到以身作则。他穿着破烂的粗布衣，背着破损的瓦罐子，周游天下，以此向百姓显示，自己虽然身为大臣，但与百姓一样，没有利用自己的权势为自己谋取不正当的利益。君臣示俭以引导百姓，这在古代是常见的，但类似果童这种有些极端的事例，在古代还是不多见的。

　　黄帝［问四］辅曰①："唯余一人②，兼有天下。今余欲畜而正之③，均而平之④，为之若何？"果童对曰⑤："不险则不可平⑥，不谌则不可正⑦。观天于上，视地于下，而稽之男女⑧。夫天有[恒]干⑨,地有恒常⑩。合[此干]常⑪,是以有晦有明⑫,有阴有阳;夫地有山有泽,有黑有白,有美有亚⑬。地俗德以静⑭,而天正名以作⑮。静作相养⑯,德疟相成⑰。两若有名⑱,相与则成⑲。阴阳备物⑳,化变乃生。有[任一则]重㉑,任百则轻㉒;人有其中㉓,物又其刑㉔,因之若成㉕。”

【注释】

①黄帝[问四]辅曰:黄帝问四位辅佐大臣。四辅,天子的四位辅佐大臣。《尚书大传》:“古者天子必有四邻,前曰疑,后曰丞,左曰辅,右曰弼。”“问四”二字原缺,马王堆帛书整理小组据帛书《周易》卷后古佚书《二三子问》中的“黄帝四辅,尧立三卿”补。

②余一人:我一个人。后来“余一人”成为天子的自我称号。

③畜(xù)而正之:养育他们,并把他们引向正道。畜,养护,养育。正之,使他们品行端正。

④均而平之:让他们过上平均、太平的日子。均,平均。平,和平,太平。

⑤果童:人名。黄帝的大臣。对:回答。

⑥险(yán):通“严”。严格,严明法度。一说通“俭”。节俭,俭朴。则不可平:就无法使国家太平。

⑦不谌(kān)则不可正:不使用刑罚就无法引导民众走向正道。谌,通“戡”。讨伐,惩罚。

⑧稽之男女:考察男男女女的行事。稽,稽察,考察。

⑨夫天有[恒]干:上天具有永恒不变的行事原则。恒,恒常,永恒。干,做事。这里指做事的原则、规律。“恒”字原缺,据下文“地有恒常”补。

⑩恒常:永恒不变的常规。

⑪合[此干]常:把上天的规律与大地的常规结合起来。"此干"二字原缺,据文义补。

⑫晦:黑暗。指夜晚。明:指白天。

⑬亚(è):同"恶"。丑陋。

⑭地俗德以静:大地的惯常德性就是安静不动。古人认为大地是不动的。俗,习惯,惯常。

⑮而天正名以作:而上天的正常行为就是不停地运动。古人认为,上天是不停地运动的。名,功,事。这里引申为行为。《广韵·清韵》:"名,功也。"

⑯静作相养:大地的安静与上天的运动相辅相成。

⑰德疟相成:人间的恩惠与刑罚也要相辅相成。疟,通"虐"。虐待,惩罚。

⑱两若有名:静与作、德与虐各有自己的定分。两,指天地的安静与运动,政治上的恩德与惩罚。若,乃,就。名,名分,定分。也即各自都有自己的不同内容。

⑲相与则成:相互配合就能够成功。与,配合,辅助。

⑳阴阳备物:万物都具备了阴阳二气。古人认为,万物都是由阴阳二气形成的,所以说"阴阳备物"。

㉑有[任一则]重:有的人只承担一个职务就感到任务太重。"任一则"三字原缺,据《淮南子·主术训》中的"人有其才,物有其形,有任一而太重,或任百而尚轻"补。

㉒任百则轻:有的人承担一百个职务还觉得很轻松。

㉓人有其中:据《淮南子·主术训》中的"人有其才,物有其形",本句应为"人有其才"。"中"为"才"字之误。

㉔又:通"有"。刑:通"形"。形状。

㉕因之若成:顺应着他们各自的才能和形状才能成功。因,顺应。若,乃,就。

【译文】

黄帝问他的四位辅佐大臣说："只有我一个人，占有了整个天下。我想养育百姓并把他们引向正道，让他们过上平均而安宁的日子，如何才能做到这一点呢？"果童回答说："不严明法纪就无法使天下太平，不使用刑罚就无法把百姓引向正道。要观察上天，巡察大地，考察人间男男女女的行事。上天具有永恒不变的规律，大地具有永恒不变的常规。上天的规律与大地的常规相互配合起来，于是就有了白天和夜晚，有了阴气和阳气；大地上也就有了高山和大泽，有了黑色和白色，有了美丽与丑陋。大地的惯常本性就是安静不动，而上天的正常行为就是不停运动。天地的运动与安静相互配合，政治上的恩德与惩罚也要相辅相成。天地的运动与安静、政治的恩德与惩罚各自都具有各自的内容，它们相互配合就能够使事物成功。万物都包含着阴阳二气，于是就有了千变万化、各不相同的现象。有的人只承担一个职务就感到任务太重，有的人承担一百个职务还觉得很轻松；人有不同的才能，物有不同的形状，只有顺应着他们的不同才能和形状去使用他们才能成功。"

　　黄帝曰："夫民卬天而生^①，侍地而食^②；以天为父，以地为母。今余欲畜而正之，均而平之，谁敌^③？繇始^④？"对曰："险若得平^⑤，谌［若得正］^⑥。［贵］贱必谌^⑦，贫富又等^⑧。前世法之^⑨，后世既员^⑩，繇果童始^⑪。"果童于是衣褐而穿^⑫，负并而恋^⑬，菅行气食^⑭，周流四国^⑮，以视贫贱之极^⑯。

【注释】

①卬（yǎng）：通"仰"。仰赖，依赖。

②侍（dài）：通"待"。等待，依赖。

③谁敌（shì）：谁适合去做此事？敌，通"适"。适合。

④繇（yóu）始：从哪里开始做起？繇，由，从。

⑤险（yán）若得平：严明法纪就可以使国家太平。险，通"严"。严格，严明法度。若，乃，就。

⑥谌（kān）[若得正]：使用刑罚就能够引导民众走向正道。谌，通"戡"。讨伐，刑罚。"若得正"三字原缺，据上文补。

⑦[贵]贱必谌（kān）：惩罚罪人时要不分贵贱。一说"谌"通"审"，明确。那么本句的意思就是确定贵贱的差别。"贵"字原缺，据文义补。

⑧贫富又等：无论贫富，在法律面前也一律平等。一说"又"通"有"。那么本句的意思就是，要分出贫富的差别等级。

⑨前世法之：前人效法这种原则。之，代指依法治国，并且做到在法度面前人人平等。

⑩员：通"缘"。遵循。一说通"陨"。破坏。指以上原则被后人破坏了。

⑪繇果童始：就从我开始吧。果童要用自己的行为，向百姓说明，什么是在法度面前人人平等。

⑫衣褐（hè）而穿：穿着破烂的粗布衣。褐，粗布衣。穿，穿孔，破烂。

⑬负并（píng）而恋（luán）：背着破烂的水罐子。并，通"瓶"。瓶子，水罐子。恋，通"孌"。渗漏。指罐子漏水。

⑭营行气食：到处流浪乞讨。营，围绕，到处。气，通"乞"。乞讨。

⑮周流四国：周游天下。四国，四方之国。

⑯以视贫贱之极：以显示自己的极度贫苦。果童这样做的目的，是要告诉天下百姓，在法度面前，人人平等，自己虽然身为国家重臣，并没有利用自己的政治地位去为自己谋取不正当的权利和财富。果童这样做，可谓用心良苦。在古代，这样的事例极为罕见。

【译文】

黄帝问："人类仰仗上天才能够生存，依赖大地才能够得到食物；人类因此把上天视为自己的父亲，把大地视为自己的母亲。现在我想养育百姓并把他们引向正道,让他们过上平均而安宁的日子,那么我应该派遣谁去做这件事才合适呢? 又该从哪里开始做起呢?"果童回答说:"严明法度才能够使天下太平,使用刑罚才能够引导民众走向正道。惩罚罪人时要不分贵贱,在法度面前要做到贫富一律平等。过去的时代一直效法这一原则,后世的人们也应该遵循这一原则,那么就从我本人开始做起吧!"果童于是就穿着破烂的粗布衣,背着残损的瓦罐子,到处流浪乞讨,周游天下,以此来显示身为大臣的自己也过着极度贫苦的生活。

正乱第五

【题解】

正乱，平息叛乱。指黄帝平息蚩尤的叛乱。正，纠正，拨乱反正。乱，指蚩尤叛乱。本篇可分为三个部分。第一部分主要讲平叛前的策略和准备，那就是静待蚩尤把坏事做尽，然后抓住时机，一举歼灭之。第二部分主要讲平叛过程及对蚩尤的严厉处罚，其中关于对蚩尤死后的惩处，显示了当时斗争的残酷性。第三部分主要讲平叛之后，黄帝为天下民众所制定的禁令。本篇比较完整地记载了黄帝与蚩尤斗争的全过程。

力黑问①："□□□□□□□□□□□□②，骄［洫］阴谋③，阴谋□□□□□□□□□高阳④，［为］之若何⑤？"太山之稽曰⑥："子勿患也⑦。夫天行正信⑧，日月不处⑨，启然不台⑩，以临天下。民生有极⑪，以欲涅洫⑫，涅洫［即］失⑬。丰而［为杀］⑭，［加］而为既⑮，予之为害⑯，致而为费⑰，缓而为［衰］⑱；忧桐而窘之⑲，收而为之咎⑳。累而高之㉑，部而弗救也㉒，将令之死而不得悔，子勿患也。"

【注释】

①力黑：人名。黄帝的大臣。

②"□□"句：本句缺字较多，难以补足。

③骄［洫］阴谋：骄横无理，玩弄阴谋。根据下文，本句的主语应是蚩尤。洫，同"溢"。"洫"字原缺，据文义补。

④高阳：即颛顼，五帝之一，号高阳氏。相传为黄帝之孙。本句缺字较多，难以补足。

⑤［为］之若何："为"字原缺，据文义补。

⑥太山之稽：人名。一说即黄帝本人，一说为黄帝大臣。《淮南子·览冥训》："昔者，黄帝治天下，而力牧、太山稽辅之。"如果把"太山之稽"理解为黄帝的大臣，那么他所讲的话，就可以理解为代表整个黄帝集团的意见。

⑦子勿患也：您不用担心。子，您。患，担心，发愁。

⑧天行正信：天道的运行正确而诚信。

⑨不处：不会安静下来，不停运行。

⑩启然：运动的样子。启，启动，运动。然，形容词词尾，……的样子。不台（dài）：不会懈怠。台，通"怠"。懈怠。

⑪民生有极：人类生存具有自己的原则。极，原则。

⑫以欲涅洫（yín yì）：因为欲望的作用而变得奢侈放纵、态度傲慢。以，因为。涅，通"淫"。放纵，过度。洫，同"溢"。溢满，傲慢。

⑬涅洫［即］失：奢侈放纵、态度傲慢就会失败。"即"字原缺，据文义补。

⑭丰而［为杀（shài）］：兴盛之后就会衰落。丰，丰盈，兴盛。杀，衰败。"为杀"二字原缺，据文义补。

⑮［加］而为既：不断添加利益给他反而会使他走向衰竭。加，增加。既，终了，衰竭。"加"字原缺，据文义补。

⑯予之为害：不断地让蚩尤获取点好处，目的是为了让他最终受害。之，根据下文，"之"代指蚩尤。

⑰致而为费：不断地送给他一些财富，目的是为了让他最终有大的

破费。致,送出,送给。

⑱缓而为[衰]:不急于讨伐他,目的是为了让他懈怠。衰,减退,懈怠。"衰"字原缺,据文义补。

⑲忧桐(dòng)而窘(jiǒng)之:威慑他而使他处于困窘之地。桐,通"恫"。恐吓。窘,同"窘"。困窘。

⑳收而为之咎:逮捕他而清算他的罪行。收,收捕,逮捕。咎,罪过。这里指治罪。

㉑累而高之:不断地抬高他。累,不断地。

㉒部(bó)而弗救也:让他跌倒下来而不可挽救。部,通"踣"。跌倒。"累而高之,部而弗救也"这两句话,讲的道理就是《老子》三十六章讲的:"将欲歙之,必固张之;将欲弱之,必固强之;将欲废之,必固兴之;将欲夺之,必固与之。"《吕氏春秋·行论》讲得更清楚:"《诗》曰:'将欲毁之,必重累之;将欲踣之,必高举之。'"也即今人讲的"捧杀"。

【译文】

力黑问:"□□□□□□□□□□□,蚩尤骄横傲慢,玩弄阴谋,阴谋□□□□□□□□□□高阳,我们该怎么办呢?"太山之稽回答说:"你不必为此担心。天道的运行规律正确而诚信,日月也在不停地运行,不停运行的日月从来没有丝毫的懈怠,它们居高临下地监察着大地上的人们。人们的生活也有自己的法则,人们在欲望的作用下往往会奢侈放纵、态度蛮横,奢侈放纵、态度蛮横了就会失败。盛盈至极就会走向衰落,不断增益就会转向衰竭。多多给予蚩尤好处,目的是让他最终受到伤害;尽量地赠给蚩尤财物,目的是最终让他遭受大的破费;不急于讨伐蚩尤,目的是为了让他慢慢地懈怠下来;然后才开始震慑他而使他陷入困窘之地,逮捕他而彻底清算他的罪行。以上做法就是不断地抬高他,然后让他重重地跌下来而无法挽救,置他于死地而让他后悔不及,您不必为此担心。"

力黑曰："单数盈六十①，而高阳未夫②。涅［洫］蚤［服］③，［名］曰天佑④，天佑而弗戒⑤，天官地一也⑥，为之若何？"［太］山之稽曰⑦："子勿言佑⑧，交为之备⑨，［吾］将因其事⑩，盈其寺⑪，轩其力⑫，而投之代⑬，子勿言也。上人正一⑭，下人静之⑮；正以侍天⑯，静以须人⑰。天地立名⑱，□□自生⑲，以隋天刑⑳。天刑不搔㉑，逆顺有类㉒。

【注释】

①单（zhàn）数盈六十：与蚩尤交战已经整整六十次了。单，通"战"。出兵作战。盈，满，整整。根据下文，黄帝作战的对手是蚩尤。

②而高阳未夫：而高阳还未成年。夫，成年男子。这里指成年。高阳是黄帝的孙子，据《新序》《帝王世纪》等书记载，高阳十多岁就参与了治国。《史记·五帝本纪》记载："黄帝崩，葬桥山。其孙、昌意之子高阳立。"按照这一记载，黄帝的直接继承人是高阳，由于高阳的年龄还小，而蚩尤的叛乱未平，所以力黑为此而忧心忡忡。

③涅［洫］（yín yì）蚤［服］：奢侈放纵、态度傲慢的蚩尤很早就得势了。涅洫，奢侈放纵、态度傲慢。这里指蚩尤。洫，同"溢"。蚤，通"早"。服，得，得势。"洫""服"二字原缺，据文义补。

④［名］曰天佑：这大概可以称作是上天在保佑他吧。"名"字原缺，据文义补。

⑤天佑而弗戒：蚩尤在上天的佑护下变得有恃无恐，毫无悔意。戒，改正错误。

⑥天官地一也：上天与大地的态度往往又是一致的。意思是说，现在的天地似乎都在帮助蚩尤。官，衍字，当删。

⑦［太］山之稽："太"字原缺，据文义补。

⑧子勿言佑：您不要谈论什么上天在保佑他。本句说明太山之稽不

太相信上天在保佑蚩尤。

⑨交为之备：要全方位地对他加以防备。交，都，全方位。

⑩［吾］将因其事："吾"字原缺，据文义补。

⑪盈其寺（zhì）：满足他的欲望。寺，通"志"。欲望。

⑫轫（rǒng）其力：鼓励他尽力去做坏事。轫，同"軔"。推动，鼓励。

⑬而投之代：然后把他流放到代地去。投，流放。代，地名。在今山西、河北北部地区。一说"代"通"慝"，邪恶。那么本句的意思就是"促使他做尽坏事，恶贯满盈"。

⑭上人正一：君主要端正自我、专心致志。上人，指居于上位的人，也即君主。

⑮下人静之：下面的臣民要平心静气。

⑯正以侍（dài）天：君主端正自我、专心致志以等待天时的到来。侍，通"待"。等待。

⑰静以须人：臣民平心静气以等待人事方面的机会。以上两句可视为"互文"。意思是君主与臣民都要端正自我，安下心来，以等待时机的到来，然后一举击败蚩尤。

⑱天地立名：天地赋予万物以不同的名分。意思是，天地赋予万物以不同的能力、权利等等。

⑲□□自生：万物自然而然地生长。所缺两字，疑为"万物"。

⑳以隋天刑：遵循着上天的运行规律。隋，通"随"。随着，遵循。刑，通"行"。运行规律。

㉑天刑不莑（fèn）：上天的运行规律永远不会出现失误。刑，通"行"。莑，通"偾"。失败，失误。

㉒逆顺有类：是违背规律还是遵循规律，就有了不同的差别。类，分类，差别。

【译文】

力黑说："与蚩尤交战已经有整整六十次了，而高阳还未成年。蚩尤骄横傲慢却能够早早得势,这大概可以称作是上天在保佑他吧,蚩尤在上天的佑护下变得有恃无恐、毫无悔意,似乎上天与大地的态度又是一致地在保佑他,我们该怎么办呢?"太山之稽回答说:"您还是不要谈论什么上天保佑之类的话,我们现在需要的是全方位地防备他,我们将顺应着蚩尤的所作所为,满足他的一切欲望,鼓励他去尽力做坏事,然后把他流放到代地,您什么也不要说了。作为君主要端正自我、专心致志,下面的臣民也要平心静气;君主端正自我、专心致志以等待天时的到来,臣民平心静气以等待人事方面的机会。天地确定了万物的各自名分,万物自然而然地生长发育,并遵循着上天的运行规律。上天的运行规律永远不会出现失误,是违背规律还是遵循规律,却有着不同的差别。

　　"勿惊〔勿〕戒①,其逆事乃始②。吾将遂是其逆而僇其身③,更置六直而合以信④。事成勿发⑤,胥备自生⑥,我将观其往事之卒而朵焉⑦,寺其来〔事〕之遂刑而私焉⑧。壹朵壹禾⑨,此天地之奇也⑩。以其民作而自戏也⑪,吾或使之自靡也⑫,单盈才⑬!"

【注释】

①勿惊〔勿〕戒:戒,通"悈"。着急。"勿"字原缺,据文义补。

②其逆事乃始:他干尽坏事就要受到惩罚。始,治理。《诗经·大雅·灵台》:"经始灵台,经之营之。"这里指对蚩尤进行惩罚。

③吾将遂是其逆而僇(lù)其身:我们将根据他做的那些坏事而惩罚他。遂,顺从,根据。是,代词。代指蚩尤所做的坏事。逆,叛乱。僇,通"戮"。羞辱,惩罚。理解为"杀死"亦可。

④更置:更换。六直:即"六相"。黄帝的六位大臣。《管子·五行》:"黄帝得六相而天地治,神明至。蚩尤明乎天道,故使为当时。"其他五相为大常、奢龙、祝融、大封、后土。合以信:合乎信义。

⑤事成勿发：讨伐蚩尤的事情已经准备就绪，只是还没有施行而已。发，实施，施行。

⑥胥备自生：不久，我们的各种措施自然就会拿出来。胥，不久。备，武备。这里具体指讨伐蚩尤的措施。

⑦我将观其往事之卒而朵焉：我们将考察他过去的所有行事而采取相应的行动。卒，全部。朵，动，行动。

⑧寺（dài）其来［事］之遂刑而私（hè）焉：等待他将来把坏事全部做出来，我们就采取相应的措施。寺，通"待"。等待。遂，做成。刑，通"形"。形成。私，通"和"。应，相应。这里指相应的措施。"事"字原缺，据上文补。

⑨壹朵壹禾：所有的这些具体行动，所有的这些相应措施。壹，全部，所有的。禾，通"和"。相应，相应措施。

⑩此天地之奇也：这就是符合天地规律的神奇策略。

⑪以其民作而自戏也：要让他自己的民众奋起反抗而使他们内部自相争斗。作，奋起。这里指奋起反抗。戏，斗，争斗。

⑫或：也许。自靡：自取败亡。靡，倒下，败亡。

⑬单（zhàn）盈才（zāi）：打这个胜仗吧！单，通"战"。盈，通"赢"。胜利。才，通"哉"。表示感叹的语气词。

【译文】

"不要惊慌，不要着急，蚩尤干尽坏事就要受到惩罚了。我们将根据他做的那些坏事而惩罚他，然后重新任命六位重臣而使他们真正合乎信义。讨伐蚩尤的事情已经准备就绪，只是还没有施行而已，我们的各种措施不久自然就会拿出来，我们将考察他过去的所有行事而采取相应的行动，等待他将来把坏事全部做出来，我们就采取相应的措施。所有的这些具体行动和相应措施，都是符合天地规律的神奇策略。我们要让他自己的民众奋起反抗而使他们内部自相争斗，我们也许能够使他自取灭亡，我们就打这个胜仗吧。"

　　大山之稽曰①："可矣。"于是出其锵钺②，奋其戎兵③，黄帝身禺之〔蚩〕尤④，因而禽之⑤。剥其□革以为干侯⑥，使人射之，多中者赏；劗其发而建之天⑦，名曰之〔蚩〕尤之蕈⑧；充其胃以为鞠⑨，使人执之⑩，多中者赏⑪；腐其骨肉⑫，投之苦酭⑬，使天下酛之⑭。

【注释】

①大（tài）山之稽：即太山之稽。大，同"太"。

②锵（qiāng）：通"斨"。武器名。方形的斧头。钺（yuè）：武器名。形似大斧，长柄。

③奋：发动，激励。戎兵：士兵，军队。

④黄帝身禺之〔蚩〕尤：黄帝亲自与蚩尤交战。禺，通"遇"。相遇。这里指交战。"蚩"字原缺，据文义补。

⑤禽（qín）之：擒获了蚩尤。禽，通"擒"。擒获。

⑥剥（bāo）其□革以为干侯：把蚩尤的皮剥下来做成箭靶。剥，同"剥"。剥掉。"革"字前缺一字，可能是"皮"或"肤"字。革，皮。干侯，箭靶。

⑦劗（jiǎn）其发而建之天：把蚩尤的头发割下来装饰在旗杆的顶端。劗，同"剪"。割断。建，设置，装饰。天，顶部。根据下文，这里指旗杆的顶端。《说文解字》："天，颠也。"

⑧名曰之〔蚩〕尤之蕈（jīng）：蚩尤之蕈，蚩尤旗。蕈，通"旌"。旌旗，旗帜。"蚩"字原缺，据文义补。

⑨充其胃以为鞠（jū）：把蚩尤的胃填满毛发当作皮球踢。鞠，通"鞠"。古代的一种皮制的实心球，里面用毛填充，供人们踢踏玩耍。

⑩使人执之：让人们去追逐这个皮球。执，逮住。这里引申为追逐。

⑪多中者赏：把皮球踢中目标最多的人受到奖赏。

⑫腐其骨肉：把蚩尤的骨肉捣烂。腐，烂，碎。

⑬投之苦酼（hǎi）：把捣碎的骨肉搅拌在加有苦菜制成的肉酱里。

苦，苦菜。酼，通"醢"。古代用肉、鱼等制成的酱。

⑭雦（jí）之：咀嚼这些肉酱。雦，通"嗼"。咀嚼。

【译文】

太山之稽说："现在可以与蚩尤交战了。"于是就拿出武器，激励士卒，黄帝亲自与蚩尤交锋，接着就擒获了蚩尤。黄帝令人剥下蚩尤的皮肤制成箭靶，让人们射击这个箭靶，射中多的人给予奖赏；剪下蚩尤的头发把它装饰在旗杆的顶端，把这面旗帜叫作"蚩尤旗"；把蚩尤的胃里塞满毛发制成皮球，让人们追逐踢踏这只皮球，踢中目标多的给予奖励；把蚩尤的骨肉剁碎，掺在加苦菜的肉酱中，令天下的人们都来咀嚼这些肉酱。

　　上帝以禁①。帝曰②："毋乏吾禁③，毋留吾酼④，毋乱吾民，毋绝吾道。止禁⑤，留酼，乱民，绝道，反义逆时，非而行之⑥，过极失当⑦，擅制更爽⑧，心欲是行⑨，其上帝未先而擅兴兵⑩，视之〔蚩〕尤、共工⑪。屈其脊⑫，使甘其箭⑬，不死不生，愨为地桯⑭。"帝曰："谨守吾正名⑮，毋失吾恒刑⑯，以视后人⑰。"

【注释】

①上帝以禁：黄帝以上帝的名义颁布禁令。

②帝：指黄帝。

③毋乏吾禁：不要违背我的禁令。乏，废弃，违背。

④毋留吾酼（hǎi）：不要倒掉我赐给你们的肉酱。留，通"流"。倾倒，倒掉。酼，通"醢"。肉酱。这里专指掺入蚩尤骨肉的肉酱。

⑤止禁：即"乏禁"。"止"可能为"乏"字之误。

⑥非而行之：知道是错误的还要一意孤行。非，错误。

⑦过极：超越法度。极，原则，法度。

⑧擅制更爽：擅自更改法制而使用错误的制度。爽，差错。这里指错误的制度。

⑨心欲是行：即"行心欲"。为所欲为。

⑩其上帝未先而擅兴兵：事先没有得到上帝的命令就擅自兴兵打仗。

⑪视之［蚩］尤、共工：将会受到与蚩尤、共工一样的惩罚。视，比照，与……一样。共工，人名。关于共工的传说很多，这里的共工应指当时的一位反叛的部落首领。"蚩"字原缺，据文义补。《淮南子·天文训》："昔者共工与颛顼争为帝，怒而触不周之山，天柱折，地维绝。天倾西北，故日月星辰移焉；地不满东南，故水潦尘埃归焉。"这个记载带有神话传说性质，但也说明共工曾与高阳颛顼争夺帝位，具有反叛行为。

⑫屈其脊：让他弯着腰。这个"其"不是指蚩尤，而是指再犯同类罪行的人。

⑬使甘（qián）其箭（shù）：用铁圈禁锢住他的身体。甘，通"钳"。夹住，禁锢。箭，通"俞"。人体的穴位名。这里代指身体。

⑭慤（què）为地桯（tīng）：就像一根服服帖帖的地上木头。慤，通"悫"。老实。这里引申为"驯服"的意思。桯，横木。

⑮吾正名：我给你们确定的正确名分。

⑯失：丧失，违背。吾恒刑：我给你们制定的常规、法律。恒，常规。刑，刑法，法律。

⑰以视后人：用自己的行为示范后人。视，通"示"。示范。

【译文】

黄帝以上帝的名义为臣民制定禁令。黄帝说："不要违背我所制定的禁令，不许倒掉我赐给你们的肉酱，不要扰乱我的民心，不要抛弃我所坚守的天道。违背禁令，倒掉肉酱，扰乱民心，抛弃天道，背叛信义而悖逆天时，明知不对却一意孤行，超越法度而举措失当，擅自更改法制而使用错误的制度，随心所欲而为所欲为，事先没有得到上帝的命令就擅自兴兵打仗，这些人都将受到像蚩尤、共工一样的惩罚。我要让这些人弯曲着背脊，用铁圈禁锢住他们的身体，让他们死不了也活不好，服服帖帖的就像地上的一根木头。"黄帝又说："希望大家小心谨慎地遵守我给你们制定的正确名分，不要违背我给你们建立的常规、法令，你们要用自己的行动示范于后人。"

姓争第六

【题解】

　　姓争，氏族部落之间的争斗。姓，姓氏。这里指氏族部落。本篇通过高阳与力黑的对话，阐述了解决氏族部落之间相互争斗的方法。这个方法的核心就是在平息争斗的时候，要恩德与刑罚两手并用，只有如此，才能够取得成功。本篇提出的"顺天者昌，逆天者亡"成为后人的口头禅。在天道与人事的关系上，作者提出了"明明至微，时反以为几；天道环周，于人反为之客"，认为只要能够恩威并用，把握时机，人们就可以在天道面前反客为主。在先秦时期，这一观点无疑新人耳目。

　　高阳问力黑曰①："天地〔已〕成②，黔首乃生③。莫循天德④，谋相复顷⑤，吾甚患之⑥，为之若何？"力黑对曰："勿忧勿患，天制固然⑦。天地已定，规侥毕挣⑧。作争者凶⑨，不争亦毋以成功⑩。顺天者昌，逆天者亡。毋逆天道，则不失所守⑪。天地已成，黔首乃生；胜生已定⑫，敌者生争⑬，不谌不定⑭。凡谌之极⑮，在刑与德。

【注释】

　　①高阳：高阳是黄帝的孙子，昌意的儿子。根据《史记·五帝本纪》

的记载，黄帝去世之后，直接继承帝位的不是昌意，而是高阳。根据本篇的文义，高阳与力黑的谈话，应发生在高阳即位之后。

②天地〔已〕成："已"字原缺，据文义补。

③黔首：这里泛指人类。到了秦始皇的时候，"更名民曰'黔首'"（《史记·秦始皇本纪》），"黔首"则专指百姓。之所以把百姓叫作黔首，据说是当时的百姓以黑巾裹头，故名。

④莫循天德：没有人遵循上天的美德。莫，没有人。

⑤谋相复顷：都在谋划着相互倾轧。复，通"覆"。颠覆。顷，同"倾"。倾覆。

⑥患：担心，发愁。

⑦天制固然：天道具有不变的原则。天制，天道。固然，本然，本来。这里指固有的原则。

⑧规侥（qí náo）毕挣：各种生灵都在相互争斗。规，通"蚑"。本指虫子蠕动的样子。这里代指虫子。侥，通"蛲"。虫名。这里用"蚑蛲"代指各种生灵。挣，通"争"。争斗。

⑨作争者凶：首先挑起争斗的人会遇到凶险。作，开始。这里指首先挑起。

⑩不争亦毋以成功：完全不斗争也无法成功。毋以，即"无以"。没有办法。以上两句是说，不要首先挑起争斗，但在应该争斗的时候，还是要奋起争斗，否则也无法成功。

⑪所守：所持有的东西。

⑫胜（xìng）生已定：姓氏出现后而各有定分。胜，通"姓"。姓氏。这里指氏族部落。定，定分。指各个氏族部落具有各自应有的地盘、权利等。

⑬敌者生争：而敌对部落、国家之间开始出现纷争。

⑭不谌（kān）不定：不使用刑罚就无法使天下安定。谌，通"戡"。讨伐，刑罚。

⑮凡谌（kān）之极：大凡使用刑罚的原则。极，原则。

【译文】

高阳问力黑说："天地已经形成，于是人类就开始出现了。然而却没有人能够遵循上天的美德，总在谋划着相互倾轧，我对此十分担忧，该怎么办呢？"力黑回答说："不需发愁，也不必担心，天道具有自己不变的原则。天地的格局确定下来之后，各种生灵都在纷纷争斗。首先挑起争斗的人就会遇到凶险，然而一味不去争斗的人也无法成功。顺应天道行事的人就会繁荣昌盛，违逆天道的人就会失败衰亡。不去违逆天道，就不会失去自己已经占有的东西。天地已经形成，于是人类就开始出现了；氏族部落已经形成，于是敌对的部落之间也就开始出现争斗了，不去惩罚这些争斗的人而天下就不会安定。惩罚的原则，就是同时使用刑罚和恩德两手。

"刑德皇皇①，日月相望②，以明其当③。望失其当④，环视其央⑤。天德皇皇，非刑不行；缪缪天刑⑥，非德必顷⑦。刑德相养⑧，逆顺若成⑨。刑晦而德明⑩，刑阴而德阳⑪，刑微而德章⑫。其明者以为法⑬，而微道是行⑭。

【注释】

①刑德皇皇：光明正大地去使用刑罚和恩惠两种办法。皇皇，光明正大的样子。

②日月相望：日月交替出现，相辅相成。相望，本义是指彼此相距不远，交替出现。这里用来比喻刑罚与恩惠互为配合，相辅相成。

③以明其当：以表明自己对刑罚与恩惠的使用恰如其分。

④望失其当：刑罚与恩德配合不恰当。望，"相望"的省略。指相互配合。

⑤环视其央:环视四周,全是灾殃。央,通"殃"。灾祸。

⑥缪缪(mù)天刑:上天的刑罚是那样的威严肃穆。缪缪,通"穆穆"。威严肃穆的样子。

⑦顷:同"倾"。倾倒,失败。

⑧相养:相辅相成。

⑨逆顺若成:无论是背逆天道的事情还是顺应天道的事情,就能够处理成功。若,乃,就。

⑩刑晦而德明:刑罚属于阴暗一类的事情,恩德属于光明一类的事情。古人把刑罚与阴暗、阴气、秋冬等相配,把恩德与光明、阳气、春夏等相配。

⑪刑阴而德阳:刑罚属于阴,恩德属于阳。古人认为,阴主杀,阳主生。

⑫刑微而德章:刑罚属于微暗一类的事情,恩德属于彰显一类的事情。章,同"彰"。彰显。

⑬其明者以为法:把自然、社会规律作为法则。明者,本书作者把阳气、太阳以及人类的美德视为"明"。这里代指各种属于阳性的规律。

⑭而微道是行:遵循自然、社会规律做事。微,微暗的,次要的。作者把阴气、月亮、刑杀视为"微"。以上两句中的"明"和"微"应看作互文,泛指所有的自然、社会规律。

【译文】

"要光明正大地去使用刑罚与恩惠两种方法,就好像天上的日月交替运行一样,要让天下的人们都知道我们的刑罚与恩惠使用得恰如其分。如果这两种方法配合得不恰当,那么环视四周就全是灾殃。上天的恩德是那样的光明美好,但是没有刑罚的配合也无法实行;上天的刑罚是那样的威严肃穆,但是没有恩德的配合也必然会失败。刑罚与恩德要相辅相成,那么无论是背逆天道还是顺应天道的事情就都能够处理成功。刑罚属于晦暗一类的事情,而恩德属于光明一类的事情;刑罚属于阴气一类的事情,而恩德属于阳气一类的事情;刑罚属于微暗一类的事情，而恩德属于彰显一类的事情。要把自然、社会规律作为法则，要遵循自然、社会规律做事。

　　"明明至微①，时反以为几②；天道环［周］③，于人反为之客④。争作得时⑤，天地与之⑥。争不衰⑦，时静不静⑧，国家不定；可作不作⑨，天稽环周⑩，人反为之［客］⑪。静作得时，天地与之；静作失时，天地夺之⑫。

【注释】

①明明：明白如何使用恩德。第一个"明"是明白的意思。第二个"明"是上文"德明"的省略，代指恩德。至微：完全把握如何使用刑罚。至，穷尽，完全把握。微，指上文说的"微道"。即刑罚。

②时反以为几：就能够把握天时循环往复的规律以抓住自己的行动契机。时，天时。反，同"返"。循环往复。几，契机。

③天道环［周］：在天道循环往复的过程中。"周"字原缺，据下文"天稽环周"补。

④于人反为之客：那么天道在人们的面前，反而处于被支配的地位。古人认为，天道为主，人事为辅，如果人能够把握住天道，运用天道为自己服务，那么人就可以反客为主，掌握住了主动权，而天道则受人的支配。

⑤争（jìng）作得时：该安静的时候安静，该行动的时候行动。争，通"静"。作，行动。得时，时机把握恰当。

⑥与：帮助。

⑦争不衰：一致不停地争斗下去。不衰，不停。

⑧时静不静：应该安静的时候却不去安静。

⑨可作不作：应该行动的时候却不去行动。作，行动。

⑩天稽（kǎi）环周：在天道循环往复的过程中。稽，通"楷"。楷模，

　　榜样。这里引申为原则。

⑪人反为之［客］：那么人们就会重新处于被动地位。"客"字原缺，
　　据文义补，与"主"相对，指被动地位。

⑫夺之：抛弃他。夺，夺去他的一切。

【译文】

　　"明白如何去使用恩德与刑罚，就能够把握天时运行的规律以抓住自己行动的契机；在天道循环往复的运行过程中，天道在人们的面前反而会处于被支配的地位。应该安静的时候就安静，应该行动的时候就行动，天地都会帮助他。如果一味地与人争斗，应该安静的时候而不安静下来，国家就无法太平安定；应该行动的时候而不去行动，那么在天道循环往复的过程中，人们就会重新处于被动地位。动静合乎时宜，就会得到天地的帮助；动静不合时宜，就会被天地所抛弃。

　　"夫天地之道，寒涅燥湿①，不能并立；刚柔阴阳，固不两行②。两相养③，时相成。居则有法④，动作循名⑤，其事若易成⑥。若夫人事则无常⑦，过极失当⑧，变故易常⑨，德则无有，昔刑不当⑩。居则无法，动作爽名⑪，是以僇受其刑⑫。"

【注释】

①涅：根据全句文义，应为"热"字之误。

②两行：同时并行。意思是，必须一方为主，一方为辅，刚与柔、阴与
　　阳这些特性不可能同时为主。

③相养：相互帮助，相互养护。

④居则有法：安静无事的时候有自己的法则。居，安静的时候。

⑤动作循名：有所行动的时候也要遵循着自己的名分。

⑥若：乃，就。

⑦若夫：句首语气词，用在句首或段落的开始，表示另提一事，可以

　　翻译为"至于",无实义。人事:人们做事。无常:没有常规,违背
　　准则。

⑧过极:超越原则。极,原则。

⑨变故:改变成法。故,指已有的成法。易常:改变常规。易,改变。

⑩昔(cuò)刑不当:使用刑罚不当。昔,通"措"。安排,使用。

⑪动作:行动。爽名:不符合自己的名分。爽,出差错,不符合。

⑫僇(lù)受其刑:会非常耻辱地受到刑罚。僇,通"戮"。羞辱。

【译文】

　　"按照大自然的规律,寒冷与暑热、干燥与潮湿,是不能够同时并立
的;而刚强与柔弱、阴与阳,也是不能够同时并行的。它们之间如果能够
相互帮助,那么就能够时时刻刻做到相辅相成。安静无事的时候遵循应
有的法则,有所行动的时候遵守自己的名分,事情就容易成功。至于那
些做事不守常规的人,超越了原则而举措失当,擅自改变成法、常规,那
么就是缺乏美德,使用刑罚的时候也就不会恰当。安静无事的时候不遵
循应有的法则,有所行动的时候也不遵守自己的名分,因此就会非常耻
辱地受到惩罚。"

雌雄节第七

【题解】

雌雄节，柔弱与刚强的性格。雌，柔弱。雄，刚强。节，气节。这里引申为性格。本篇主要是阐述了道家"柔弱胜刚强"（《老子》三十六章）的道理。作者认为，刚强的性格是一种凶德，而柔弱的性格则是一种美德；凡是用刚强的手段去处理问题的人，必败无疑；凡是用柔弱的手段去处理问题的人，就能够获得成功。

皇后屯麿吉凶之常①，以辩雌雄之节②，乃分祸福之乡③。宪敖骄居④，是胃雄节⑤；〔晁湿〕共验⑥，是胃雌节⑦。夫雄节者，涅之徒也⑧；雌节者，兼之徒也⑨。夫雄节以得⑩，乃不为福；雌节以亡⑪，必得将有赏⑫。夫雄节而数得⑬，是胃积英⑭，凶忧重至，几于死亡⑮；雌节而数亡，是胃积德，慎戒毋法⑯，大禄将极⑰。

【注释】

①皇后：皇帝。指黄帝。后，帝王。屯麿（dòng lì）：洞察。屯，通"洞"。彻底。麿，通"历"。分明，明白。常（xiáng）：通"祥"。征兆，苗头。

一说"常"是常规、准则的意思。

②辩:通"辨"。辨别。雌雄之节:刚强与柔弱的品性。雌,本指雌性的动物。这里指柔弱的性格。雄,本指雄性的动物。这里指刚强的性格。

③乡:通"向"。发展趋势,趋向。

④宪敖骄居:自我炫耀,傲慢骄横。宪,通"显"。炫耀自我。敖,通"傲"。傲慢。居,通"倨"。倨傲。

⑤是胃雄节:这叫作刚强的品性。是,代指以上行为。胃,通"谓"。叫作。

⑥〔晃湿(wǎn xiè)〕共验(jiǎn):性格和顺,恭敬俭朴。晃,通"婉"。和顺。湿,通"燮"。和谐。共,通"恭"。恭敬。验,通"俭"。俭朴。"晃湿"二字原缺,据本书《顺道》中的"晃湿共金(jiǎn)"补。

⑦胃:通"谓"。雌节:柔弱的性格。

⑦涅(yíng):盈满,自满。

⑨兼(qiān),通"谦"。谦虚。

⑩夫雄节以得:具有刚强性格的人即使已经有所收获。以,通"已"。已经。

⑪亡:损失。

⑫必得将有赏:必然会受到奖赏。得,似为衍字,当删。赏,奖赏。这里泛指福报。

⑬夫雄节而数(shuò)得:性格刚强的人即使屡屡有所收获。数,屡次。

⑭积英(yāng):积累灾祸。英,通"殃"。灾祸。

⑮几:几乎,差不多。

⑯慎戒毋法:要谨慎小心地戒除不合法度的行为。一说"法"通"废"。"毋法"即不要废除、违背"雌节"。

⑰大禄将极:大的幸福就会到来。禄,福。极,至,到。

【译文】

黄帝能够洞察吉祥与凶险的先兆，能够辨明柔弱与刚强的性格，因此就能够分清幸福与灾祸的发展趋势。自我炫耀、倨傲不逊的行为，就叫作"刚强"；婉顺温和、谦恭节俭的行为，就叫作"柔弱"。那些性格刚强的人，大抵属于骄傲自满一类人；那些性格柔弱的人，大抵属于谦逊谨慎一类的人。性格刚强的人即使有所收获，并不意味着就是幸福；性格柔弱的人即使有所损失，那么将来也一定会得到福报。性格刚强的人即使屡屡有所收获，这也不过是积累了他的灾祸而已，各种凶险、忧愁会接踵而至，最终会濒临死亡；性格柔弱的人即使多次受到损失，这正是在积累他的福德，谨慎地防备不合法度的行为，那么大的幸福就会到来。

凡彼祸难也①，先者恒凶②，后者恒吉。先而不凶者，是恒备雌节存也③；后［而不吉者，是］恒备雄节存也④。先亦不凶，后亦不凶，是恒备雌节存也；先亦不吉，后亦不吉，是恒备雄节存也。

【注释】

①祸难：根据下文，"祸难"疑为"祸福"，这样才能够总括全文，符合逻辑。

②先者恒凶：先行动的人常常会遇到凶险。这一思想与《老子》六十七章中的"不敢为天下先"的主张相吻合。

③是恒备雌节存也：这是因为他身上永远具备了柔弱这种性格。

④后［而不吉者］二句："而不吉者""是"五字原缺，据文义补。

【译文】

大凡祸福的产生，一般是先行动的人常常会遇到凶险，后行动的人常常具有吉祥的结果。先行动而不会遇到凶险的人，这是因为他身上永远具备了柔弱的性格；后行动而没有一个吉祥结果的人，这是因为他身上永远秉持的是刚强的性格。先行动也不会遇到凶险，后行动也不会遇到凶险，这就是因为他具有永恒的柔弱性格；先行动也不吉利，后行动也不吉利，这就是因为他秉持了永恒的刚强性格。

　　凡人好用雄节，是胃方生①；大人则毁②，小人则亡③；以守不宁④，以作事［不成；以求不得，以战不］克⑤；厥身不寿⑥，子孙不殖⑦。是胃凶节，是胃散德⑧。凡人好用雌节，是胃承禄⑨；富者则昌，贫者则谷⑩；以守则宁，以作事则成；以求则得，以单则克⑪；厥身则［寿，子孙则殖。是胃吉］节⑫，是胃绔德⑬。故德积者昌，［殃］积者亡；观其所积，乃知［祸福］之乡。

【注释】

①方生：伤害自己的生命。方，通"妨"。妨碍，伤害。

②大人：指贵族、官员。毁：毁灭。

③小人：指普通百姓。

④以守不宁：凭借刚强的手段去守护国家，国家则不得安宁。以，凭借。指凭借刚强的手段。

⑤"以作事"三句：这三句原缺九字，据下文"以作事则成；以求则得，以单则克"补。

⑥厥：其，他的。

⑦殖：繁衍，昌盛。

⑧散德：失去美德。散，散失，失去。

⑨承禄：得到幸福。承，承接，得到。

⑩谷：养育。

⑪单（zhàn）：通"战"。作战。这里指进攻敌国。

⑫厥身：他自身。以下原缺八字，据上文"厥身不寿，子孙不殖。是
　胃凶节"补。

⑬绔（wū）德：聚集了美德。绔，通"污"。低洼之地。低洼之地可
　以聚水，故引申为"聚集"。

【译文】

　　大凡喜欢使用刚强手段去处理事情的人，就会伤害自己的生命；作
为贵族、官员就会毁灭，作为一般百姓则会灭亡；用刚强的手段去守护国
家国家就不得安宁，用刚强的手段去做事事情就不会成功；用刚强的手
段去追求就会一无所获，用刚强的手段去征讨就无法战胜敌人；他自身
也不会长寿，子孙也无法繁衍。这种刚强的性格可以说是一种凶险的性
格，这叫作失去了美德。大凡喜欢使用柔弱的手段去处理事情的人，这
就可以说是在获取幸福；富有的人将会更加昌盛，贫穷的人也会丰衣足
食；用柔弱的手段去守护国家国家就会安宁，用柔弱的手段去做事事情
就会成功；用柔弱的手段去追求就会有所收获，用柔弱的手段去征讨就
能够战胜敌人；不但他自身会长寿，子孙也会繁衍昌盛。这种柔弱的性
格可以叫作吉祥的性格，可以说是积累了美德。因此积累美德就会昌盛，
积累祸殃就会灭亡；观察一个人是积累美德还是积累祸殃，便可以预测
他的祸福趋向了。

兵容第八

【题解】

兵容，用兵打仗的原则。容，法则，原则。本篇主要讨论用兵打仗的原则问题，其原则主要有两点。第一，打仗时要善于观察并利用天时、地利、人和三个条件，不然就不可能取胜。第二，要善于抓住战机，当战机成熟的时候，要当机立断，如果应该采取行动的时候还不能采取行动，反而会自取灾祸。除此，本篇还谈到作战时不要使用不当的刑罚，不要背叛盟约等等事项。

兵不刑天①，兵不可动；不法地②，兵不可昔③；刑法不人④，兵不可成。参□□□□□□□□□□□之⑤，天地刑之⑥，圣人因而成之。圣人之功，时为之庸⑦，因时秉［宜］⑧，［是］必有成功⑨。圣人不达刑⑩，不襦传⑪，因天时，与之皆断⑫；当断不断，反受其乱。

【注释】

①兵不刑天：出兵打仗如果不效法天道。刑，通"型"。效法。本句
　　是说，出兵打仗要注意顺应天时。

②法地：效法大地。指的是要注意地利。

③昔（cuò）：通"措"。使用，安排。

④刑法不人：效法了天时、地利而不注意人事。刑，通"型"。效法。这里的"刑"是前文"刑天"的省略。"法"是前文"法地"的省略。本句是说，出兵打仗，不仅要注意天时、地利，还要注意人和。

⑤参□□□□□□□□□□□之：参，参验，考察。本句缺字较多，无法补足。

⑥天地刑之：对于天地，人们要效法它们。

⑦时为之庸：要恰当地利用时机。庸，通"用"。

⑧因时秉［宜］：顺应着时机，把握着机宜。"宜"字原缺，据本书《君正》中的"宜之生在时，时之用在民"补。

⑨［是］必有成功：是，这。"是"字原缺，马王堆帛书整理小组据文义补"是"，陈鼓应《黄帝四经今注今译》据文义补"兵"。

⑩不达刑：不使用不合理的刑罚。达，不符合。《说文解字》："达，行不相遇也。"

⑪不襦传（rú zhuǎn）：不背弃盟约。本书《亡论》："约而倍之，胃之襦传。"

⑫与之皆断：都要顺应天时做出决断。与，跟从，顺应。

【译文】

出兵打仗的时候如果不去顺应天时，军队就不可以行动；如果不去效法地利，军队就无法做出恰当安排；效法天时、地利而不重视人事，军队也无法取得成功。因此必须考察□□□□□□□□□□□之，要效法天时、地利，圣人顺应着天时、地利而取得成功。圣人之所以能够成功，就是因为他善于利用时机，他顺应着时机而把握住了机宜，这样就能够成功。圣人不去使用不恰当的刑罚，不背弃盟约，顺应着天时，把握住时机而当机立断；应该做出决断的时候却没有做出决断，反而会受到天谴而自取灾难。

　　天固有夺有予,有祥[福至者也而]弗受①,反隋以央②。三遂绝从③,兵无成功;三遂绝从④,兵有成[功]⑤。□不乡其功⑥,环受其央⑦。国家有幸,当者受央⑧;国家无幸,有延其命⑨。莆莆阳阳⑩,因民之力⑪,逆天之极⑫,有重有功⑬,其国家以危,社稷以匡⑭,事无成功,庆且不乡其功⑮。此天之道也。

【注释】

①有祥[福至者也而]弗受:有吉祥幸福的事情来了而不去接受。"福至者也而"五字原缺,据文义补。

②反隋以央:那么上天反而会接着降下灾难。隋,通"随"。随着,接着。央,通"殃"。灾难。

③三遂绝从:天时、地利、人和三个条件都具备了,却拒绝顺应着这三个条件去进攻敌国。三,指天时、地利、人和三个条件。遂,成,具备。

④绝:根据上下文义,此"绝"字可能有误,余明光《黄帝四经今注今译》认为应为"敄"字。敄,通"务"。务必,一定。

⑤兵有成[功]:"功"字原缺,据上文"兵无成功"补。

⑥□不乡其功:如果不去接受上天赐予的功劳。乡,通"飨"。享受,享有。这里引申为接受。本句缺一字,可能为表如果的发语词,如"其"字。

⑦环受其央:反过来会遇到上天降下的灾难。环,通"还"。反过来。央,通"殃"。灾难。

⑧国家有幸,当者受央:如果国家幸运,那么应该承担失败责任的人就会遭受灾难。央,通"殃"。灾难。意思是说,应该承担责任的人受到惩罚之后,就会为国家消除隐患。

⑨国家无幸，有延其命：国家如果不幸，那么应该承担失败责任的人就会继续在位。有，通"又"。命，指政治生命。

⑩茀茀（fú）阳阳：声势浩大的样子。

⑪因：凭借，利用。

⑫逆天之极：违背了上天的原则。极，原则。

⑬有重有功：又好大喜功。第一个"有"字通"又"。重，看重。

⑭社稷以匡：国家就会衰败。社稷，地神与谷神。古人常用社稷代指国家。匡，损坏，败坏。

⑮庆且不乡其功：即使有一些值得庆贺的事情，最终也无法享有任何功劳。庆，喜庆之事。且，仍然。乡，通"飨"。享有。

【译文】

上天对于万物的确是有剥夺也有赐予，如果上天赐予了福祉而不去接受，那么反过来接着会遇到上天降下的灾难。如果拒绝接受天时、地利、人和三个有利的条件，就不会建立军功；如果能够接受天时、地利、人和三个有利条件，就能够建立功劳。如果不能接受上天赐予的功劳，反过来就会遇到上天降下的灾难。倘若国家幸运，那么应该承担责任的人就会受到应有的惩罚；假使国家不幸，那么应该承担责任的人仍然会高居其位。如果一个君主声势浩大地去发动战争，借助于民众的力量，去违反上天的原则，再加上好大喜功，那么他的国家就危险了，国家就会因此衰败混乱，做事也不会成功，即使有一些值得庆幸的事情也无法享有任何功劳。这就是上天的运行规律。

成法第九

【题解】

　　成法,已有的治国法则。本篇认为,已有的、可以用来治理国家的法则就是一句话——“循名复一”。所谓的“循名”,就是让包括人在内的万物都要遵循着各自的名分;所谓的“复一”,就是归依于独一无二的大道。作者反复强调,只有做到“循名复一”,才能够消除违法乱纪的行为,才能够使天下太平。

　　黄帝问力黑:“唯余一人,兼有天下,滑民将生①,年辩用知②,不可法组③,吾恐或用之以乱天下④,请问天下有成法可以正民者⑤?”力黑曰:“然⑥。昔天地既成,正若有名⑦,合若有刑⑧,〔乃〕以守一名⑨。上捡之天⑩,下施之四海⑪。吾闻天下成法,故曰不多,一言而止⑫:‘循名复一⑬。’民无乱纪。”

【注释】

　　①滑民将生:狡猾的人将会出现。滑,狡猾。一说应读“gǔ”。扰乱。
　　②年(nìng)辩:花言巧语。年,通“佞”。巧言。用知:使用智巧。知,同“智”。智巧。
　　③不可法(fèi)组:难以阻止。法,通“废”。废除。组,通“阻”。阻止。

④或：也许。用之：因此，因为他们。用，因。

⑤成法：已有的法则。

⑥然：表示肯定的词，相当于"是的""有的"。

⑦正若有名：为万物确定了各自的名分。若，它们，代指万物。有，名词词头，无义。

⑧合若有刑：符合万物的实际情况。刑，通"形"。实际情况。

⑨［乃］以守一名：就让万物按照自己的名分去坚守着大道。以，按照。指按照各自的名分。一名，指独一无二的大道和各自的名分。"乃"字原缺，据文义补。

⑩上捡（qín）之天：上面要紧紧把握住天道。捡，捉，把握住。

⑪下施之四海：下面要把天道推行于整个天下。四海，古人认为，整个天下的四方有大海环绕，故四海代指整个天下。

⑫一言而止：一句话而已。而止，而已。

⑬循名复一：遵循各自的名分而归依于大道。

【译文】

黄帝问力黑说："只有我一个人，占有了整个天下，一些狡猾的人将会出现，他们善于花言巧语、使用权谋，又难以遏止他们，我担心也许会因为这些人而扰乱了整个天下，请问天下是否有既定的法则来端正民心呢？"力黑回答说："有的。从前在天地形成之后，都为万物确定了各自的名分，这些名分与它们各自的实际情况相符合，万物依据各自的名分去坚守着大道。人们也应该上面坚守住大道，下面把大道推行于整个天下。我听说过天下的既成法则，因此我说这个法则并不复杂，仅仅一句话而已：'遵循各自的名分而归依于大道。'如此天下的民众就不会违法乱纪了。"

黄帝曰："请问天下猷有一虖①？"力黑曰："然。昔者皇天使冯下②，道一言而止③。五帝用之④，以杭天地⑤，［以］

樄四海⑥,以坏下民⑦,以正一世之士。夫是故毚民皆退⑧,贤人减起⑨,五邪乃逃⑩,年辩乃止⑪。循名复一,民无乱纪。"

【注释】

①猷(yóu)有一虖(hū):还是真的有一个大道吗?猷,通"犹"。还是。一,指独一无二的大道。虖,通"乎"。

②皇天:天帝。冯:通"凤"。马王堆帛书整理小组认为"冯"即"凤",是天帝的使者。下:飞下人间。

③道:说,传话。一言:指"循名复一"这一句话。

④五帝用之:五帝采用了这句话。关于五帝的说法很多,一说指伏羲、神农、黄帝、尧、舜,一说指黄帝、颛顼、帝喾、尧、舜,等等,但这些说法与此处的文义都不相符。本篇是黄帝与力黑的对话,那么力黑讲的"五帝",应是泛指黄帝之前的远古帝王。

⑤以朳(bā)天地:以分别天地万物。朳,通"八"。分开,分辨。

⑥[以]樄(kuí)四海:以管理天下事务。樄,同"揆"。料理,管理。"以"字原缺,据上一句补。

⑦以坏(huái)下民:以安抚百姓。坏,通"怀"。怀柔,安抚。

⑧毚(chán)民:善于进谗言的人。这里泛指品行不好的人。毚,通"谗"。讲别人的坏话。退:摒弃不用。

⑨贤人减(xián)起:贤良的人都得到重用。减,通"咸"。都。起,起用,重用。

⑩五邪乃逃:各种邪恶之人就会逃得无影无踪。五,这里是虚数,泛指各种各样的。

⑪年(nìng)辩乃止:各种花言巧语也会销声匿迹。年,通"佞"。

【译文】

黄帝说:"请问天下真的有一个大道吗?"力黑回答说:"有的。从前天帝曾派遣凤飞下人间,只讲了这一句话而已。上古的帝王们采用了这句话,用它分辨天地万物,用它管理天下事务,用它安抚百姓,用它端正整个社会的士人。因此那些品行败坏的人统统被摒弃不用,而贤良的人则得到重用,各种邪恶之人都逃得无影无踪,各种花言巧语也都销声匿迹。人人遵循各自的名分而归依于大道,天下的民众就不会违法乱纪了。”

　　黄帝曰:“一者①,一而已乎②? 其亦有长乎③?”力黑曰:“一者,道其本也④,胡为而无长⑤? □□所失⑥,莫能守一。一之解⑦,察于天地;一之理,施于四海。何以知[一]之至⑧,远近之稽⑨? 夫唯一不失,一以驺化⑩,少以知多,夫达望四海⑪,困极上下⑫,四乡相枹⑬,各以其道⑭。

【注释】

①一者:就这么一句话。

②一而已乎:就这么一句话而已吗?

③长(zhàng):更多。这里指更多的旨意、内容。

④道其本:讲的只是个大纲而已。道,言,说。本,根本,大纲。

⑤胡为而无长(zhàng):为什么没有更多的旨意呢? 胡为,为什么。

⑥□□所失:有所失误。本句缺两字,疑似“凡有”。

⑦一之解:明白了大道。一,大道。解,了解,明白。

⑧何以知[一]之至:如何知道大道的最高境界。何以,如何。“一”字原缺,陈鼓应《黄帝四经今注今译》:“所缺之字帛书小组佚书本隶定为‘纠’,然作‘纠’则辗转难通。疑当作‘一’。”

⑨远近之稽(kǎi):各种原则。远近,泛指各处、各种。稽,通“楷”。楷模,榜样。这里引申为原则。

⑩一以驺(qū)化:可以凭借大道促使万物不断变化、生生不息。驺,通“趋”。促使。

⑪达望：遍览，完全观察。这里引申为完全明白。达，通达，普遍。

⑫困极上下：穷尽天地的道理。困，穷尽。上下，指天地。

⑬四乡（xiàng）相枹（bào）：天下四方的人们都能够紧紧团结在一起。四乡，四方。乡，通"向"。方向。枹，通"抱"。拥抱，团结。

⑭各以其道：各自按照各自的正确原则生活。道，原则。

【译文】

黄帝问："就这么一句话，就这么一句话而已吗？它是否还有更多的旨意？"力黑回答说："这一句话，讲的只是一个纲领，怎么会没有更多的旨意呢？做事之所以有失误，就是因为不能坚守大道的缘故。了解了大道，就能够明白天地之理；大道所包含的妙理，可以推行于四海之内。如何知道大道的最高境界，以及各种各样的原则呢？只要没有失去大道，就可以凭借着大道促使万物变化、生生不息，就可以以少知多，就可以全面了解天下的情况，穷极天地万物的道理，天下四方之人都能够紧紧地团结在一起，各自按照各自的正确原则生活。

"夫百言有本①，千言有要②，万［言］有蔥③，万物之多，皆阅一空④。夫非正人也，孰能治此⑤？罢必正人也⑥，乃能操正以正奇⑦，握一以知多，除民之所害，而寺民之所宜⑧。绔凡守一⑨，与天地同极⑩，乃可以知天地之祸福。"

【注释】

①百言：泛指很多话。本：根本，主旨。

②要：主题。

③万［言］有蔥（zǒng）：蔥，通"总"。总纲。"言"字原缺，据上文补。

④皆阅一空：都是出自大道。阅，出自。一空，即"一孔"。一个孔穴。代指大道。《文子·道原》："老子曰：万物之总，皆阅一孔；百事

之根，皆出一门。"

⑤治此：管理万事万物。此，代指万物。

⑥罢（bǐ）：通"彼"。他。

⑦能操正以正奇（jī）：能够坚守正道以纠正各种邪恶的人和事。操，坚守。正，第一个"正"是正确的意思，第二个"正"是纠正的意思。奇，邪恶。

⑧寺（chí）民之所宜：保持适宜于百姓的东西。寺，通"持"。持守，保持。

⑨绔（bào）凡守一：总理着万物而持守着大道。绔，马王堆帛书整理小组认为是"褓"的异体字，通"抱"。总持，总管。凡，所有的。指万物。

⑩与天地同极：具有与天地同样的原则。极，原则。

【译文】

"讲一百句话，其中必须有一个主旨；即使讲一千句话，其中也必须有一个主题；哪怕是讲一万句话，其中同样要有一个总纲；万物即使很多，也都是来自大道。如果不是极为正确的圣人，谁又能够去总管天下万事万物呢？他一定是极为正确的圣人，才能够坚守着正道以纠正邪恶的人和事，才能够把握着大道去了解各种复杂的事务，才能清除有害于百姓的东西，而保持适宜于百姓的东西。总理着万物而坚守着大道，具有与天地同样的原则，这样就可以懂得天地之间的灾难与福祉的所在了。"

三禁第十

【题解】

三禁，三种被禁止的行为。第一，行事没有永恒正确准则的人，上天就会禁止他的行为。作者反复强调，只有按照天道行事，才能成功，否则就会失败。第二，违背农事规律的人，大地就会禁止他的行为。作者除了提出不违农时的建议外，还主张要爱护大地，不要随意改变地形地貌。第三，违反国家政令的人，君主就会禁止他的行为。作者要求人们进取时要适可而止、为人要谦虚谨慎、处世要刚柔相济、不要盘剥他人等等。

行非恒者^①，天禁之^②；爽事^③，地禁之；失令者^④，君禁之。三者既修^⑤，国家几矣^⑥。

【注释】

①行非恒者：行事没有持之以恒的正确准则的人。恒，指持之以恒的美德、准则。一说指恒心。《论语·子路》："子曰：'南人有言曰："人而无恒，不可以作巫医。"善夫！''不恒其德，或承之羞。'"

②天禁之：上天就会禁止他的行为。实际就是说，此人的行为违背了天道，必遭失败。

③爽事：在农事方面出了差错。比如耕种违背了季节。爽，差错，违

背。事，根据下文，这里的"事"主要指农事。

④失令者：违背政令的人。失，违背。

⑤三者既修：以上三件事情做好了。三者，指具有持之以恒的正确
准则、不违背农事、不违反政令。既，……以后。

⑥几：接近，差不多。指差不多就可以治理好了。

【译文】

行事没有持之以恒的正确准则的人，上天就会禁止他的行为；违背农事规律的人，大地就会禁止他的行为；违反国家政令的人，君主就会禁止他的行为。把上述的三件事情做好以后，国家也就基本上能够治理好了。

地之禁，不［堕］高①，不曾下②；毋服川③，毋逆土④；毋逆土功⑤，毋壅民明⑥。

【注释】

①不［堕］高：不要把高的地方挖低。也即爱护自然，不要破坏原有的地形地貌。"堕"字原缺，据本书《称》中的"隋（堕）高增下，禁也"补。

①不曾（zēng）下：不要把低下的地方加高。曾，通"增"。增加。

③毋服（bī）川：不要堵塞河流。服，通"逼"。逼迫，堵塞。

④毋逆土：不要随意改变地形地貌。逆，不顺，改变。

⑤毋逆土功：不要在不合适的季节去大兴土木工程。比如在农忙季节去征发百姓修宫殿、筑长城，就属于"逆土功"。逆，违背。

⑥毋壅民明（méng）：不要堵塞百姓的生路。壅，堵塞。明，通"萌"。"萌"有"百姓"和"萌生"两个含义，这里作任何一种理解都可以。

【译文】

大地所要禁止的行为，就是不要把高的地方挖低，不要把低的地方加高；不要堵塞河流，不要改变地形；不要违反时令而大兴土木，不要堵

塞百姓的生路。

　　进不氏①,立不让②,俓遂凌节③,是胃大凶。人道刚柔④,刚不足以⑤,柔不足寺⑥。刚强而虎质者丘⑦,康沈而流面者亡⑧;宪古章物不实者死⑨,专利及削浴以大居者虚⑩。

【注释】

①进不氏(dǐ):一味进取而不懂得适可而止。氏,通"底"。停止,适可而止。本书《国次》:"功成而不止,身危又央。"

②立不让:立身行事而不知道谦让。

③俓遂:喜欢走邪路。俓,通"径"。小路,邪路。遂,行走。把"遂"理解为"道路"亦可。凌节:喜欢欺侮别人。凌,凌辱,欺负。节,操守。这里引申为性格。

④人道刚柔:人们处理事情的时候有"柔弱"和"刚强"两种方式。

⑤刚不足以:刚强的方法不能够单独使用。以,用,使用。本句意思是,如果仅仅使用刚强的方法去处理问题,是不行的,要刚柔相济,相辅相成。《淮南子·泛论训》:"太刚则折,太柔则卷,圣人正在刚柔之间,乃得道之本。"

⑥柔不足寺(shì):柔弱的方式也不能够单独依赖。寺,通"恃"。依赖,依靠。

⑦刚强而虎质者丘:像老虎那样凶猛的刚强之人就会导致自己的毁灭。质,本质,性格。丘,坟墓。这里引申为死亡、毁灭。

⑧康沈(chén):沉迷于安乐。康,安乐。沈,通"沉"。沉迷于。流面(miǎn):即"流湎"。放纵,纵欲。面,通"湎"。沉迷。

⑨宪古章物不实者死:效法古代典章制度而又不切实际的人就会灭亡。宪古章物,即"宪章古物"。宪章,效法,学习。古物,指古代的典章制度。不实,不符合实际需要。

⑩专利：垄断各种利益。削浴（gǔ）：侵害别人的生命或生活。削，刻削，侵害。浴，通"谷"。生，生命。以大居者：以此来扩大自己地盘的人。居，居住地，地盘。虚：空，一无所有。

【译文】

只知道一味进取而不懂得适可而止，立身行事也不懂得谦逊退让，喜欢走邪路并且凌辱别人，这些行为都是非常凶险的行为。人们的处世原则就是刚强和柔弱两种方式，既不能仅仅使用刚强的方式，也不能仅仅依赖柔弱的方式。像老虎那样凶猛的刚强之人就会导致自己的毁灭，沉迷于安逸日子、放纵自我的人也会走向死亡；效法古代的宪章制度而不切实际的人就会衰败灭亡，垄断利益、侵害别人生命以扩大自己地盘的人最终会变得一无所有。

天道寿寿①，番于下土②，施于九州③。是故王公慎令④，民知所繇⑤。天有恒日⑥，民自则之⑦，爽则损命⑧，环自服之⑨，天之道也。

【注释】

①寿寿：公正而永恒的样子。

②番（bō）于下土：散布于大地之上。番，通"播"。散布。下土，大地。

③施于九州：流行于整个天下。施，施行，流行。九州，古代把天下分为冀、兖、青、徐、扬、荆、豫、梁、雍九州。

④王公：泛指统治者。慎令：慎重地制定各种政策法令。

⑤民知所繇：让百姓知道如何去行事。繇，通"由"。用。所由，用来行事的方法。

⑥天有恒日：上天有永恒不变的太阳。作者用"恒日"比喻永恒不变的规律。

⑦则：效法。

⑧爽则损命：违背了规律就会伤害自己的生命。爽，出差错，违背。

⑨环自服之：反过来自己要承担违背规律的后果。环，通"还"。反过来。服，承担。之，代指违背规律的后果。

【译文】

大自然的规律是永恒而公正的，它传播于大地之上，流行于整个天下。因此王公大人应该依照规律去慎重地制定政策法令，使百姓知道如何去行事。上天有永恒的法则，人们自然要去效法它，如果违背它就会伤害自己的生命，反过来还是自己去承担违背规律的后果，这就是大自然的规律。

本伐第十一

【题解】

　　本伐，用兵打仗的原因。本，原本，原因。这里用作动词，探索原因。本篇认为，国家用兵打仗的原因，归纳起来大致有三类：一是为了利益而战，二是为了正义而战，三是为了泄愤而战。作者不仅分析了这三种作战的起因，也预测了它们各自的结局，最后强调用兵打仗要遵循大道，不可按照君主个人意志而去随心所欲。

　　诸库藏兵之国^①，皆有兵道^②。世兵道三^③，有为利者，有为义者，有行忿者^④。

【注释】

①诸：众多，那些。库藏（cáng）兵：武库里面储藏兵器。库，这里专指储藏武器的仓库，古称"武库"。藏，通"藏"。储藏。

②兵道：用兵的原则。

③世兵道三：社会上用兵的原则有三种。世，社会。

④行忿：泄愤。

【译文】

　　那些武库里储藏兵器准备征战的国家，都有各自不同的用兵原则。

社会上用兵打仗的原则归纳起来有三类：有的人为谋利而征战，有的人为正义而征战，有的人为泄愤而征战。

　　所胃为利者，见［生民有］饥①，国家不叚②，上下不当③，举兵而裁之④。唯无大利⑤，亦无大害焉。

【注释】

①见［生民有］饥：看到对方国家的百姓陷入饥荒。生民，百姓。"生民有"三字原缺，据文义补。

②不叚（xiá）：无暇顾及。

③上下不当：君臣上下不和。当，恰当，和睦。

④裁（zāi）：通"灾"。灾难。这里指讨伐。一说"裁"应厘定为"戕"，诛杀、惩罚的意思。

⑤唯（suī）：通"虽"。虽然，即使。

【译文】

所谓为了谋利而征战的君主，是指他们看到别的国家百姓陷入饥荒，国家又无暇顾及，君臣上下也不和睦，于是就乘机发兵去讨伐这些国家。这种用兵原则即使不能获得什么大的利益，也不会遇到什么大的灾难。

　　所胃为为义者①，伐乱禁暴，起贤废不宵②，所胃义也。［义］者，众之所死也③，是故以一国戎天下④。万乘［之］主□□希不自此始⑤，鲜能冬之⑥；非心之恒也⑦，穷而反矣⑧。

【注释】

①所胃为为义者：本句的两个"为"字，其中一个为衍文，当删。

②起贤：起用贤人。废不宵：废除不贤的人。宵，通"肖"。不宵，即"不

肖"。不贤的人。

③［义］者，众之所死也：正义，民众都愿意为之效死出力。"义"字原缺，据上文补。

④是故以一国戏（gōng）天下：因此凭借一个诸侯国的力量就可以讨伐整个天下的残暴者。戏，通"攻"。

⑤万乘（shèng）［之］主□□希不自此始：大国的君主在讨伐其他国家的时候，很少不是打着正义的旗号开始征战的。万乘，指拥有万辆战车的大国。乘，古时一车四马叫作一乘。□□，所缺两字疑为"兼并"或"攻伐"。希，通"稀"。稀少。"之"字原缺，据文义补。

⑥鲜能冬（zhōng）之：很少能够把为正义而战的原则坚持到底。鲜，很少。冬，通"终"。最终，坚持到底。

⑦非心之恒也：没有一颗恒心。心之恒，即恒心。

⑧穷而反矣：就会回到困窘的地步。穷，困窘。反，返回，回到。

【译文】

所谓的为正义而征战，就是为了讨伐他国暴乱，为了起用贤人、废除坏人而战，这是正义之战。为正义而战，人们都会为之献出生命，因此可以凭借一个诸侯的力量去攻伐整个天下的暴乱者。大国的君主在讨伐他国的时候很少不是打着正义的旗号开始征战的，但很少有人能够把为正义而战的原则贯彻到底；如果没有持之以恒的决心去为正义而战，最终就会陷入困窘的地步。

所胃行忿者，心唯忿，不能徒怒①，怒必有为也②。成功而无以求也③，即兼始逆矣④，非道也。

【注释】

①不能徒怒：不能仅仅只是发怒而已。徒，仅仅。

②有为：有所作为。指战争。君主愤怒了，就要发动战争以宣泄自己的愤怒。

③无以求：没办法求得。无以，没有办法。

④即兼始逆矣：这是因为这种征战一开始就违背了正理。即，是。兼，兼并，征战。逆，违背，违背正理。

【译文】

所谓的为了泄愤而发动战争，是说君主内心如果怀有愤怒，就不会仅仅只是愤怒而已，一旦愤怒就一定会发动战争去宣泄自己的愤怒。这种战争是不会取得成功的，这是因为这种兼并战争一开始就违背了正理，这是不符合大道的行为。

　　道之行也①，繇不得已②；繇不得已，则无穷③。故围者④，赿者［也］⑤；禁者，使者也⑥，是以方行不留⑦。

【注释】

①道之行也：按照大道去行军打仗。道，这里主要指用兵之道。

②繇不得已：出于不得已。繇，通"由"。出于。本句是说，用兵打仗，都必须按照大道行事，不可以按照个人意志去随心所欲。

③无穷：不会陷入困窘的地步。无，不，不会。穷，困窘。

④围（wéi）：同"围"。防守。这里指有时军队坚守不出。

⑤赿（zhī）者［也］：赿，行，前进。"也"字原缺，据文义补。

⑥使者：是指挥军队的工具。"禁者，使者也"是说，颁布禁令，是为了更好地指挥军队。

⑦方行不留：所向无敌而无人能够阻挡。方行，横行无阻。留，滞留，阻拦。

【译文】

如果能够按照大道去行军打仗，一切都会是出于不得已；因为是出于不得已,所以就不会陷入困境。因此有时坚守不出,则是为了更好地寻机进攻;颁布各种禁令,则是为了更好地指挥军队,因此军队就可以所向无敌而无人能够阻拦。

前道第十二

【题解】

前道，从前已经存在的大道，也即已有的治国原则。本篇所主张的治国原则，主要有以下几个内容：第一，要重用圣贤。圣贤有利于国家，有利于百姓，如果君主能够重用圣贤，就是国家的最大幸运。第二，君主治国，要懂得天时、地利、人和，千万不可抱着侥幸的心态去随心所欲。第三，强调正名。名正则治国顺利，名不正就会引起天下大乱。第四，作者反复强调，一切都要按照大道行事，如果能够遵循大道，那么就会治军则军强，治国则国昌。

圣〔人〕举事也^①，阖于天地^②，顺于民，羊于鬼神^③，使民同利，万夫赖之，所胃义也。身载于前^④，主上用之，长利国家社稷，世利万夫百生^⑤。天下名轩执□士^⑥，于是虚^⑦。

【注释】

①圣〔人〕举事也："人"字原缺，据文义补。

②阖（hé）于天地：遵循自然规律。阖，符合，遵循。

③羊（xiáng）于鬼神：符合鬼神的意愿。羊，通"祥"。顺，符合。

④身载于前：把圣贤放在前面。也即重用圣贤。身，指圣贤。载，置

于，放置。

⑤百生（xìng）：百姓。生，通“姓”。

⑥天下名轩执□士：国家就应该派出宽敞华美的车辆去邀请这些大名士。名，大，宽敞。轩，古代大夫以上者乘坐的车辆。执，本义是捉住。这里引申为邀请。□，根据下文“壹言而利国者，国士也”，此缺字疑为“国”。国士，闻名天下的士人。

⑦于是虚：于是要把天下名士搜罗一空。虚，空。这里指把名士全部搜罗到朝廷来做官。

【译文】

圣人在做事的时候，遵循自然规律，顺从百姓心愿，符合鬼神心意，使民众都能够获取利益，万民都要依赖他们，这就是所谓的符合了道义。要把圣贤放置在前面，如果圣贤得到了君主的重用，他们就会永远有利于国家社稷，世世代代有益于千千万万的百姓。国家应该派出宽敞华美的车辆去邀请这些大名士，要把天下名士搜罗一空。

　　壹言而利之者①，士也；壹言而利国者，国士也。是故君子卑身以从道②，知以辩之③，强以行之④，责道以并世⑤，柔身以寺之时⑥。王公若知之⑦，国家之幸也。

【注释】

①利之者：对百姓有利的人。之，代指百姓。

②君子：指圣贤。卑身：自我谦卑。从道：遵循大道。

③知以辩之：用自己的智慧去认识大道。知，同“智”。智慧。辩，通“辨”。分辨，认识。

④强以行之：努力地按照大道行事。强，努力。之，代指大道。

⑤责道以并世：追求大道并把它推向整个社会。责，追求。并，全部，整个。

⑥柔身以寺（dài）之时：与世俯仰以等待时机的到来。柔身，指时机
　还未到来的时候，委屈自己，与世俯仰。寺，通"待"。等待。

⑦王公：泛指统治者。

【译文】

　　一句话就能够使百姓获利的人，这叫作贤士；一句话就能够使整个
国家获利的人，这叫作国士。因此那些君子、贤人都是自身谦卑以遵从
大道，他们用自己的才智去认识大道，并努力地按照大道去行事，他们寻
求大道并把它推向整个社会，自己则与世俯仰以等待时机的到来。王公
大人如果能够了解、重用他们，那就是国家的大幸。

　　国大人众，强国也。□身载于后①，□□□□□□□□□□
□□□□□□□□□□□□而不□□□□□□□幸也②。故王
者，不以幸治国③。治国，固有前道④，上知天时，下知地利，
中知人事。善阴阳⑤，□□□□□□□□□□□□□□□□□□□
□□□□□⑥，［名］正者治，名奇者乱⑦；正名不奇，奇名不
立⑧。正道不台⑨，可后可始⑩。乃可小夫⑪，乃可国家；小夫
得之以成，国家得之以宁。小国得之，以守其野⑫；大国［得
之，以］并兼天下⑬。

【注释】

①□身载于后：如果把圣贤置于脑后。缺一字，可能为"若"字。

②□□……幸也：本句缺字较多，无法补足。陈鼓应《黄帝四经今注
　今译》说："此处缺二十余字，虽不能明确知道所缺为何字，但它
　显然是与前文'身载于前，主上用之，长利国家社稷，世利万夫百
　姓……王公（若）知之，国家之幸也'相反为文，故其可能是：'若
　身载于后，主上不用之，则不利国家社稷、万夫百姓。王公而不知

之，乃国家之不幸也。'"录此备考。

③不以幸治国：不能带着侥幸的心理去治理国家。幸，侥幸。

④前道：从前已经存在的大道。也即成法。

⑤善阴阳：善于了解阴阳。

⑥□□……：本句缺字多，无法补足。

⑦"［名］正者治"二句：名分确定了国家就会安定，名分不正就会导致天下大乱。治，安定。奇（jī），邪，不正。"名"字原缺，据下文补。

⑧"正名不奇（jī）"二句：名分确定了办事就会顺利，名分不正事情就不能成功。奇，不顺利。立，成功。

⑨不台（dài）：不会失败。台，通"殆"。危险，失败。

⑩可后可始：可以后行动，也可以先行动。这两句意思是，只要遵循大道，无论先行动，还是后行动，都可以成功。

⑪乃可小夫：（大道）既适合普通百姓。可，适合。小夫，普通百姓。

⑫野：国土。

⑬"大国"二句：这两句原缺三字，据上一句补。

【译文】

幅员辽阔，人口众多，这是强大的国家。但如果把圣贤置于脑后，□□□□□□□□□□□□□□□□□□□□□而不□□□□□□□□幸也。作为君主，不能带着侥幸的心理去治理国家。治理一个国家，本来就有既定的法则，这就是上要懂得天时，下要了解地利，中间还要明白人事。要精通阴阳之道，□□□□□□□□□□□□□□□□□□□□□□□□□□□，名分确定了国家就会安定，名分不正就会导致天下大乱；名分确定了办事就会顺利，名分不正办事就无法成功。遵循正道就不会失败，无论是后行动还是先行动都会顺利如意。正道不仅适合于百姓的个人生活，也适合于治理整个国家；百姓掌握了正道就能够成就自己的事业，国家掌握了正道就能够太平安宁。小国掌握了正道，可以守护自己的疆土；大国掌握了正道,就可以统一整个天下。

　　道有原而无端①,用者实②,弗用者蓳③。合之而涅于美④,循之而有常⑤。古之贤者,道是之行⑥。知此道,地且天⑦,鬼且人。以居军[强]⑧,以居国其国昌。古之贤者,道是之行。

【注释】

①道有原而无端:大道具有自己的本原,人们却无法找到他的端绪。大道是所有自然规律、社会规律的总称,内容极为丰富、复杂,可以说是千头万绪,因此人们很难完全把握大道。

②用者实:使用大道的时候,感到大道是真实存在的。

③蓳(kuǎn):通"窾"。空。《诗经·大雅·板》:"老夫灌灌。"毛传:"灌灌,犹款款也。"款,通"窾"。空。这两句是说,如果去使用大道,就会感到大道的真实存在;如果不去使用大道,大道就好像空无一物,感觉不到它的存在。

④合之而涅(niè)于美:遵循大道就会变得美好。合,符合,遵循。之,代指大道。涅,化,变为。

⑤有常:具有了常规。

⑥道是之行:即"唯道是行"。遵循大道而行事。

⑦地且(yí)天:大地与上天就能够完美配合。且,通"宜"。适宜,配合完美。

⑧以居军[强]:按照大道治理军队,军队就会强盛。以,依据,遵循。后省略"道"字。居,治理。"强"字原缺,据文义补。

【译文】

　　大道具有自己的本原,而人们却无法找到它的端绪,使用它的时候就会感到它的实际存在,不使用它的时候似乎是空无一物。符合大道的事物都会变得美好，遵循大道就能够找到办事的常规。古代的圣贤，办事只知道遵循着大道。懂得了大道，天地就会完美地配合，人们与鬼神也能和睦相处。用大道去治理军队，军队就会变得强大；用大道去治理国家，国家就会变得昌盛。古代的贤圣，只知道遵循着大道行事。

行守第十三

【题解】

　　行守，行为操守。本篇主要是针对君主而言。作者认为，君主应有的行为操守主要有以下几点：第一，要与民众、鬼神同心同德。第二，不要骄横好斗，不要耍阴谋。第三，讨伐他国，要注意运用恩威两手。第四，为政不可苛刻暴虐。第五，要善于用人。第六，性格不要太刚直。最后作者再次告诫君主，一定要遵循大道行事。

　　天有恒干①，地有恒常。与民共事，与神同□②。骄溢好争③，阴谋不羊④，刑于雄节⑤，危于死亡。夺之而无予⑥，其国乃不遂亡⑦；近则将之⑧，远则行之⑨。

【注释】

①恒干：永恒的规律。干，主干。比喻大道。

②与神同□：与神灵同心。本句缺一字，根据本书《前道》中的"羊于神鬼"，缺字应为"祥"。祥，和睦，同心。

③骄溢（yì）：傲慢骄横。溢，同"溢"。溢满，傲慢。

④不羊（xiáng）：不祥，不吉利。羊，通"祥"。

⑤刑于雄节：效法刚强的行为。刑，通"型"。效法。雄节，刚强的性

格、行为。

⑥夺之而无予：夺取一个国家而不施恩惠于这个国家的民众。予，
　给予，施恩惠。

⑦其国乃不遂亡：这个国家就不会最终灭亡。

⑧近则将之：临近的小国只能顺从这些骄横的国家。将，将就，顺从。

⑨远则行之：较远的国家就会抛弃这些骄横的国家。行，走开，远离。

【译文】

上天具有永恒的规律，大地具有永恒的法则。君主要与民众一起做事，要与神灵同心同德。傲慢骄横而逞强好斗，而且好耍阴谋就必有祸灾，效法刚强行为的国家，就会有灭亡的危险。夺取一个国家而不施恩惠于这个国家的民众，那么这个被攻占的国家就不会最终灭亡；邻近骄横之国的小国只好顺从它，远离它的国家就会抛弃它。

逆节梦生①，其谁骨当之②？天亚高③，地亚广④，人亚荷⑤。高而不已，天阙土⑥；广而不已，地将绝之⑦；苛而不已，人将杀之。

【注释】

①逆节梦（méng）生：悖逆天道的行为产生了。节，节操，行为。梦，
　通"萌"。产生。

②其谁骨当之：谁愿意忍受他呢？骨，应作"肯"。形近而误。当，承
　受，忍受。一说"其谁骨当之"是"谁愿意抵抗他"的意思。因为
　逆节之人正处于强盛之时，所以人们都要避开他的锋芒，不愿与
　他发生正面冲突。

③天亚（wù）高：上天讨厌高傲之人。亚，同"恶"。讨厌。

④地亚（wù）广：大地讨厌自大之人。广，大，自大。

⑤荷（kē）：通"苛"。苛刻，暴虐。

⑥天阙土：上天就会损害他。阙，亏损，损害。土，根据下文，应为"之"字之误。"天"之后疑脱一"将"字。

⑦绝之：灭绝他。

【译文】

背逆天道的行为发生了，有谁愿意忍受他呢？上天讨厌高傲的人，大地讨厌自大的人，人们讨厌暴虐的人。高傲不止，上天就会打击他；自大不止，大地就会灭绝他；暴虐不止，人们就会杀掉他。

有人将来，唯目之瞻①。言之壹，行之壹②，得而勿失③；[言]之采④，行之㤭⑤，得而勿以⑥。是故言者，心之符[也]⑦；色者，心之华也⑧；气者⑨，心之浮也⑩。有一言，无一行，胃之诬⑪。故言寺首⑫，行志卒⑬。直木伐，直人杀。无刑无名⑭，先天地生，至今未成⑮。

【注释】

①唯目之瞻：要用眼睛仔细观察他。瞻，看，观察。

②言之壹，行之壹：言语与行为一致。

③得而勿失：就要任用他，而不要失去他。

④[言]之采：话讲得很漂亮。采，通"彩"。华美。"言"字原缺，据上文补。

⑤㤭（xī）：通"熙"。嬉戏，不认真。

⑥勿以：不要任用他。以，用。

⑦心之符[也]：是内心的标识。符，标志，标识。"也"字原缺，据下文补。

⑧色者，心之华也：这两句是说，表情是思想开出的花朵，比喻表情是内心的表现。色，表情。心之华也，是内心的表现。华，花。

⑨气:气质。

⑩浮:表露。

⑪诬:欺骗。

⑫言寺(chí)首:言语放在前面。寺,通"持"。持守,放在。

⑬行志卒:行为则是思想意志的完成。卒,结束,完成。

⑭无刑无名:没有形体,无法形容。刑,通"形"。名,名状,描述。本句是描述大道的,大道看不见、摸不着,无形无象,因此也无法描述。

⑮至今未成:大道至今也没有完成自己化育万物的任务。意思是说,大道至今还在万物的发展过程中起着决定性的作用,因此,包括人类在内的万事万物都要遵循大道,按照大道办事。

【译文】

如果有人来了,就要用眼睛仔细去观察他。如果这个人的言语和行动是一致的,就不要失去他而要重用他;如果他说得很漂亮,行动却不认真负责,即使把他留下来也不宜重用他。所以说语言,是人内心的标识;表情,是人内心的表现;气质,是人内心的显露。讲了某句话,却没有付诸行动,这叫作欺骗。因此事先讲过的话,接着就要用实际行动去做到这句话所说的意思。树木长得太直了就容易被砍伐,为人太刚直了就容易被杀害。大道无形无象而不可描述,它产生于天地出现之前,大道至今也没有完成自己化育万物的任务。

顺道第十四

【题解】

顺道，顺应天道。本章以黄帝与大臣力黑交谈的形式，阐述了大庭氏顺应天道治国的一些原则。这些原则主要有：君主的思想要正确而清静，恭敬而俭朴，谦卑而简易，柔和而谦退，诚信而仁慈。作者特别强调，作为君主，不要使百姓缺乏衣食，不要做战争的发动者，不要搞阴谋诡计，不要独自去决断疑难问题，如此等等。如果能够做到这些，就是顺应了天道，就能够以极小的代价而取得辉煌的成就。

黄帝问力黑曰："大莛氏之有天下也①，不辨阴阳，不数日月，不志四时②，而天开以时③，地成以财④。其为之若何？"力黑曰："大莛氏之有天下也，安徐正静⑤，柔节先定⑥；晁湿共金⑦，卑约主柔⑧，常后而不失⑨，膻正信以仁⑩，兹惠以爱人⑪，端正勇，弗敢以先人⑫。

【注释】

①大莛（tíng）氏：即大庭氏，《汉书·古今人表》作"大廷氏"。传说中的帝王。

②不志四时：也不知道春、夏、秋、冬四个季节。志，知道，识别。

③天开以时：上天给予了恰当的时节。意思是，上天自然而然地使
　四季交替，该热则热，该冷则冷，一切井然有序。

④地成以财：大地也自然而然地长出了各种财富。

⑤安徐正静：做事安然舒缓，思想正确清静。徐，舒缓，不慌不忙。

⑥柔节先定：把谦柔的原则放在首位。

⑦晼（wǎn）湿：和顺而温润的样子。共佥（gōng jiǎn）：恭敬而俭朴。
　共，通"恭"。恭敬。佥，通"俭"。俭朴。

⑧卑约：谦卑而简易。约，简易。主柔：持守柔顺的原则。

⑨常后而不失：总是谦退而不愿占先。失，根据下文，应是"先"字
　之误。

⑩朣（tǐ）正信以仁：行为正确、诚信而仁爱。朣，通"体"。身体。这
　里引申为行为、做事。

⑪兹（cí）：通"慈"。慈爱。

⑫先人：站在别人的前面。意思是高高在上，傲视别人。

【译文】

黄帝问力黑说："大庭氏在治理天下的时候，不能辨别阴阳，不去记
载日月的序数，也不知道春、夏、秋、冬四个季节，然而上天却自然而然
地赐予了恰当的时节，大地也自然而然地长出了物资财富。他究竟是怎
样治理天下的呢？"力黑回答说："大庭氏在治理天下的时候，做事安然
舒缓，思想正确清静，把谦柔的原则放在首位；他为人和顺而温润，恭敬
而俭朴，谦卑简易而持守柔道，总是谦退而不愿占先；他的行为正确、诚
信而仁慈，施惠于人而爱护百姓，品行端正而有勇气，却从来不敢高高在
上、傲视别人。

　　"中请不刖①，执一毋求②。刑于女节③，所生乃柔④。
□□□正德⑤，好德不争⑥。立于不敢⑦，行于不能⑧；单视不

敢^⑨，明埶不能^⑩。守弱节而坚之^⑪，胥雄节之穷而因之^⑫。若此者，其民劳不［僈］^⑬，几不饴^⑭，死不宛^⑮。

【注释】

①中请（jìng）不剥（qiú）：心中安静而不急躁。中，心中。请，通"静"。安静。剥，通"绿"。急躁。

②执一毋求：遵循大道而不追逐物欲。执，持守，遵循。一，独一无二的大道。

③刑于女节：效法女性的温柔性格。刑，通"型"。效法。女节，女子的温柔性格。

④所生乃柔：所做出的事情就会柔和委婉。

⑤□□□正德：本句缺三字。根据《管子·势》中的"柔安静乐，行德而不争"，所缺三字疑为"故安静"。

⑥好德：爱好美德。

⑦立于不敢：敢于去做别人不敢做的事情。立，立身，做事。本句赞美大庭氏的勇气。

⑦行于不能：能够做别人不能做到的事情。本句赞美大庭氏的能力。

⑨单（zhàn）视不敢：然而他在作战的时候，却故意显示出怯懦的样子。大庭氏极为勇敢，却故意示敌以怯懦，以此麻痹敌人。单，通"战"。作战。视，通"示"。显示。

⑩明埶不能：表面上假装着自己没有能力。明，表面。埶，持守，表现。

⑪守弱节而坚之：持守柔弱的原则而且坚定不移。

⑫胥雄节之穷而因之：等待刚强的对手陷入困境时，就乘机打败他。胥，等待。雄节，刚强的性格。这里指性格刚强的对手。穷，困窘。因，顺应，乘机。

⑬其民劳不［僈］：他的臣民身处疲劳之中也不会懈怠。僈，通"慢"。懈怠。"僈"字原缺，据《荀子·非十二子》中的"佚而不惰，劳而

不僈"补。

⑭几不饴(dài)：即使处于饥饿之中也不会松懈。几，通"饥"。饥饿。饴，通"怠"。懈怠。

⑮死不宛(yuàn)：即使处于死亡之中也不会怨恨。宛，通"怨"。怨恨。

【译文】

"大庭氏心中安静而不急躁，持守大道而不追逐物欲。他效法女性温柔的性格，一言一行都很柔和。他□□□品行端正，爱好美德而从不争名夺利。他敢于去做别人不敢做的事情，能够做别人不能做到的事情；然而作战时他却显示出怯懦的样子，假装毫无能力。他坚定不移地持守着柔弱的原则，一直等到刚强的对手陷入困境的时候才去乘机打败他。像大庭氏这样的君主，他的臣民即使处于疲劳之中也不会怠慢，处于饥饿之中也不会松懈，处于死亡之中也不会抱怨。

"不广其众①，不为兵郑②，不为乱首③，不为宛谋④，不阴谋，不擅断疑⑤，不谋削人之野⑥，不谋劫人之宇⑦。慎案其众⑧，以隋天地之从⑨。不擅作事⑩，以寺逆节所穷⑪。

【注释】

①不广(kuàng)其众：不要让自己的民众缺乏衣食。广，通"旷"。空无。这里指缺乏衣食。

②不为兵郑(zhǔ)：不做战争的挑起者。兵，这里指战争。郑，通"主"。主动者。这里指战争的挑起者。

③乱首：动乱的发动者。

④不为宛(yuàn)谋(méi)：不做怨恨的挑动者。宛，通"怨"。怨恨。谋，通"媒"。媒介，挑起。本句意思是，不要去挑拨离间，不要去挑起人们之间的怨恨。

⑤不擅断疑：不要独自去决断疑难问题。

⑥削人之野：侵略、占领别人的国土。

⑦劫人之宇：掠夺别人的官殿房屋。宇，房屋。

⑧慎案其众：要小心翼翼地稳定自己的民众。案，通"按"。稳定。

⑨以隋（suí）天地之从（zōng）：以遵循天地的运行规律。隋，通"随"。遵循。从，通"踪"。踪迹，行踪。这里引申为规律。

⑩不擅作事：不要擅自挑起事端。作，挑起。

⑪以寺（dài）逆节所穷：以等待叛逆之人陷入困境。寺，通"待"。等待。逆节，叛逆的行为。这里指叛逆的人。

【译文】

"不要使自己的百姓缺乏衣食，不要做战争的发动者，不要做祸乱的肇始人，不要去挑起人与人之间的怨恨，不要搞阴谋诡计，不要独自去决断疑难问题，不要去占领他国的土地，不要去掠夺别国的宫殿房屋。要小心翼翼地稳定自己的民众，遵循天地运行的规律。不要擅自挑起事端，以等待那些叛逆的人自己陷入困境。

"见地夺力①，天逆其时②，因而饰之③，事环克之④。若此者，单朕不报⑤，取地不反⑥；单朕于外，福生于内；用力甚少，名殸章明⑦，顺之至也。"

【注释】

①见地：盯着别国的土地。夺力：掠夺民众的人力、物力。本句意思是，滥用本国的人力、物力去侵略他国的土地。

②天逆其时：即"逆其天时"。违背了天道。

③因而饰（chì）之：可以乘机去讨伐这样的君主。因，顺应，乘机。饰，通"饬"。整顿，修治。这里引申为惩罚、讨伐。

④事环（xuán）克之：战争很快就能取得胜利。环，通"还"。迅速，很快。克，战胜。

⑤单朕（zhàn shèng）不报：战胜敌国而敌国没有报复的能力。单，通"战"。朕，通"胜"。

⑥取地不反：占领了敌国的土地而敌国没有力量再夺回。反，同"返"。返回。

⑦名殸（shēng）章明：名声极为显赫。殸，通"声"。章，同"彰"。显明，著名。

【译文】

"滥用本国民众的人力物力去侵略他国的土地，这种行为就是违背了天道，可以乘机去讨伐这样的君主，战事会很快取得胜利。如此去讨伐敌国，那么战胜了敌国而敌国没有报复的能力，占领了敌国的土地而敌国没有力量再次夺回；国外打了胜仗，国内也变得繁荣富强；以微小的代价，取得了显赫的功名，这是因为完全顺应了天道。"

名刑第十五

【题解】

名刑，事物名称与事物本体之间的关系。刑，通"形"。本篇原无标题，根据首句"欲知得失，请必审名察刑"而补。一说，本篇的篇名应为"十大"，因为文末有"十大"字样，而不少学者认为"十大"应与下一字"经"字连读，是第二经"十大经"的篇名，而非本章篇名。

本篇主要阐述道家清静无为的主旨。文章首先从形名关系入手，指出万物具有各自永恒不变的属性；既然万物的属性不可改变，那么人们就不要去节外生枝，不要去干涉万物的发展变化；既然不可以去干涉万物的发展变化，那么人们需要做的，就是顺应万物。本篇在阐述这一道理的同时，也提醒我们不必受万物的打扰，超然于万物之上，从而保持一种平静的心态。

欲知得失请①，必审名察刑②。刑恒自定③，是我俞静④；事恒自皂⑤，是我无为⑥。静翳不动⑦，来自至，去自往。能一乎⑧？能止乎⑨？能毋有己⑩？能自择而尊理乎⑪？纡也⑫，毛也⑬，其如莫存⑭。万物群至，我无不能应⑮。我不臧故⑯，不挟陈⑰。乡者已去⑱，至者乃新，新故不翏⑲，我有所周⑳。

【注释】

①请（qíng）：通"情"。真实情况。

②审名察刑：即"审查名刑"。弄清楚事物本体与其名称之间的关系。也即要名实相副。刑，通"形"。形体，实体。

③刑恒自定：万物具有永恒不变的自我属性。刑，通"形"。形体。这里代指万物。定，确定的属性。

④是我俞静：这种情况就要求我们安静下来而不要多事。是，代指"刑恒自定"。俞，通"愈"。更加地。既然万物具有各自恒定不变的属性，那么人们就不要多事，不要人为地去改变万物的属性。

⑤事恒自伿（yì）：万物具有自己永恒不变的发展规律。伿，通"施"。发展，变化。这里指发展变化的规律。

⑥是我无为：这种情况就要求我们不要去人为地干涉万物。是，代指"事恒自伿"。无为，顺应着自然规律和万物本性去做事，而不要人为地去干涉万物的发展变化，这叫作"无为"。

⑦静翳（yì）不动：安静下来，不要多事。翳，隐藏不显。比喻静止下来。一说"翳"通"也"，为语气词；一说"翳"通"壹"，专一的意思。不动，不要妄动。

⑧能一乎：能够做到用心专一吗？本句用反问的口气表示肯定的意思，也即要求人们做事专一。以下各句均如此。

⑨能止乎：能够安静下来吗？止，停止，安静。

⑩能毋有己：能够做到忘却自我吗？只有忘却自己的成心、成见，才能够更好地顺应自然。

⑪能自择而尊理乎：能够做出正确选择去尊重天理吗？

⑫纻（bǎo）：同"緥"。緥，通"葆"。遮蔽，隐藏。这里指消失。

⑬毛：应为"屯"字之误。出现，显现。

⑭其如莫存：都要把它们看作似有似无。莫存，似乎不存在。也即似有似无。本句的意思是，无论是消失的事物，还是存在的事物，

　　都要把它们看作似有似无，从而使自己能够超然于万物之上。

⑮我无不能应：我没有不能应付、处理的。

⑯不臧（cáng）故：不把过去的事情老放在心里。臧，通“藏”。藏在，放在。故，过去的事情。

⑰不挟陈：不要老揪着过去的事情不放。陈，陈旧的事情。一说，“陈”疑为“新”字之误：“‘不挟陈’与‘不臧故’意思重复，‘陈’疑‘新’字之声误（二者同为‘真’部字）。‘不臧故’，即‘去自往’也；‘不挟新’，即‘来自至’也。”（陈鼓应《黄帝四经今注今译》）

⑱乡（xiàng）者已去：过去的事物已经过去了。乡，过去，从前。这个意义又写作“向”。

⑲新故不翏（jiū）：现在的事情和过去的事情都不能扰乱自己的平静心境。翏，通“摎”。纠缠，干扰。

⑳我有所周：我都能够顺应它们。周，和调，适应。

【译文】

　　要想弄清楚得失祸福的真实情况，就一定要弄明白事物名称与事物本体之间的关系。万物都有各自永恒不变的属性，这种情况就要求我们安静下来而不要多事；万物都有各自的发展变化规律，这种情况就要求我们清静无为而不去干涉万物。人们要安静下来而不必多事，应该出现的事物就让它自然而然地出现，应该消失的事物就让它自然而然地消失。我们能够做到用心专一吗？能够做到清静无事吗？能够消除自己的成心成见吗？能够做出选择去遵循天理吗？有的事物消失不见了，有的事物出现了，我们都要视之若有若无而超然其上。万事万物纷至沓来，我们都能够应对自如。我们不要把过去的事情放在心里，不要去纠缠已往的东西。过去的事物就让它过去，新生的事物就任其新生，无论是新生的事物还是消失的事物，都不能扰乱我们的平静心境，这是因为我们能够顺应着事物变化而变化的缘故。

称

称，称引，述说。这里引申为格言、名句的意思。

本经没有一个主题，而是把一些格言、名句排列在一起，虽然作者在安排这些名句的时候，也注意要把同类的内容安排在一起，但名句与名句之间并没有内在的逻辑关系。关于这一点，作者也有着清醒的认识，因此，作者在上一段名言与下一段名言之间用墨点"●"分开，以示区别。我们就依据作者的分段进行注译，在段与段之间用"●"标明。

本经虽然没有一个统一的主题，但其中的一些名言，也的确能够发人深思，如"心之所欲则志归之，志之所欲则力归之。故巢居者察风，穴居者知雨，忧存故也"、"毋先天成，毋非时而荣；先天成则毁，非时而荣则不果"、"行曾而索爱，父弗得子；行母而索敬，君弗得臣"等等，这些格言即使放在今天，仍不失其借鉴意义。

道无始而有应①。其未来也②，无之；其已来，如之③。有物将来，其刑先之④；建以其刑⑤，名以其名⑥。其言胃何⑦？●⑧

【注释】

①道无始而有应：大道无始无终、永恒存在，能够回应人们的一切需求。大道作为规律、真理，自然谈不上有什么开始，有什么结束，但是当人们掌握了大道之后，就能够顺利地处理一切事情。

②其未来也：当人们还没有认识大道的时候。来，出现。大道无所谓来去，所谓"未来"，是就人的认识角度讲的，指人们还没有认识它的时候。

③如之：它就自然出现了。如，到来，出现。

④其刑先之：事物的形体先展现在人们的面前。刑，通"形"。形体。

⑤建以其刑：形体出现以后，建，树立，出现。

⑥名以其名：就为它起一个名字。第一个"名"为动词，命名；第二个"名"为名词，名字。

⑦其言胃何：我们还要说些什么呢？胃，通"谓"。说。

⑧●：《称》的原文不分小节，文字中间有墨点"●"，主要起分段作用。以下凡有墨点处，我们一概标出。

【译文】

大道无始无终、永恒存在，能够回应人们的一切需求。当人们没有认识到它的时候，它好像不存在；当人们认识到它的时候，它便随之出现了。当一个事物将要产生的时候，首先展现在人们面前的是它的形体；当它的形体出现之后，人们就根据其形体给它起一个名字。我们还能多说些什么呢？

环□伤威①，苞欲伤法②，无隳伤道③。数举参者④，有身弗能葆⑤，何国能守？●

【注释】

①环□伤威：君主自私就会损害自己的权威。本句所缺的字，马王堆帛书整理小组认为是一"私"字。《管子·君臣下》："兼上下以环其私。"《韩非子·人主》："其当途之臣，得势擅事以环其私。"

②怩（chí）欲伤法：纵欲就会损害国家的法制。怩，通"弛"。松弛，放纵。

③无隋伤道：不遵循正确原则就会损害大道。隋，通"随"。遵循。这里指遵循正确原则。

④数（shuò）举参（sān）者：反复去做以上三件事情。数，多次，反复。举，行，做。参，同"三"。"三者"，指上文提到的"环□伤威，怩欲伤法，无隋伤道"三件事情。

⑤有身弗能葆：连自身都不能保全。有，名词词头，无义。葆，通"保"。保护。

【译文】

君主自私自利就会损害自己的权威，放纵欲望就会损害国家的法律制度，不遵循正确原则就会损害大道。如果反复做以上三种事情，自身尚难保全，又如何能够去保护自己的国家呢？

奇从奇①，正从正②，奇与正，恒不不同廷③。●

【注释】

①奇从奇：用权变的手段去处理特殊的事件。第一个"奇"是权诈、权变的意思；第二个"奇"是情况反常的意思。

②正从正：用常规的手段去处理正常的事件。

③恒不不同廷：永远不能放在一起使用。不，其中一个"不"字为衍字，当删。同廷，放在一起。本书《道法》："变恒过度，以奇相御。正、奇有立，而名［刑］弗去。"

【译文】

用权变的手段去处理特殊的事件,用常规的手段去处理正常的事件,权变手段与常规手段,永远不能放在一起使用。

凡变之道①,非益而损,非进而退,首变者凶②。●

【注释】

①凡变之道:凡是进行变革的结果。变,对原有的状态进行改变,如政治变革、经济政策变革等等。道,这里指按照大道所自然产生的结果。

②首变者凶:首先进行变革的人会遇到凶险。这就是《老子》六十七章说的"不敢为天下先"。

【译文】

凡是进行变革的结果,不是受益就是受损,不是进步就是退步,一般来说首先进行变革的人会遇到凶险。

有义而义则不过①,侍表而望则不惑②,案法而治则不乱。●

【注释】

①有义而义则不过:有了礼仪标准而去效法这个标准就不会出现过错。义,通"仪"。礼仪。另外,在古代,立木示人也叫"仪",也即仪表。

②侍(shì)表而望则不惑:依靠标志来观测就不会迷惑。侍,通"恃"。依赖,依靠。表,用木、石等物做出的标志、标记。

【译文】

效法礼仪标准去做事就不会出现过错,依靠标志去观测事物就不会出现迷惑，按照法度去治国就不会出现混乱。

　　圣人不为始①，不刿己②，不豫谋③，不为得④，不辞福，因天之则⑤。●

【注释】

①圣人不为始：圣人不做事情的发起人。圣人做事顺应天道，顺应民心，故而不做发起人。

②不刿（zhuān）己：不独断专行。刿，通"专"。独断专行。

③不豫谋：不预先谋划。意思是，圣人顺应时机而动，不按照自己的臆测去预先谋划。豫，通"预"。预先。

④不为得：不去追求福祉。为，追求。

⑤因天之则：顺应上天的法则行事。因，顺应。

【译文】

　　圣人不做事情的发起者，不独断专行，不预先谋划，不主动去追求福祉，但也不拒绝到来的福祉，一切行为都顺应着上天的法则。

　　失其天者死，欺其主者死，翟其上者危①。●

【注释】

①翟：通"敌"。敌视，对抗。一说"翟"通"佻"。轻视。

【译文】

　　违背天道的人就会灭亡，欺骗君主的人就会被杀掉，对抗上级的人就会遇到危险。

　　心之所欲则志归之，志之志之所欲则力归之①。故巢居者察风②，穴处者知雨，忧存故也③。忧之则□④，安之则久，

弗能令者弗能有⑤。●

【注释】

①志之志之：衍"志之"二字，当删。

②故巢居者察风：巢居于高树的鸟注意对风的观察。因为风大了对鸟巢有影响，所以鸟注意对风的观察。

③忧存故也：这是因为它们担忧的事情就存在于风和雨那里的缘故。

④忧之则□：此缺一字，根据下文，应为"安"字。一说应为"取"字，一说应为"存"字。

⑤弗能令者弗能有：在这方面做得不好的人，就不能保有自己的生命。令，善，美好。有，指保有自己的生命。

【译文】

当心里有了想要的东西的时候，其志向就会集中在这里；当志向集中在这里的时候，其力量就会集中在这里。巢居于高树的鸟注意对风的观察，穴处于低洼处的兽注意对雨的了解，这是因为它们担忧的事情就存在于风和雨那里的缘故。而对各自生存环境具有忧患意识的就能获取安全，有了安全就能够生存得长久，如果不能妥善处理这些问题就不能保有自己的生命。

　　帝者臣①，名臣，其实师也②；王者臣③，名臣，其实友也；朝者臣④，名臣也，其实［宾也；危者］臣⑤，名臣也，其实庸也⑥；亡者臣，名臣也，其实虏也⑦。●

【注释】

①帝者臣：那些能够称帝的君主手下的大臣。帝，最好的君主叫作"帝"。

②其实师也：实际上是被君主当作老师看待的。本段文字，与《说

苑·君道》中一段文字相同,录以备考:"郭隗曰:'帝者之臣,其
名臣也,其实师也;王者之臣,其名臣也,其实友也;霸者之臣,其
名臣也,其实宾也;危国之臣,其名臣也,其实虏也。'"

③王者:能够称王的君主。其层次低于帝者。以仁义为主、以武力
　为辅去统一天下的叫作"王"。

④朝(bà)者:能够称霸的君主。其层次又低于王者。朝,同"霸"。
　以武力为主、以仁义为辅去统一天下的叫作"霸"。

⑤其实[宾也;危者]臣:危者,国家处于危险之中的君主。"宾
　也""危者"四字原缺,据《说苑》补。

⑥庸:被雇佣的人,雇工。

⑦虏:奴隶。

【译文】

　　能够称帝的君主,他们的大臣,名义上是臣子,实际上被君主视为老
师;能够称王的君主,他们的大臣,名义上是臣子,实际上被君主视为朋
友;能够称霸的君主,他们的大臣,名义上是臣子,实际上被君主视为客
人;国家危亡的君主,他们的大臣,名义上是臣子,实际上被君主视为雇
工;亡国的君主,他们的大臣,名义上是臣子,实际上被君主视为奴隶。

　　自光者①,人绝之;[骄洫]人者②,其生危,其死辱嫛③。
居不犯凶④,困不择时⑤。●

【注释】

①自光者:自以为无比伟大的人。光,大。

②[骄洫(yì)]人者:骄溢,傲慢,蛮横。洫,同"溢"。溢满,骄傲。"骄
　洫"二字原缺,据文义补。

③嫛(yì):句尾语气词,相当于"也""兮"。

④居不犯凶:生活安定顺利的时候,不要去做凶险之事。居,安定。

⑤不择（shì）时：不放弃有利的时机。择，通"释"。放弃。以上两句可以视为"互文"。意思是，无论顺利时，还是困窘时，都不要去干凶险的事，都不要放弃有利的时机。

【译文】

　　自以为无比伟大的人，人们都会唾弃他；傲慢骄横的人，生前会遇到危险，死后会受到羞辱。在生活安定顺利的时候，不要去干凶险的事情；在身处困难境地的时候，不要放过任何有利的机会。

　　不受禄者，天子弗臣也；禄泊者①，弗与犯难②。故以人之自为□③，□□□□□□□④。●

【注释】

①泊：通"薄"。微薄，少。《慎子·因循》："是故先王，不受禄者不臣；禄不厚者不与入难。"

②弗与犯难：不能要求他们与自己一起去承担灾难。

③以人之自为□：利用人们皆有为自己考虑的本性。以，用，利用。自为，为个人考虑。人人都有为己考虑的本性，因此，君主就利用这一本性，用俸禄来引导人们为自己出力。本句缺一字，疑为"也"字。

④"□□"句：本句缺七字。根据《慎子·因循》中的"因也者，因人之情也。人莫不自为也，化而使之为我，则莫可得而用矣"，本句所缺七字应为"不以人之为我也"。意思是，君主不要天真地想去利用人们为君主服务的精神。以上两句的意思是，人人皆有为己之心，君主要利用这种为己之心，给予俸禄，使人们为君主服务，千万不要天真地认为，人人都有为君主服务的精神。

【译文】

对于没有享受朝廷俸禄的人，天子就不要把他当作臣仆来使唤；如果提供的俸禄十分微薄，天子也不要强求他们与自己一起去承担灾难。所以说天子要善于利用人们为己着想的本性，□□□□□□□。

不士于盛盈之国①，不嫁子于盛盈之家②，不友［骄倨慢］易之［人］③。●

【注释】

①不士于盛盈之国：不要到极盛的国家里做官。士，通"仕"。做官。盛极必衰，因此到极盛的国家做官，是件危险的事情。

②子：女儿。

③不友［骄倨慢］易之［人］：不与那些骄傲自大、轻视他人的人交朋友。倨，傲慢。慢易，轻视别人。"骄倨慢""人"四字原缺，据《管子·白心》中的"满盛之国，不可以仕任；满盛之家，不可以嫁子；骄倨傲暴之人，不可与交"补。

【译文】

不要到极盛的国家里做官，不要把女儿嫁到极为贵盛的家庭，不能与骄傲自大、轻视他人的人交朋友。

□□不执偃兵①，不执用兵；兵者，不得已而行。●

【注释】

①□□不执偃兵：圣人不执着于一定要反对战争。执，通"执"。执着。偃兵，制止战争。本句缺二字，疑为"圣人"二字。译文从之。

【译文】

圣人不会一味地反对用兵，但也不主张一味地用兵；战争手段，是在迫不得已的情况下才使用的。

知天之所始^①,察地之理,圣人糜论天地之纪^②,广乎蜀见^③,□□蜀□^④,□□蜀□^⑤,□□蜀在^⑥。●

【注释】

①始:本始,根本。

②糜论:全面地研究。糜,通"弥"。整个,全面。论,论讨,研究。
　天地之纪:自然原则。纪,纲纪,原则。

③广乎蜀(dú)见:具有广泛的独到见解。蜀,通"独"。独到的。

④□□蜀□:本句缺三字,疑为"卓乎蜀知",具有卓越的独到见解。

⑤□□蜀□:本句缺三字,无可补。

⑥蜀在:独立于世。前缺二字,无可补。

【译文】

圣人明白天道的根本,知道大地的规律,能够全面地了解大自然的原则,具有广泛的独到见解,□□蜀□,□□蜀□,□□能够独立于世。

天子之地方千里^①,诸侯百里,所以朕合之也^②。故立天子[者,不使]诸侯疑焉^③;立正敌者^④,不使庶孽疑焉^⑤;立正妻者,不使婢妾疑焉^⑥。疑则相伤^⑦,杂则相方^⑧。●

【注释】

①地方千里:土地方圆一千里。方,方圆。《孟子·告子下》:"天子之地方千里,不千里不足以待诸侯;诸侯之地方百里,不百里不足以守宗庙之典籍。"

②所以朕合之也:这是用来缝合彼此关系的方法。朕,缝。天子地方千里,诸侯地方百里,这样才能够避免尾大不掉的局面,才能够使整个天下连为一个整体。

③［不使］诸侯疑（nǐ）焉：不要让诸侯的土地、地位与天子相似。疑，
通"拟"。模拟，相似。以下三个"疑"字与此同。《韩非子·说疑》：
"故曰：孽有拟适之子，配有拟妻之妾，廷有拟相之臣，臣有拟主之
宠，此四者，国之所危也。""不使"二字原缺，据下文类似句式补。

④正敌：正妻生的嫡子。这里指太子。敌，通"嫡"。嫡子，太子。

⑤庶孽：庶子。

⑥婢妾：宠妾。婢，通"嬖"。宠爱。

⑦疑（nǐ）则相伤：彼此地位相似，就会相互伤害。

⑧杂则相方：地位混淆不清就会相互争斗。杂，混淆。方，相互悖逆，
争斗。一说"方"通"妨"。妨碍。

【译文】

天子的土地方圆一千里，诸侯的土地方圆一百里，这就是能够让整
个天下联合在一起的方法。因此在设立天子的时候，不能使诸侯的土地、
地位与天子相似；在立太子的时候，不能使其他庶子的身份地位与太子
相似；在立正妻的时候，不能使其他宠妾的身份地位与正妻相似。如果
彼此地位相似了就会相互伤害，彼此地位混淆了就会相互争斗。

时若可行，亟应勿言①；［时］若未可②，涂其门③，毋见
其端④。●

【注释】

①亟应勿言：马上行动，不必声张。亟，很快，马上。应，做出反应，
也即马上行动。

②［时］若未可："时"字原缺，据前文"时若可行"补。

③涂其门：堵塞自己的大门，也即闭门不出。涂，同"塗"。堵塞。

④毋见（xiàn）其端：不要表现出任何端倪，也即不露声色。见，同
"现"。表现。

【译文】

行动的时机到了,就马上行动而不必声张;行动的时机未到,就要闭门不出,不露声色。

天制寒暑,地制高下,人制取予①。取予当,立为〔圣〕王②;取予不当,流之死亡③。天有环刑④,反受其央⑤。●

【注释】

①取予:获取与给予。

②立为〔圣〕王:"圣"字原缺,据文义补。

③流之:自己就会被流放。

④天有环刑:天道的运行规律是循环往复。环,循环。刑,通"行"。运行。

⑤反受其央:取与不当的人反而会自取灾殃。央,通"殃"。灾难。

【译文】

上天掌控着气候的寒与热,大地掌控着地势的高与低,人们掌控着获取与给予。如果获取与给予都很恰当,那么就可以成为圣王;如果获取与给予不恰当,就会流落四方、身死国亡。天道的运行是循环往复的,取予不当的人反而会自取祸殃。

世恒不可择法而用我①,用我不可,是以生祸。●

【注释】

①世:社会。这里指治理社会、国家。择(shì)法:放弃法律制度。择,通"释"。放弃。用我:依照君主个人的意志去做事。

【译文】

治理国家是不可以舍弃法度而依照君主个人意志行事的,依照君主个人意志行事是行不通的,这样就会导致灾难的发生。

> 有国存,天下弗能亡也①;有国将亡,天下弗能存也。●

【注释】

①"有国存"二句:有些国家的存在,整个天下的人都无法使它灭亡。
  意思是说,因为这些国家各方面的政策措施都非常恰当,国家存
  在的基础坚若磐石,谁也无法使它灭亡。

【译文】

有些国家的存在,整个天下的人都无法使它灭亡;有些将要灭亡的
国家,整个天下的人都无法挽救它。

> 时极未至①,而隐于德②;既得其极③,远其德④,浅［致］
> 以力⑤;既成其功,环复其从⑥,人莫能代⑦。●

【注释】

①时极:即"时机"。

②隐于德:隐居起来,修养自己的美德。

③既得其极:遇到时机之后。既,……以后。极,时机。

④远其德:广泛地推行自己的美德。也即用自己的美德去治理整个
  天下。

⑤浅(jiàn)［致］以力:付诸实行,努力做事。浅,通"践"。践行,
  实行。"致"字原缺,据《管子·势》中的"未得天极,则隐于德;
  已得天极,则致其力"补。

⑥环复其从(zōng):回过头来,再次隐居起来。也即道家所提倡的
  功成身退。环复,回头,恢复。从,通"踪"。踪迹,行为。指从前
  的隐居生活。

⑦人莫能代：没有人能够伤害他。代，替代，消除掉。这里引申为伤
　　害。一说，"代"通"殆"。伤害。

【译文】

　　时机未到，就要隐居起来修养美德；时机到了，就应该广泛地推行自
己的美德，付诸实践而努力做事；当大功告成之后，就要回头再次隐居起
来，这样就没有任何人能够伤害他。

　　诸侯不报仇，不修俋①，唯［义］所在②。●

【注释】

①修俋（chǐ）：雪耻。俋，通"耻"。羞耻。
②唯［义］所在：只看是否符合道义。"义"字原缺，据《孟子·离
　　娄下》中的"大人者，言不必信，行不必果，惟义所在"补。

【译文】

　　诸侯不是有仇必报，有耻必雪，一切行为都以是否合于道义为准则。

　　隐忌妒妹贼妾①，如此者，下其等而远其身②；不下其德
等③，不远其身，祸乃将起。●

【注释】

①隐忌：蒙蔽君主，嫉妒贤人。隐，蒙蔽。妒妹：含义与"隐忌"同。妒，
　　妒忌，妒忌贤人。妹，通"昧"。蒙蔽，蒙蔽君主。贼妾：奸佞害人。
　　贼，害人。妾，通"捷"。奸佞。
②下其等：降低他们的社会地位。等，等级。
③德：衍字，当删。

【译文】

　　有些人蒙蔽君主、嫉妒贤才、陷害忠良、行为邪佞，像这样的人，就要

降低他们的社会地位,疏远他们本人;如果不降低他们的社会地位,不疏远他们本人,灾难就会发生。

内事不和①,不得言外②;细事不察③,不得言[大]④。●

【注释】

①内事:国内的事情。一说指君主家族内部的事。

②外:国外的事务。一说是指与家族内部事务相对的国家事务。

③细事:小事。察:明白。

④不得言[大]:"大"字原缺,据前文"细"字补。

【译文】

国内的事情还没有理顺,就不要去讨论对外的事情;小事情还没有弄明白,就不要去奢谈做大事。

利不兼①,赏不倍,戴角者无上齿②。提正名以伐③,得所欲而止。●

【注释】

①利不兼:不要让臣下两边得利。

②戴角者无上齿:长有双角的动物,就不会再长锋利的上齿。这是用自然界的现象来说明"利不兼,赏不倍"的道理。《春秋繁露·度制》:"天不重与,有角不得有上齿,故已有大者,不得有小者,天数也。"

③提正名以伐:要带着正当的理由去讨伐他国。名,名义,理由。

【译文】

君主不要使臣下两边得利,给予臣下的赏赐也不可翻倍,就像长有双角的动物就不会再长锋利的上齿一样。要带着正当的理由去讨伐他国,达到目的之后就要适可而止。

实谷不华①,至言不饰②,至乐不笑。华之属,必有覈③,覈中必有意④。●

【注释】

①实谷不华(huā):饱满的谷粒上是看不到鲜花的。华,同"花"。

②至言不饰:至理名言是不会用华丽的辞藻去修饰的。

③必有覈(hé):一定要能结出果实。覈,同"核"。本指果实中间坚硬并包含果仁的部分。这里代指果实。一说,根据文义,"必有覈"前似乎应有"必有实,实中"数字,那么这几句应为"华之属,必有实,实中必有覈,覈中必有意。"

④意:通"薏"。果仁。这几句话的意思是,华美的东西,一定要具有实际的内涵和作用,这样就能够充满生机,生生不息,不然就是华而不实,就会瞬间消失了。

【译文】

饱满的谷粒上面是看不到鲜花的,至理名言是不需要华丽的辞藻去修饰的,真正的喜悦是不会表现在欢声笑语上的。鲜花一类的事物,一定要能够结出果实,果实里面一定要有果仁。

天地之道,有左有右,有牝有牡①。诰诰作事②,毋从我冬始③。雷〔以〕为车④,隆隆以为马⑥,行而行,处而处⑦;因地以为赍⑧,因民以为师,弗因无犟也⑨。●

【注释】

①有牝(pìn)有牡:有雌性必有雄性。牝,雌性动物。牡,雄性动物。

②诰诰（hào）作事：做一切事情。诰诰，通"浩浩"。众多的样子。

③毋从我冬（zhōng）始：自始至终都不要依据自己的想法做事。也
　即一切都要遵循大道。冬，通"终"。

④雷［以］为车：把雷当作自己的车辆。《淮南子·原道》："雷以为
　车轮。""以"字原缺，据下句"以为马"补。

⑥隆隆：指云。"隆隆"或衍一"隆"字，或是"丰隆"之误。丰隆是
　云神的名字。这里代指云。"雷以为车，隆隆以为马"两句比喻顺
　应自然行事。

⑦"行而行"二句：该行则行，该停则停。处，停下。

⑧因地以为赍（zī）：顺应着大地的特性去生产财富。因，顺应。赍，
　通"资"。财富。

⑨㹴（shén）：通"神"。聪明，明智。

【译文】

大自然的规律就是，有左必有右，有雌必有雄。因此人们在做一切
事情的时候，自始至终都不要依据自己的意志去行事。以雷为车，以云
为马，当行则行，当止则止，顺应着大地的特性去生产财富，顺应着民心
并把民众视为自己的老师，不懂得顺应是不明智的。

宫室过度，上帝所亚①；为者弗居②，唯居必路③。●

【注释】

①亚（wù）：同"恶"。讨厌。

②为者弗居：过度兴建宫殿的君主是无法居住这些宫殿的。因为大
　兴土木，盘剥百姓，就会激起民众的反抗，从而导致国家灭亡，因
　此这样的君主就无法住进自己修建的宫殿。比如秦始皇修建阿
　旁宫即是。为，修建。

③唯居必路：即使居住了也不会长久。唯，语气词。一说通"虽"。

路,指路室。周代的旅馆叫作"路室"。行人不可能在旅馆长期居住,以比喻过度兴建宫殿的君主不可能在宫殿里长期居住。《周礼·地官·遗人》:"凡国野之道,十里有庐,庐有饮食;三十里有宿,宿有路室,路室有委。"

【译文】

过度兴建宫殿,这是上帝所讨厌的事情;过度兴建宫殿的君主无法住进这些宫殿,即使住进去了也不会长久。

减衣衾①,泊棺椁②,禁也,疾役可③;发泽④,禁也,草苁可⑤;浅林⑥,禁也,聚□□⑦;隋高增下⑧,禁也,大水至而可也。●

【注释】

①减衣衾(qīn):减少陪葬的衣物。衾,被子。这里指尸体入殓时覆盖尸体的被子。

②泊棺椁:降低棺椁的质量。泊,通"薄"。减少厚度,降低质量。椁,套棺。

③疾役可:如果发生了瘟疫和大的劳役,这样做是可以的。

④发泽:开发沼泽湿地。

⑤草苁(cóng)可:如果荒草实在太多了,这样做是可以的。苁,通"丛"。草木丛生。

⑥浅(cán)林:大肆砍伐树林。浅,通"残"。摧残,砍伐。

⑦聚□□:所缺二字,疑为"兵可",全句为"聚兵可"。为了制造兵器是可以这样做的。一说疑为"聚众可",召集众人出兵打仗是可以这样做的。

⑧隋(duò)高增下:把高的地方挖低,把低的地方加高。也即改变地形。隋,通"堕"。降低。

【译文】

随意减少陪葬品，降低棺椁的质量，这是被禁止的，但在发生了瘟疫和大的劳役时，可以这样做；开发大泽湿地，这是被禁止的，如果荒草实在太多了，可以这样做；大肆砍伐山林的事情，是被禁止的，但在需要制造兵器的时候，可以这样做；挖低高地填平洼地，这是被禁止的，然而当洪水到来的时候，可以这样做。

毋先天成①，毋非时而荣②；先天成则毁，非时而荣则不果③。●

【注释】

①毋先天成：不要先于天时而去追求成功。意思是，当时机还未成熟的时候，不要急于建功立业。

②荣：花，开花。

③不果：结不出果实。

【译文】

不要先于天时去追求成功，就像植物不要在不适当的时候开花一样；先于天时的成功会很快被毁掉，在不适当季节开的花是不会结出果实的。

日为明，月为晦①；昏而休，明而起，毋失天极②，厩数而止③。●

【注释】

①晦：夜晚。

②毋失天极：不要违背了自然原则。极，最高原则。

③厥数而止：达到了适当的度之后就应该适可而止。厥，通"究"。
　达到。数，度数。

【译文】

太阳出现的时候是白天，月亮升起的时候是夜晚；夜晚要休息，白天
要劳作，不要违背自然规律，达到了适当的度就应该适可而止。

　强则令①，弱则听，敌则循绳而争②。●

【注释】

①强则令：强大的国家就能够命令弱小的国家。

②敌：势均力敌，势力相等。循绳：按照规矩。绳，绳墨。木工用来
　画直线的工具。这里比喻规矩、制度。

【译文】

强大的国家可以命令弱小的国家，弱小的国家就要听命于强大的国
家，势力均等的国家之间才会按照规矩展开竞争。

　行曾而索爱①，父弗得子②；行母而索敬③，君弗得臣。●

【注释】

①行曾（zēng）：行为令人憎恶。曾，通"憎"。索爱：要求别人爱戴。
　索，求，要求。

②父弗得子：即使做父亲的也不可能得到儿子的爱戴。

③行母（wǔ）：行为可耻。母，通"侮"。邪恶，可耻。

【译文】

行为可憎而想得到别人的爱戴，即使做父亲的也不可能在儿子那里
得到这种爱戴；行为可耻而想得到别人的尊敬，即使做君主的也不可能
在臣子那里得到这种尊敬。

有宗将兴①，如伐于［川］②；有宗将坏，如伐于山③。
贞良而亡④，先人余央⑤；商阙而栝⑥，先人之连⑦。●

【注释】

①宗：宗族，部落。这里可以理解为某个家庭，或者某个国家。

②如伐于［川］：就好像大河决堤一样势不可挡。伐，坏掉。这里
　指决堤。《说文解字》："伐，败也。""川"字原缺，据文义补。

③如伐于山：如同高山崩塌一般。

④贞良而亡：正直善良的人却早早去世了。贞，正直。

⑤先人余央：这是祖先的罪孽造成的。央，通"殃"。灾殃，罪孽。

⑥商阙（chāng jué）而栝（huó）：疯狂作恶的人却存活了下来。商阙，
　同"猖獗"。疯狂作恶。栝，通"活"。生存。《说苑·谈丛》："贞
　良而亡，先人余殃；猖獗而活，先人余烈。"

⑦连（liè）：通"烈"。功业，功德。

【译文】

当一个国家或家族将要兴起的时候，就好像大河决堤那样势不可
挡；而当一个国家或家族将要灭亡的时候，就好像高山崩塌那样无可挽
救。正直善良的人早早去世了，那是因为祖上积累的祸殃造成的；疯狂
作恶的人却生存下来了，那是因为祖上积累的功德形成的。

埤而正者增①，高而倚者俰②。●

【注释】

①埤（bēi）：通"卑"。低矮。

②倚：偏斜，不正。俰（bēng）：通"崩"。崩溃，倒塌。

【译文】

形体低矮而端正的就会不断增高，形体高大而歪斜的就迟早会倒塌。

山有木，其实屯屯①。虎狼为孟可揗②，昆弟相居③，不能相顺；同则不肯，离则不能，伤国之神④。〔神胡不〕来⑤，胡不来相教顺弟兄⑥？兹昆弟之亲，尚可易戈⑦？●

【注释】

①其实屯屯：它的果实累累。这两句的内容与下文无直接关系，类似于《诗经》中的起兴，先写两句景色，以引出正文。

②孟：通"猛"。揗（xún）：通"循"。顺从，驯服。

③昆弟相居：兄弟生活在一起。昆，兄长。

④伤国之神：让我们国家的祖先神灵感到伤心。本段所言应为君主的事情，故称"国之神"。一说这是黄帝在叙述自己与炎帝失和的情况。

⑤〔神胡不〕来：祖先的神灵为什么不降临。胡，为什么。"神胡不"三字原缺，据文义补。

⑥教顺（xùn）：教训。顺，通"训"。

⑦尚可易戈（zāi）：还能够改变吗！易，改变。戈，通"哉"。

【译文】

山上长着树木，树上的果实累累。虎狼如此凶猛尚可以驯服，兄弟生活在一起，却不能和睦；他们既不能和睦共处，又不能远离别居，真是让国家的祖先神灵伤心。祖先的神灵为什么不降临，为什么不降临教诲他们呢？这种兄弟间的亲缘关系，还能够改变吗！

天下有参死①：忿不量力②，死；耆欲无穷③，死；寡不辟众④，死。●

【注释】

①参（sān）死：三种死于非命的原因。参，同"三"。

②忿：因泄愤而与人争斗。

③耆：通"嗜"。嗜欲。

④辟：通"避"。避开。

【译文】

　　天下有三种死于非命的原因：因泄愤而争斗却又不自量力的，会死于非命；欲壑难填的，会死于非命；以寡敌众的，会死于非命。

　　毋籍贼兵①，毋裹盗量②。籍贼兵，裹盗量，短者长③，弱者强，赢绌变化④，后将反钝⑤。●

【注释】

①毋籍（jiè）贼兵：不要把兵器借给贼人。籍，通"藉"。借给。兵，兵器。

②毋裹盗量：不要把粮食借给强盗。裹，包裹。古代常用"裹粮"一词表示携带粮食。这里指把粮食送给强盗。量，通"粮"。粮食。

③短者长：使物资短缺的贼人、强盗变得物资充裕。

④赢绌（chù）变化：使强弱对比发生变化。赢，盈余，强盛。绌，不足，弱小。

⑤反钝（shī）：反过来会对自己施以伤害。钝，通"施"。施行。

【译文】

　　不要把兵器借给贼人，不要把粮食送给强盗。如果把兵器借给贼人，把粮食送给强盗，就会使物资短缺的贼盗变得物资充裕，使弱小的贼盗变得强大，这种力量强弱变化的结果，会使贼盗反过来对自己施以伤害。

　　弗同而同①，举而为同②；弗异而异，举而为异。弗为而自成③，因而建事④。●

【注释】

①弗同而同：把不同的事物都看作相同。意思是，作为君主，要心胸宽广，能够容纳、使用各种不同的人和物，使他们为同一的目标服务。

②举而为同：那么所有的事物都是相同的。举，整个，所有的。《庄子·德充符》："自其异者视之，肝胆楚越也；自其同者视之，万物皆一也。"

③弗为而自成：君主不用自己做事而能够建功立业。为，做事。

④因而建事：借用民众的力量去做事。因，顺应，借用。建事，做事。

【译文】

把不同的事物都看作是相同的，那么所有的事物都是相同的；如果把相同的事物看作不同，那么所有的事物都是不同的。君主不用自己动手就能够成就一番事业，这是因为他借用了民众的力量去做事。

阳亲而阴亚①，胃外其肤而内其勮②；不有内乱，必有外客③。肤既为肤，勮既为勮，内乱不至，外客乃却④。●

【注释】

①阳亲而阴亚（è）：表面上亲和而内心里险恶。阳，表面。阴，内里，心中。亚，同"恶"。

②胃外其肤而内其勮（jù）：这叫作外表美好而内心丑恶。胃，通"谓"。叫作。肤，美好。《广韵·虞韵》："肤，美也。"勮，通"剧"。严苛，严酷。

③外客：外来的侵略者。客，外地人。这里指外来的入侵者。

④乃却：就会退却。

【译文】

表面和善而内心险恶，这叫作表面美好而内里凶狠；如此即使没有内乱，也必定会有外敌入侵。美就是美，恶就是恶，如此内乱不会发生，外敌不会入侵。

得焉者不受其赐①，亡者不怨大□②。●

【注释】

①得焉者：有所收获的人。其：代指大道。本句意思是，那些能够按照大道做事的人，虽然收获颇丰，但并不认为自己是受到了大道的恩赐。

②亡者不怨大□：本句疑为"亡者不怨其非"。有所损失的人也不会抱怨说，这是大道的不对。大，疑为"其"字之误。所缺一字，疑为"非"字。《淮南子·原道训》："夫太上之道，生万物而不有，成化像而弗宰。跂行喙息，蝡飞蠕动，待而后生，莫之知德；待之后死，莫之能怨。得以利者不能誉，用而败者不能非。"

【译文】

有所收获的人并不认为这是大道的恩赐，有所损失的人也不抱怨这是大道的过失。

［夫］天有明①，而不忧民之晦也②，［百］姓辟其户牖而各取昭焉③，天无事焉④；地有［财］⑤，而不忧民之贫也，百姓斩木刈新而各取富焉⑥，地亦无事焉。●

【注释】

①［夫］天有明："夫"字原缺，据文义补。

②晦：黑暗。

③［百］姓辟其户牖（yǒu）而各取昭焉：百姓可以各自开辟门窗以获取光明。辟，开，开辟。户，门。牖，窗。昭，光明。"百"字原缺，据下文"百姓斩木刈新而各取富焉"补。

④天无事焉：上天并不插手此事。

⑤地有[财]：大地生产财富。"财"字原缺，据《慎子·威德》中的"天有明，不忧人之暗也；地有财，不忧人之贫也"补。

⑥斩木：砍伐树木。刘新：割取柴草。刘，割。新，通"薪"。柴草。

【译文】

上天有光明，所以不用担忧百姓会生活在黑暗之中，百姓可以各自开凿门窗来获取光明，上天不需要插手此事；大地有财富，所以不用担心百姓会生活在贫困之中，百姓可以各自伐树割柴来取得财富，大地也不需要插手此事。

诸侯有乱，正乱者失其理①，乱国反行焉②；其时未能也，至其子孙必行焉。故曰：制人而失其理③，反制焉。●

【注释】

①正乱者：平息叛乱的人。这里指天子。

②反行焉：反过来进行报复。

③制人：制服别人。

【译文】

诸侯发动了叛乱，平定叛乱的人如果行为不合乎天理，那么叛乱者反而会进行报复；即使当时报复不能得手，他们的后代也必然会进行报复。所以说：制服别人的行为如果不合天理，反而会被对方所制服。

生人有居①，[死]人有墓②，令不得与死者从事③。●

【注释】

①居：住所，房屋。

②[死]人有墓："死"字原缺，据文义补。

③令：政令，政策。从事：处理事务。

【译文】

活着的人有房屋，死去的人有坟墓，国家的政策不能将活人的房屋与死人的坟墓同等看待。

惑而极反①，[失]道不远②。●

【注释】

①极：通"亟"。赶快，马上。反：同"返"。返回，改正。

②[失]道不远：背离大道还不算太严重。"失"字原缺，据文义补。

【译文】

迷惑的人能够很快觉悟而马上改过，这样的话背离大道还不算太严重。

臣有两位者①，其国必危；国若不危，君臾存也②。失君必危，失君不危者，臣故駋也③。子有两位者，家必乱；家若不乱，亲臾存也④。[失亲必]危⑤，失亲不乱，子故駋也。●

【注释】

①臣有两位者：臣下如果身在国内、心在国外的话。两位，在国内做官，有地位，同时又为他国着想，在他国也有地位。本书《六分》："其谋臣在外立者，其国不安。"一说，两位，指臣下名义上是臣下，却有着君主的权威。

②君臾存也：是因为君主还善于保护自己的国家。臾，善于。《集韵·虞韵》："臾，善也。"一说，臾，通"犹"。依然。《慎子·德立》："故臣有两位者，国必乱。臣有两位而国不乱者，君犹在也。"

③臣故㳒(zuǒ)也：是因为大臣依然在辅佐国家。故，依然，依旧。㳒，通"佐"。辅佐。

④亲：父母。这里主要指父亲。

⑤［失亲必］危：失去父亲必然会陷入危亡。"失亲必"三字原缺，据《慎子·德立》中的"子有两位者，家必乱。子两位而家不乱者，亲犹在也，恃亲而不乱，失亲必乱"补。

【译文】

如果大臣身在国内、心在他国，这样的国家必定会危亡；国家如果不危亡，那是由于君主还善于保护自己的国家。如果失去了君主，国家必定会危亡；国家如果不危亡，那是由于大臣还在尽力地辅佐国家。如果儿子身在自家、心在他家，这个家庭就会混乱；家庭如果没有混乱，这是因为父亲还善于保护这个家庭。失去父亲则家庭必然混乱，如果失去父亲而家庭没有混乱，那是由于儿子还在尽力支撑着这个家庭。

不用辅佐之助，不听圣慧之虑，而侍其城郭之固①，古其勇力之御②，是胃身薄③；身薄则贷④，以守不固，以单不克⑤。●

【注释】

①侍(shì)：通"恃"。依赖。郭：外城。

②古(hù)：通"怙"。依仗。御：抵抗，抵御。

③是胃身薄：这叫作势单力薄。胃，通"谓"。叫作。

④贷：通"殆"。危险。

⑤单(zhàn)：通"战"。

【译文】

如果不用辅佐大臣的帮助，不听圣贤智者的谋略，只知道依赖城池的坚固，倚仗军队的抗击，这叫作势单力薄；势单力薄就很危险，防守不会稳固，攻战不会取胜。

两虎相争,奴犬制其余①。●

【注释】

①奴:通"驽"。无能的,劣等的。余:指争斗后的疲惫状态。

【译文】

二虎相互争斗,劣犬也能够在它们疲惫不堪的时候制服它们。

善为国者,大上无刑①,其［次］□□②,［其］下斗果讼果③,大下不斗不讼有不果④。□大上争于□⑤,其次争于明⑥,其下救患祸⑦。●

【注释】

①大(tài)上无刑:最理想的状态是无须使用刑罚。大,同"太"。太上,最好的。《淮南子·主术》:"昔者神农之治天下也……刑错而不用,法省而不烦,故其化如神。"

②其［次］□□:所缺的后二字疑为"正法"。全句意思是,其次就是能够正确使用法律。"次"字原缺,据文义补。

③［其］下斗果讼果:再其次的是能够果断地参与斗争、判决案件。"其"字原缺,据文义补。

④大(tài)下不斗不讼有不果:最糟的就是不敢斗争、不敢判案,办事也不果断。大,同"太"。有,通"又"。

⑤□大(tài)上争于□:本句疑为"夫大上争于化"。化,教化。

⑥明:明智。这里指能够明智地辨别是非、判决案件。

⑦其下救(jiù)患祸:最糟的就是惶惶不可终日地四处救灾救难。意思是,因为国家没有治理好,灾难四起,君主只好惶惶不可终日地四处救灾救难。救,通"救"。

【译文】

善于治理国家的君主，最理想的状态是不需要使用刑罚，其次才是正确地使用刑罚，再其次的就是能够果断地去参与斗争、判决案件，最糟的就是不敢斗争、不敢判案、办事也不果断。最好的治国办法就是尽力地教化百姓，其次就是能够明智地判决案件，最糟的就是惶惶不可终日地四处去救灾救难。

寒时而独暑①，暑时而独寒，其生危②，以其逆也③。●

【注释】

①寒时而独（yóu）暑：该冷的时候却依然炎热。独，通"犹"。依然。

②生：指包括人在内的所有生灵。

③以其逆也：因为这种现象违背了自然规律。以，因为。其，代指"寒时而独暑，暑时而独寒"这种现象。逆，违背。

【译文】

该冷的时候却依然炎热，该热的时候却依然寒冷，这种现象将危害一切生灵，因为它违反了自然规律。

敬朕怠①，敢朕疑②。●

【注释】

①敬朕（shèng）怠：严肃认真胜过松懈怠慢。朕，通"胜"。胜过。

②敢朕（shèng）疑：坚决果断胜过优柔寡断。疑，犹豫不决。

【译文】

严肃认真胜过松懈怠慢，坚决果敢胜过优柔寡断。

亡国之祸，□□□□□□□□□□□□□□□□□□□□□□□□

□□□□□□□□□□□□□□□□□□□□□□□□□□□,不信其
□而不信其可也,不可矣;而不信其□□□□□□□□□□
□□□□□□□□□□□□□□□□□□□□□□□□□□□□□
□□□□□□□□□□□□□□□□□□□□①。

【注释】

①"亡国之祸"一段:本段缺九十字,无可补正。亦无法翻译。

蒐前□以知反①,故□□②;蒐今之曲直,审其名以称断
之③。积者,积而居④,胥时而用⑤;蒐主树以知与治⑥,合积
化以知时⑦,□□□正贵□存亡⑧。●

【注释】

①蒐(guān)前□以知反:观察从前的历史以懂得反省自我。本段
  依然是讲君主治国的道理。蒐,同"观"。观察。

②故□□:缺二字,无可补。

③审其名:审查事物的名实。称断:权衡判断。称,权衡。

④积而居:平时注意积累财物。居,平时无事的时候。

⑤胥时而用:等到需要的时候而使用它们。胥,等待。

⑥蒐(guān)主树以知与治:观察圣主的政治建树以明白如何参与
  政治。主,君主,圣主。

⑦合积化(huò)以知时:参考前人如何积累财富以懂得如何去把握
  经营时机。合,对照,参考。化,通"货"。财富。

⑧□□□正贵□存亡:本句疑为"以明奇正、贵贱、存亡"。以明白反
  常与正常、高贵与低贱、生存与灭亡的道理。译文从之。

【译文】

考察从前的历史以懂得自我反省,故□□;考察当前的是非曲直,清

楚事物的名实而对它们加以权衡判断。所谓的积累财富,就是指平时无事的时候注意积累财物,以等待需要的时候使用它们。观察从前圣主的建树以懂得如何参与政治,参考前人积累财富的经验以明白如何把握经营时机,如此才能够真正懂得反常与正常、高贵与低贱、生存与死亡的道理。

凡论必以阴阳□大义①。天阳地阴②,春阳秋阴,夏阳冬阴,昼阳夜阴;大国阳,小国阴;重国阳,轻国阴;有事阳而无事阴,信者阴而屈者阴③;主阳臣阴,上阳下阴,男阳〔女阴〕,〔父〕阳〔子〕阴,兄阳弟阴,长阳少〔阴〕,贵〔阳〕贱阴,达阳穷阴④;取妇姓子阳⑤,有丧阴;制人者阳,制人者制于人者阴⑥;客阳主人阴⑦;师阳役阴⑧,言阳黑阴⑨,予阳受阴⑩。诸阳者法天⑪,天贵正,过正曰诡⑫,□□□□祭乃反⑬;诸阴者法地,地〔之〕德安徐正静⑭,柔节先定⑮,善予不争⑯,此地之度而雌之节也。

【注释】

①凡论必以阴阳□大义:大凡讨论问题,都必须以阴阳理论为总体原则。本句所缺一字,马王堆帛书整理小组以为是"明"字,一说应为"之"字。

②天阳地阴:天为阳而地为阴。以下各句从此。

③信(shēn):通"伸"。伸展。本句中的第一个"阴"字,应为"阳"字之误。

④达:顺利,显达。穷:穷困,困窘。此前诸缺字,据文义补。

⑤取妇姓(shēng)子:娶妻生子。取,通"娶"。姓,通"生"。

⑥制人者:这三字为衍字,当删。制于人者:被别人所制服的人。于,表被动的介词。

⑦客:指主动进攻的入侵者。主人:指被动防守的被入侵者。

⑧师阳役阴:出兵打仗属于阳,服役劳作属于阴。一说"师"指老师,"役"指弟子;一说"师"指军官,"役"指士兵。

⑨黑(mò):通"默"。沉默不语。

⑩予阳:给予者属于阳。

⑪诸阳者:所有属于阳性的事物。

⑫诡:欺诈,邪恶。

⑬□□□□祭乃反:缺四字,无可补。祭乃反,疑为"过祭乃反"。超过了界限就会走向反面。祭,通"际"。边际,界限。

⑭地[之]德安徐正静:安徐,安然舒缓。徐,舒缓。"之"字原缺,据文义补。

⑮柔节先定:把谦柔的原则放在首位。

⑯善予:善于施恩惠与万物。予,施与,施恩。

【译文】

讨论所有的问题都要以阴阳理论作为总的原则。上天属阳而大地属阴,春天属阳而秋天属阴,夏天属阳而冬天属阴,白天属阳而夜晚属阴;大国属阳而小国属阴,强国属阳而弱国属阴;行动属阳而无事属阴,伸展属阳而屈缩属阴;君主属阳而大臣属阴,上级属阳而下级属阴,男子属阳而女子属阴,父亲属阳而儿子属阴,兄长属阳而弟弟属阴,年长属阳而年少属阴,高贵者属阳而卑贱者属阴,显达者属阳而困穷者属阴;娶妻、生子之事属阳,而死丧之事属阴;制服别人的人属阳,而被制服的人属阴;主动进攻者属阳,而被动防守者属阴;出兵打仗属阳而服役劳作属阴,说话属阳而沉默属阴,给予属阳而接受属阴。所有属阳的事物都要效法上天,而上天最看重的就是正确的原则,超过正确原则就叫作邪恶,□□□□超越了界限就会走向反面;所有属阴的事物都要效法大地,大地的品性就是安然舒缓、端正安静,把柔和的原则放在首位,善于施恩惠于万物而从不争夺,这就是大地的准则和谦退柔弱的品性。

道原

　　道原,探索大道的本原。道,所有规律、真理的总称。原,动词。探索本原。

　　本文认为,在遥远的洪荒时期,天地万物都还没有出现的时候,大道已经存在了。大道无形无声,无增无减,而又无处不在。天地间的万事万物都是依据大道的规定性而出生、发展、死亡的。正因为大道是一切事物的行为准则,所以万事万物都要遵循大道行事,治国也是如此。作者认为,圣王能够体悟大道,"知人之所不能知,服人之所不能得",因此圣王能够做到无好无恶,清静无欲,知古达今,始终如一。圣王一旦掌握了大道,便能臣服万民,统一天下。

恒无之初①,迵同大虚②;虚同为一,恒一而止③。湿湿梦梦④,未有明晦⑤,神微周盈⑥,精静不配⑦。古未有以⑧,万物莫以⑨;古无有刑⑩,大迵无名⑪。天弗能覆⑫,地弗能载;小以成小⑬,大以成大。盈四海之内,又包其外⑭;在阴不腐⑮,在阳不焦⑯。一度不变⑰,能适规侥⑱;鸟得而蜚⑲,鱼得而流⑳,兽得而走㉑;万物得之以生,百事得之以成。人皆以之㉒,莫知其名;人皆用之,莫见其刑㉓。

【注释】

①恒无之初:在遥远的最初时期,一切事物都不存在。恒,长远,遥远。

②迵(dòng)同大(tài)虚:宇宙间全是浑然一体的空间。迵同,混同。大,同"太"。大虚,指无边无际的空间。

③恒一而止:只有永恒的大道而已。一,指独一无二的大道。而止,而已。道家认为,道是宇宙间所有规律的总称,在天地万物还没有出现的时候,规律已经存在了,天地万物就是按照规律的规定性产生、发展、死亡的。因此作者说,在遥远的最初时期,宇宙间没有任何物体,只有大道。

④湿湿梦梦:混混沌沌、无形无象的样子。

⑤未有明晦:没有白天和夜晚的分别。明,白天。晦,夜晚。

⑥神微周盈:大道的神奇微妙作用充满了各处。道家认为,所有事物的存在,都离不开大道,都是大道的体现,也即《庄子·知北游》所说的大道"无所不在"。

⑦精静不配(xī):此时的大道精微静默而不显示自我。配,通"熙"。显耀,显示。规律体现在具体的事物身上,当具体事物还未出现的时候,规律也就无法显示出来。

⑧古(gù)未有以:因此此时的大道似乎还没有发挥自己的作用。古,

通"故"。因此。未有以,没有发挥作用。

⑨万物莫以:似乎也没有什么事物依赖大道。莫,没有。以,依赖。
　　因为此时万物还没有出现,所以也就谈不上依赖大道。

⑩古无有刑:因此大道无形无象。古,通"故"。因此。刑,通"形"。
　　形象。

⑪大迥(dòng)无名:因无形无象而无法描述。迥,洞彻,空无。形
　　容大道无形无象的样子。名,名状,描述。

⑫天弗能覆:上天无法覆盖大道。道家认为,天地也是按照大道的
　　规定性产生的,是大道的产物,因此上天是无法覆盖大道的。

⑬小以成小:微小的事物因为大道而成为微小的事物。道家认为,
　　小至野草、蚂蚁,都是大道的产物。

⑭又包其外:大道能够涵容整个天地、四海。

⑮在阴不腐:处于阴暗潮湿的地方不会腐烂。大道是规律,规律是
　　不可能腐烂的。

⑯在阳不焦:处于极热的地方不会被烧焦。阳,炎热为阳,寒冷为阴。

⑰一度不变:大道的准则永恒不变。一,大道。一说是专一、永恒的
　　意思。

⑱能适规侥(qí náo):能够使大小动物各得其宜。适,适宜。规,通
　　"蚑"。本指虫子蠕动的样子。这里代指虫子。侥,通"蛲"。虫名。
　　这里用"蚑蛲"代指各种生灵。

⑲鸟得而蜚:鸟得到大道就能飞翔。蜚,通"飞"。

⑳鱼得而流:鱼得到大道就能游动。流,游动。

㉑走:奔跑。

㉒人皆以之:人人都在使用大道。以,用。

㉓刑:通"形"。形体。

【译文】

在遥远的最初时期一切事物都不存在,宇宙间全是虚空;宇宙间的

虚空浑然一体,只有永恒的大道存在而已。那时候混混沌沌,也没有白天和夜晚的区别,大道的神奇微妙作用虽然遍布各处,但它精微静默而不显示自我。因此此时的大道似乎还没有发挥自己的作用,似乎也没有什么事物需要依赖大道;因此大道无形无象,因无形无象故而也就无法描述。然而上天不能覆盖它,大地也不能载起它;微小的事物因为大道而成为微小的事物,庞大的事物也因为大道而成为庞大的事物。大道遍布于四海之内,又涵容着四海;大道处于阴暗潮湿的地方不会霉烂,处于炎热的地方也不会被烧焦。大道的准则是永恒不变的,能够使所有的生灵各得其宜;鸟得到大道就能够飞翔,鱼得到大道就能够游动,兽得到大道就能够奔跑;万物得到大道就能够生存,万事遵循大道就能够成功。人人都在使用大道,而没有人能够知道它的名称,人人都在使用大道,而没有人能够看到它的形状。

一者,其号也①;虚,其舍也②;无为,其素也③;和,其用也④。是故上道高而不可察也⑤,深而不可则也⑥;显明弗能为名⑦,广大弗能为刑⑧。独立不偶⑨,万物莫之能令⑩。

【注释】

①“一者”二句:一,是大道的名称。

②“虚”二句:虚无,是大道的住所。因为大道无形无象,所以它的住所也是虚无的。

③“无为”二句:清静无为,是大道的一贯准则。素,平素,一贯。

④“和”二句:调合万物,是大道的作用。

⑤上道:大道。一说,“上”疑为“夫”字之误,为发语词。高而不可察:高远、深邃而无法看清。

⑥则(cè):通“测”。测量,探测。

⑦显明弗能为名:大道的作用如此显著而无法描述。名,描述。

⑧刑：通"形"。形状。

⑨独立不偶：独一无二。偶，相匹配。大道独立于万物之上，万物都要遵循大道，因此说大道是无可匹配的。

⑩莫之能令：即"莫能令之"。没有任何事物能够对大道指手画脚，也即没有任何事物能够改变大道。

【译文】

一，是大道的名号；虚无，是大道的住所；清静无为，是大道的一贯准则；调合万物，是大道的作用。因此大道是那样的高远而无法看清，是那样的深邃而无法探测；大道的作用是那样的显著而又无法描述，是那样的广大而又无法把握它的形状。大道是独一无二、无可匹配的，没有任何事物能够对它指手画脚。

天地阴阳，［四］时日月①，星辰云气，规行侥重②，戴根之徒③，皆取生④，道弗为益少⑤；皆反焉⑥，道弗为益多。坚强而不�տ⑦，柔弱而不可化；精微之所不能至⑧，稽极之所不能过⑨。

【注释】

①［四］时日月："四"字原缺，据文义补。

②规（qí）行侥（náo）重（dòng）：指各种动物。规，通"蚑"。本指虫子蠕动的样子。这里代指虫子。侥，通"蛲"。虫名。这里用"蚑蛲"代指各种动物。重，通"动"。走动。

③戴根之徒：指所有的植物。

④皆取生：都从大道那里获取生命。

⑤道弗为益少：大道不会因此而减少一些。《管子·白心》："道者，一人用之，不闻有余；天下行之，不闻不足，此谓道矣。"大道作为规律，是取之不尽、用之不竭的。

⑥皆反焉：都返还于大道。反，同"返"。

⑦坚强而不㥽（guì）：大道表现出刚强坚硬的特性时而不会被折断。
㥽，通"㩽"。折断。

⑧精微之所不能至：无论如何精微的事物也无法达到大道的精微
程度。

⑨稽极之所不能过：无论如何高峻的事物也无法超越大道的高度。
稽，至，达到。极，极致，最高。

【译文】

天地阴阳，四季日月，星辰云气，各种动物，各种植物，都从大道那里
获取生命，而大道也不会因此而减少；都返回大道，大道也不会因此而增
多。大道表现出坚硬的特性时不会被折断，表现出柔弱的特性时不会被
改变；无论如何精微的事物也无法达到大道的精微程度，无论如何高峻
的事物也无法超越大道的高度。

　　故唯圣人能察无刑，能听无［声］①。知虚之实②，后能
大虚③，乃通天地之精，通同而无间④，周袭而不盈⑤。服此
道者，是胃能精⑥。明者固能察极⑦，知人之所不能知，人服
人之所不能得⑧，是胃察稽知极⑨。圣王用此⑩，天下服。

【注释】

①能听无［声］：能够体悟无声的大道。听，这里引申为感知、体悟。
大道无形无声，只有圣人才能够明白大道。"声"字原缺，据文
义补。

②知虚之实：知道无形无象的大道具有实际内容。规律虽然无形无
象，但规律不是绝对的虚无，而是具有真实内容的。

③大虚：非常的虚静，心中毫无杂念。

④通同而无间：与天地万物融为一体。通同，混同。指混同于万物。无间，与万物融为一体，毫无间隙。这与《庄子·齐物论》的"天地与我并生，而万物与我为一"的思想是一致的。

⑤周袭而不盈：能够普遍地调合万物而从不自满。周，普遍。袭，合拢，调合。盈，满，自满。

⑥是胃能精：这叫作智慧。胃，通"谓"。叫作。精，精明，智慧。

⑦固能：自然能够。固，本来，自然而然。察极：明白最高真理。极，最高真理。

⑧人服人之所不能得：能够掌握别人所不能掌握的道理。本句中的第一个"人"字，属衍文，当删。服，得到，掌握。

⑨察稽（kǎi）知极：明白正确原则，懂得最高真理。稽，通"楷"。楷模。这里引申为原则。极，最高原则。

⑩此：代指大道。

【译文】

因此只有圣人才能够体察没有形象的大道，才能够感知没有声音的大道。圣人知道无形之道的真实内容，然后能够进入毫无杂念的清静境界，于是也能够明白天地的智慧，与天地万物融为一体而毫无间隙，普遍调合万物而从不自满。掌握了大道的圣人，这叫作具备了智慧。有智慧的人自然能够观察最高真理，能够知道别人所不知道的事情，掌握别人所不能掌握的道理，这样的人可以说是明白了正确原则、懂得了最高真理。圣人遵循大道，天下都会臣服于他。

　　无好无亚①，上用□□而民不麋惑②，上虚下静而道得其正③。信能无欲④，可为民命⑤；上信无事，则万物周扁⑥；分之以其分⑦，而万民不争；授之以其名，而万物自定。不为治劝⑧，不为乱解⑨。

【注释】

①无好(hào)无亚(wù)：君主不要有个人的好恶。亚，同"恶"。讨厌。

②上用□□而民不麋惑：君主遵循大道而百姓就不会迷惑。上，指君主。所缺二字，疑为"此道"或"察稽"或"知极"。麋，通"迷"。

③上虚下静而道得其正：君主清静无为而百姓平安无事，这就是大道在国家得到了正确贯彻。

④信：确实。

⑤可为民命：可以帮助百姓安身立命。为，帮助。

⑥万物周扁(biàn)：万物普遍能够受益。周扁，周遍，普遍。扁，通"遍"。

⑦分之以其分：分配职务、利益的时候，要按照人们的各自名分去分配。第一个"分"是动词，分配。第二个"分"是名词，名分。

⑧不为治劝：不会因为国家安定而更加努力。治，安定。劝，劝勉，努力。

⑨不为乱解(xiè)：不会因为国家混乱而沮丧懈怠。解，通"懈"。懈怠。以上两句可以理解为"互文"，指无论处于任何情况下，君主都应该一如既往，做事不可忽冷忽热。

【译文】

　　君主没有个人好恶，君主能够遵循大道而百姓就不会感到迷惑，君主做到清静无为而百姓就能平安无事，这就是大道在国家的正确体现。君主如果真的能够做到清静无欲，就能够帮助百姓安身立命；君主如果真的能够做到清静无事，那么万物都可以普遍受益；按照各自的名分去分配职务，民众就不会发生争斗；按照各自的名分去授予权益，万物就能各安其位。君主不要因为国家安定就变得更加努力，也不要因为国家动乱就变得沮丧懈怠。

　　广大，弗务及也①；深微，弗索得也②。夫为一而不化③，得道之本，握少以知多；得事之要，操正以政畸④。前知大古⑤，后〔能〕精明⑥。抱道执度，天下可一也。观之大古，周其所以⑦；索之未无⑧，得之所以⑨。

【注释】

①"广大"二句：大道是如此的无处不在，人们不用去努力探索就可以获取它。广大，形容大道遍布各地，无处不在。务，努力追求。及，触及，获取。《周易·系辞上》："一阴一阳之谓道……百姓日用而不知。"人们时时处处都在按照大道行事，只是有着"知"与"不知"的区别，普通人虽然也在按照大道做事，但不能觉悟到这一点，只有君子、圣人，才能够自觉地去遵循大道。

②索：求，追求。

③夫为一而不化：学习大道而始终不渝。为，学习。一，大道。化，改变。

④操正：把握着正确的原则。政畸：纠正错误。政，通"正"。纠正。畸，偏斜，邪恶。

⑤前知大（tài）古：了解远古时期的事情。大，同"太"。

⑥后〔能〕精明：然后能够变得睿智。"能"字原缺，据文义补。

⑦周其所以：全面地了解古人的治国原则。周，全面。其，代指古人。所以，……的办法。这里指治国的办法。

⑧索之未无：思索未来还未发生的事情。

⑨得之所以：就能够获取治国的办法。

【译文】

大道是如此的无处不在，人们不用去努力探索就可以获取它；大道是如此的深邃微妙，而人们不用努力追求就可以得到它。学习大道而始终不渝，一旦把握大道的根本，就能够凭借很少的知识以推知更多的知识；一旦抓住事物的关键，就能够掌握正确原则以纠正错误与邪恶。了解远古时期的事情，然后就能变得睿智。持守大道而坚持法度，天下就可以统一起来。观察远古时期的情况，全面了解古人的治国原则；认真思索未来还没发生的事情，就能够获取治国的办法。

关尹子

前言

　　《关尹子》是古代较为重要的一部道家典籍，据传其作者是与老子同时的关令尹喜，但后世学者一般认为此书为伪作，也即为后人假托尹喜之名所作。虽然此书有伪书之嫌，但其内容却能够反映古代的某些思想意识，因此"伪"中有"真"；另外，这部书所提出的一些观点，对今天的人们也具有一定的借鉴意义。因此，《关尹子》不失为一部值得我们重视的学术著作。

一、关尹子的生平

　　"关尹子"既是书名，也是人名。关尹子姓尹，名喜。因为他担任过关令（负责守护关口的官职名称）一职，所以名字前面加一"关"字，而"子"则是对他的尊称。不少学者认为《关尹子》一书是后人假托尹喜所作，即便是假托于尹喜，我们也有必要了解一下尹喜的生平。

　　关于尹喜的生平，正史留下的史料十分有限。其中最可信、也是最早的史料出自《史记·老子韩非列传》：

　　　　老子修道德，其学以自隐无名为务。居周久之，见周之衰，乃遂去。至关，关令尹喜曰："子将隐矣，强为我著书。"于是老子乃著书上下篇，言道德之意五千余言而去，莫知其所终。

　　在这短短的几行字里，有几个问题值得我们注意。

第一，《史记》只说老子"至关"，没有指明是哪个关，对此后世有两种解释。一说指函谷关（在今河南灵宝南），《史记索隐》引李尤《函谷关铭》云："尹喜要老子留作二篇。"一说指散关（在今陕西宝鸡西南），《史记正义》引《抱朴子》云："老子西游，遇关令尹喜于散关，为喜著《道德经》一卷，谓之《老子》。"再参考其他有关老子生平的史料，后世一般认为这个关应指函谷关。

第二，关于"关令尹喜"的解释。对于"关令尹喜"四字的解释，也有两种看法。一说"关令尹"合读，是守关官职的名称，此人叫喜；一说"关令"合读，是守关官职的名称，此人叫尹喜。第二种解释得到更多人的认同。

第三，《老子》是一部对中国乃至于世界影响都很大的哲学著作，《老子》的问世，固然是老子应居首功，然而如果不是尹喜的热情邀请并提供相对舒适的写作环境，很可能《老子》此书与老子此人就会一起湮灭于浩瀚的历史海洋之中。从这个角度看，尹喜对于老子本人、《老子》此书，可以说是功莫大焉；甚至对于中国传统文化的传承，也可以说是做出了自己的杰出贡献。

关于尹喜此后的去向，《汉书·艺文志》记载说："《关尹子》九篇。名喜，为关吏，老子过关，喜去吏而从之。"也就是说，尹喜弃官不做，跟着老子一起走了，自然是追随老子，当了老子的弟子。

署名刘向的《列仙传》的记载大体相同，但增加了许多神秘成分：

> 关令尹喜者，周大夫也。善内学，常服精华，隐德修行，时人莫知。老子西游，喜先见其炁，知有真人当过，物色而遮之，果得老子。老子亦知其奇，为著书授之。后与老子俱游流沙，化胡，服苣胜实，莫知其所终。尹喜亦自著书九篇，号曰《关尹子》。

《史记索隐》所引《列仙传》还有这样的记载："老子西游，关令尹喜望见有紫气浮关，而老子果乘青牛而过也。"于是就为后人留下了一个"紫气东来""骑青牛过关"的既神秘又美好的传说。

关于老子西游化胡的说法，在汉代之后流传甚广，而《列仙传》认为，不仅老子去西域化胡，而且尹喜也一起去了。这一说法只能视为传说，不可据为信史。实际上，根据有关古籍记载，不仅老子曾经回到中原教授弟子，然后才去游历秦国，就连尹喜也在中原一带教授门徒，列子曾向他请教过：

> 列子学射中矣，请于关尹子。尹子曰："子知子之所以中者乎？"对曰："弗知也。"关尹子曰："未可。"退而习之。三年，又以报关尹子。尹子曰："子知子之所以中乎？"列子曰："知之矣。"关尹子曰："可矣。……"（《列子·说符》）

二人的师生关系是非常明确的。除《列子》之外，《庄子·达生》也记载了列子向尹喜请教关于"至人潜行不窒，蹈火不热"的问题。

道教出现之后，老子被奉为教主，而作为老子弟子的尹喜也被尊称为文始真人，又称文始真君，《关尹子》则被尊称为《无上妙道文始真经》，简称为《文始真经》。道教的重要派别之一的楼观道，则尊尹喜为该宗派的创始人。

由于道教信徒往往喜欢自造典故，以神其教，于是就编造出许多关于尹喜的神话故事，我们在这里就不再一一详细介绍了。

二、本书的真伪问题

《汉书·艺文志》曾记载"《关尹子》九篇"，这说明在汉代，的确有一部《关尹子》。但在《隋书·经籍志》中，已经不见该书的记载，有学者据此认为，此时《关尹子》已经失传了，而我们现在看到的《关尹子》，则是后人托名伪造。

后人之所以认定《关尹子》是伪书，还有其他一些证据。比如《关尹子》中出现了"婴儿蕊女，金楼绛宫，青蛟白虎，宝鼎红炉"（《筹篇》，以下引《关尹子》只注篇名）这类后世道教的炼丹术语，同时也出现了类似佛教《金刚经》中"无所住而生其心"的思想："惟其爱之无识，如锁之交；

观之无识，如灯之照；吾识不萌，吾生何有！"（《符篇》），所以不少学者据此认为现存《关尹子》为道教、佛教出现后的作品。

既然多数学者都认为《关尹子》是伪书，那么紧接着的一个问题就出现了：该书伪造于何时？其答案也各不相同。

宋濂在《诸子辨》中，认为《关尹子》伪造于南宋时期：

> 《关尹子》一卷，周关令尹喜所撰。喜与老聃同时，著书九篇，颇见之《汉志》。自后诸史无及之者，意其亡已久矣。今所传者，以《一宇》《二柱》《三极》《四符》《五鉴》《六匕》《七釜》《八筹》《九药》为名。盖徐藏子礼得于永嘉孙定，未知定又果从何而得也。前有刘向序，称盖公授曹参，参蒉，书葬；孝武帝时，有方士来上，淮南王安秘而不出，向父德治淮南王事，得之。文既与向不类，事亦无据，疑即定之所为也。间读其书，多法释氏及神仙方技家，而藉吾儒言文之。如"变识为智""一息得道""婴儿蕊女，金楼绛宫，青蛟白虎，宝鼎红炉""诵咒土偶"之类，聃之时无是言也。其为假托，盖无疑者。或妄谓二家之说实祖于此，过矣。然其文虽峻洁，亦颇流于巧刻。而宋象先之徒乃复尊信如经，其亦妄人哉！

根据这一推论，《辞源》"关尹子"词条说："今本多法释氏及神仙方技家，而杂以儒家之言，出于宋人依托。"也就是说，先秦流传下来的《关尹子》一书已经失传，我们看到的《关尹子》一书，则是宋人伪造，而伪造者很可能就是南宋人孙定。

《四库全书提要》则认为《关尹子》伪造于唐、五代时期，作伪者是当时颇通文墨的方士："宋濂《诸子辨》以为文既与向不类，事亦无据，疑即定之所为。然定为南宋人，而《墨庄漫录》载黄庭坚诗'寻师访道鱼千里'句，已称用《关尹子》语，则其书未必出于定，或唐、五代间方士解文章者所为也。"不过我们要说明的是，黄庭坚的"鱼千里"典故未必是出自《关尹子》，而更可能出自《齐民要术》。

顾炎武《日知录》卷二十四又提出了新的看法，认为《关尹子》伪造于魏晋时期：

> 蜀汉费祎作《甲乙论》，设为二人之辞。（《世说》云，黄初中有《甲
> 乙疑论》。）晋人文字，每多祖此，虚设甲乙。中书令张华造《甲乙之
> 问》云：“甲娶乙为妻，后又娶丙。”博士弟子徐叔中服议：“以母为甲，
> 先夫为乙，后夫为丙，先子为丁，继子为戊。”梁范缜《神灭论》有张
> 甲、王乙、李丙、赵丁。而《关尹子》云：“甲言利，乙言害，丙言或利
> 或害，丁言俱利俱害。”《关尹子》亦魏晋间人所造之书也。

顾炎武根据用词习惯，推断《关尹子》出自魏晋时期。

《关尹子》的伪造时间，宋濂认为是宋代，《四库全书提要》认为是唐、五代，顾炎武认为是魏晋，可见学界对此事见仁见智，莫衷一是。但也有人认为，《关尹子》一书是真假参半，南宋理学大师林希逸在他的《冲虚至德真经鬳斋口义》卷一中说：“盖自秦而下，书多散亡，求而后出，得之有先后，存者有多寡，至校雠而后定。校雠之时，已自错杂，及典午中原之祸，书又散亡。至江南而复出，所以多有伪书杂乎其间，如《关尹子》亦然。好处尽好，杂处尽杂。”林希逸认为现存《关尹子》一书，其中可能有一些是原书的遗文，也有一些可能属于后人的伪造。这一观点是很平实的，值得我们注意。

总之，《关尹子》的真伪问题及其伪造的时间，是一个至今尚未解决的问题，有待学界的进一步研究。

三、本书的主要思想

在本节中，我们要谈两个问题，一是历史上的尹喜的思想，二是现存《关尹子》的思想。当然，我们要以第二个问题为主要讨论对象。

关于历史上的尹喜的思想，《庄子·天下》有一个大致的介绍：“以本为精，以物为粗，以有积为不足，澹然独与神明居，古之道术有在于是者。关尹、老聃闻其风而悦之，建之以常无有，主之以太一，以濡弱谦下为表，以空虚不毁万物为实。关尹曰：‘在己无居，形物自著。其动若水，其静

若镜,其应若响。芴乎若亡,寂乎若清,同焉者和,得焉者失。未尝先人而常后人。'老聃曰:'知其雄,守其雌,为天下谿;知其白,守其辱,为天下谷。'"根据这段介绍,尹喜与老子的思想较为一致,其大要在于贵本重神,淡然无为,清静自守,随物因应,知雄守雌。《吕氏春秋·不二》有一个更为简洁的评论:

> 老聃贵柔,孔子贵仁,墨翟贵廉,关尹贵清,子列子贵虚,陈骈贵齐,阳生贵己,孙膑贵势,王廖贵先,兒良贵后。

这段话除了告知我们尹喜"贵清"这一重要信息之外,还告诉我们另一个重要信息,那就是在先秦,尹喜是可以厕身大家之列的重要思想家。

我们的重点不是研究先秦尹喜的思想,而是要讨论我们面前的这本《关尹子》的思想。关于本书的思想,主要有以下几个方面的内容。

(一)本书的哲学思想

第一,《关尹子》继承了老子的重道思想。本书开篇第一章是《宇篇》,"宇"指整个空间。《尸子·卷下》说:"天地四方曰宇,往古来今曰宙。"《关尹子》用"宇"代指整个天地间的万事万物。《关尹子》自注:"宇者,道也。"所谓的"道",就是宇宙间所有规律、真理的总称,是包括人在内的万物都必须遵循的生存原则。作者在本章明确指出,天地间的万事万物都是大道的产物,都是按照大道的规定性而产生、生存和消失的。除此之外,本章还描述了大道无形无象、无头无尾、无始无终等特性。

第二,在重道的基础上,提出了另一个重要概念——气。气是指构成物体的最细微的物质颗粒。在《关尹子》的思想体系里,道、气并重,以此讨论了天地万物形成的过程。作者认为任何一种事物都包含着天地之理——道,没有规律,万物就无从产生;而包括天地在内的所有事物的形体则是由气构成的。既然每一种事物都包含着道与气,那么物与物之间就是相通的,于是人便与天地相通,与万物相通,进一步就应该做到不分彼此,与天地为一。

正是因为作者重"气",所以也特别重视金、木、水、火、土五行,因为五行都是来自"气"。本书不仅把人的精、神、魂、魄与五行对应起来，而且还把属于道德属性的仁、义、礼、智、信也同五行对应起来，进而把万事万物也同五行对应起来。作者认为，天地间的万事万物，都是五行运行的不同体现而已。五行思想的出现，无疑是人类认识史上的一大进步，但把所有的事物与现象都与五行对应起来，就不免出现生硬、牵强之弊。本书作者也难免此弊。在本书中，作者讲了许多似是而非的道理，其最终目的是要求人们懂得包括人类在内的万事万物的本质是一样的，因此要做到物我一体，进而无物无我，以达到圣人的精神境界。

　　第三，万事万物处于不断变化之中。本书专列一章《釜篇》，来讨论万物变化的道理。作者在本章题目下面自注："釜者，化也。"该章认为，万物在大道的支配下，千变万化，一刻也不曾停息。这一观点本来是正确的，但作者夸大了变化的程度，认为人们只要掌握了大道，就能够随心所欲地去"召风雨""易鸟兽""骑凤鹤""席蛟鲸""制鬼神"等等。特别是其中的"可以成腹中之龙虎……可以成女婴……可以成炉冶"等词句，与后世的内丹术非常相似。不少学者以此为证，认为《关尹子》非先秦作品，因为先秦还没有内丹术。

　　第四，心生万物的唯心论。作者一方面承认道与气的客观存在，而万物都是道与气的结合体，但另一方面又提出心生万物的观点。作者说："天下之人，盖不可以亿兆计。人人之梦各异，夜夜之梦各异，有天有地，有人有物，皆思成之，盖不可以尘计，安知今之天地非有思者乎？"（《柱篇》）作者认为，梦中的景象是由人的思想产生的，以此类推，那么丰富多彩的自然万物就是由天地的思想形成的。既然天地的思想可以生出万物，那么圣人可以达到与天地融而为一的境界，于是圣人的"心"自然也可以生出万物。至于"心"是如何生出万物的，作者还有一个具体推论：

　　　　即吾心中可作万物。盖心有所之，则爱从之；爱从之，则精从之。盖心有所结，先凝为水。心慕物，涎出；心悲物，泪出；心愧物，汗出。无暂而不久，无久而不变。水生木，木生火，火生土，土生金，金生水；

相攻相克,不可胜数。(《筹篇》)

作者"心生万物"的逻辑推理过程是:心里有所系结,就会先凝结成水——口水、眼泪、汗水,而水生木,木生火,火生土,土生金,金生水,如此变化起来就会无休无止,于是万物就出现了,只是不再以心的形态存在而已。

这种推理是不伦不类的。虽然"心生万物"的理论不正确,但这一理论客观上促使作者特别重视"心"的作用,使本书有关心理学方面的论述较为丰富。这一点,应该引起后世心理学研究者的重视。

(二)本书的政治思想

可以说,先秦诸子著书立说,绝大部分的最终目的都是为了治国平天下。而《关尹子》一书谈论治理天下的内容却非常单薄。主要有以下几点。

第一,承认得道圣人的主要责任是治国辅世。《釜篇》说:"得道之尊者,可以辅世。"作者认为,得道的圣人如果能够受到世人的重视和君主的任用,他们就应该承担起"辅世"的责任。这就说明作者依然是把治国平天下视为圣人的要务。

第二,治国要顺应自然规律。作者认为,治国者要善于效法自然:"圣人师蜂立君臣,师蜘蛛立网罟,师拱鼠制礼,师战蚁置兵。"(《极篇》)无论是君臣关系、礼仪法制,还是生产劳动,用兵打仗,无一例外都要与自然保持一致。《药篇》也说:"天不能冬莲春菊,是以圣人不违时;地不能洛橘汶貉,是以圣人不违俗;圣人不能使手步足握,是以圣人不违我所长;圣人不能使鱼飞鸟驰,是以圣人不违人所长。"这段话实际上涉及天时、地利、人和三个问题,要想占据天、地、人三利,关键就是顺应自然,这也是道家思想的核心。我们对比一下《关尹子》与《老子》的治国理念:

为者必败,执者必失。(《关尹子·宇篇》)

将欲取天下而为之,吾见其不得已。天下神器,不可为也。为者败之,执者失之。(《老子》二十九章)

　　这两段文字中的"为"，是与"无为"相对立的概念，指按照主观意愿去治理国家。关尹子和老子都认为，治国必须顺应自然，不可随心所欲，违背自然规律的治国者必败无疑。两人不仅治国理念一致，就连用词也几乎一样。

　　第三，在顺应自然这一原则的指导下，作者提出治国要随时因俗，灵活变通，不可执一不化。《药篇》说："古今之俗不同，东西南北之俗又不同，至于一家一身之善又不同，吾岂执一豫格后世哉？惟随时同俗，先机后事，捐恣塞欲，简物恕人，权其轻重，而为之自然。"要根据不同的时代，不同的习俗，不同的个性，去采取不同的措施，千万不能用一个标准去要求所有的人。这一治国方略无疑是正确的。

　　第四，治国者要排除个人成见，要客观公正地去处理人事问题："不我贤愚，故因人之贤而贤之，因人之愚而愚之；不我是非，故因事之是而是之，因事之非而非之。"（《极篇》）圣人对待民众的态度，不是出自主观的好恶，而是实事求是地依据各自不同的天性与特点，给予相应的评价与安排。

　　第五，治国者要做到无我。《极篇》说："圣人知我无我，故同之以仁；知事无我，故权之以义；知心无我，故戒之以礼；知识无我，故照之以智。"只有做到无我的治国者，才能够以仁爱的态度去对待所有的人，以正义的原则去灵活处理各种事务，能够用礼仪来规范自己的心灵，能够用智慧来观照所有的知识。

　　第六，治国者不可标新立异。《极篇》说："鱼欲异群鱼，舍水跃岸即死；虎欲异群虎，舍山入市即擒。"鉴于此，"圣人不异众人"，也即不可脱离民众。如果说圣人与众人有什么不同的话，那就是没有任何事物能够约束圣人的思想自由。

　　除了上述内容之外，作者对治国者的要求还很多，比如做事要谨慎，不可轻易地去谈论大道等等。

（三）本书的伦理道德、修身处世思想

本书的伦理、处世思想远比其政治思想丰富。因为伦理思想与处世思想具有很多相通之处，我们就把二者放在一起，予以简单介绍。

第一，阐述了不同层次的人际关系及其应对措施。《药篇》说："有道交者，有德交者，有事交者。道交者，父子也，出于是非贤愚之外，故久；德交者，则有是非贤愚矣，故或合或离；事交者，合则离。"有的人在天然的血缘关系层面上交往，有的人在品德层面上交往，有的人在做事层面上交往。最高层次的关系，是天然的血缘关系，它已经超出了是非、贤愚的范畴。正因为如此，作者特别重视"亲亲"："天下之理：舍亲就疏，舍本就末……可暂而已，久则害生。"（《药篇》）这一主张，与儒家的伦理思想是一致的。

第二，重视夫唱妇随的伦理观念。作者说："天下之理：夫者倡，妇者随；牡者驰，牝者逐；雄者鸣，雌者应。是以圣人制言行，而贤人拘之。"（《柱篇》）这一观点与儒家思想也是一致的，而且作者还用"牡者驰，牝者逐；雄者鸣，雌者应"这一自然现象来论证"夫者倡，妇者随"的天然合理性。

第三，重视学习。重视学习是古人的共同主张，本书作者也是如此。在某些细节方面，本书还提出了一些独到的见解，如《釜篇》说："人之少也，当佩乎父兄之教；人之壮也，当达乎朋友之箴；人之老也，当警乎少壮之说。万化虽移，不能厄我。"年轻的时候应当听从父兄的教诲，壮年的时候应当听取朋友的劝诫，这是人生常谈，但作者同时指出，到了老年的时候，应当反过来多听听少壮人的意见以提醒自己。这一观点，在古代还是比较少见的。

第四，提醒人们不可固执己见。《鉴篇》说："无恃尔所谓利害是非，尔所谓利害是非者，果得利害是非之乎？圣人方且不识不知，而况于尔！"这段话虽然具有某种程度的不可知论的倾向，但与孔子的"毋意，毋必，毋固，毋我"（《论语·子罕》）主张在本质上是相通的，这对于打破个人成见,克服固执心理,是大有裨益的。

第五,要打破对圣人、古人的迷信。古人与今人有相似之处,有人总认为"今山不及古山之高,今海不及古海之广,今日不及古日之热,今月不及古月之朗,何肯许今之才士不减古之枯骨"(《抱朴子外篇·尚博》),而本书作者则明确指出:"古人之言,学之多弊,不可不救。"(《药篇》)作者不仅要打破对古人的迷信,进一步还要求人们打破对圣人的迷信:"不信愚人易,不信贤人难;不信贤人易,不信圣人难;不信一圣人易,不信千圣人难。夫不信千圣人者,外不见人,内不见我;上不见道,下不见事。"(《药篇》)作者认为,只有打破对古人、圣人的迷信,才能够获取真正的大道和精神上的自由。提出这一主张,不仅需要超人的智慧,也需要超人的勇气。

第五,主张守柔、谦退。守柔、谦退是道家的一贯主张,本书作者也不例外。《药篇》说:"函坚,则物必毁之,刚斯折矣;刀利,则物必摧之,锐斯挫矣。"这与《老子》九章中"揣而锐之,不可常保"及七十六章中"兵强则灭,木强则折"的守柔思想是一致的。既然主张守柔,自然会要求谦退,所以《药篇》接着说:"瓶存二窍,以水实之,倒泻闭一,则水不下,盖不升则不降。井虽千仞,汲之水上,盖不降则不升。是以圣人不先物。"作者用自然现象说明做事不可一味占先的道理。

第六,要重视小事。《药篇》说:"勿轻小事,小隙沉舟;勿轻小物,小虫毒身;勿轻小人,小人贼国。能周小事,然后能成大事;能积小物,然后能成大物;能善小人,然后能契大人。"作者的这一观点与《老子》六十四章中的"其安易持,其未兆易谋,其脆易泮,其微易散。为之于未有,治之于未乱"的思想也是非常契合的。

第七,达到与天地为一的忘我境界。作者认为,人的最高精神境界是达到与天地为一。《匕篇》对此论证说,人与万物都是大道与阴阳二气和合形成的,因此,人与万物的本质是同一的。既然如此,就不可以去区分彼与此、梦与觉的差别,进一步不要区分自我与万物的差别。作者之所以提出这一观点，目的就是要求人们与万物融而为一，忘却自我，从而获得最高程度的精神自由。

（四）本书的宗教思想

与先秦道家、儒家所不同的是，本书的宗教思想较为浓厚，这表现在以下几点。

第一，作者认为灵魂不死，间接地提出了天堂、人间、地狱的观念。《符篇》说：

> 鬼云为魂，鬼白为魄，于文则然。鬼者，人死所变。云者风，风者木；白者气，气者金。风散故轻清，轻清者上天；金坚故重浊，重浊者入地。轻清者，魄从魂升；重浊者，魂从魄降。有以仁升者，为木星佐；有以义升者，为金星佐；有以礼升者，为火星佐；有以智升者，为水星佐；有以信升者，为土星佐。有以不仁沉者，木贼之；不义沉者，金贼之；不礼沉者，火贼之；不智沉者，水贼之；不信沉者，土贼之。魂魄半之，则在人间。

作者从文字学入手，再结合五行思想，认为那些生前做好事的人，死后就会以魂为主，可以携带着魄一起上升于天上，成为神仙；而生前做坏事的人，死后就会以魄为主，拖累着魂一起沉入地下，并受到各种惩罚；而那些好坏参半的人，则依然留在人间。作者虽然没有直接提到天堂、地狱这些概念，但这段文字中的"上天""入地"无疑与"上天堂""入地狱"的含义是一致的。

第二，相信占卜等方术。方术是宗教人士获取民众信仰的重要手段之一，而本书作者对占卜术深信不疑。《筹篇》的一开始就说："古之善摸著灼龟者，能于今中示古，古中示今；高中示下，下中示高；小中示大，大中示小；一中示多，多中示一；人中示物，物中示人；我中示彼，彼中示我。是道也，其来无今，其往无古；其高无盖，其低无载；其大无外，其小无内；其本无一，其末无多。其外无物，其内无人；其近无我，其远无彼。不可析，不可合；不可喻，不可思。惟其浑沦，所以为道。"作者使用了描述大道的语言去描述占卜术的神奇作用,直接把占卜术与大道混为一谈,这无疑落后于老庄、孔孟思想。

在相信龟甲、《周易》占卜的基础上,作者也相信其他占卜术。《柱篇》说:"五云之变,可以卜当年之丰歉;八风之朝,可以卜当时之吉凶。"通过对云色、风向的观察,就可以预测农业的丰歉、人事的吉凶。作者对占卜术的信任,无疑会成为后世占卜家蛊惑人心的依据之一。

作者还相信咒语的神奇作用,《柱篇》说:"术祝者,能于至无中见多有事。"作者相信,有些人可以运用方术,能够凭空显现出许多事物。作者也相信鬼魂能够附身:"心蔽吉凶者,灵鬼摄之;心蔽男女者,淫鬼摄之;心蔽幽忧者,沉鬼摄之;心蔽放逸者,狂鬼摄之;心蔽盟诅者,奇鬼摄之;心蔽药饵者,物鬼摄之。如是之鬼,或以阴为身,或以幽为身,或以风为身,或以气为身,或以土偶为身,或以彩画为身,或以老畜为身,或以败器为身。"(《鉴篇》)这些说法,与民间的巫术几乎是一样的。

第三,提出了一些与道教相似的思想、术数。《釜篇》说:"人之力,有可以夺天地造化者,如冬起雷,夏造冰,死尸能行,枯木能华,豆中摄鬼,杯中钓鱼,画门可开,土鬼可语,皆纯炁所为,故能化万物。今之情情不停,亦炁所为。而炁之为物,有合有散。我之所以行炁者,本未尝合,亦未尝散。"这段文字,与《抱朴子内篇》一类的道教学说极为一致。特别是其中的"死尸能行,枯木能华,豆中摄鬼,杯中钓鱼,画门可开,土鬼可语"就是道教的方术,而"行气"也是道教的重要修行内容之一。

第四,提出了与佛教相似的观点。本书有许多思想与佛教近似,如《鉴篇》说:"知心无物,则知物无物;知物无物,则知道无物;知道无物,故不尊卓绝之行,不惊微妙之言。"这里讲的就是万物皆空的道理,与佛教的万法皆空思想近似。《鉴篇》还说:"善去识者,变识为智。"这与佛教说的"转识为智者,教中云:转前五识为成所作智,转第六识为妙观察智,转第七识为平等性智,转第八识为大圆镜智"(《五灯会元》卷二)也是一致的。

本书除了上述主要内容之外，作者还提出了其他许多有益的观点，比如提醒人们一切都要依靠自己，而不要去依靠别人；不要自高自大而轻视别人，也不要随意非议社会；还多次强调大道不可言传。本书最后的"圆尔道，方尔德，平尔行，锐尔事"（《药篇》）数句，可以视为作者对本书的总结，同时也是对世人的带有总结性的告诫。

四、后世对本书的评价

《关尹子》对后世的影响，如果与《老子》《庄子》《论语》《孟子》这些经典古籍相比，要小得多。在对《关尹子》的评价方面，后人也存在着截然相反的看法。

赞扬、重视此书者有之，如宋代的林希逸。他在《读〈关尹子〉》中写道：

> 青牛车后抱关翁，师已西游道却东。著论九篇今独在，命名一字古无同。不知身老传谁氏，可爱文奇似考工。博大真人庄所敬，寥寥千载想宗风。

林希逸认为《关尹子》以一字名篇，古今所无，文字奇绝可爱，应受到后人的重视。宋代陈显微《文始真经言外旨》中更说："愚闻三教鼎立于天地间，如三光在天，相须为明，不可偏废也。三家经文充府满藏，其间各有精微极至之书，吾儒六经皆法言，而最精微者《易》也；释氏大藏累千万轴，最精微者《楞伽》也；道家大藏亦千万卷，最精微者《关尹子》书也。"这种赞美不免有些言过其实，但也说明其对该书的喜爱程度。到了明代，李贽对《关尹子》也同样赞不绝口。他在《续焚书》卷二中说：

> 老子《道德经》虽日置案头，行则携持入手夹，以便讽诵。若关尹子之《文始真经》，与谭子《化书》，皆宜随身者，何曾一毫与释迦差异也？

在这里，李贽把《关尹子》与《道德经》几乎是相提并论，成为他随身携带、用来修身养性的必读书。

持半肯定、半否定的人有之。现存《关尹子》有一篇葛洪写的序，真伪难辨,我们就以可信的《抱朴子》为例,看看葛洪对《关尹子》的看法。
《抱朴子内篇·释滞》说:

> 至于文子、庄子、关令尹喜之徒,其属文笔,虽祖述黄、老,宪章
> 玄虚,但演其大旨,永无至言。或复齐死生,谓无异以存活为徭役,
> 以殂殁为休息,其去神仙,已千亿里矣,岂足耽玩哉?

葛洪承认《关尹子》继承了黄老思想,并把它与《庄子》《文子》相提
并论,这个评价应该说是很高的。但葛洪是位道教学者,其最终目的是
为了修道成仙,因此,他站在神仙学的角度又贬低了《庄子》《关尹子》,
因为这些书没有提供能够使人们成仙的、可供操作的具体方术。可见葛
洪对《关尹子》持半肯半不肯的态度。至于葛洪看到的《关尹子》,究竟
是先秦流传下来的版本,还是现存的版本,我们就无从考究了。

蔑视、否定此书者也有之。这方面的代表人物是章太炎先生。他在
《国学概论·辨书籍的真伪》中写道:“《关尹子》这书无足论。”在谈到《关
尹子》时,章太炎仅仅说了这么简单的一句话。从这一句话中,我们不难
看出他对此书的蔑视与全盘否定的态度。章太炎之所以蔑视此书,不仅
仅是因为此书是伪书,而且是连同此书的内容也一并否定了。

章太炎的观点是偏颇的。千年历史,如大浪淘沙,不知道有多少著
述渐渐湮灭得无影无踪,而《关尹子》却流传了下来。一部能够流传千
年的著作,自有其过人之处,我们总不能认为古人皆为无知,把一部“无
足论”的典籍一代一代地流传下来了吧。狂夫之言,圣人择焉。就连狂
夫的话,也有可供圣人参考的价值,更何况是流传千年的一本书! 即便
是伪书,《关尹子》也有值得我们借鉴的地方。我们认为《四库全书提要》
的观点还是比较中肯的:“要之,其书虽出于依托,而核其词旨,固远出
《天隐》《无能》诸子上,不可废也。”

五、版本及注疏

《关尹子》的版本主要有《正统道藏》本和《四库全书》本,以及后来

出现的《二十二子》本、《四部丛刊》本、《四部备要》本、《百子全书》本等等。我们奉献于读者面前的这部《关尹子》，以上海古籍出版社1987年《文渊阁四库全书》影印本为底本，参考了《百子全书》本、《正统道藏》本的原文，对一些字句，做了些微的修正。比如《文渊阁四库全书》在每篇篇名的下面，都没有自注的文字，我们依据《百子全书》，补上了自注，这样会更有利于我们对每篇篇名的理解。

现存的重要注疏主要有宋人陈显微的《文始真经言外旨》、宋末元初人牛道淳的《文始真经直解》、宋末元初人杜道坚的《关尹子阐玄》、明人王一清的《文始经释辞》。今人朱海雷先生也有《关尹子慎子今译》一书。

由于《关尹子》一书的思想比较复杂，掺杂着许多神秘的神学内容，特别是该书把五行观念与自然、社会现象混为一谈，从而推导出许多似是而非的结论，更由于我们的学识有限，虽然在译注的时候，尽量参考前人的成果，仍不免会出现这样那样的错误，期待方家批评指正。

张景　张松辉

2019年10月

一 宇篇（宇者，道也。）

【题解】

宇，指整个空间。《尸子·卷下》说："天地四方曰宇，往古来今曰宙。"这里的"宇"，指整个天地间的万事万物。《关尹子》自注："宇者，道也。"（《四库全书》无此四字自注，据《百子全书》补，以下各章同此。）意思是，所有天地间的万事万物都是大道的产物，都是按照大道的规定性而产生、生存、消失的。除此之外，本章还描述了大道无形无象、无头无尾、无始无终等特性。所谓的"道"，就是宇宙间所有规律、真理的总称，是包括人在内的万物都必须遵循的生存原则。

　　关尹子曰：非有道不可言，不可言即道[①]；非有道不可思，不可思即道。天物怒流[②]，人事错错然[③]，若若乎回也[④]，戛戛乎斗也[⑤]，勿勿乎似而非也[⑥]。而争之，而介之[⑦]；而呋之[⑧]，而喷之[⑨]；而去之，而要之[⑩]。言之如吹影[⑪]，思之如镂尘[⑫]。圣智造迷[⑬]，鬼神不识。惟不可为[⑭]，不可致[⑮]，不可测，不可分，故曰天，曰命[⑯]，曰神，曰玄[⑰]，合曰道。

【注释】

①"非有道"二句：不是说掌握大道的人不会讲话，不可言说的是大

道。有道,指有道的人。这两句是说,掌握大道的人是可以讲话的,但由于大道是天地间所有规律、真理的总称,其内容丰富无比,玄妙而深邃,所以即使掌握了大道的人,也无法用语言把大道表达清楚。这即《老子》一章说的:"道可道,非常道。"

②天物怒流:自然万物在不停地运动着。天物,自然万物。怒,形容气势强盛、运动不息的样子。流,运动。

③错错然:错综复杂的样子。

④若若乎:循环往复的样子。回:循环往复。

⑤戛戛乎:争斗的样子。一说为象声词,指争斗时发出的声音。

⑥勿勿(hū)乎:恍恍惚惚、难以看清的样子。勿勿,通"忽忽"。恍恍惚惚的样子。

⑦介:舍弃,抵触。

⑧咽(xiàn):吐出。这里引申为抛弃、讨厌。

⑨啧:赞叹,赞美。

⑩要之:获取它。要,获取。

⑪言之如吹影:想要准确描述万物的特性,却好像要吹走影子那样做不到。之,代指万物特性,实际也就是大道,因为万物的特性是大道赋予的。

⑫思之如镂(lòu)尘:想要准确思考清楚万物的特性,却好像要在灰尘上雕刻花纹那样办不到。镂,雕刻。

⑬圣智造迷:圣智之人对此也很迷惑。造,遭遇,遇到。

⑭惟不可为:正是因为万物的特性无法准确认识。为,动词。这里指认识。

⑮致:传达,表达。

⑯命:命运。这里说的命运,不是指人们通常说的命运,而是指每一种事物所固有的天性,如鸟会飞、兽会走、鱼会游等等。

⑰玄:玄妙深奥。

【译文】

关尹子说：不是说掌握大道的人不会讲话，而是说大道本身是无法用语言表达清楚的；不是说掌握大道的人不会思考，而是说大道本身是无法思考明白的。大自然的万物在不停地运动着，人世间的事情错综复杂，自然万物和人间事务终而复始、循环往复，彼此相互争斗，看起来恍恍惚惚地似是而非。有的人争夺某种事物，而有的人又排斥这种事物；有的人讨厌某种事物，而有的人又赞美这种事物；有的人要清除某种事物，而有的人又想得到这种事物。想要用语言准确描述事物的特性，就好像要吹走影子那样不可能；想要准确思考清楚事物的本质，就好像在灰尘上雕刻花纹一样办不到。就连圣智之人对此也感到迷惑，就连鬼神对此也无法认识。正是因为万物的特性难以认识，也无法表述，不可测量，也无法分析，所以称之为"天道"，称之为"命运"，称之为"神奇"，称之为"玄妙"，总而言之可以称之为"道"。

曰：无一物非天，无一物非命，无一物非神，无一物非玄。物既如此，人岂不然①？人皆可曰天，人皆可曰神，人皆可致命通玄②。不可彼天此非天③，彼神此非神，彼命此非命，彼玄此非玄。是以善吾道者④，即一物中，知天尽神，致命造玄⑤。学之，徇异名⑥，析同实⑦；得之⑧，契同实⑨，忘异名⑩。

【注释】

①人岂不然：人难道不是如此吗？意思是说，人是万物中的一物，既然万物都是如此，那么人自然也是如此。

②致命通玄：去了解"命运"与"玄妙"。通，通达，了解。《百子全书》本"通"作"造"。义同。

③不可彼天此非天：不能说万物的特性属于"天道"，而人的特性就不属于"天道"。彼，指天地万物。此，指人。

④善吾道者：善于学习我所说的大道的人。

⑤造：达到，了解。

⑥徇异名：顺着万物不同的名称。徇，顺着。

⑦析同实：分析万物共同的本质。古人认为，万物的名称虽然不同，但其本质是一样的，万物的特性都是来自大道，而万物的形体都是来自阴阳二气，因此，万物的本质是相同的。

⑧得之：得到大道。之，代指大道。

⑨契同实：知道万物的实质都是相同的。契，契合，相同。

⑩忘异名：忘记万物的不同名称。意思是说，在掌握大道之后，明白万物的本质是一样的，就会忘记万物现象、名称的不同，做到物我为一，与天地一体了。

【译文】

关尹子说：没有任何一种事物的特性不属于天道，没有任何一种事物的特性不属于命中注定，没有任何一种事物的特性不是神奇的，也没有任何一种事物的特性不是玄妙深奥的。所有的事物都是如此，人怎么会不是如此呢？每个人的特性都可以称为天道，每个人的特性都可以称为神奇，每个人都可以通过自己的特性去了解命运和玄妙的道理。不能说万物的特性属于天道，而人的特性就不属于天道；不能说万物的特性叫作神奇，而人的特性就不可以叫作神奇；不能说万物的特性属于命中注定，而人的特性就不属于命中注定；不能说万物的特性玄妙深邃，而人的特性就不玄妙深邃。因此那些善于学习我所说的大道的人，可以从任何一种事物中，去认知天道和神奇的特性，去了解命运和深奥的道理。学习大道的时候，要顺着万物的不同名称，去分析它们共同的本质；掌握大道之后，就能够明白万物的本质是相同的，从而忘却万物的不同名称。

曰：观道者如观水，以观沼为未足①，则之河、之江、之海②，曰水至也③，殊不知我之津液、涎泪皆水④。

【注释】

①沼：池塘。

②之：到。

③水至：水的极致。

④津液：指人体内的各种液质，如血液、唾液、精液、汗液等等。涎：口液，口水。

【译文】

关尹子说：观察大道就如同观察水一样，人们总认为仅仅观察池塘的水还不够，于是就跑到大河、大江、大海那里去观察，说这才是水的极致，根本不知道我们体内的津液、口水、眼泪都是水啊。

曰：道无人①，圣人不见甲是道乙非道②；道无我③，圣人不见己进道己退道④。以不有道⑤，故不无道；以不得道，故不失道。

【注释】

①无人：不去分辨别人与自我的区别。也即不分彼此。

②甲是道：甲事物符合大道。

③无我：忘却自我。大道没有主观意识，因此大道"无人""无我"；圣人要效法大道，也要做到"无人""无我"。

④不见己进道：没有感觉到自己已经掌握了大道。进道，进入大道，掌握大道。退道：失去大道。

⑤以不有道：因为不认为某种事物符合大道。

【译文】

关尹子说：大道是不分彼此的，因此得道的圣人就不会认为这个事物符合大道，而另一个事物不符合大道；大道是忘我的，因此得道的圣人就不会感觉到自己已经得道了，或者自己已经失去道了。因为圣人不会认为某种事物符合大道，因此也不会认为另一种事物不符合大道；因为圣人不会认为自己得到了大道，所以也不会失去大道。

　　曰：不知道妄意卜者^①，如射覆盂^②：高之^③，存金、存玉；中之，存角、存羽^④；卑之，存瓦、存石。是乎^⑤，非是乎？惟置物者知之。

【注释】

①不知道：不懂得大道。妄：胡乱地。意卜：猜想。这里指猜想大道的内涵。

②射覆盂：猜测盆子下面覆盖的东西。这是古代的一种游戏，一般称之为射覆。射，猜测。盂，盆子。

③高之：往贵重东西方面猜测的人。高，高贵，贵重。

④角：兽角。也可以理解为一种乐器名。羽：羽毛。

⑤是：正确。

【译文】

关尹子说：不明白大道而胡乱猜测的人，就好像猜测盆子下面覆盖的东西一样：往贵重东西猜测的人，说盆子下面覆盖的是黄金、白玉；往普通东西猜测的人，说盆子下面覆盖的是兽角、鸟羽；往低贱东西猜测的人，说盆子下面覆盖的是瓦片、石头。至于这些猜测是正确呢，还是不正确呢？只有放置这些东西的人清楚。

　　曰：一陶能作万器^①，终无有一器，能作陶者，能害陶者。一道能作万物，终无有一物，能作道者，能害道者。

【注释】

①陶：陶工，制作陶器的人。

【译文】

关尹子说：一位陶工可以制造出千万种陶器，但最终也没有任何一种陶器，能够反过来制造出陶工，能够伤害陶工。一个大道能够产生出万物，但最终也没有任何一种事物，能够反过来产生出大道，能够损坏大道。

曰：道茫茫而无知乎^①？心傥傥而无羁乎^②？物迭迭而无非乎^③？电之逸乎^④？沙之飞乎^⑤？圣人以知心一、物一、道一^⑥，三者又合为一^⑦，不以一格不一^⑧，不以不一害一^⑨。

【注释】

①茫茫：无知无识的样子。

②心傥傥（tǎng）而无羁乎：心能够做到自由自在、无拘无束吗？傥傥，自由自在的样子。羁，羁绊，约束。

③迭迭：不断重复出现的样子。

④电：指闪电。逸：迅速。

⑤沙之飞乎：沙粒也会飞扬吗？以上数句是描述万物的不同表现。但作者下文认为，万物的表现虽然不同，但本质是一样的。

⑥以：因为。心一：人心是一样的。物一：万物的本质是一样的。

⑦三者又合为一：人心、万物、大道也都是一致的。

⑧不以一格不一：不能因为万物本质一致而否认它们的差异性。格，抵触，格斗。这里引申为否认。

⑨不以不一害一：不能因为万物的差异性而否认它们本质的一致。害，伤害。这里引申为否认。

【译文】

关尹子说：大道是茫茫然无知无识的吗？心能够做到自由自在、无拘无束吗？万物不停地产生而不会出现差错吗？闪电的速度很快吗？沙粒也会飞扬吗？圣人因为知道人心是一样的、万物的本质是一样的、大道是一样的，人心、万物、大道这三者也都是一样的，所以不会因为万物的本质一致而去否认万物的差异性，也不会因为万物的差异性而去否认万物本质的一致性。

曰：以盆为沼，以石为岛，鱼环游之，不知其几千万里而不穷也①。夫何故？水无源无归②。圣人之道，本无首③，末无尾，所以应物不穷。

【注释】

①不穷：无穷无尽，走不到头。

②无源无归：没有源头，也没有尽头。归，归宿，尽头。

③本无首：从本源上看，没有开始。

【译文】

关尹子说：用一个盆子做成一个小池塘，中间放一块石头作为小岛，小鱼儿在里面环绕着小岛游走，不知道游了几千万里也没有游到尽头。这是什么原因呢？因为盆里的水本来就没有源头也没有尽头。圣人所掌握的大道，从本源上看没有开始，从结局上看没有尽头，因此能够应对无穷无尽的万事万物。

曰：无爱道，爱者水也①；无观道，观者火也；无逐道，逐者木也；无言道，言者金也；无思道，思者土也。惟圣人不离本情而登大道②，心既未萌③，道亦假之④。

【注释】

①"无爱道"二句：不要有意识地去热爱大道，有意识地去热爱大道，就好像只掌握了五行之一的水那样而显得偏颇。道家认为，当

一个人有意识地去热爱大道,说明此人与大道还处于分离状态,而没有能够与大道融为一体。所以《庄子·知北游》说:"无思无虑始知道,无处无服始安道,无从无道始得道。"水,是五行之一。古人认为,五行是形成各种事物的最基本元素。这里用五行来代指全体事物。一个人如果有意识地去热爱大道,就好像只掌握了五行之一的水一样,是无法把握大道全貌的。

②惟圣人不离本情而登大道:只有圣人能够不脱离自己的天性而保有大道。道家认为,人的天性是大道赋予的,是最为完美的,圣人能够保持好自己的天性,从而也就保有了大道。本情,本性。登,取得,保有。

③心既未萌:善恶交织的世俗之心还没有产生。心,这里主要指私心杂念。萌,产生。道家认为,大道赋予人的天性是纯粹善良的,人进入社会之后,受到了社会的污染,美好的天性就开始变得有善有恶,这就是"人心"。所以《庄子·缮性》批评世俗的人们"去性而从于心",认为人们抛弃了自己的善良天性,而放纵自己的私心。

④假:给予,停留。

【译文】

关尹子说:不要有意识地去热爱大道,有意识地去热爱大道就好比只掌握了五行之一的水;不要有意识地去观察大道,有意识地去观察大道就好比只掌握了五行之一的火;不要有意识地去追随大道,有意识地去追随大道就好比只掌握了五行之一的木;不要有意识地去谈论大道,有意识地去谈论大道就好比只掌握了五行之一的金;不要有意识地去思考大道,有意识地去思考大道就好比只掌握了五行之一的土。只有圣人能够不脱离自己的天性而保有大道,因为圣人没有产生私心杂念,所以大道就留在了他们的心中。

曰：重云蔽天，江湖黯然^①，游鱼茫然，忽望波明食动，幸赐于天^②，即而就之^③，鱼钓毙焉。不知我、无我而逐道者，亦然^④。

【注释】

①黯然：昏暗的样子。

②幸赐于天：庆幸自己得到了上天的恩赐。

③即：接近。就：接近。这里引申为吞食。

④亦然：也是这样。然，这样。

【译文】

关尹子说：浓云遮蔽了天空，江湖变得一片昏暗，游鱼茫茫然不知所措，忽然看见波光一闪，有食物在那里晃动，游鱼庆幸自己得到了上天的恩赐，游向前去吞食食物，结果死于钓鱼的鱼钩。不了解自我、不能够做到无我而去追逐大道的人，也与这些吞钩而死的游鱼一样。

曰：方术之在天下多矣^①，或尚晦^②，或尚明；或尚强，或尚弱。执之皆事^②，不执之皆道。

【注释】

①方术：学术，思想。

②或尚晦：有的人主张韬光养晦。或，有的人。尚，崇尚，主张。

③执之：固执于一端。

【译文】

关尹子说：天下的学术流派非常多，有的流派主张韬光养晦，有的主张大张旗鼓；有的主张刚强，有的主张守柔。如果固执于其中一端，充其量不过是在做事而已；如果不固执于一端，那就符合了大道。

曰：道终不可得①，彼可得者，名德不名道②；道终不可行，彼可行者，名行不名道。圣人以可得、可行者③，所以善吾生④；以不可得、不可行者，所以善吾死⑤。

【注释】

①道终不可得：大道最终是无法完全获取的。道，是所有规律的总称，因此没有一个人能够在有限的一生中获取所有的道，所以说"道终不可得"。

②"彼可得者"二句：那些可以获取的道，叫作德，而不能叫作道。所谓的"德"，就是具体事物的规律、本性。德大约有两层含义：一是指先天的德。万物一旦产生，就必定具备自己的本性和本能，比如人一生下来就知道吃喝，这就是人的最初本能。而这个本能，古人认为就是道赋予的。二是指后天的德。道是客观存在，人们学习的目的就是得道，然而人们又不可能把所有的道全部掌握，那么已经被人掌握的这一部分道，就叫作"德"。

③以：用。可得、可行者：可以获取、可以施行的"德"。

④善吾生：妥善地安排自己的生存。

⑤所以善吾死：用它去妥善处理我们死后的事情。意思是，生前无法获取的大道，就把它们放在一边，等到死后再说。实际上是把我们无法学到的大道给悬置了。

【译文】

关尹子说：大道，我们最终也无法完全获取，那些能够获取的部分大道，其实应该叫作德，而不应该叫作道；大道，我们最终也无法完全施行，那些能够部分施行的大道，其实应该叫作行为原则，而不应该叫作道。圣人使用那些可以获取的、可以施行的德，用来妥善安排自己的生存；而那些无法获取、无法施行的大道，可以用它去妥善处理我们死后的事情。

　　曰：闻道之后，有所为、有所执者①，所以之人②；无所为、无所执者，所以之天③。为者必败④，执者必失⑤。故闻道于朝，可死于夕⑥。

【注释】

①有所为：想按照自己的意志去做一番事业。为，与"无为"相对应，指按照自己的意志做事。有所执：有所占有，据为己有。

②所以之人：这是通向人为境界的道路。之，走向，通向。

③所以之天：这是通向天道境界的道路。

④为者必败：按照主观意志做事的人必败无疑。

⑤执者必失：想占为己有就一定会失去占有物。《老子》六十四章："为者败之，执者失之。是以圣人无为，故无败；无执，故无失。"

⑥"故闻道于朝（zhāo）"二句：因此早上获取了大道，晚上去世也不会感到遗憾。朝，早上。《论语·里仁》："子曰：'朝闻道，夕死可矣。'"

【译文】

关尹子说：听到了一点大道的理论之后，就想按照自己的意志有所作为、有所占有，这是一条走向人为境界的道路；不按照自己的意志做事、不占有任何事物，这是一条走向天道境界的道路。按照主观意志做事的人必败无疑，想占为己有的人一定会失去他所占有的东西。因此早上获取了大道，晚上去世也就不会感到遗憾了。

　　曰：一情冥为圣人①，一情善为贤人，一情恶为小人。一情冥者，自有之无②，不可得而示③；一情善恶者，自无起有④，不可得而秘⑤。一情善恶为有知，惟动物有之；一情冥为无知⑥。溥天之下⑦，道无不在。

【注释】

①一情冥为圣人：所有的情欲都没有了，就是圣人。一，所有的，全部。冥，昏暗，看不见。这里指消失。

②自有之无：从有情欲修养到无情欲。之，到，修养到。

③不可得：不可能。示：看见，发现。

④自无起有：从无情欲或少情欲而发展到有情欲或多情欲。

⑤秘：秘密，隐藏。

⑥无知：对万物不再认识，不再分辨，达到万物一齐、一视同仁的境界。

⑦溥（pǔ）天：整个天下。溥，整个。

【译文】

关尹子说：所有的情欲都没有了，就是圣人；所有的情欲都是善良的，就是贤人；所有的情欲都是邪恶的，就是小人。所有的情欲都没有的人，是从有情欲修养到了无情欲，人们就无法窥测他们的思想境界；所有的情欲都是善良的或者都是邪恶的人，他们的情欲是从无而发展到了有，他们的心迹和行为就无法隐藏了。所有情欲都是善良的或者都是邪恶的人，属于有感知的人，所有的动物都具有这种本能；所有情欲都没有的人，对万物不再感知、不再分辨了。在整个宇宙之中，无知无识的大道可以说是无处不在。

曰：勿以圣人力行不怠，则曰道以勤成；勿以圣人坚守不易①，则曰道以执得②。圣人力行，犹之发矢③，因彼而行④，我不自行；圣人坚守，犹之握矢，因彼而守，我不自守。

【注释】

①不易：不改变。易，改变。

②以执得：靠执着的方法获得。

③发矢：发射出去的箭。矢，箭。

④因彼而行：顺应着弓弩的力量而行驶。因，顺应。意思是，圣人的
　　一切行为都是顺势而为，没有掺进半点个人意志。

【译文】

关尹子说：不要看到圣人勤奋努力而不懈怠，就认为大道是依靠勤
奋努力而成就的；不要看到圣人坚持不懈而不动摇，就认为大道是依靠
执着而获得的。圣人的勤奋力行，就好像发射出去的箭一样，是顺应着
弓弩的力量而勤奋力行，并不是按照自己的喜好而勤奋力行；圣人的坚
持不变，就好像握在手中的箭一样，是顺应着手的握力而坚持不变，并不
是按照自己的意愿而坚持不变。

　　曰：若以言、行、学、识求道，互相展转①，无有得时。知
言如泉鸣②，知行如禽飞，知学如撷影③，知识如计梦④；一息
不存⑤，道将来契⑥。

【注释】

①互相展转：在言语、行为、学习、识别之间辗转传递。展转，即辗转。

②知言如泉鸣：要知道言语不过如同泉水流动的声音一样。这里用
　　"泉鸣"形容言语对于获取大道没有太大的作用。

③撷（xié）影：拿取影子一样。比喻不可能做到的事情。撷，采摘，
　　拿取。

④计梦：在梦中谋划。形容毫无意义的行为。

⑤一息不存：一旦把上述做法清除干净。一息，一旦。息，一呼一吸，
　　形容时间很短。

⑥契：契合，融为一体。

【译文】

关尹子说：如果想依靠语言、行为、学习、识别去求得大道，从而在这
些做法之间辗转传递，那就永远没有获得大道的时候。应该明白语言如

同泉水的声音,行为好像禽鸟飞翔,学习犹如捕风捉影,识别如同梦中谋划;一旦消除这些做法,就能够与大道融为一体了。

曰:以事建物则难①,以道弃物则易②。天下之物,无不成之难,而坏之易。

【注释】

①以事建物:依据一般的行事原则去建功立业。物,事物,功业。

②以道弃物则易:依据大道的原则去抛弃世俗功业是很容易的。

【译文】

关尹子说:依据一般的行事原则去建功立业是很困难的,依据大道的原则去抛弃世俗的功业是很容易的。天下所有的功业,都是想建立很困难,而损坏起来却很容易。

曰:一灼之火①,能烧万物,物亡而火何存? 一息之道②,能冥万物③,物亡而道何在?

【注释】

①灼(zhuó):燃烧。

②一息:片刻之间。

③冥:昏暗,看不见。这里指毁灭。古人认为,万物的生存和毁灭,都是由大道决定的。

【译文】

关尹子说:一把火,能够烧毁上万个物体,物体没有了,火还能存在于什么地方呢? 一瞬间,大道就能够毁灭上万个物体,物体没有了,大道又能存在于什么地方呢?

曰：人生在世，有生一日死者，有生十年死者，有生百年死者。一日死者，如一息得道^①；十年、百年死者，如历久得道。彼未死者，虽动作昭智^②，止名为生^③，不名为死；彼未契道者，虽动作昭智，止名为事，不名为道。

【注释】

①一息得道：片刻得道。人是来自大道，因此，无论一个人生存的时间是长是短，都是大道的产物，也是得道的一种体现。南宋黄震《黄氏日钞》对此有另外的理解："如曰：'一日死者，如一息得道；十年、百年死者，如历久得道。'是人生惟以速死为幸，而不欲天下之有生也。何等立言哉！"黄震认为《关尹子》的这些话，就是把死亡界定为得道。

②动作昭智：泛指各种行为、思想。昭智，明智。

③止：只，仅仅。

【译文】

关尹子说：人活在世上，有的活了一天而死，有的活了十年而死，有的活了百年而死。活了一天而死的人，就好像是短期得道；活了十年、百年而死的人，就好像是长期得道。那些没有死去的人，无论他有什么样的行为和思想，都只能叫作生存，而不能叫作死亡；那些没有得道的人，无论他有什么样的行为和思想，都只能叫作一般事情，而不能叫作符合大道。

曰：不知吾道无言无行，而即有言有行者求道^①，忽遇异物^②，横执为道^③，殊不知舍源求流，无时得源，舍本就末，无时得本^④。

【注释】

①即：接近，寻求。

②异物：奇谈怪论。物，事物。这里指抽象的理论。

③横执为道：就胡乱地拿来说这就是大道。横，不顺，胡乱。

④"殊不知"四句：作者认为，人们的言行是大道的产物，大道是源、是本，如果不直接去认识大道，而是从别人的言行中去求道，这就好比是舍弃源头而去追求末流，舍弃根本而去追求细枝末叶。源，源头。这里比喻大道。

【译文】

关尹子说：人们并不明白，我所说的大道本身是没有语言、没有行为的，如果通过别人的语言、行为去寻求大道，一旦遇到一些奇谈怪论，就会胡乱地拿来说这就是大道，根本不懂得舍弃源头而在水流中寻找，是永远也找不到源头的，舍弃根本而在细枝末叶上寻找，是永远也找不到根本的。

曰：习射、习御、习琴、习奕①，终无一事可以一息得者；惟道无形无方②，故可得之于一息③。

【注释】

①御：驾车。奕：通"弈"。下棋。

②无形无方：无形无象。

③可得之于一息：能够在一瞬间就得到。关尹子的这一思想，类似于后世禅宗的"顿悟成佛"思想，认为一旦醒悟，就可得道。

【译文】

关尹子说：学习射箭、学习驾车、学习弹琴、学习下棋，没有一件事情是可以在一瞬间就能学会的；只有大道无形无象，所以能够在一瞬间就得到。

曰：两人射相遇^①，则巧拙见^②；两人奕相遇，则胜负见；两人道相遇，则无可示^③；无可示者，无工无拙，无胜无负。

【注释】

①相遇：相互比较。

②见（xiàn）：同"现"。表现出来。

③无可示：没办法展示具体的模样。大道无形无象，所以没办法展示。

【译文】

关尹子说：两个人在一起比赛射箭，可以分辨出他们谁巧谁拙；两个人在一起比赛下棋，可以分辨出他们谁胜谁负；两个人在一起比较各自所获取的大道，都无法拿出可供展示的东西；因为都无法拿出可供展示的东西，所以就无法分辨出他们谁巧谁拙，谁胜谁负。

曰：吾道如海，有亿万金，投之不见；有亿万石，投之不见；有亿万污秽，投之不见^①。能运小虾小鱼^②，能运大鲲大鲸^③。合众水而受之^④，不为有余；散众水而分之，不为不足。

【注释】

①"吾道如海"七句：这几句的意思是说，大道就如同大海一样，无论好坏事物，大道都能够接受、包容。金，黄金。代指美好的东西。石，代指一般的东西。污秽，代指不好的东西。

②运：运行，游动。

③鲲：传说中的大鱼。《庄子·逍遥游》："北冥有鱼，其名为鲲。鲲之大，不知其几千里也。"

④水：河流。

【译文】

关尹子说：我所讲的大道，就如同大海一样，投进去亿万斤黄金，被淹没不见；投进去亿万斤石头，也淹没不见；投进去亿万斤垃圾，同样淹没不见。大海能够为小鱼小虾提供游动、生活的场所，也能够为大鲲大鲸提供游动、生活的场所。各条河流的水都流进大海，大海的水不会因此而涨溢；把所有河流的水都分散出去，大海的水也不会因此而欠缺。

曰：吾道如处暗，夫处明者不见暗中一物，而处暗者能见明中区事①。

【注释】

①区事：微小的事物。区，小，细微。

【译文】

关尹子说：我所讲的大道，就如同处于暗处的人一样，处于明处的人看不见暗处的任何一件东西，而处于暗处的人能看见明处的任何细微事物。

曰：小人之权归于恶①，君子之权归于善，圣人之权归于无所得②；惟无所得，所以为道。

【注释】

①权：权谋，谋划。

②无所得：保持内心的空净。

【译文】

关尹子说：小人心里想的都是如何干坏事，君子心里想的都是如何做好事，而圣人则保持内心的空净；正是因为内心空净，所以才符合大道。

曰：吾道如剑，以刃割物即利^①，以手握刃即伤^②。

【注释】

①利：利益，获利。

②以手握刃：用手去握住刀刃。比喻不恰当地使用大道。

【译文】

关尹子说：我所讲的大道，如同锋利的剑一样，用剑刃去割东西就能够获益，用手去握住剑刃就会伤害自己。

曰：笾不问豆^①，豆不答笾；瓦不问石，石不答瓦，道亦不失^②。问钦答钦^③，一气往来^④，道何在^⑤？

【注释】

①笾（biān）：古代祭祀和宴会时用来装食物的一种竹器。豆：古代的一种装食物的器具，形似高脚盘。本段的意思是，不同的事物之间不必相互羡慕，也无法学得对方的能力，各自按照各自的本性生活即可。

②道亦不失：大道就存在于自己的心中。

③钦：句末语气词。无义。

④一气往来：不过是声音在一往一来而已。气，气息。这里指因气息而发出的声音。

⑤道何在：道又体现在哪里呢？意思是说，大道不可能存在于这些声音之中。

【译文】

关尹子说：笾不必向豆请教，豆也不必回答笾的问题；瓦片不必向石头请教，石头也不必回答瓦片的问题，大道就存在于各自的心中。所谓的请教和回答，不过是声音的一往一来而已，大道又怎能体现在这些声音之中呢？

曰：仰道者跂^①，如道者骎^②，皆知道之事^③，不知道之道^④。是以圣人不望道而歉^⑤，不恃道而丰^⑥，不借道于圣，不贾道于愚^⑦。

【注释】

①仰道者跂（qǐ）：仰慕大道的人就会踮起脚跟努力去攀取。跂，通"企"。踮起脚跟。形容努力攀取的样子。

②如：到，去。这里指追逐、追随。骎（qīn）：形容马跑得很快的样子。这里泛指奔跑。

③皆知道之事：都只是懂得了大道的表象。事，指具体的事情。具体的事情只是大道的表面现象，而不是大道的本质。

④道之道：大道之所以为大道的本质。

⑤不望道而歉：不会仰望着大道而感到自己有什么欠缺。歉，缺少，欠缺。当一个人仰望大道、自觉欠缺的时候，说明此人还没有能够与大道融为一体。

⑥不恃道而丰：不会依仗着大道而感到自己很了不起。丰，满足，傲慢。

⑦贾（gǔ）：做买卖。这里专指卖、兜售。

【译文】

关尹子说：仰慕大道的人就会踮起脚跟努力去攀取，追逐大道的人就会拼命地向前奔跑，这样的人都只是懂得了大道的表象，而不懂得大道的本质。因此圣人不会仰望着大道而感到自己有什么欠缺，也不会依仗着大道而自得自满，圣人不会去向别的圣人索取大道，也不会把大道兜售给一些愚人。

二 柱篇（柱者，建天地也。）

【题解】

柱，用作动词。支撑，形成。这里指天地万物的形成。所以关尹子自注："柱者，建天地也。"本章主要论述以下几个问题。

第一，任何一种物体都可以被视为一个小小的天地，任何一种物体也都包含着天地之理，而包括天地在内的所有事物都是由气构成的。

第二，既然每一种事物都包含着天地之理，而且都是由阴阳二气形成的，那么物与物之间就是相通的，于是人便与天地相通，与万物相通。既然物与物都是相通的，那么就不要区分彼此，而要做到与天地为一。

第三，作者承认规律（大道）与万物的存在，甚至认为只要掌握了自然规律，人就可以创造出风雨、雷电。但作者笔锋一转，认为"风雨雷电皆缘气而生，而气缘心生"，于是就得出一个结论，一切事物都是心的产物，从而走向了唯心、唯识的道路。

关尹子曰：若碗若盂①，若瓶若壶，若瓮若盎②，皆能建天地③；兆龟数蓍④，破瓦文石⑤，皆能告吉凶。是知天地万物成理，一物包焉⑥，物物皆包之，各不相借。以我之精⑦，合彼之精，两精相搏⑧，而神应之⑨。一雌一雄，卵生；一牡一牝⑩，胎生。形者，彼之精⑪；理者，彼之神⑫；爱者，我之精⑬；观者，我之神。爱为水⑭，观为火⑮。爱执而观因之为木⑯，观存而爱摄之为金⑰。先想乎一元之气具乎一物⑱，执爱之以合彼之形⑲，冥观之以合彼之理⑳，则象存焉㉑。一运之象㉒，周乎太空，自中而升为天㉓，自中而降为地㉔。无有升而不降，无有降而不升。升者为火㉕，降者为水㉖，欲升而不能升者为木㉗，欲降而不能降者为金㉘。木之为物，钻之得火，绞之得水；金之为物，击之得火，镕之得水㉙。金木者，水火之交也㉚。水为精为天㉛，火为神为地㉜，木为魂为人㉝，金为魄为物㉞；运而不已者为时㉟，包而有在者为方㊱，惟土终始之㊲，有解之者㊳，有示之者㊴。

【注释】

①盂：盆子。

②瓮（wèng）：一种盛东西的陶器，腹部较大。盎（àng）：古代一种腹大口小的器皿。

③皆能建天地：都能够成为一个小天地。古人认为，任何一种事物都包含着天地之理，因此任何一种事物都可以视为一个小小的天地。

④兆龟：龟甲上的裂纹。古人烤灼龟甲，视其裂纹的形状以预测吉凶。兆，指占卜吉凶时烤灼龟甲所形成的裂纹。数蓍（shī）：计算蓍草的数量。蓍，多年生草本植物。古人用蓍草的茎秆占卜。

⑤文石：有花纹的石头。文，同"纹"。纹理，花纹。古人曾经用纹石占卜。

⑥一物包焉：一个事物就包含了天地之理。

⑦精：精气。古人认为，万物都是由阴阳二气形成的，"精"指阴阳二气中的精华部分。

⑧相搏：相互攫取、融合。搏，攫取。

⑨而神应之：而神奇的结果就出现了。

⑩牡：雄性动物。主要指兽类。牝（pìn）：雌性动物。

⑪"形者"二句：人的形体，来自天地的精气。彼，代指天地、自然。

⑫"理者"二句：根据上下文，这两句应为"神者，彼之理"。人的精神，来自天地之理。

⑬"爱者"二句：爱护的行为，是由我们的形体实施的。精，精气。代指形体，因为形体是由精气形成的。本句中的"我"是泛指。

⑭爱为水：爱护万物就好像水那样无微不至。作者把各种情感与行为同五行联系在一起。

⑮观为火：观察万物就好像火光那样明亮清楚。

⑯爱执而观因之为木：爱护万物就要去观察万物，二者的结合体就好比木。关尹子下文说："木之为物，钻之得火，绞之得水。"木包含着火与水的因素，既然"爱为水，观为火"，那么"爱"与"观"相加，就是"木"。

⑰观存而爱摄之为金：在观察万物的同时，要用一颗爱心去统摄，这就好比是金。关尹子下文说："金之为物，击之得火，镕之得水。"金也包含着火与水，因此"观"与"爱"的相加，就是"金"。

⑱先想乎一元之气具乎一物：现在心里想象元气演化为某种事物。一元之气，即元气。元气是形成物体的最基本元素。

⑲执爱之以合彼之形：实施爱护行为的时候要符合这种事物的形体特性。执，实施。本句是说，爱护万物的时候，其爱护方式要符合万物的特性，不然就会事与愿违。

⑳冥观：仔细地观察。冥，深幽，深刻。引申为仔细。

㉑则象存焉：那么元气的形象就会出现在眼前。元气是无形无象的，但关尹子认为，通过对万物的观察和推理，可以想象元气的模样。

㉒一运之象：时刻运行的元气。一，一直，自始至终。象，指元气。

㉓自中而升为天：一部分元气自空中上升，最终会形成上天。古人
　　认为，在天地万物形成之前，宇宙间是一片混沌之气，这种混沌之
　　气叫作"元气"。随着时间的推移，"元气"中又清又轻的气逐渐
　　上升，慢慢形成了天；而元气中又浊又重的气逐渐下降，慢慢形成
　　了地。

㉔自中而降为地：一部分元气自空中下降，最终变成了大地。

㉕升者为火：一部分上升的元气变成了火。火是向上燃烧的，故有
　　此说。

㉖降者为水：一部分下降的元气变成了水。水是向下流动的。

㉗欲升而不能升者为木：想上升而无法上升的那部分元气变成了树
　　木。树木向上生长，但又不可能长得很高，也无法脱离大地。

㉘欲降而不能降者为金：想下降而又无法下降的那部分元气就变成
　　了金属。金属是沉重向下的，但又不可能像水那样一直向下渗透。

㉙镕之得水：金属熔化后就变成了水。这段话中的许多比附是生硬
　　的。本句说金属熔化后变为水，就不够恰当，因为金属熔化后的
　　液体与水根本就不是同样的事物。

㉚水火之交也：是"水"与"火"的结合体。

㉛水为精为天：水可以与精气相配，变成气体之后则上升为天。

㉜火为神为地：火可以与精神相配，经过火烧后的物体就会变为土。

㉝木为魂为人：木可以与魂相配，魂可以变为人。魂，即人的灵魂。
　　魂附于人体，人就可以生存；离开人体，人就死亡。

㉞金为魄为物：金与魄相配，魄可以变为物体。魄，依附于形体的阴
　　神。古人常用来代指形体。《太平御览》卷五百四十九引《礼记
　　外传》曰："人之精气曰魂，形体谓之魄。"

㉟运而不已者为时：流动不已的是时间。

㊱包而有在者为方：包含存在物的是空间。有在者，具体存在的事
　　物。方，方位。这里指空间。

㊲惟土终始之：只有土能够始终不发生变化。

㊳有解之者：有的事物消解于土地之中。如动植物死后，化为灰土，消失于大地之中。

㊴有示之者：有的事物却又从土地之中生长出来。示，出示，出现。

【译文】

关尹子说：像饭碗、盆子、瓶子、水壶、坛子、罐子这类的东西，都可以形成各自的一个小天地；龟甲上的裂纹、数十根蓍草、破烂的瓦片、有纹理的石头，都可以用来预测人事的吉凶。从这些现象我们就可以知道天地万物的规律，都可以包含在一种事物之中，而且所有的事物都能够包含这些规律，谁也不用从谁那儿借用这些规律。用我的精华之气，再结合他人的精华之气，两种精华之气互相配合，就能够产生神奇的效应。一只雌性的鸟和一只雄性的鸟相互配合，就能够产生出一只鸟卵；一头雄性的兽和一头雌性的兽相互配合，就能够产生出一个胞胎。人的形体，来自天地之气；人的精神，来自天地之理；爱护万物的行为，是由我们的形体实施的；观察万物，则是由我们的精神实施的。爱护万物就好像水那样无微不至，观察万物就好像火光那样明亮清楚。爱护万物就要去观察万物，"爱护"与"观察"这二者的结合体就好比木；在观察万物的同时，要用一颗爱心去统摄，这就好比是金。现在心里想象元气演化为某种事物，实施爱护行为的时候要符合这种事物的形体特性，仔细观察这种事物的时候要寻获它的生理特性，那么元气的形象就会呈现在眼前。运动不息的元气，周旋于太空之中，一部分元气自空中上升，最终会形成上天；一部分元气自空中下降，最终会变成大地。没有只上升而不下降的元气，也没有只下降而不上升的元气。一部分上升的元气还会变成火，一部分下降的元气还会变成水，想上升而无法上升的那部分元气则变成了树木，想下降而又无法下降的那部分元气就变成了金属。木作为一种物体，摩擦它可以获取火，挤压它可以获取水；金作为一种物体，撞击它可以获取火，熔化它可以获取水。金与木这两种物体，是水与火的结合体。水可以与精气相配,变成气体之后则上升为天;火可以与精神相配,经过火烧后的物体可以变为土;木可以与魂相配,魂可以变为人;金与魄相配,魄可以变为形体;运动不已的是时间,包含万物的是空间,只有土可以始终不发生变化,有的事物消解于土地之中,有的事物却又从土地之中生长出来。

曰:天下之人,盖不可以亿兆计①。人人之梦各异,夜夜之梦各异,有天有地,有人有物,皆思成之②,盖不可以尘计③,安知今之天地非有思者乎④?

【注释】

①盖:表示推测的句首语气词。兆:古人以"百万"或"万亿"为兆,表示数目极大。

②皆思成之:都是因为思想而形成了这些梦。古人认为,日有所思,夜有所梦,因此,梦中的景象都是思想的产物。

③不可以尘计:无法按照尘土的数量去计算。也即梦中的景象丰富多样,其数量远远超过了尘埃的数量。

④安知今之天地非有思者乎:又怎么知道如今的天地就没有思想呢?关尹子认为,梦中的景象是由人的思想产生的,以此类推,那么丰富多彩的自然万物就是天地的思想形成的。这种推理是不伦不类的。

【译文】

关尹子说:天下的人口数量,大概多得无法用亿兆这些数字进行计算。每个人的梦都不一样,同一个人每天夜里做的梦也不相同,梦中有天有地,有人有物,这些景象都是人的思想形成的,这些景象的数量大概比尘埃的数量还要多,我们又怎么知道如今的天地就没有思想呢?

曰：心应枣^①，肝应榆^②，我通天地；将阴梦水^③，将晴梦火，天地通我。我与天地，似契似离^④，纯纯各归^⑤。

【注释】

①心应枣：心脏与红枣相对应。红枣的颜色、形状与心脏相似，因此古人把心脏与红枣相对应。

②肝应榆：肝脏与榆荚相对应。榆，这里指榆树的果实。又叫榆荚、榆钱。榆荚的颜色、形状与肝脏相似，因此古人把肝脏与榆荚相对应。

③将阴梦水：快要变成阴雨天了，人们就会梦见水。

④似契似离：若即若离。契，契合，合一。

⑤纯纯：运动的样子。

【译文】

关尹子说：人的心脏与红枣的颜色、形状相对应，肝脏与榆荚的颜色、形状相对应，可见我们与天地自然是相通的；将要阴雨的时候我们会梦见水，将要晴朗的时候我们会梦见火，可见天地自然与我们也是相通的。我们这些人与天地自然，若即若离，最终各自走向各自的归宿。

曰：天地虽大，有色有形，有数有方^①。吾有非色、非形、非数、非方^②，而天天、地地者存^③。

【注释】

①方：方位，所存在的地方。

②非色、非形、非数、非方：指大道。大道作为万物规律的总称，它没有自己的颜色、形体、数量和方位。

③天天：使上天变为上天。天，第一个"天"是动词。使……变成天。

地地：使大地变为大地。这里指大道，天地也是按照大道的规定性形成的，所以说大道能够使天变成天，使地变成地。

【译文】

关尹子说：天地虽然巨大无比，但包括天地在内的万物都具有各自的颜色和形状，具有各自的数目与方位。而我心里却有一种没有颜色、没有形状、没有数目、没有方位，而能够使上天变为上天、使大地变为大地的大道存在。

曰：死胎中者，死卵中者，亦人亦物，天地虽大，彼固不知^①。计天地者，皆我区识^②，譬如手不触刃^③，刃不伤人。

【注释】

①彼固不知：天地并不知道。天地没有意识，对于万物的生死是没有感知的。

②区识：认识。区，区分，认识。

③手不触刃：手不要去触犯刀刃。比喻人不要去触犯自然规律。刀刃和自然规律都没有主观意识，只要有主观意识的人不去触犯刀刃，刀刃就不会伤害人，比喻只要人不去违背自然规律，自然规律也不会伤害人。

【译文】

关尹子说：有的死于胎中，有的死于卵中，人会如此，其他动物也会如此，天地虽然巨大无比，但天地对万物的生死并无感知。天地万物，都是我们的认识对象，打个比方，只要我们的手不去触犯刀刃，刀刃就不会伤害我们。

曰：梦中、鉴中、水中^①，皆有天地存焉^②。欲去梦天地者，寝不寐^③；欲去鉴天地者，形不照^④；欲去水天地者，盎不汲^⑤。彼之有无，在此不在彼^⑥，是以圣人不去天地，去识^⑦。

【注释】

①鉴:镜子。

②天地:这里指天地的影像。

③寐:睡着。

④形不照:不要去映照天地的形状。

⑤盎(àng)不汲:不要在盆子里盛水。盎,古代的一种瓦盆。汲,汲
　水,盛水。

⑥"彼之有无"二句:天地是否存在,在于人自身而不在于天地。彼,
　指天地。此,指人。

⑦不去天地,去识:不要去清除天地,而要消除自己的主观意识。

【译文】

关尹子说:梦里、镜子里、水里,都会有天地的影像。要想去掉梦中
的天地,睡觉时就不要睡着;要想去掉镜子中的天地,就不要用镜子去映
照天地的形状;要想去掉水中的天地,就不要在盆罐中盛水。天地的存
在与否,取决于我们自己,而不取决于天地本身,因此圣人不会去清除客
观的天地,而是去清除自己的主观心识。

曰:天非自天①,有为天者②;地非自地,有为地者。譬
如屋宇舟车,待人而成,彼不自成。知彼有待③,知此无待④;
上不见天⑤,下不见地,内不见我,外不见人。

【注释】

①天非自天:上天不是自己创造了自己。

②有为天者:是由别的事物创造出了上天。能够创造出上天的是大
　道。为,创造。

③彼:代指天地万物。

④此：代指大道。

⑤上不见天：大道没有上天的概念。大道是无意识的，所以没有上
　天的概念。

⑥内不见我：大道对内也没有自我的概念。

【译文】

关尹子说：上天不会自己创造出自己，而是由其他事物创造了上天；
大地也不会自己创造出自己，也是由其他事物创造了大地。这就好比房
屋、舟船、车子，是由人们把它们创造出来的，它们自己不会创造出自己。
要知道天地万物是有所依赖的，而大道却无所依赖，大道既没有上天的
概念，也没有大地的概念，既没有自我的概念，也没有他人的概念。

　　曰：有时者气①，彼非气者②，未尝有昼夜③。有方者形④，
彼非形者⑤，未尝有南北。何谓非气？气之所自生者⑥，如摇
箑得风⑦，彼未摇时，非风之气；彼已摇时，即名为气。何谓
非形？形之所自生者，如钻木得火，彼未钻时，非火之形；彼
已钻时，即名为形。

【注释】

①有时者气：时间、季节的形成，是由气（阴阳二气）引起的。时，时
　间，季节。

②彼非气者：当时间、季节的气还没有形成的时候。

③未尝有昼夜：不曾有昼夜、季节的区别。

④有方者形：具有方位的是有形体的事物。

⑤彼非形者：当具有方位的形体还没有出现的时候。

⑥气之所自生者：形成时间、季节的气之所以能够产生。

⑦箑（shà）：扇子。

【译文】

关尹子说：时间、季节是由阴阳二气形成的，当时间、季节的气还没有形成的时候，就不曾有昼夜、季节的区别。具有方位的是具有形体的事物，当具有方位的形体还没有出现的时候，就不会有南北、上下的区分。为什么说那还不是时间、季节的气呢？时间、季节的气之所以能够产生，举个例子，就好比用扇子扇风，扇子还没有摇动的时候，就没有所谓的风之气；扇子摇动以后，就可以称之为风之气了；为什么说那还不是具有方位的形体呢？举个例子，就好比钻木取火，还没有钻木的时候，就没有火的形体；开始钻木之后，那就可以称之为火的形体了。

曰：寒暑温凉之变，如瓦石之类，置之火即热，置之水即寒，呵之即温^①，吹之即凉。特因外物有去有来^②，而彼瓦石实无去来。譬如水中之影，有去有来，所谓水者，实无去来。

【注释】

①呵：用嘴巴哈气。

②特：仅仅。外物：指水、火、呵、吹等等。

【译文】

关尹子说：寒暑温凉的气候变化，就好像瓦片、石块之类的事物一样，放在火中就会变热，放在水中就会变冷，哈气就会温暖，吹气就会凉爽。这都仅仅是因为外在的因素使寒暑温凉的气候有来有往，而瓦片、石头本身实际上并没有变化。譬如水中的影像，有来有往，而所说的水，实际上并没有变化。

曰：衣摇空得风，气呵物得水^①，水注水即鸣，石击石即光。知此说者，风雨雷电，皆可为之。盖风雨雷电皆缘气而生,而气缘心生②。犹如内想大火,久之觉热;内想大水,久之觉寒。知此说者,天地之德皆可同之③。

【注释】

①气呵物得水:把口中的气哈在东西上,就会变成水。呵,哈气。

②气缘心生:气则是因为心理而产生的。这是典型的主观唯心论。

③德:具体事物的规律、本性。

【译文】

关尹子说:人的衣服在空中摆动就会产生风,人把口中的气哈在东西上就会产生水,人把水倒进水里就会产生声音,人用石头击打石头就会产生火光。知道了这个道理,那么风雨雷电,都可以人为地创造出来。风雨雷电大概都是因为气而产生的,而气则是因为人心而产生的。比如心里一直想着大火,时间长了就会觉得燥热;心里一直想着大水,时间长了就会觉得寒冷。知道了这个道理,那么天地万物的所有规律都能够被我们把握住。

曰:五云之变①,可以卜当年之丰歉;八风之朝②,可以卜当时之吉凶。是知休咎灾祥③,一气之运耳。浑人我④,同天地,而彼私智,认而已之⑤。

【注释】

①五云:指青、白、赤、黑、黄五种颜色的云彩。

②八风:指东、南、西、北、东北、东南、西北、西南八个方向的风。朝:朝向。

③休:美好。咎:灾难。祥:吉祥。

④浑人我:混同人我。即不分彼此。

⑤认：识别，分辨。

【译文】

关尹子说：通过五色云彩的变化，就可以预测当年的庄稼是丰收还是歉收；通过八个方位的风向，就可以预测当时的事情是吉祥还是凶险。从这里可以知道好事与坏事、灾难与吉祥，都是阴阳二气运行的结果。因此应该不分人我彼此，与天地一体，而那些喜欢使用个人智慧的人，却要把万事万物分辨得清清楚楚。

曰：天地寓①，万物寓，我寓，道寓，苟离于寓②，道亦不立③。

【注释】

①天地寓：天地就存在于我的心中。寓，寄寓，存在。根据上文说的"盖风雨雷电皆缘气而生，而气缘心生"，那么本段的意思就是说，一切事物都是人心的产物。

②苟：如果。

③立：建立，存在。

【译文】

关尹子说：天地存在于我的心里，万物存在于我的心里，我个人也是存在于我的心里，大道同样是存在于我的心里，如果离开了心，大道也就不存在了。

三 极篇（极者，尊圣人也。）

【题解】

极，原则、榜样。关尹子自注："极者，尊圣人也。"根据这一自注，所谓的榜样，就是指圣人，因此我们要尊重圣人。本章对圣人描述的内容非常丰富，主要有以下几点。

第一，圣人对待万物的态度，不是出自主观的好恶，而是实事求是地依据各种事物的不同天性与特点，给予相应的评价与安排。把这一原则移植到政治领域里，圣人就能够排除个人成见，一切顺应民心，做到无为而治。

第二，圣人能够做到无我，因此他们能够以仁爱的态度去对待所有的人，以正义的原则去灵活处理各种事务，能够用礼仪来规范自己的心灵，能够用智慧来观照所有的知识。

第三，圣人善于效法自然。本章说："圣人师蜂立君臣，师蜘蛛立网罟，师拱鼠制礼，师战蚁置兵。"正是因为圣人善于效法自然，处处能够与自然保持一致，所以天下百姓都应该效法圣人，以圣人为榜样。

第四，圣人从不标新立异。关尹子说："鱼欲异群鱼，舍水跃岸即死；虎欲异群虎，舍山入市即擒。"鉴于此，"圣人不异众人"。如果说圣人与众人有什么不同的话，那就是没有任何事物能够约束圣人的思想。

除了上述内容之外，圣人的特征还很多，比如圣人从来不谈论大道，圣人懂得灵活变通、顺物而变,圣人做事谨慎小心而又井然有序,如此等等。

关尹子曰:圣人之治天下,不我贤愚①,故因人之贤而贤之②,因人之愚而愚之;不我是非,故因事之是而是之,因事之非而非之。知古今之大同③,故或先古④,或先今;知内外之大同⑤,故或先内,或先外。天下之物,无得以累之,故本之以谦⑥;天下之物,无得以外之,故含之以虚⑦;天下之物,无得以难之,故行之以易;天下之物,无得以窒之⑧,故变之以权⑨。以此中天下⑩,可以制礼;以此和天下,可以作乐;以此公天下,可以理财;以此周天下⑪,可以御侮⑫;以此因天下⑬,可以立法;以此观天下,可以制器。圣人不以一己治天下,而以天下治天下;天下归功于圣人,圣人任功于天下⑭。所以尧、舜、禹、汤之治天下,天下皆曰自然⑮。

【注释】

①不我贤愚:不以个人的好恶去判断别人是贤是愚。

②因:依据,根据。贤之:把他视为贤人。

③古今之大同:古今的事情、道理大致上是一样的。

④或先古:有的时候看重古代的事情。或,有时。先,把……放在前面,看重。

⑤内外之大同:事物的内在本质与外在现象大致是一样的。

⑥本之以谦:以谦虚的态度探索万物的本质。本,探索本质。之,代指万物。

⑦含之以虚:以空净的胸怀去包容万物。

⑧窒:阻碍,阻止。

⑨变之以权:以权变的方法去灵活地处理事情。变,变通,灵活。

⑩中（zhòng）天下：恰当地处理天下事务。中，恰当，适当。

⑪周天下：普遍推行于天下。周，普遍。

⑫御侮：抵御侵侮。侮，别人的侵害、羞辱。

⑬因天下：顺应着天下民心。

⑭任功于天下：听任天下百姓自己去建功立业。圣人不干涉百姓生活，听任百姓自由发展生产。

⑮自然：自己的样子，本来的样子。由于圣人不干涉百姓生活，任由百姓自由发展生产，当百姓生活美满时，还感觉不到圣人的存在，而认为自己的生活本来就应该是如此。

【译文】

关尹子说：圣人在治理天下的时候，不以主观的好恶去判定别人是贤人是愚人，因此要根据某人的贤良本质而把他视为贤人，根据某人的愚蠢无能而把他视为愚人；圣人不以主观的好恶去判定事情是正确还是错误，因此要根据事情的正确性而判定它是正确的，根据事情的错误性而判定它是错误的。圣人知道古今的道理是一样的，所以有时候重视古代的事情，有时候又重视现代的事情；圣人知道事物的内在本质与外部现象是一样的，所以有时候重视事物的内在本质，有时候又重视事物的外部现象。天下的万事万物，不可能拖累圣人，所以圣人能够以谦虚的态度去探索万事万物的本质；天下的万事万物，不可能超出圣人的认识之外，所以圣人能够以空净的胸怀去包容万事万物；天下的万事万物，不可能难倒圣人，所以圣人能够用简易的方式去处理万事万物；天下的万事万物，不可能阻碍圣人，所以圣人能够以权变的方法去灵活地安排万事万物。圣人用这些原则去恰当地治理天下，就可以制定礼制了；圣人用这些原则去调合天下，就可以制作音乐了；圣人用这些原则去公正地对待天下，就可以分配社会上的财富了；圣人把这些原则普遍推行于天下，就可以抵御他人的侵扰、羞辱了；圣人用这些原则去顺应民意，就可以制定法律了；圣人用这些原则去观察天下，就可以制作各种器具了。

圣人不会依据个人的意志去治理天下，而是依据天下百姓的意志去治理天下；天下百姓把功劳归之于圣人，而圣人则是听任天下百姓自己去建功立业。因此尧、舜、大禹、商汤在治理天下的时候，天下百姓都说我们本来就是如此。

曰：天无不覆，有生有杀，而天无爱恶；日无不照，有妍有丑①，而日无厚薄。

【注释】

①妍（yán）：美好，美丽。

【译文】

关尹子说：上天覆盖着所有事物，有的事物生机勃勃地活着，有的事物却被杀害而灭亡了，而上天对这些事物并没有好恶之别；太阳照耀着所有的事物，有的事物长得美丽漂亮，有的事物长得丑陋难看，而太阳对这些事物并没有厚薄之分。

曰：圣人之道天命①，非圣人能自道②；圣人之德时符③，非圣人能自德；圣人之事人为④，非圣人能自事。是以圣人不有道⑤，不有德，不有事。

【注释】

①道：取道于，遵循。天命：自然规律。

②非圣人能自道：这并不是圣人自己有意识地去遵循自然规律。意思是，圣人符合自然规律的行为，是自然而然的，并非出于有意识的行为。

③德时符：能够把握住恰当的时机。德，通"得"。得到，把握。符，符合，恰当。

④事人为：处理人事。事，从事，处理。人为，人事。

⑤不有道：不是有意识地去遵循自然规律。

【译文】

关尹子说：圣人的行为遵循着自然规律，这并不是圣人有意识地去遵循；圣人善于把握住恰当的时机，这并不是圣人有意识地去把握；圣人能够恰当地处理人事，这并不是圣人有意识地去恰当处理。因此圣人不是有意识地去遵循规律，不是有意识地去把握时机，也不是有意识地去处理人事。

曰：圣人知我无我①，故同之以仁②；知事无我，故权之以义③；知心无我，故戒之以礼；知识无我④，故照之以智⑤；知言无我，故守之以信。

【注释】

①知我：了解自我。《老子》三十三章："知人者智，自知者明。"无我：忘我，无私。

②故同之以仁：因此能够爱护所有的人。之，代指所有的人。

③权之以义：以正义的原则去灵活处理事务。权，权变，灵活变通。之，代指各种事务。

④知识：了解知识，掌握知识。

⑤照之以智：用智慧来关照自己的知识。

【译文】

关尹子说：圣人了解自我而又能够做到无我，因此能够以仁爱的态度去对待所有的人；圣人懂得做事而又能够做到无我，因此能够以正义的原则去灵活处理各种事务；圣人懂得心理而又能够做到无我，因此能够用礼仪来规范自己的心理；圣人懂得知识而又能够做到无我，因此能够用智慧来观照这些知识；圣人了解言语而又能够做到无我，因此能够用诚信去要求自己的言语。

　　曰：圣人之道，或以仁为仁^①，或以义为仁，或以礼、以智、以信为仁。仁、义、礼、智、信，各兼五者^②，圣人一之不胶^③，天下名之不得^④。

【注释】

①或以仁为仁：有的人把其中的仁爱看作仁。或，有的人。

②各兼五者：圣人能够兼备这五种美德。

③胶：胶着，固执。指固执于其中某一种美德。

④名之不得：没办法指明圣人究竟具有哪种美德。名，称名，指明。

【译文】

关尹子说：圣人制定了美好的原则，有人把其中的仁爱看作仁，有人把其中的正义看作仁，有人把其中的礼制、把其中的智慧、把其中的诚信看作仁。仁、义、礼、智、信，圣人兼备了这五种美德，圣人把这五种美德视为一体而从不固执于其中某一种美德，因此天下的人们也就没办法指明圣人究竟具有哪种美德。

　　曰：勿以行观圣人^①，道无迹；勿以言观圣人，道无言；勿以能观圣人，道无为；勿以貌观圣人，道无形。

【注释】

①勿以行观圣人：不要通过圣人的行为去寻求大道。根据下文，"观圣人"不是观察圣人本身，而是通过观察圣人，以获取圣人的大道。

【译文】

关尹子说：不要通过圣人的行为去寻求大道，因为大道是没有任何行迹的；不要通过圣人的言语去寻求大道，因为大道是无法用言语表述的；不要通过圣人的才能去寻求大道，因为大道是清静无为的；不要通过圣人的容貌去寻求大道，因为大道是无形无象的。

曰：行虽至卓①，不离高下②；言虽至公，不离是非；能虽至神③，不离巧拙；貌虽至殊④，不离妍丑。圣人假此⑤，以示天下⑥；天下冥此⑦，乃见圣人。

【注释】

①虽：即使。至卓：最为高尚。卓，卓越，高尚。

②不离高下：也没有跳出高尚与卑下的范畴。

③神：神妙，高妙。

④殊：出众。

⑤假此：借此。假，假借。

⑥以示天下：以示范天下。

⑦冥此：深入地理解圣人的行为、语言、文字、才能、容貌。冥，深入。

【译文】

关尹子说：行为即使再高尚，也没有跳出高尚与卑下的范畴；言语即使再公正，也没有跳出正确与错误的范畴；才能即使再神妙，也没有跳出巧妙与笨拙的范畴；容貌即使再出众，也没有跳出美好与丑陋的范畴。圣人假借这些表面的行为，以示范天下百姓；天下百姓应该深入地理解这些表面行为，才能真正地认识圣人。

曰：圣人师蜂立君臣①，师蜘蛛立网罟②，师拱鼠制礼③，师战蚁置兵④。众人师贤人，贤人师圣人，圣人师万物。惟圣人同物，所以无我。

【注释】

①师：效法，学习。蜂：蜜蜂。蜜蜂有蜂王、工蜂、雄峰之分。

②罟（gǔ）：网。

③拱鼠：动物名。又称鼹鼠、礼鼠、地松鼠、黄鼠等。天气晴和时，拱鼠在穴前交前足如作揖状。

④战蚁：即兵蚁。是蚁类群体中负责战斗任务的蚂蚁。

【译文】

关尹子说：圣人效法蜜蜂的组织形式，创立了君臣制度；效法蜘蛛的结网方式，创制了渔网、兽网；效法拱鼠的行为模样，创立了礼仪；效法兵蚁的作战方法，创立了军队。普通人效法贤人，贤人效法圣人，圣人效法自然万物。只有圣人能够与自然万物融为一体，因此圣人能够做到无我。

曰：圣人曰道，观天地人物皆吾道，倡和之①，始终之②，青黄之③，卵翼之④；不爱道，不弃物，不尊君子，不贱小人。贤人曰物，物物不同，旦旦去之⑤，旦旦与之⑥，短之长之，直之方之，是为物易也⑦。殊不知圣人鄙杂厕⑧，别分居⑨，所以为人，不以此为己⑩。

【注释】

①倡和之：应和着大道。倡和，应和。之，代指大道。

②始终之：始终遵循大道。

③青黄之：修习大道。青黄，两种颜色名。这里用作动词，染色，修饰。引申为修习。

④卵翼：鸟用翅膀把卵孵育成长。比喻爱护，养护。

⑤旦旦去之：有些事物，人们可以天天远离它们。比如奢侈品、毒药等。去，离开。

⑥旦旦与之：有些事物，人们要天天与它们在一起。如水、食物等。

与,跟随,在一起。

⑦是为物易也:这就说明具体事物是可以改变的。是,这。易,改变。

⑧鄙杂厕:轻视混杂的具体事物。鄙,鄙视,轻视。杂厕,混杂。

⑨别分居:区别人们各自所具有的名分。

⑩不以此为己:这样做不是为了自己。在圣人眼中,各种事物,各自的名分,都是一样的;圣人之所以轻视具体的事物,分辨人们的名分,主要是为民众的生活考虑,而不是为自己谋利。

【译文】

关尹子说:圣人主要谈论大道,观察上天、大地、人类、事物,都可以获取我们所需要的大道,圣人应和着大道,始终遵循着大道,修习大道,爱护大道;圣人不是在有意识地爱护大道,也不是在有意识地厌弃具体的事物,圣人不会去有意识地尊重君子,也不会去有意识地鄙视小人。贤人主要谈论具体的万事万物,万事万物各不相同,有一些事物人们可以天天远离它们,有一些事物人们天天要和它们在一起,人们能够使一些具体事物变短或者变长,使一些具体事物变直或者变方,这就说明具体事物是可以改变的。人们并不知道圣人轻视混杂的具体事物,分辨人们各自的名分,目的是为了民众的生活考虑,而不是用这种办法为个人谋利。

曰:圣人之于众人,饮食、衣服同也,屋宇、舟车同也,富贵、贫贱同也。众人每同圣人①,圣人每同众人。彼仰其高、侈其大者②,其然乎③,其不然乎?

【注释】

①每:每每,处处。

②彼仰其高、侈其大者:民众敬仰圣人的崇高、佩服圣人的伟大。彼,代指民众。侈,大。这里是认为圣人伟大的意思。

③然：这样。代指敬仰、佩服。

【译文】

关尹子说：圣人和众人相比，饮食、衣服相同，住的房屋、坐的车船相同，富贵、贫贱也相同。众人与圣人处处相同，圣人与众人也处处相同。民众敬仰圣人的崇高、佩服圣人的伟大，真是这样呢？还是并非这样呢？

曰：鱼欲异群鱼，舍水跃岸即死；虎欲异群虎，舍山入市即擒①。圣人不异众人，特物不能拘尔②。

【注释】

①市：市场，集市。

②特物不能拘尔：只是任何事物都无法束缚圣人而已。特，仅仅，只是。尔，助词。而已。

【译文】

关尹子说：一条鱼想不同于其他的鱼，于是离开水跃到岸上死了；一只老虎想不同于其他老虎，于是离开大山进入市场被人捉住了。圣人不会表现得与众人不同，只是任何事物都无法束缚圣人而已。

曰：道无作①，以道应世者②，是事非道；道无方③，以道寓物者④，是物非道。圣人竟不能出道以示人⑤。

【注释】

①道无作：大道是不会主动去创造事物的。大道作为规律，没有主观意识，因此大道不可能主动地去创造任何事物。作，创造。

②应世者：应对世务的具体行为。

③无方：没有方位。大道无形无象，因此大道也不可能占据某个空

间、方位。

④以道寓物者：大道体现在具体的事物之中。寓，寄寓，体现在。

⑤竟：最终。

【译文】

关尹子说：大道是不会主动去创造任何事物的，人们遵循大道去应对世界的行为，只能算是具体的事情而不能算是整个大道；大道是没有具体方位的，一部分大道可以体现在事物之中，但这只能算是具体的事物而不能算是整个大道。圣人最终也无法向人们展现出自己的大道。

曰：如钟钟然①，如钟鼓然②，圣人之言则然；如车车然③，如车舟然，圣人之行则然。惟莫能名④，所以退天下之言⑤；惟莫能知，所以夺天下之智。

【注释】

①如钟钟然：（圣人讲的话）不过就像敲钟的声音一样。意思是，圣人讲的话虽然如同敲钟一样出自自然，但并不能代表大道，因为大道是无法用语言表达的。第一个"钟"为动词。敲钟。然，与……一样，如此。

②如钟鼓然：也可以说像敲钟击鼓一样。

③如车车然：圣人的行为就像驾车行走一样。第一个"车"为动词，驾车。

④惟莫能名：正是因为大道无法形容。名，名状，形容。

⑤所以退天下之言：因此不能用天下的任何一种语言去形容大道。退，退出，摒弃。这里引申为无法使用。

【译文】

关尹子说：如同敲钟的声音一样，也如同钟鼓齐鸣的声音一样，圣人讲话就是如此；如同驾车行走一样，也如同车辆船只一起行走一样，圣人的行为就是如此。正是因为大道无法描述，因此不能用天下任何一种语言去描述大道；正是因为大道无法认识，因此不能用天下任何一种智慧去认识大道。

　　曰：蝍蛆食蛇①，蛇食蛙，蛙食蝍蛆，互相食也。圣人之言亦然②，言"有""无"之弊③，又言"非有""非无"之弊④，又言去"非有""非无"之弊⑤。言之如引锯然⑥，惟善圣者不留一言⑦。

【注释】

①蝍蛆（jí jū）：蜈蚣。

②亦然：也是如此。意思是，圣人讲的话就像蜈蚣、蛇、青蛙那样相互矛盾，相互冲突。任何事物都是有一利必有一弊，圣人既讲其利，又讲其弊，这些看似相互矛盾的话，实际是辩证法的体现，而关尹子则要求更进一层，那就是闭口不言。

③言"有""无"之弊：先讲"物质"与"空间"的各自弊端。有，物质存在。无，空间。

④又言"非有""非无"之弊：又讲"没有物质"与"没有空间"的弊端。

⑤又言去"非有""非无"之弊：还讲排斥"没有物质"与"没有空间"的弊端。去，抛弃，排斥。排斥"没有物质"与"没有空间"，实际就是承认"物质"与"空间"。

⑥如引锯然：就像拉锯那样。形容讲话就像拉锯那样来来回回地两边跑。

⑦善圣者：圣人中最为杰出者。

【译文】

　　关尹子说：蜈蚣吞食蛇，蛇吞食青蛙，青蛙吞食蜈蚣，它们互相吞食。圣人讲话也是这样，他们既讲"物质"与"空间"存在的弊端，又讲"没有物质"与"没有空间"的弊端,还讲排斥"没有物质"与"没有空间"的弊端。
这些圣人讲话就像拉锯那样来来回回两边跑,只有最为杰出的圣人不讲
一句话。

曰:若龙若蛟①,若蛇若龟,若鱼若蛤②,龙皆能之。蛟,
蛟而已,不能为龙,亦不能为蛇、为龟、为鱼、为蛤。圣人龙
之③,贤人蛟之。

【注释】

①蛟:古代传说中的一种动物,属于龙类。

②蛤(há):蛙类。

③圣人龙之:圣人就像龙一样。意思是说圣人能伸能缩,能上能下,
    可以千变万化。

【译文】

关尹子说:像龙、蛟、蛇、龟、鱼、蛙等,龙都能够变化为这些动物。而
蛟,就只能成为蛟,它不能变化为龙,也不能变化为蛇、龟、鱼、蛙等。圣
人就像龙一样,而贤人就像蛟一样。

曰:在己无居①,形物自著②;其动若水,其静若镜,其应
若响③。芒乎若亡④,寂乎若清⑤;同焉者和⑥,得焉者失⑦;未
尝先人,而常随人。

【注释】

①无居:不固执于一端。居,固执。圣人顺应万物,随时而变,从不
    固执。

②形物:事物。主要指人。自著:自然而然地归附于圣人。著,附着,

　　归附。

③响：回音。圣人在回应外物时，就像回音一样，有求必应，但也不
　　会多讲。

④芒乎若亡（wú）：茫茫然，他们好像一无所有。芒，茫茫然，一无所
　　知的样子。亡，通"无"。一无所有。

⑤寂乎：清静安宁的样子。

⑥同焉者和：与万物一致就能够和谐相处。

⑦得焉者失：有所得必有所失。

【译文】

　　关尹子说：圣人从来不会固执于一端，人们自然而然地归附于圣人；
圣人行动起来就像水流那样顺其自然，安静下来就像镜子那样晶莹剔
透，对待外物就像回音一样有求必应。圣人茫茫然就好像一无所有，寂
静清澈就好像一汪清水；圣人知道与万物一致就能和谐相处，知道有
所得则必有所失；圣人从来不会抢占在别人的前面，总是跟随在别人
的后面。

　　曰：浑乎洋乎①，游太初乎②。时金已③，时玉已；时粪已，
时土已；时翔物，时逐物④；时山物，时渊物；端乎权乎⑤，狂
乎愚乎⑥。

【注释】

①浑乎：混混沌沌的样子。洋乎：宽广的样子。本段都是描述圣人
　　的模样。

②游太初乎：就好像游荡于最原始的境界之中。太初，指宇宙间万
　　物还没有形成的初始状态。

③时金已：有时是贵重的黄金。已，通"矣"。

④逐物：奔跑的兽类。逐，奔跑。

⑤端乎：正直不阿的样子。权乎：灵活变通的样子。

⑥狂乎：疯癫的样子。

【译文】

关尹子说：圣人混混沌沌、心胸宽广，就好像游荡在最原始的境界之中。圣人有时像一块贵重的黄金，有时像一枚罕见的宝玉；有时像一堆肮脏的粪便，有时像一片脚下的尘土；有时像一只飞翔的鸟儿，有时像一头奔跑的兽类；有时像是山上的事物，有时像是深渊里的东西；有时正直不阿，有时灵活变通，有时似乎疯疯癫癫，有时似乎愚昧无知。

曰：人之善琴者，有悲心，则声凄凄然①；有思心，则声迟迟然②；有怨心③，则声回回然④；有慕心，则声裴裴然⑤。所以悲、思、怨、慕者，非手、非竹、非丝、非桐⑥；得之心⑦，符之手⑧；得之手，符之物⑨。人之有道者，莫不中道⑩。

【注释】

①凄凄然：凄凉悲伤的样子。

②迟迟然：舒缓幽伤的样子。

③怨：怨恨，痛恨。

④回回然：仇恨的样子。

⑤裴裴（péi）然：留恋的样子。

⑥非竹：不是制作琴的竹料。古人往往用竹子制作琴柱。丝：指琴弦。桐：指制作琴箱的桐木。

⑦得之心：出现在心中。

⑧符之手：表现在手上。

⑨符之物：表现在乐器中。物，指乐器。也可以理解为音乐声。

⑩莫不中（zhòng）道：一言一行无不符合大道。中，符合。

【译文】

关尹子说：善于弹琴的人，如果心里有了悲伤，那么琴声就会显得凄凉悲伤；如果心里有所思念，那么琴声就会显得舒缓忧伤；如果心里有了怨恨，那么琴声就会显得怒气冲冲；如果心里有所仰慕，那么琴声就会显得缠绵依恋。产生悲伤、思念、怨恨、仰慕的，不是弹琴的手，也不是琴上的竹片、丝弦、桐木；然而心里出现了什么样的感情，就会表现在弹琴者的手上；感情出现在手上，就会表现在乐器的声音上。因此那些掌握了大道的圣人，其一言一行无不符合大道。

曰：圣人以有言、有为、有思者，所以同乎人；以未尝言、未尝为、未尝思者①，所以异乎人。

【注释】

①未尝言、未尝为、未尝思：指大道。大道不可言传，也无法表现在某一件具体的事情上，同时大道也不可思议。

【译文】

关尹子说：圣人因为自己的具体言论、行为、思想，所以和一般人没有什么区别；而圣人具有不可言传、无法表现、难以思议的大道，所以圣人和一般人又大不相同。

曰：利害心愈明，则亲不睦；贤愚心愈明，则友不交；是非心愈明，则事不成；好丑心愈明①，则物不契②。是以圣人浑之③。

【注释】

①好丑：美丑。好，美。

②物：万物。这里主要指人。不契：不和。契，合，和谐。

③浑：含糊，不分别。

【译文】

关尹子说：分辨利与害的心越明确，亲人之间的关系就越发不会和睦；区别贤良与愚昧的心越明确，朋友之间的关系就越发不好相处；区分正确与错误的心越明确，事情就越发难以办成；分别美好与丑陋的心越明确，人与人之间就越发不会和谐。因此圣人对这些不加以区分。

曰：心之愚拙者，妄援①；圣人之愚拙②，自解。殊不知圣人时愚时明，时拙时巧。

【注释】

①妄援：随便就找人援助。妄，胡乱地，随便地。根据下文，本句讲的是世人。

②圣人之愚拙：圣人感到自己愚笨的时候。本句意思是，圣人在一些事情面前，也会感到自己愚昧无知，而不是说圣人是愚昧的。

【译文】

关尹子说：世人在感到自己愚笨的时候，就会随随便便地找人援助；圣人在感到自己愚笨的时候，就会靠自己解决。人们不知道就连圣人也是有时愚蠢有时聪明，有时笨拙有时巧妙。

曰：以圣师圣者①，贤人②；以贤师圣者，圣人。盖以圣师圣者，徇迹而忘道③；以贤师圣者，反迹而合道③。

【注释】

①以圣师圣者：把圣人当作圣人去效法。以，以为，当作。师，效法。

②贤人：自己只能成为贤人。因为如果把对方当作圣人，就会亦步亦趋，结果反而会是东施效颦，充其量也只能成为贤人。

③徇迹：处处遵循着对方的行事方法。徇，顺着，遵循。迹，行迹，行
　　事方式。

④反迹：不会处处遵循对方的行事方式。

【译文】

　　关尹子说：如果把圣人当作圣人去效仿，自己最多也只能成为贤人；
如果把圣人当作贤人去效仿，自己反而可能成为圣人。因为如果把圣人
当作圣人去效仿，就会处处遵循对方的行事方式而忘记了大道；如果把
圣人当作贤人去效仿，就不会处处模仿对方的行事方式，这样反而会符
合大道。

　　曰：贤人趋上而不见下①，众人趋下而不见上，圣人通
乎上下，惟其宜之②，岂曰离贤人、众人，别有圣人也哉③？

【注释】

①趋上：追求高深的品德、知识。趋，走向，追求。下：普通的品德、
　　知识。

②惟其宜之：只有圣人既能够与贤人和谐相处，也能够与众人和谐
　　相处。宜，适宜，和谐。

③"岂曰离贤人"二句：难道能够脱离贤人与众人，在别处找到圣
　　人？意思是说，圣人的品德、知识，就体现在贤人与众人的品德、
　　知识之中；能够兼顾贤人与众人的品德、知识，就是圣人。

【译文】

　　关尹子说：贤人追求高深的品德、知识而忽略了普通的品德、知识，
众人追求普通的品德、知识而忽略了高深的品德、知识，而圣人能够兼顾
两者，因此也只有圣人既能够与贤人和谐相处，也能够与众人和谐相处，
难道说能够脱离贤人与众人的品德、知识，在别处另外找到圣人的品德、
知识吗？

曰：天下之理：夫者倡^①，妇者随；牡者驰，牝者逐^②；雄者鸣，雌者应。是以圣人制言行，而贤人拘之^③。

【注释】

①倡：首倡，倡导。

②牝(pìn)：雌性兽类。逐：追随。

③拘：拘束。这里引申为遵循。

【译文】

关尹子说：天下的道理就是：丈夫首倡，妻子响应；雄性的野兽在前面奔跑，雌性的野兽在后面追随；雄性的鸟鸣叫，雌性的鸟回应。因此圣人制定了言行的原则，而贤人就会遵循着这些原则。

曰：圣人道虽虎变^①，事则鳖行^②；道虽丝纷^③，事则棋布^④。

【注释】

①虎变：像猛虎一样勇于进取。变，变化，进取。《周易·革卦》："九五：大人虎变，未占有孚。象曰：大人虎变，其文炳也。"

②鳖行：像鳖鱼行走那样小心翼翼。

③丝纷：丰富而复杂。纷，众多，复杂。

④棋布：像布棋那样井然有序。

【译文】

关尹子说：圣人在修习大道的时候虽然像猛虎那样勇于进取，但在做事情的时候却像鳖鱼行走那样小心翼翼；圣人的大道内容虽然丰富而复杂，但在做事情的时候却像布棋那样井然有序。

曰：所谓圣人之道者，胡然孑孑尔^①？胡然彻彻尔^②？胡然堂堂尔^③？胡然臧臧尔^④？惟其能遍偶万物^⑤，而无一物能偶之,故能贵万物⑥。

【注释】

①胡然孑孑尔:为什么会如此的独立特出? 胡,为何。然,这样,如
　　此。孑孑,独立特出的样子。尔,形容词词尾。

②彻彻尔:通透纯净的样子。

③堂堂尔:伟岸高大的样子。

④臧臧尔:庄严美好的样子。

⑤遍偶万物:普遍地应对、生养万物。

⑥贵万物:即"贵于万物"。比万物都要高贵。

【译文】

关尹子说:所说的圣人之道,为什么会如此的独立特出? 为什么会
如此的通透明澈? 为什么会如此的高大伟岸? 为什么会如此的庄严美
好? 正是因为大道能够普遍地应对、养育万物,而没有任何一种事物能
够应对、养育大道,所以大道要比万物高贵。

曰:云之卷舒①,禽之飞翔,皆在虚空中②,所以变化不
穷,圣人之道则然③。

【注释】

①卷:弯曲。舒:伸展。

②虚空:天空。

③然:这样。

【译文】

关尹子说:云彩的弯曲和舒展,小鸟的飞翔,都在天空之中,所以它
们能够变化无穷,圣人的大道也是如此。

四　符篇（符者，精神魂魄也。）

【题解】

符，相合，对应。作者自注："符者，精神魂魄也。"意思是，《符》这篇文章是讲精、神、魂、魄的。精，指精气，古人认为精气是构成物体的最基本的细微物质颗粒，有时直接指形体。神，指精神、灵魂，古人往往把精神与灵魂混为一谈。魂，指依附于精神的一种神秘事物，类似于灵魂。魄，指依附于形体的一种神秘事物。魂与魄都可以离开肉体而独立存在。在这里，作者就把精与魄对应起来，把神与魂对应起来。

本文不仅把精、神与魄、魂对应起来，而且还把精、神、魂、魄与五行对应起来，具体是：精对应水，神对应火，魂对应木，魄对应金。除此，作者还把属于道德属性的仁、义、礼、智、信也同五行对应起来，具体是：以仁对应木，以义对应金，以礼对应火，以智对应水，以信对应土。作者认为，天地间的万事万物，不过都是五行运行过程中的不同表现而已。

五行思想的出现，无疑是人类认识史上的一大进步，但把所有的事物与现象都与五行对应起来，就难免生硬、牵强之弊。本文作者也难免此弊。在本文中，作者讲了许多似是而非的道理，其最终目的是要求人们懂得包括人类在内的万事万物的本质是一样的，因此要做到物我一体，进而无物无我，以达到圣人的精神境界。

关尹子曰：水，可析可合①；精，无人也②。火，因膏因薪③；神，无我也④。故耳蔽前后皆可闻⑤，无人；智崇⑥，无人；一奇⑦，无人；冬凋秋物⑧，无人；黑不可变⑨，无人；北寿⑩，无人：皆精⑪。舌即齿牙成言⑫，无我；礼卑⑬，无我；二偶⑭，无我；夏因春物⑮，无我；赤可变⑯，无我；南夭⑰，无我：皆神⑱。以精无人，故米去壳，则精存⑲；以神无我，故鬼凭物⑳，则神见㉑。全精者，忘是非，忘得失，在此者非彼㉒；抱神者，时晦明㉒，时强弱，在彼者非此。

【注释】

①可析可合：可以分开，也可以合并在一起。析，分开。

②精，无人也：这是精气所形成的，不是人为的结果。精，精气。本指阴阳二气中的精华之气。这里泛指阴阳二气。古人认为，精气是构成万物形体的最基本的细微物质颗粒。作者把水与精相配。

③因膏因薪：依赖油脂和柴草。因，依赖。

④神，无我也：这是精神的一种作用，不是我们人类所能形成的。作者认为，油脂与柴草是物体，而从这些物体中散发出的火，则是这些物体的一种精神作用。作者把火与神相配。

⑤耳蔽前后皆可闻：耳朵的前后都被遮蔽住了，但耳朵依然能够听到声音。

⑥智崇：具有很高的智慧。

⑦一奇（jī）：有些事物孤独地存在着。奇，单数的。

⑧冬凋秋物：冬天来了，使秋天的草木都凋落了。

⑨黑不可变：有的黑色无法改变。

⑩北寿：北方人长寿。

⑪皆精：都是精气形成的。意思是，以上各种现象，都是阴阳二气运

行造成的，人们对此无能为力。

⑫舌即齿牙成言：舌头接触牙齿就能够发出言语。即，接近，接触。

⑬礼卑：别人对我们不礼貌。

⑭二偶：有些事物成双成对地生存着。偶，相匹配，对偶。

⑮夏因春物：春天的草木生长到了夏天。

⑯赤可变：有的红色可以改变。

⑰南夭：南方人短寿。夭，夭折，短寿。

⑱皆神：这都是某种精神作用的结果。意思是，以上各种现象的出现，都是某种精神在起作用，我们个人对此无能为力。

⑲则精存：那么精米还存在。精，纯净的上等米。作者用这个比喻要说明的是，作为人虽然死了（米去壳），但精气还在（精存）。作者用纯净的上等米比喻精气，似是而非。因为精气是一种没有形成物体的气类，而精米则属于已经成型的物体。

⑳鬼凭物：鬼魂附着于某种物体上。鬼魂属于精神性的东西，所以必须依附于某种具体的物体，才能够有所表现。

㉑则神见（xiàn）：鬼魂的神灵就会表现出来。见，同"现"。表现出来。

㉒在此者非彼：这种心态全在于自己的修养而不在于外界的精气与神灵。

㉓时晦明：天时暗时亮。

【译文】

关尹子说：水，可以分开，也可以合并在一起；这是精气形成的结果，与人无关。火，依赖于油脂，依赖于柴草；这是精神形成的结果，与我们无关。因此耳朵的前后都被遮蔽了却还能听到声音，这与人无关；有些事物具有崇高的智慧，这与人无关；有些事物孤独地存在着，这与人无关；秋天的草木到了冬天都凋落了，这与人无关；有些黑色不可改变，这与人无关；北方人大多长寿，这与人无关；这一切现象都是精气运行的结果。舌头与牙齿接触就能讲出话来，这与我们个人无关；别人对我们不够尊重,这与我们个人无关;有些事物成双成对地生存着,这与我们个人无关;春天长出的草木在夏天继续生长,这与我们个人无关;有的红色可以改变,这与我们个人无关;南方的人寿命较短,这与我们个人无关:这些现象都是某种精神在起着作用。由于精气的问题与人无关,因此谷子去掉外壳之后,纯净的精米还存在;由于某些精神的问题与我们无关,因此鬼魂能够依附于某些物体,显现出自己的神灵。能够保全自己精气的人,可以忘却是非,忘却得失,这些全在于自己而不在于外界的精气和某种精神;能够保养个人精神的人,知道天气时暗时明,运势时强时弱,这些都是由客观的精气和某种精神运作而形成的,而不由我们自己把握。

曰:精神,水火也。五行互生灭之[①],其来无首[②],其往无尾[③]。则吾之精一滴,无存亡尔[④];吾之神一欻,无起灭尔[⑤]。惟无我无人[⑥],无首无尾,所以与天地冥[⑦]。

【注释】

① 五行互生灭之:金、木、水、火、土五行相互生出,又相互灭除。古人认为五行之间的关系是相生相克的关系。五行相生:金生水,水生木、木生火、火生土、土生金。五行相克:金克木、木克土、土克水、水克火、火克金。这种相生相克的关系循环进行,无休无止,因此下文说"其来无首,其往无尾"。

② 无首:没有开始。

③ 无尾:没有结束。

④ "则吾之精一滴"二句:那么我们的精气就如同一滴水,也是没有什么产生和灭失之分。水作为五行之一,无生无灭,那么我们的精气像水一样,也就无生无灭。

⑤ "吾之神一欻(xū)"二句:那么我们的精神(灵魂)就如同一团火那样,也是没有什么产生和灭失之分。火作为五行之一,无生无

灭，那么我们的精神像火一样，也就无生无灭。欻，闪现。这里指闪现的火。

⑥惟无我无人：不分彼此。万物的本质都是一样，而且可以相互转化，因此不要区分人我、彼此。

⑦冥：合，合二为一。

【译文】

关尹子说：我们的精气与精神，就好像五行中的水与火一样。五行相生相克循环不已，既没有一个开始，也没有一个结束。那么我的精气就如同一滴水那样，也没有什么产生与消亡之分；我的精神就如同一团火一般，也没有什么兴起与灭失之别。做到没有人我、彼此之分，循环往复无始无终，就能够与天地自然合而为一了。

曰：精者水，魄者金①，神者火，魂者木②。精主水③，魄主金，金生水，故精者，魄藏之④。神主火，魂主木，木生火，故神者，魂藏之⑤。惟水之为物，能藏金而息之⑥，能滋木而荣之⑦，所以析魂魄⑧。惟火之为物，能镕金而销之，能燔木而烧之，所以冥魂魄⑨。惟精，在天为寒，在地为水，在人为精；神，在天为热，在地为火，在人为神；魄，在天为燥，在地为金，在人为魄；魂，在天为风，在地为木，在人为魂。惟以我之精，合天地万物之精，譬如万水可合为一水；以我之神，合天地万物之神，譬如万火可合为一火；以我之魄，合天地万物之魄，譬如金之为物，可合异金而镕之为一金；以我之魂，合天地万物之魂，譬如木之为物，可接异木而生之为一木；则天地万物，皆吾精吾神，吾魄吾魂，何者死？何者生⑩？

【注释】

①魄：古人又称之为阴神。古人认为魄依附于人的形体。

②魂：古人又称之为阳神。魂依附于人的精神。魂与魄是有区别的，古人把人一分为二，即肉体与精神，依附于肉体的叫作魄，依附于精神的叫作魂，二者都可以离开人体而独立存在。到了后来，人们往往把魂魄混为一谈，不再加以区别了。

③精主水：精气的根本是水。也即精气与水相配。主，根本。

④"故精者"二句：因此，魄就依附于人的精气之中。精气是形成肉体的基本物质，所以魄依附于精气，也即依附于人的肉体。

⑤"故神者"二句：因此，魂就依附于人的精神之中。

⑥能藏金而息之：能够隐藏金并使它得以歇息。

⑦滋：滋养。荣之：使它开花。荣，花，开花。

⑧所以析魂魄：所以它能够使魂、魄分开生存。析，分开，分散。按，从"唯水之为物"至"所以析魂魄"数句，原无，据《四库全书》本段后的"一本'魂藏之下'有'惟水之为物，能藏金而息之，能滋木而荣之，所以析魂魄'二十二字，更完"补。

⑨冥魂魄：能够使魂、魄消失。冥，不见，消失。

⑩"何者死"二句：哪里还有什么死亡？哪里还有什么生存？一个人既然能够与天地万物融为一体了，也就无所谓生死了。

【译文】

关尹子说：我们的精气与水相配，魄与金相配，精神与火相配，魂与木相配。既然精气与水相配，魄与金相配，金能够生出水，因此魄就依附于精气之中。既然精神与火相配，魂与木相配，木能够生出火，因此魂就依附于精神之中。水作为一种事物，能够隐藏金而使它得以歇息，能够滋养木而使它得以开花繁荣，因此水可以使魂与魄分开生存。火作为一种事物，能够熔化金而使它销毁，能够焚烧木而使它毁灭，因此火可以使魂与魄消失。精气，在天上为寒冷，在地上为水，在人为精气；精神，在天上为炎热,在地上为火,在人为精神;魄,在天上为干燥,在地上为金,在人为魄;魂,在天上为风,在地上为木,在人为魂。只要把我们的精气,与天地万物的精气融合为一,就好比把千万条河水融合为一片水那样;把我们的精神,与天地万物的精神融合为一,就好比把千万种火融合为一片火一样;把我们的魄,与天地万物的魄融合为一,就好比金作为一种事物,可以把不同的金熔化为一块金一样;把我们的魂,与天地万物的魂融合为一魂,就好比木作为一种事物,可以把不同的树木嫁接为同一种树木一样;那么天地万物的精、神、魂、魄,都是我们的精、神,都是我们的魄、魂,如此还会有什么死亡呢? 还会有什么生存呢?

　　曰:五行之运,因精有魂,因魂有神,因神有意,因意有魄①,因魄有精②,五行回环不已。所以我之伪心流转造化③,几亿万岁,未有穷极。然核芽相生④,不知其几万株,天地虽大,不能芽空中之核⑤;雌卵相生⑥,不知其几万禽,阴阳虽妙,不能卵无雄之雌⑦。惟其来于我者⑧,皆摄之以一息⑨,则变物为我⑩,无物无我⑪。所谓五行者,孰能变之?

【注释】

①因意有魄:因为有了意识而产生出魄。作者认为,心可生出万物,有了万物,也就有了魄,所以说"因意有魄"。

②因魄有精:因为有了魄而产生了精气。作者把人的精、魂、神、意、魄的关系与五行相生对应起来,显得牵强。

③伪心:虚假的心。作者认为万物都是虚假不实的,心也是如此。
流转:流动,变化。造化:造物。作者认为心可以生出万物。

④核芽相生:果核与果苗相互生出。果核能够发芽,发芽后的果树又可以生出果核,因此说它们"相生"。

⑤芽:用如动词。生出苗芽。空中之核:没有果仁的空核。

⑥雌卵相生:雌性的鸟与卵相互生出。雌鸟生出鸟卵,鸟卵又孵出雌鸟,因此说它们"相生"。

⑦卵无雄之雌:没有雄鸟,雌鸟也无法孵出小鸟。卵,用如动词。孵出小鸟。

⑧来于我者:来到我们身体上的事物。实际指组成我们身体的各种物质。

⑨皆摄之以一息:我们就用自己的精气把这些物质都统摄在一起。息,气息。指阴阳二气或精气。

⑩变物为我:把这些物质变成我们自身。

⑪无物无我:没有哪一种物质不是我们自身。作者认为,既然所有的物质都可以变为我们的身体,那么所有的物质都可以视为自身。

【译文】

关尹子说:就像五行循环运行那样,因为有了精气而出现了魂,因为有了魂而出现了精神,因为有了精神而出现了意识,因为有了意识而出现了魄,因为有了魄而出现了精气,这五种事物循环相生而没有穷尽。因此我们的虚幻之心不断变化,生出各种事物,不知已经过了多少个亿万年了,永远也没有尽头。果核与果苗辗转相互生出,也不知已经生出了几万棵果树,然而天地即使十分伟大,也无法让没有果仁的空果核长出新芽;雌鸟与鸟卵辗转相互生出,也不知已经生出了几万只鸟儿了,然而阴阳二气即使非常微妙,也无法让没有雄鸟的雌鸟孵出小鸟。那些前来组成我们身体的各种物质,就用我们的阴阳二气把它们都统摄起来,那么各种物质就会变成我们的身体,由此可见没有任何一种物质不是我们的身体。所谓的五行循环变化,谁又能改变它们呢?

曰:众人以魄摄魂者①,金有余则木不足也②;圣人以魂运魄者,木有余则金不足也。盖魄之藏③,魂俱之;魂之游,魄因之④。魂昼寓目⑤，魄夜舍肝⑥。寓目能见，舍肝能梦。见者魂，无分别析之者，分别析之曰天地者，魂狃习也⑦。梦者魄，无分别析之者，分别析之曰彼我者，魄狃习也。火生土，故神生意⑧；土生金，故意生魄⑨。神之所动，不名神，名意；意之所动，不名意，名魄。唯圣人知我、无我，知物、无物，皆因思虑计之而有。是以万物之来，我皆对之以性⑩，而不对之以心⑪。性者，心未萌也，无心则无意矣。盖无火则无土，无意则无魄矣。盖无土则无金，一者不存，五者皆废⑫。既能浑天地万物以为魂，斯能浑天地万物以为魄。凡造化所妙，皆吾魂；凡造化所有，皆吾魄，则无有一物可役我者⑬。

【注释】

①以魄摄魂：用魄（肉体）去控制自己的魂（精神）。也即精神受制于肉体的欲望。魄依附于肉体，魂依附于精神，所以这里的魄代指肉体，魂代指精神。

②金有余则木不足也：前文说"魄者金……魂者木"，因此，以魄（金）摄魂（木），就显得金有余而木不足了。

③魄之藏：魄消失不见了。藏，消失。

④因：跟随。

⑤寓目：住在眼睛里。寓，居住。

⑥舍肝：住在肝脏里。舍，居住。《四库全书》本说"'舍肝'当作'舍肺'。"

⑦魂狃（niǔ）习也：魂也就习惯了这种分别。狃，习惯。

⑧"火生土"二句：火生土，因此精神可以生出意识。作者把火与神相配，土与意相配，既然火生土，那么神就可以生出意。

⑨"土生金"二句：土生金，因此意识可以生出魄。作者把土与意相配，把金与魄相配，既然土生金，那么意就可以生出魄。

⑩我皆对之以性：我们都用自己的美好天性去应对它们。美好的天性就是不分别天地万物，不分别彼此你我。

⑪心：指带有社会性质的人心。古人认为，天性是美好的，而受到社会沾染的人心不但有善有恶，而且注重分辨万物。

⑫"一者不存"二句：五行中的某一行不存在了，那么五行也就不存在了。五行相生，是一个彼此相依的链条，如果去掉其中一环，那么整个链条也就不存在了。

⑬则无有一物可役我者：那么就没有任何一种事物可以役使我们了。既然万物即我，我即万物，物我一体，彼此不分，当然也就没有什么外在的事物能够役使我们了。

【译文】

关尹子说：普通民众用魄（肉体）去控制自己的魂（精神），那么就金有余而木不足了；圣人用魂（精神）去控制自己的魄（肉体），那么就木有余而金不足了。大概如果魄消失了，魂自然也会一起消失；如果魂四处游荡，魄自然也会跟着它四处游荡。魂在白天住在人的眼睛里，魄在晚上住在人的肝脏中。魂住在眼睛里就能够使人看见外物，魄住在肝脏中就能够使人做梦。能够看见万物的是魂，魂对万物是没有任何分别的，而人们却把天地万物分别开来，魂也就慢慢习惯了这种分别。能够使人做梦的是魄，魄对于万物也是没有任何分别的，而人们却把彼此人我分别开来，魄也就慢慢习惯了这种分别。火能够生出土，因此精神能够生出意识；土能够生出金，因此意识能够生出魄。精神有所行动，这种行动不再称之为精神，而称之为意识；意识有所行动，这种行动不再称之为意识，而称之为魄（身体行动）。唯有圣人懂得自我并非真正存在的自我，懂得万物也不是真正存在的万物，自我与万物都依赖于人们的思想、意识而存在。因此当万物出现在我们面前的时候，我们要用不作分别的美好天性去应对它们，而不要用有善有恶、注重分别的人心去应对它们。所谓的天性，就是指人心还没有萌生的状态，没有心也就没有意识了；没有火也就没有土，没有意识也就没有魄了。没有土也就没有金，只要五行中的一行不存在，那么五行也就都不存在了。既然能够把天地万物看作浑然一体的魂，就能够把天地万物看作浑然一体的魄。大道的所有奇妙道理，都是我的魂；大道所产生的万物，都是我的魄，如此就没有任何一种事物能够役使我们了。

曰：鬼云为魂①，鬼白为魄②，于文则然③。鬼者，人死所变。云者风④，风者木⑤；白者气⑥，气者金⑦。风散故轻清，轻清者上天；金坚故重浊，重浊者入地。轻清者，魄从魂升⑧；重浊者，魂从魄降。有以仁升者⑨，为木星佐⑩；有以义升者，为金星佐；有以礼升者，为火星佐；有以智升者，为水星佐；有以信升者⑪，为土星佐。有以不仁沉者⑫，木贼之⑬；不义沉者，金贼之；不礼沉者，火贼之；不智沉者，水贼之；不信沉者，土贼之。魂魄半之⑭，则在人间，升魂为贵⑮，降魄为贱；灵魂为贤⑯，厉魄为愚⑰；轻魂为明，重魄为暗；扬魂为羽⑱，钝魄为毛⑲；明魂为神，幽魄为鬼。其形其居，其识其好，皆以五行契之⑳。惟五行之数㉑，参差不一，所以万物之多，盈天地间，犹未已也。以五事归五行㉒，以五行作五虫㉓，可胜言哉！譬犹兆龟数蓍㉔，至诚自契，五行应之；诚苟不至，兆之数之，无一应者。圣人假物以游世㉕，五行不得不对㉖。

【注释】

①鬼云为魂："鬼"字加"云"字，就是"魂"。

②鬼白为魄："鬼"字加"白"字，就是"魄"。

③于文则然：从文字上看就是如此。文，指文字。然，这样，如此。

④云者风:云与风相配。作者这里讲的"云",实际是在解释"魂","鬼"与"云"相配,说明"魂"就像云一样,是轻清的。

⑤风者木:风与木相配。实际就是魂与木相配。

⑥白者气:白与气相配。作者这里讲的"白",实际是在解释"魄","鬼"与"白"相配,进一步与金相配,说明"魄"是重浊的。

⑦气者金:气与金相配。实际就是魄与金相配。

⑧"轻清者"二句:如果又轻又清的魂占据上风,那么魄就会跟随着魂上升。

⑨有以仁升者:有的人因为仁爱之德,死后的魂魄上升于天。

⑩为木星佐:就会成为木星的辅佐神。古人把木与仁、金与义、火与礼、水与智、土与信相互配合起来,因此仁爱的人可以成为木星的辅佐神,正义的人可以成为金星的辅佐神,如此等等。

⑪信:诚信,诚实。

⑫有以不仁沉者:有的人因为缺乏仁爱之心,死后的魄魂下沉于地下。

⑬木贼之:木会伤害他。没有仁爱品德的人缺木,所以会受到木的伤害。贼,伤害。

⑭魂魄半之:魂魄各占一半的人。也即不好不坏的人。

⑮升魂为贵:能够以上升的魂为主的人变得高贵。意思是,在魂魄各占一半、但以魂为主的人,就会成为高贵之人。

⑯灵魂:聪明的魂。灵,机灵,聪明。

⑰厉魄:凶恶的魄。厉,凶恶。

⑱扬魂为羽:以轻扬的魂为主的就会变为飞鸟。羽,代指飞鸟。

⑲钝魄为毛:以迟钝的魄为主的就会变成兽类。

⑳皆以五行契之:都与五行的特性相契合。

㉑数:道理,内容。

㉒五事:古人修身的五件事。具体指貌、言、视、听、思。

㉓五虫:古人把所有动物分为裸、鳞、毛、羽、介五类,合称"五虫"。

人为裸虫，其首领为圣人；鱼类为鳞虫，其首领为龙；兽类为毛虫，其首领为麒麟；鸟类为羽虫，其首领为凤凰；带有甲壳的虫类为介虫，其首领为龟。

㉔兆龟：龟甲上的裂纹。古人烤灼龟甲，视其裂纹的形状以预测吉凶。兆，指占卜吉凶时灼龟甲所形成的裂纹。数蓍（shī）：计算蓍草的数量。蓍，多年生草本植物。古人用蓍草的茎秆占卜。

㉕假物：凭借各种事物。假，假借，凭借。游世：生活于人世。

㉖对：核对，研究。

【译文】

关尹子说："鬼"字加"云"字为"魂"，"鬼"字加"白"字为"魄"，从文字上看就是如此。所谓的鬼，就是人死亡之后变成的。云与风相配，风与木相配；白与气相配，气与金相配。风容易消散，又清又轻，因此又轻又清的魂就会上升于天；金十分坚硬，又重又浊，因此又重又浊的魄就会下沉于地。如果又轻又清的魂占了上风，那么魄就会跟随着魂上升于天；如果又重又浊的魄占了上风，那么魂就会跟随着魄下沉于地。有的人因为仁爱的品德，死后的魂魄上升于天，成为木星的辅佐神；有的人因为正义的品德，死后的魂魄上升于天，成为金星的辅佐神；有的人因为遵礼的品德，死后的魂魄上升于天，成为火星的辅佐神；有的人因为具有极高的智慧，死后的魂魄上升于天，成为水星的辅佐神；有的人因为诚信的品德，死后的魂魄上升于天，成为土星的辅佐神。有的人因为没有仁爱之心，死后的魄魂下沉于地，受到木的伤害；有的人因为没有正义之感，死后的魄魂下沉于地，受到金的伤害；有的人因为不讲礼仪，死后的魄魂下沉于地，受到火的伤害；有的人没有智慧，死后的魄魂下沉于地，受到水的伤害；有的人不讲诚信，死后的魄魂下沉于地，受到土的伤害。魂与魄的比重各占一半，就会留在人间，能够以上升的魂为主的人就会变得高贵，而以下降的魄为主的人就会变得低贱；以聪明的魂为主的人就会变得贤良，以凶狠的魄为主的人就会变得愚蠢；以轻盈的魂为主的人就会变得明智，以沉重的魄为主的人就会变得愚昧；以轻扬的魂为主的就会变为飞禽，以钝厚的魄为主的就会变为走兽；光明的魂变为神，幽暗的魄变为鬼。魂魄的形状与住所，魂魄的意识与爱好，都与五行的特性相契合。只因为五行的道理和内容，是如此的参差不同，所以演化出来的万物是如此之多，已经充满了天地之间，却仍然在不断地增加。把貌、言、视、听、思五事与五行相配，再通过五行演化出裸、鳞、毛、羽、介五种动物，这其中的奥妙怎能说得完！比如用龟甲、蓍草占卜，心里极为真诚就能够预测准确，五行变化也会与之相应；如果心里不够真诚，即使用龟甲、蓍草占卜，也不会有任何应验。圣人凭借万物而生活于人间，不能不认真地研究五行。

　　曰：五者具有魂①。魂者识②，目者精③，色者神④。见之者为魂，耳、目、口、鼻、心之类⑤，在此生者⑥。爱为精⑦，为彼生父本⑧；观为神⑨，为彼生母本。爱、观虽异，皆同识生，彼生生本⑩。在彼生者，一为父⑪，故受气于父，气为水；二为母⑫，故受血于母，血为火。有父有母，彼生生矣⑬。惟其爱之无识⑭，如锁之交⑮；观之无识，如灯之照；吾识不萌，吾生何有⑯？

【注释】

①五者：指下文讲的耳、目、口、鼻、心。

②魂者识：意识的根源是魂。魂是灵魂，灵魂有意识。

③目者精：眼睛是由精气构成的。眼睛属于肉体，因而眼睛由精气所构成。

④色者神：万物是由我们的精神构成的。色，指有形色的万物。作者反复强调，人的心（精神）可以产生万事万物。

⑤耳、目、口、鼻、心之类：指耳、目、口、鼻、心所产生的各种感觉。

⑥在此生者：由于魂而产生。此，代指魂。

⑦爱为精：爱慕的行为是一种精气（形体）的行为。形体是由精气构成的，所以爱慕行为是一种精气的行为。

⑧为彼生父本：这就是那些做父亲的本质所在。

⑨观为神：欣赏是精神的一种作用。观，观赏，欣赏。

⑩彼生生本：这就是人类能够生生不息的根本原因。

⑪一为父：能够独立的是父亲。一，单一，独立。"一"也可以理解为五行中的水，《尚书·洪范》："五行：一曰水，二曰火，三曰木，四曰金，五曰土。"

⑫二为母：配合者为母亲。二，同"贰"。辅佐，配合。"二"也可理解为五行中的"火"。

⑬彼生生矣：人们就可以生生不息了。

⑭惟其爱之无识：只有那些得道之人能够在进行爱慕行为的时候，而没有任何主观意识。意思是，得道之人的行为不是出自个人意识，而是顺其自然，犹如《庄子·天下》讲的"（大圣人）推而后行，曳而后往，若飘风之还，若羽之旋，若磨石之隧"以及佛教《金刚经》讲的"无所住而生其心"。

⑮如锁之交：就好像锁紧紧锁在一起那样。锁可以紧紧地扣在一起，但锁这样做是没有主观意识的，作者要求人们像锁一样，做事的时候要摈除主观好恶。

⑯"吾识不萌"二句：只要我们的意识不出现，我们哪里还有什么生存！没有生存，就没有死亡，作者要求人们忘却自己的行为，忘却自我的存在，目的还是为了忘却人世的一切痛苦和烦恼。

【译文】

关尹子说：耳朵、眼睛、嘴巴、鼻子、心灵都有魂。意识的根源是魂，眼睛的根源是精气，万物的根源是精神。能够认识外界事物的是魂，比如耳朵、眼睛、嘴巴、鼻子、心灵的各种感觉,都是由魂而产生的。爱慕的行为是精气(形体)形成的,这是那些做父亲的本质所在;欣赏的行为是精神形成的,这是那些做母亲的本质所在。爱慕行为、欣赏意识虽然不同,但都是由意识而产生,这就是人类生生不息的根源。在这些生出后代的父母中,能够独立的是父亲,因此人们都是接受了父亲的精气,气与五行中的水相配;能够密切配合父亲的是母亲,因此人们都是接受了母亲的血脉,血与五行中的火相配。有了父亲和母亲,人们就可以生生不息了。只有那些圣人才能具有爱慕行为而没有主观好恶,他们的爱慕行为就好像门锁牢牢地锁在一起而已;具有欣赏行为而没有主观用意,她们的欣赏行为就好像灯光自然照耀那样;如果我们没有主观意识,我们哪里还有什么生存呢?

　　曰:如桴扣鼓①,鼓之形者,我之有也②;鼓之声者,我之感也。桴已往矣,余声尚存,终亦不存而已矣③。鼓之形,如我之精④;鼓之声,如我之神;其余声者,犹之魂魄。知夫倏往倏来⑤,则五行之气,我何有哉?

【注释】

①桴(fú):鼓槌。扣:敲击。

②我之有也:好比是我所具有的身体。

③而已矣:而已。

④精:精气。实际即肉体,因为古人认为,人的肉体是由精气形成的。

⑤夫倏(shū)往倏来:快速地来来去去的事物。倏,快速地。

【译文】

　　关尹子说:比如用鼓槌敲击鼓,鼓的形体,就好比我们所具有的身体;鼓的声音,就好比我们对外界的感应。鼓槌已经拿走了,鼓的余音还存在,但最终也会消失。鼓的形体,就好比我们的精气;鼓的声音,就好比我们的精神；鼓的余音，就好比我们的魂魄。懂得了忽然消失、忽然出现的这些事物，都是五行之气形成的，那么我们又能占有什么呢？

曰：夫果之有核，必待水、火、土三者具矣^①，然后相生不穷；三者不具，如大旱、大潦、大块^②，皆不足以生物。夫精水、神火、意土^③，三者本不交，惟人以根合之^④，故能于其中横见有事^⑤。犹如术祝者^⑥，能于至无中见多有事。

【注释】

①火：这里指阳光。

②潦（lǎo）：雨水，积水。这里泛指水。大块：指极度板结的土地。

③精水：精气与水相配。神火：精神与火相配。意土：意识与土相配。

④以根合之：从根本上把它们融合在一起。

⑤横见：突然看到。横，意外，突然。

⑥术祝：宗教法术。祝，祈祷神灵。

【译文】

关尹子说：果实里面有果核，而果核必须具备水、火、土三个条件，然后才能够生生不息；如果这三个条件不具备，比如遇到了大旱、大涝、极度板结的土地，就没有办法使草木生长了。精气与水相配，精神与火相配，意识与土相配，这三者本来是互无关系的，就是人们把这三者从根本上融合起来，因此能够在天地之间突然看到了万事万物。这就好像那些使用法术咒语的人，能够使人在虚无之中看到许许多多的的事物。

曰：魂者木也^①，木根于冬水而华于夏火^②。故人之魂，藏于夜精^③，而见于昼神^④。合乎精，故所见我独^⑤，盖精未尝有人^⑥；合乎神，故所见人同^⑦，盖神未尝有我^⑧。

【注释】

①魂者木也：魂与木相配。

②木根于冬水而华（huā）于夏火：木植根于与水相配的冬天，而开花于与火相配的夏天。冬水，古人把冬天与水相配。华，同"花"。开花。夏火，古人把夏天与火相配。

③藏于夜精：夜晚藏在人的精气之中。

④见（xiàn）于昼神：白天表现在神识之中。见，同"现"。表现，出现。

⑤"合乎精"二句：因为魂在夜里与精气融合在一起，所以在梦中只能看见自己一个人看见的事物。所见我独，即"我独所见"。梦中的景象只能做梦的人自己一个人看到。

⑥盖精未尝有人：这大概是因为自己的精气中还没有包含别人。

⑦故所见人同：因此所看到的景象，人们都是一样的。

⑧未尝有我：不曾只有我一个人。

【译文】

关尹子说：魂与木相配，木植根于与水相配的冬天，而开花繁荣于与火相配的夏天。因此人的魂，夜晚潜藏在精气里，而白天则出现在神识中。因为魂在夜里与精气融合在一起，所以在梦中只能看见自己一个人看见的事物，这大概是因为自己的精气中还没有包含别人的缘故；因为魂在白天与神识融合在一起，因此所看到的景象，别人与我都是一样的，这大概是因为在神识里不仅是我一个人存在。

曰：知夫此身，如梦中身，随情所见者①，可以飞神作我而游太清②；知夫此物，如梦中物，随情所见者，可以凝精作物而驾八荒③。是道也④，能见精、神而久生⑤，能忘精、神而超生。吸气以养精，如金生水⑥；吸风以养神，如木生火⑦，所以假外以延精、神⑧。漱水以养精⑨，精之所以不穷；摩火以养神^⑩，神之所以不穷，所以假内以延精、神^⑪。若夫忘精、神而超生者，吾尝言之矣。

【注释】

①随情所见者：随着情感的不同就能够看到不同的景象。日有所思，夜有所梦，梦中的景象会随着做梦人的情感而发生变化。

②可以飞神作我而游太清：可以使自己的精神化作自我的身体而飞翔、游荡于太空。太清，天空。道教出现后，太清又指神仙生活的地方。

③凝精作物：凝结自己的精气使其化作万物。驾：驰骋。八荒：八方极远的地方。代指整个天下。

④是道：这种方法。是，代词。道，方法。

⑤精、神：精气与精神。实际即肉体与精神。

⑥"吸气以养精"二句：吸入阴阳二气以养护我们的精气，就好像金能够生水那样。作者把气与金相配，精与水相配，金能够生水，因此气能够养精。

⑦"吸风以养神"二句：吸入风以养护我们的精神，就好像木能够生出火那样。作者把风与木相配，把神与火相配，木能够生火，因此风能够养神。

⑧假外：借助外部事物。指外界的气、风。

⑨漱水：饮下口中的津液。漱，饮，咽下。水，指口中津液。古人认为津液具有养生作用。

⑩摩火：激发丹田的神火。古代的一种养生方法，通过动作（按摩）与意念作用，使丹田部位发热。养：《四库全书》作"义"，应为"养"之形误。

⑪假内：借用内部的事物。指漱水、摩火。

【译文】

关尹子说:知道我们的身体,就和梦中的身体相似,会随着情感的改变而能够看见不同的景象,这样就可以使自己的精神化作自我身体而飞翔、游荡于太空;知道世间的万物,就和梦中的万物相似,会随着情感的改变而能够看见不同的事物,这样就可以把自己的精气凝结为万物而驰骋于整个天下。这种方法,可以使我们洞见自己的精气与精神而长生不老,也可以使我们忘却自己的精气与精神而超越生死。吸入阴阳二气以养护我们的精气,就如同金能生水那样;吸入外界的风以养护我们的精神,就如同木能生火一般,这就是借助外物以延续我们的精气与精神的方法。咽下津液以养护我们的精气,我们的精气就不会枯竭;激发丹田神火以养护我们的精神,我们的精神就不会穷尽,这就是借助体内事物以延续我们的精气与精神的方法。至于忘却我们的精气与精神以超越生死的道理,我过去已经谈论过。

　　曰:人勤于礼者,神不外驰,可以集神①;人勤于智者,精不外移,可以摄精②。仁则阳而明③,可以轻魂④;义则阴而冥⑤,可以御魄⑥。

【注释】

①集:聚集,积蓄。

②摄(shè):保养,养护。

③仁则阳而明:仁爱会使自身的阳气变得明朗。

④轻魂:使魂变得轻盈。魂变得轻盈,就可以上升于天。

⑤义则阴而冥:正义会使自身的阴气消失。冥,消失。

⑥御魄:节制魄。节制魄的目的,是不让魄占据上风,如果魄占了上风,人死后,魄魂就会沉入地下而受苦。

【译文】

　　关尹子说：勤于学习礼节的人，他的精神就不会向外驰求，这样就能够积蓄精神；勤于获取智慧的人，他的精气就不会向外分散，这样就能够养护精气。仁爱会使自身的阳气变得明朗，可以使自己的魂变得轻盈；正义会使自身的阴气逐渐消失，可以使自己的魄得到节制。

　　曰：蜣螂转丸①，丸成而精思之，而有蠕白者存丸中②，俄去壳而蝉③。彼蜣不思，彼蠕奚白④？

【注释】

①蜣螂（qiāng láng）：虫子名。俗称屎壳郎。转丸：转动着粪丸。蜣螂常将粪便制成球状，滚动到可靠的地方藏起来，然后再慢慢吃掉。

②蠕（rú）白者：蠕动着的白色虫子。蠕，蠕动。处于繁殖期的雌蜣螂会将粪球做成梨状，并在其中产卵，孵出的幼虫以现成的粪球为食，直到发育为成年蜣螂才破卵而出。而《关尹子》的作者则认为粪球中之所以会出现白色虫子，是蜣螂精心存思的结果。作者的这一观察是错误的，其目的是为了说明精神能够产生物质。

③俄：不久。蝉：指蜣螂。

④彼蠕奚白：那里面怎会出现蠕动的白色虫子呢？

【译文】

　　关尹子说：蜣螂转动着粪丸，粪丸做成之后而蜣螂就一心一意地想着粪丸，从而使粪丸中出现了蠕动着的白色虫子，不久这些虫子脱离甲壳而成为蜣螂。如果蜣螂不一心一意地想着这些粪丸，那里面怎会出现蠕动的白色虫子呢？

　　曰：庖人羹蟹①，遗一足机上②，蟹已羹，而遗足尚动。是生死者，一气聚散尔③。不生不死④，而人横计曰生死⑤。

【注释】

①庖（páo）人：厨师。羹蟹：做螃蟹汤。羹，用如动词。做羹汤。

②遗：遗忘，遗留。机：几案，砧板。

③一气聚散尔：不过是同一种气或聚集或散开而已。尔，而已。《庄子·知北游》："人之生，气之聚也；聚则为生，散则为死。"古人认为，人及其他事物的诞生，就是气的聚合，气聚合就形成生命，气离散就意味着死亡。

④不生不死：人是无生无死的。人的生死，就是气的聚散，虽然气的聚散状态不同，但气永远不会消失，从这个角度讲，人是无生无死的。

⑤横计：不合理地认为。

【译文】

关尹子说：厨师烹制螃蟹汤，把一只螃蟹腿遗忘在砧板上，螃蟹汤已经做好了，被遗忘的那条螃蟹腿还在颤动。这说明生生死死，不过是一团阴阳二气或聚集或散开的过程而已。其实并没有生与死，而人们却不合理地算计出生与死的差别。

曰：有死立者①，有死坐者，有死卧者，有死病者，有死药者。等死②，无甲乙之殊③。若知道之士，不见生，故不见死。

【注释】

①有死立者：有的人站着死了。

②等死：同样是死。等，等同，同样。

③无甲乙之殊：没有甲与乙的区别。也即没有什么不同。甲乙，彼此。

【译文】

关尹子说：有的人站着死了，有的人坐着死了，有的人躺着死了，有的人生病死了，有的人吃药中毒死了。同样都是死亡，没有什么甲与乙的区别。像那些懂得大道的人，他们的眼中根本就没有什么生存，因此也就没有什么死亡。

曰：人之厌生死、超生死者，皆是大患也^①。譬如化人^②，若有厌生死心，超生死心，止名为妖，不名为道。

【注释】

①大患：大的灾难。心里总惦记着生死，会增加自己的心理负担，不利于自己的身心健康，故称之为"大患"。

②化人：变化为人来教化众生的神，叫作化人。这里指教育众生的人。另外，会幻术的人，也叫化人。

【译文】

关尹子说：讨厌生死的人，和那些想超越生死的人，都是他们内心的大祸害。比如那些变化为人来教化众生的神人，如果产生了讨厌生死的心，或者是产生了要超越生死的心，那就只能称之为妖孽，而不能称之为有道之士。

曰：计生死者，或曰死已有^①，或曰死已无^②，或曰死已亦有亦无，或曰死已不有不无。或曰当喜者^③，或曰当惧者，或曰当任者^④，或曰当超者。愈变识情^⑤，驰骛不已^⑥。殊不知我之生死，如马之手，如牛之翼，本无有，复无无^⑦。譬如水火，虽犯水火，不能烧之，不能溺之^⑧。

【注释】

①或：有的人。死已有：人死亡之后还存在灵魂。已，已经，以后。

②无：一无所有。即死亡之后，肉体与灵魂都会化为乌有。

③当喜者：死亡的事值得庆幸、高兴。

④任：顺应。

⑤愈变识情：人们对待死亡的情感与认识，越来越多。

⑥驰骛不已：争论不休。驰骛，奔驰，相互追逐。这里指相互争论。

⑦复无无：进一步做到不把这种虚无的事情放在心里。复，进一步。无，第一个"无"是动词，消除掉。第二个"无"是名词，指生死这件虚无的事情。

⑧"譬如水火"四句：作者用水火与水火的关系，比喻身体与气的关系。人的身体本来就是气形成的，人死后，不过是又回归于本来状态而已，就好像水回归于水，火回归于火那样，因此也就根本无所谓生死。犯，冒犯，触犯。

【译文】

关尹子说：那些讨论生死的人，有人说人死后还有灵魂存在，有人说人死后就什么都没有了，有人说人死后则处于半存在、半不存在的状态，有人说人死后不能说是存在、也不能说是不存在。有人说应当庆幸死亡，有人说应当恐惧死亡，有人说应当顺应死亡，有人说应当超越死亡。人们对待死亡的情感与认识可以说是越来越多，彼此争论不休。他们根本不知道我们的生死，就好像马的手臂，好像牛的翅膀，本来就不存在，进一步还要做到不把这种不存在的事情放在心里。比如水火，即使用水火去触犯水火，火也不可能被火烧毁，水也不可能被水淹死。

五 鉴篇（鉴者，心也。）

【题解】

鉴，镜子。因为人心如同一面镜子，可以映照外界的万事万物，所以古人常常用镜子来比喻人心。作者的自注也说："鉴者，心也。"本章是一篇专门研究心理的文章。在本章中，作者主要提出以下几个有关心理的问题。

首先，作者认为，沉迷于不同事物之中的人，就会产生不同的心理反应。这一观点本来是正确的，但作者把这些心理反应归咎于鬼魂的作用，明显是受到时代的局限。

其次，作者把所有的心理活动都归因于大道的支配，因此反复要求人们要与大道融为一体，做到内心空净，进一步做到视万物为虚假，从而获取心灵的自由。其中的万物皆空观点，与佛教思想非常接近，不少学者以此为证，断言《关尹子》为后世伪作。

第三，作者虽然承认人心能够映照外物，但同时又认为人心是无法认识万物本质的，因此作者提醒人们"无恃尔所谓利害是非，尔所谓利害是非者，果得利害是非之乎？圣人方且不识不知，而况于尔"，从而陷入不可知论。

第四，作者认为，天地间的这个大空间可以生出元气，而元气又能演化出万事万物；接着作者把人心比作这个大空间，认为"我之一心，能变为气,能变为形",于是人心就能够产生万事万物了。这种比附是不合逻辑的,其结果自然也不正确。

除此,作者还提出了一些诸如无私忘我、情波性水、无以己度人等对后世具有一定启发和影响的命题。

　　关尹子曰:心蔽吉凶者,灵鬼摄之[1];心蔽男女者,淫鬼摄之[2];心蔽忧幽者,沉鬼摄之[3];心蔽放逸者[4],狂鬼摄之;心蔽盟诅者[5],奇鬼摄之[6];心蔽药饵者[7],物鬼摄之。如是之鬼,或以阴为身[8],或以幽为身[9],或以风为身,或以气为身,或以土偶为身[10],或以彩画为身,或以老畜为身,或以败器为身[11]。彼以其精[12],此以其精[13],两精相搏[14],则神应之。为鬼所摄者,或解奇事,或解异事,或解瑞事[15]。其人傲然[16],不曰鬼于躬[17],惟曰道于躬。久之,或死木[18],或死金[19],或死绳[20],或死井。惟圣人能神神而不神于神[21],役万物而执其机,可以会之[22],可以散之,可以御之,日应万物,其心寂然[23]。

【注释】

①灵鬼:灵验之鬼。摄:控制。

②淫鬼摄之:《四库全书》本原作"淫男摄之"。"男"为"鬼"之形误。《百子全书》本即作"淫鬼摄之"。

③沉鬼:沉郁之鬼。沉,沉郁,压抑。

④放逸:放纵,放荡。

⑤盟诅:发誓诅咒。

⑥奇(jī)鬼:邪恶之鬼。奇,邪恶不正。

⑦药:灵丹妙药。饵:食物,美食。

⑧或以阴为身:有的隐身于阴暗之处。或,有的。

⑨幽：幽深。

⑩土偶：泥塑的人像。

⑪败器：破败的器皿。

⑫彼以其精：鬼魂用它们的精气（诱惑人们）。

⑬此：代指人们。

⑭搏：握持，结合。

⑮瑞事：祥瑞的事情。

⑯傲然：高傲的样子。

⑰不曰鬼于躬：不认为是鬼魂附于自己的身体。曰，说，认为。躬，自身。

⑱死木：死于草木中毒。木，草木。指药草、树果之类。

⑲金：指金属制成的刀剑。

⑳绳：用绳索上吊。

㉑神神：支配神鬼。第一个"神"是动词。支配神鬼。神于神：被神鬼所支配。

㉒会之：召集在一起。会，聚集。

㉓寂然：平静安宁的样子。

【译文】

关尹子说：一心沉迷于吉凶预测的人，灵验之鬼就会控制他们的行为；一心沉迷于男女之事的人，淫荡之鬼就会控制他们的行为；一心沉迷于忧伤痛苦之中的人，沉郁之鬼就会控制他们的行为；一心沉迷于放荡不羁的人，狂放之鬼就会控制他们的行为；一心沉迷于发誓诅咒的人，邪恶之鬼就会控制他们的行为；一心沉迷于灵药美食的人，各种事物之鬼就会控制他们的行为。如此众多的鬼魂，有的隐身于阴暗之处，有的隐身于幽深之处，有的隐身于风中，有的隐身于气中，有的隐身于塑像之中，有的隐身于彩画之中，有的隐身于衰老的牲畜体内，有的隐身于破败的器皿里。鬼魂用它们的精气诱惑受骗者，受骗者以自己的精气接受这些诱惑,双方的精气相互结合,就会产生了神奇的反应。被鬼魂控制的人,有的人懂得奇特的事情,有的人懂得异常的事情,有的人懂得祥瑞的事情。这些人都非常傲慢,他们不认为是鬼魂控制了自己,反而认为自己已经获得了大道。时间久了,他们有的死于草木中毒,有的死于刀剑,有的上吊自杀,有的投井而亡。只有圣人能够控制鬼神而不被鬼神所控制,能够役使万物而善于把握时机,圣人可以把鬼神、万物聚集在一起,也可以把鬼神、万物遣散开去,还可以驾驭、役使鬼神与万物,圣人每天在应对万事万物的时候,其心境却是非常的平静安宁。

　　曰:无一心^①,五识并驰^②,心不可一;无虚心^③,五行皆具^④,心不可虚;无静心,万化密移^⑤,心不可静。借能一^⑥,则二偶之^⑦;借能虚,则实备之^⑧;借能静,则动摇之^⑨。惟圣人能敛万有于一息^⑩,无有一物可役我之明彻^⑪;散一息于万有,无有一物可间吾之云为^⑫。

【注释】

①一心:专一的心。

②五识:指眼、耳、鼻、舌、身的认识能力。并驰:都一起向外追逐名利。

③虚心:空无一物的心。也即心里不挂记任何事情。

④五行:泛指万物。万物都是由五行构成的。皆具:都出现在眼前。

⑤万化密移:各种变故就会不知不觉地改变着自己的心情。密,不知不觉。移,改变。

⑥借能一:即使有一颗能够专一的心。借,假使,即使。

⑦则二偶之:那么总有一些使他分心的事情在打扰他。二,二心,分心。偶,陪着。这里引申为打扰。

⑧实备之:一些事物充满了他的心。

⑨动摇之:各种使人动心的事情在摇动着他的心境。

⑩能敛万有于一息：能够把万事万物收敛于一丝气息之中。万有，指万事万物。息，气息。关尹子认为，万物都是气形成的，万物死亡后，则又变化为气，所以掌握了大道的圣人，能够使万物化为一气。

⑪明彻：明净清澈的心。

⑫间：间隔，阻挠。这里指影响。云为：言行。云，说，言语。

【译文】

关尹子说：如果没有一颗专一的心，各种认识能力就会纷纷向外追逐名利，那么心就没有办法专一了；如果没有一颗虚静的心，各种事物都会呈现在眼前，那么心就没有办法做到虚静了；如果没有一颗安静的心，千变万化的事物就会不知不觉地改变着人的心境，那么心就没有办法安静下来了。世俗人即使有一颗能够专一的心，但是总会有一些使他分心的事情在打扰他；即使有一颗能够虚静的心，但是总会有一些事情填满了他们的心；即使有一颗能够安静的心，但是总会有一些事情在摇动着他们的心。只有圣人能够把万物收敛于一气之中，因此没有任何一种事物能够役使自己明净清澈的心；只有圣人能够把一气散开而化为万事万物，因此没有任何一种事物能够影响他们的一言一行。

曰：火千年，俄可灭①；识千年，俄可去。

【注释】

①俄：片刻，一瞬间。

【译文】

关尹子说：燃烧了千年的火，可以在一瞬间熄灭；积累了千年的意识，可以在一瞬间被消除。

曰：流者舟也，所以流之者①，是水非舟；运者车也，所以运之者，是牛非车；思者心也，所以思之者，是意非心②；

不知所以然而然。惟不知所以然而然，故其来无从③，其往无在④。其来无从，其往无在，故能与天地本原⑤，不古不今。

【注释】

①所以流之者：能够使船只游动的事物。所以，……的事物。

②意：意识。心：指心脏这一器官。

③其来无从：它的来源无从追究。其，代指大道。因为万事万物的出现、发展和消失，都是大道的作用。

④其往无在：它的发展找不到痕迹。往，发展。无在，找不到所在之处。

⑤与天地本原：与天地的源头同在。

【译文】

关尹子说：游动的是船只，而能够使船只游动的事物，是水而不是船只；运行的是车子，而能够使车子运行的事物，是牛而不是车子；思维的是心脏，而能够使心脏思维的事物，是人的意识而不是心脏；我们不知道为什么会是这样而确实是这样了。正是因为我们不知道为什么会是这样而确实是这样了，因此它的源头就无从追究，它的发展也找不到痕迹。正是因为它的源头无从追究，它的发展也找不到痕迹，因此它能够与天地同在，不分古今而永世长存。

　　曰：知心无物①，则知物无物②；知物无物，则知道无物③；知道无物，故不尊卓绝之行④，不惊微妙之言。

【注释】

①知心无物：懂得了心并非真实存在的事物。本段主要讲万物皆空的道理，因此不少学者认为这一理论与佛教的万法皆空相似，并据此认定《关尹子》为后世作品。

②物无物：万物都不是真实存在的事物。也即万物皆空。

③道无物：大道也不是真实存在的事物。

④不尊卓绝之行：不去崇拜卓越的行为。既然万物皆空，那么所谓
　　的卓越行为也就是虚假不实的，因此也不用去崇拜。

【译文】

关尹子说：懂得了心并非真实存在的道理，进一步就懂得了万物都
不是真实存在的道理；懂得了万物都不是真实存在的道理，进一步就懂
得了大道也不是真实存在的道理；懂得了大道也不是真实存在的道理，
因此就不会去崇拜那些所谓的卓越行为，也不会对那些所谓的微妙言论
而惊叹不已了。

　　曰：物我交，心生①；两木摩，火生。不可谓之在我②，不可
谓之在彼；不可谓之非我，不可谓之非彼，执而彼我之则愚③。

【注释】

①"物我交"二句：外物一旦与我们接触，各种想法就会产生了。

②不可谓之在我：不能说产生的原因就在于我们自身。之，指产生
　　想法的原因。

③执：固执。彼我之：分辨清楚产生的原因是在于外物，还是在于我
　　们自身。

【译文】

关尹子说：外物一旦与我们接触，我们的各种想法就会产生；两块木
头相互摩擦，火就会产生。不能说这些产生的原因就在于我们自身，也
不能说这些产生的原因就在于外物；不能说这些产生的原因就不在于我
们自身，也不能说这些产生的原因就不在于外物。固执地要去分清产生
的原因是在于我们自身还是在于外物，那就愚蠢了。

　　曰：无恃尔所谓利害是非①，尔所谓利害是非者，果得

利害是非之乎？圣人方且不识不知，而况于尔！

【注释】

①恃：依赖，相信。尔：你。泛指世俗人。

【译文】

关尹子说：不要太相信你自己所认为的利害与是非，你所认为的利害与是非，果真就把握住了真正的利害与是非了吗？就连圣人尚且不能知道什么是真正的利害与是非，更何况你呢！

曰：夜之所梦，或长于夜，心无时^①；生于齐者^②，心之所见皆齐国也，既而之宋、之楚、之晋、之梁^③，心之所存各异，心无方^④。

【注释】

①心无时：心不受时间的限制。

②齐：诸侯国名。在今山东北部一带。

③之：来到。宋：诸侯国名。在今河南商丘一带。楚：诸侯国名。在今河南南部、湖北、湖南一带。晋：诸侯国名。在今山西、河北南部和陕西中部一带。梁：即魏国。诸侯国名。在今河南北部、山西西南部一带。

④心无方：心不受空间的限制。方，方位，空间。

【译文】

关尹子说：夜晚梦中所经历的故事，其时间可能要比夜晚更长，可见我们的心不受时间的限制；生于齐国的人，心里所经历的事情都是齐国的事情，后来又到了宋国，到了楚国，到了晋国，到了梁国，心里所存有的事情就会各不相同，可见我们的心不受空间的限制。

曰：善弓者，师弓不师羿^①；善舟者，师舟不师奡^②；善心者，师心不师圣。

【注释】

①师：师从，效法。羿（yì）：人名。传说中的神箭手。

②奡（ào）：人名。传说是夏代寒浞（zhuó）的儿子，能够陆地行舟。

【译文】

关尹子说：善于制造弓弩的人，向弓弩学习而不向羿学习；善于制造船只的人，向船只学习而不向奡学习；善于修心的人，向心学习而不向圣人学习。

曰：是非好丑^①，成败盈虚^②，造物者运矣^③。皆因私识执之而有^④，于是以无遣之^⑤，犹存^⑥；以非有非无遣之^⑦，犹存。无曰莫莫尔^⑧，无曰浑浑尔^⑨，犹存。譬犹昔游再到^⑩，记忆宛然^⑪，此不可忘，不可遣。善去识者^⑫，变识为智。变识为智之说，汝知之乎？曰想，如思鬼心慄^⑬，思盗心怖；曰识，如认黍为稷^⑭，认玉为石者，浮游罔象^⑮，无所底止^⑯。譬睹奇物，生奇物想，生奇物识。此想此识，根不在我。譬如今日，今日而已，至于来日，想识殊未可卜^⑰。及至来日，纷纷想识，皆缘有生^⑱。曰想曰识，譬如犀牛望月，月形入角^⑲，特因识生^⑳，始有月形。而彼真月，初不在角^㉑，胸中之天地万物亦然。知此说者，外不见物，内不见情^㉒。

【注释】

①好：美。

②盈虚：盛衰。

③造物者运矣：这是大道运行的结果。造物者，指大道。

④私识：个人的意识。执之而有：执着地把这些存留于心中。

⑤以无遣之：用万物皆是虚无的理论去消除这些记忆。无，万物皆
　是虚无。遣，排遣，消除。之，指留存在心中的记忆。

⑥犹存：依然留存于心里。

⑦非有非无：万物既不是真实存在也不是完全的虚无。

⑧莫莫尔：模模糊糊的样子。尔，形容词词尾。无义。

⑨浑浑尔：混沌一片难以看清的样子。

⑩昔游再到：再次来到从前游历过的地方。也即旧地重游。

⑪宛然：清晰浮现的样子。

⑫善去识者：善于排除个人意识、记忆的人。去，去除，消除。

⑬慄（lì）：害怕得发抖。

⑭黍（shǔ）：黍子，碾成米叫黄米，性黏，可酿酒。稷：谷子。

⑮浮游罔象：浮想联翩，没有定象。罔象，没有定象，没有固定的模
　样。罔，没有。另外"罔象"也是一种怪物的名字。

⑯无所底止：没有底线。指人们的想象是无限的。

⑰想识殊未可卜：思想与意识的内容实在无法预测。卜，预测。

⑱皆缘有生：都会源于各种事物而产生。有，物质存在，事物。

⑲月形入角：月亮的形状映照在犀牛的角上。犀牛的角上有白纹，
　感觉灵敏，因此古人认为犀牛的角是接受外界事物的器官。

⑳特因识生：就因为这个原因而产生了意识。特，仅仅，只。

㉑初：一点也不，表示程度少。

㉒内不见情：内心也没有好恶之情。

【译文】

　　关尹子说：是非美丑，成败盛衰，都是大道运行的结果。人们都是因
为有了个人意识而执着地把这些事情留存在心里，于是就用万物皆空的
理论去消除这些记忆，但这些记忆依然留存于心里；再用万物是半真半

假的理论来消除这些记忆,这些记忆依然留存于心里。无论这些记忆是模模糊糊的,还是混混沌沌不够清晰,依然会留存于心里。就好像旧地重游那样,昔日记忆历历在目,这些记忆难以忘怀,难以消除。那些善于消除个人意识、记忆的人,就会把个人意识修养为智慧。把个人的意识变为智慧的道理,你知道吗?我们就谈谈思想吧,比如我们一想到鬼魂就会害怕得发抖,一想到强盗就会恐怖不安;我们再说说意识吧,比如我们会把黍错认作稷,把美玉错认作石头,意识会浮想联翩而没有定准,而且这种意识的想象是无限的。比如我们在看到奇特事物的时候,就会产生有关这种事物的想法,就会产生有关这种事物的意识。而这些想法和意识,其根源并不在我们自身。比如今日的事,今日已经成为定局了,至于明天,我们的想法与意识的内容一点也无法预测。到了明天,各种不同的想法和意识,都会因为新的事物的出现而产生。所谓的想法与意识,就好比犀牛望月,月亮的形状映照在犀牛的角上,只因这个原因而犀牛的意识就出现了,于是心中就开始有了月亮的形状。然而那轮真正的月亮,根本就不在犀牛的角上,我们心中的天地万物也都是如此的虚假不实。懂得了这一道理的人,对外无视任何事物的存在,对内不会产生任何好恶之情。

曰:物生于土,终变于土;事生于意,终变于意①。知夫惟意,则俄是之②,俄非之;俄善之,俄恶之。意有变,心无变③;意有觉,心无觉。惟一我心,则意者,尘往来耳④;事者,欻起灭尔⑤,吾心有大常者存⑥。

【注释】

①"事生于意"二句:事情都产生于我们的意识,最终又变为意识。有了意识,才会产生事情;任何事情总有结束的时候,当事情结束之后,这些事情又会变为记忆或意识留存在我们的心里。

②俄：一会儿。是之：认为这些事情是正确的。是，正确。此处为意
　　动用法。认为……正确。

③心：指心的认识能力。

④尘往来耳：像尘土一样有来有往而已。耳，而已。尘土会变为万物，
　　万物又会变成尘土，故言"尘往来耳"。

⑤欻（xū）：闪现。

⑥大常者：永恒存在的事物。指大道。

【译文】

关尹子说：万物都产生于土，最终又会变为土；事情都产生于意识，
最终又会变为意识。知道所有的事情都是意识产生的，就会明白为什么
我们一会儿认为这件事情是正确的，一会儿又认为这件事情是错误的；
一会儿认为这件事情是善良的，一会儿又认为这件事情是罪恶的。意识
随时都在变化，而心的认识能力没有变化；意识有所谓的知觉，而心的认
识能力无所谓知觉。只有使我们的心专一起来，至于意识，就像尘土那
样有来有往；事情，就像火焰闪现那样有起有灭，而我们要专一地把大道
留存于心中。

　　曰：情生于心，心生于性。情，波也①；心，流也②；性，水
也③。来干我者④，如石火顷⑤，以性受之，则心不生⑥，物浮
浮然⑦。

【注释】

①情，波也：人的情感像波浪一样。波浪汹涌澎湃，情感高低起伏，
　　故以"波"喻"情"。

②心，流也：人心就像水流一样。水流变动不居，故以"流"喻"心"。

③性，水也：人的天性就像水一样。如果没有外力，水本身是安静不
　　动的，故以"水"喻平静、安宁的天性。

④来干我者：前来触动我们的事物。干，干预，触动。

⑤顷：同"倾"。倾倒。一说"石火顷"比喻事情的出现，如同石头撞击出的火花，只是在顷刻之间闪现。

⑥"以性受之"二句：用天性去接受，那么心里就不会生出情感的波澜。作者认为，天性出自大道，因此与大道一致，大道没有意识，因此能够处变不惊，能够保存自己天性的人，就能够像大道那样保持平静，处变不惊。

⑦浮浮然：漂浮在表面的样子。意思是说，万物就会漂浮在表面，不能进入心中，从而也掀不起情感的波澜。

【译文】

关尹子说：人的情感产生于人心，而人心产生于人的天性。人的情感，就好像水波一样；人心，就好像水流一样；人的天性，就好像水一样。出现了干扰我们生活的事物，比如有石头、火焰倾泻而下，如果我们能够以安静的天性去接受它们，那么心里就不会产生情感的波澜，万物都飘飘然而不会进入我们的心中。

曰：贤愚真伪，有识者，有不识者。彼虽有贤愚，彼虽有真伪，而谓之贤愚真伪者，系我之识。知夫皆识所成，故虽真者，亦伪之①。

【注释】

①"故虽真者"二句：因此即便真是如此，也可以视为虚假。作者站在万物皆空的角度，所以得出这一结论。

【译文】

关尹子说：贤良、愚昧、真诚、虚假，有的我们能够认识，有的我们不能够认识。别人即使有贤良与愚昧之分，即使有真诚与虚假之分，而认为他们具有贤良、愚昧、真诚、虚假之分的，只能说是我们的一种意识而已。知道这一切都是我们的意识形成的，因此即使真是如此，我们也可以视之为虚假的。

曰：心感物，不生心生情；物交心，不生物生识。物尚非真，何况于识？识尚非真，何况于情？而彼妄人，于至无中^①，执以为有；于至变中，执以为常^②。一情认之，积为万情；万情认之，积为万物^③。物来无穷，我心有际，故我之良心^④，受制于情；我之本情^⑤，受制于物。可使之去，可使之来；而彼去来，初不在我；造化役之，固无休息。殊不知天地虽大，能役有形，而不能役无形^⑥；阴阳虽妙，能役有气^⑦，而不能役无气^⑧。心之所之，则气从之^⑨；气之所之，则形应之^⑩。犹如太虚^⑪，于至无中，变成一炁^⑫；于一炁中，变成万物。而彼一气，不名太虚；我之一心，能变为气，能变为形；而我之心，无气无形。知夫我之一心无气无形，则天地、阴阳不能役之。

【注释】

①于至无中：在完全虚无的世界里。作者认为一切事物都是虚假不实的。

②常：永恒不变。

③积为万物：积累成万事万物。作者认为，万事万物都是人的意识形成的。

④良心：本心，本性。古人认为人的本心、本性是善良的，故良心又指善良的心。

⑤本情：指自身原有的情感。

⑥无形：指无形的大道。

⑦有气：具有阴阳二气的事物。也即有形的事物。

⑧无气：指不含有阴阳二气的大道。阴阳二气是组成事物的最细微的颗粒，大道是规律，因此大道是不会含有阴阳二气的。

⑨气：指人的意志。作者认为，人的意识也是气形成的。

⑩则形应之：那么我们的形体就会有所响应。也即付诸行动。

⑪太虚：指天地间的大空间。

⑫"于至无中"二句：在完全虚无的状态下，演变出唯一的元气。炁，同"气"。古人认为，在最初的时候，宇宙间首先出现的是元气，元气一分为二，形成阴阳二气；阴阳二气相互冲荡融合，从而形成万物。《四库全书》本无此二句，据《百子全书》补。

【译文】

关尹子说：我们的心受到外物的触动，不会另外再产生一颗心而会产生出情感；外物交集于我们的心中，不会再产生一种事物而会产生出意识。就连事物本身尚且不是真实存在的，更何况我们的意识？就连我们的意识尚且不是真实的，更何况我们的情感？然而有一些无知的人，在这个完全虚无的世界之中，固执地认为一切都是真实存在的；在这个千变万化的世界里，固执地认为一切事物都是永恒不变的。我们用某一种情感去认识这个世界，就会逐步积累为千万种情感；再用这千万种情感去认识这个世界，就会逐步积累为万事万物。万事万物的出现是没有穷尽的，而我们的心却是有限的，因此我们的本性就会受制于我们的情感；而我们的情感，又会受制于外界的万事万物。可以使万物消失，也可以使万物出现，而万物的消失与出现，其原因根本并不在于我们自身；这些都是由大道在役使着，而且是无休无止的。人们根本不知道天地虽然很伟大，能够役使有形的事物，却不能役使无形的大道；阴阳虽然很奥妙，能够役使含有阴阳二气的事物，却不能役使不含阴阳二气的大道。人们心里有了所向往的东西，那么人的意志就会跟随着前去；人们的意志有了所向往的东西，那么人的形体就会有所响应。比如在天地之间的大空间中，可以在完全虚无的状态下，演变出唯一的元气；而这种唯一的元气，又能够演变为万物。然而这种唯一的元气，并不能称之为大空间；在我们唯一的心里，也能够演变出元气，也能够演变出物体；然而我们的心，本身却是无气、无形的。知道了我们的心是无气、无形的，那么天地、阴阳都不能役使我们的心了。

　　曰：人之平日，目忽见非常之物者，皆精有所结而使之然；人之病日，目忽见非常之物者，皆心有所歉而使之然①。苟知吾心，能于无中示有②，则知吾心，能于有中示无。但不信之③，自然不神④。或曰："厥识既昏⑤，孰能不信？"我应之曰："如捕蛇师，心不怖蛇，彼虽梦蛇，而不怖畏。"故黄帝曰："道无鬼神⑥，独往独来。"

【注释】

　　①心有所歉：心里有所亏欠。也即心受到了损伤，意识不清醒了。

　　②能于无中示有：能够在虚无中看到某种事物。

　　③但不信之：只是人们不相信这一点。但，只，仅仅。

　　④自然不神：自然不会出现这种神奇的效应。

　　⑤厥识既昏：病人的意识已经不清醒了。厥，代指上文说的"精有所结"的人和病人。

　　⑥道无鬼神：掌握了大道，就没有什么鬼神了。意思是，掌握了大道的圣人，就不会再去重视或看到鬼神了。

【译文】

　　关尹子说：一个人在平常的日子里，眼睛突然看见了不同寻常的奇怪之物，这都是因为精神有所纠结才会出现如此现象；一个人在生病的日子里，眼睛突然看见了不同寻常的奇怪之物，这都是因为心神受到了损伤才会出现如此现象。如果知道我们的心，能够在虚无之中看见某种事物，那么就会知道，我们的心也能够把存在的事物视为虚无。只是由于人们不相信这一点，自然就不会出现这种神奇的效应。有人说："那些病人的意识已经不清醒了，我们怎会不相信他们能够看见怪物呢？"我回答说："比如捕蛇的师傅，因为心中不害怕蛇，他即使在睡觉时梦见蛇，也不会感到恐惧。"因此黄帝说："掌握了大道的人心中是没有鬼神的，他们能够独往独来、自由自在。"

　　曰：我之思虑日变，有使之者，非我也，命也①。苟知惟命，外不见我，内不见心②。

【注释】

①命：天命。这里的天命指大道。

②内不见心：对内，忘却了自己的所有想法。

【译文】

关尹子说：我们的思想每天都在发生变化，能够使它发生变化的，并不在于我们自己，而在于大道。如果知道一切都是由大道在支配着，那么我们就能够做到对外忘却了自己的身体，对内忘却了自己的思想。

　　曰：譬如两目，能见天地万物，暂时回光①，一时不见。

【注释】

①回光：反射过来的光线。

【译文】

关尹子说：比如我们的一双眼睛，能够看见天地万物，一旦遇到强光反射的时候，我们顿时就会什么也看不见了。

曰：目视雕琢者①，明愈伤②；耳闻交响者③，聪愈伤④；心思玄妙者，心愈伤。

【注释】

①雕琢者：精雕细刻的事物。本段讲的道理与《老子》十二章讲的"五色令人目盲，五音令人耳聋，五味令人口爽"是一致的。

②明：眼力，视力。

③交响者：各种音调交集的音乐。

④聪：听力。

【译文】

关尹子说：眼睛长期观看细小的雕刻物，那么视力就会越发受到伤害；耳朵长期听着各种音调交集的音乐，那么听力就会越发受到伤害；心里长期思考玄妙的道理，那么心就会越发受到伤害。

曰：勿以我心揆彼①，当以彼心揆彼。知此说者，可以周事②，可以行德，可以贯道③，可以交人，可以忘我。

【注释】

①揆（kuí）：窥测，揣度。

②周事：把事情办得周全。

③贯：贯通，彻底明白。

【译文】

关尹子说：不要站在我们自己思想的角度去揣度别人的思想，而是要站在别人思想的角度去揣度别人的思想。懂得这一道理的人，可以周全地筹划事情，可以推行自己的美德，可以彻底地明白大道，可以与朋友们交往，可以忘却自我。

　　曰：天下之理，小不制而至于大^①，大不制而至于不可制。故能制一情者^②，可以成德；能忘一情者，可以契道^③。

【注释】

①小不制而至于大：《四库全书》本原作"小不制而制于大"，第二个"制"字应为"至"字之误，今据下文"大不制而至于不可制"和《百子全书》改。

②一情：指最初的少量情感。道家认为，人的本性是美好的，而情感则不值得提倡，因为情感会影响自己的情绪和健康，甚至会引起社会的不安定，所以道家主张"忘情"。

③契：契合，符合。

【译文】

关尹子说：天下的道理是，小的过错不加以制止就会发展为大的过错，大的过错不加以制止就会发展为无法控制的过错。因此能够制止最初的少量情感的人，就可以成就自己的美德；能够忘却最初少量情感的人，其言行就可以符合大道了。

六　匕篇（匕者，食也；食者，形也。）

【题解】

匕，古人取食的器具，类似于后代的羹匙。作者自注：“匕者，食也；食者，形也。”意思是，匕，是用来取食的器具；取食者，则是人的形体。本章主要是在解析人的行为和思想。

作者认为，人与万事万物都是阴阳二气形成的，因此，人与万事万物的本质是同一的。既然如此，就不可以去区分彼与此、梦与觉的差别，进一步不要区分自我与万事万物的差别。作者之所以提出这一观点，目的就是要求人们与万物融而为一，忘却自我，从而获得某种程度的精神自由。

关尹子曰：世之人，以我思异彼思，彼思异我思，分人我者；殊不知梦中人，亦我思异彼思，彼思异我思，孰为我？孰为人？世之人，以我痛异彼痛，彼痛异我痛，分人我；殊不知梦中人，亦我痛异彼痛，彼痛异我痛，孰为我？孰为人？爪发不痛①，手足不思，亦我也，岂可以思、痛异之②？世之人，以独见者为梦③，同见者为觉④，殊不知精之所结⑤，亦有一人独见于昼者；神之所合⑥，亦有两人同梦于夜者。二者皆我精神，孰为梦？孰为觉？世之人，以暂见者为梦⑦，久见者为觉，殊不知暂之所见者，阴阳之炁⑧，久之所见者，亦阴阳之炁。二者皆我阴阳，孰为梦？孰为觉？

【注释】

①爪发：指甲与毛发。

②异之：区别他人与自己的不同。之，代指自己与他人。

③以独见者为梦：把只能自己一个人看见的情景视为梦境。

④觉：梦醒。

⑤精：精神，情感。

⑥神之所合：彼此情感一致。神，精神，情感。

⑦以暂见者为梦：把暂时能够看到的景象视为梦中的景象。

⑧炁（qì）：同"气"。

【译文】

关尹子说：社会上的人们，因为自己的思想与他人的思想不同，而他人的思想与自己的思想也不同，于是就把自己与他人区别开来；根本不知道睡梦中的人们，同样是自己的思想与他人的思想不同，而他人的思想与自己的思想也不同，那么究竟谁是自己？谁又是他人呢？社会上的人们，因为自己的痛苦与他人的痛苦不同，而他人的痛苦与自己的痛苦也不同，于是就把自己与他人区别开来；根本不知道睡梦中的人们，同样是自己的痛苦与他人的痛苦不同，而他人的痛苦与自己的痛苦也不同，那么究竟谁是自己？谁又是他人呢？指甲与头发不知道什么是痛苦，而手与脚则不知道什么是思想，但这些也都是自己的一个组成部分，怎么能够根据思想、痛苦去区别自己与他人的不同呢？社会上的人们，把只能自己一个人看到的景象视为做梦，把大家都能够看到的景象视为觉醒，根本不知道只要情有所钟，有时候在白昼也会出现只有自己一个人能够看到的景象；如果两人情感契合，有时候也会在夜晚两个人做了同一个梦。白天的景象和夜晚的景象，都是我们的精神与情感的作用才出现的，那么哪种属于梦中景象？哪种又属于醒后的景象呢？社会上的人们，把暂时能够看到的景象视为梦中的景象，把长久能够看到的景象视为醒后景象，根本不知道暂时看到的景象是阴阳二气形成的，长久看到的景象也是阴阳二气形成的。这两种景象，都是我们的阴阳二气形成的，那么哪种景象属于梦中景象？哪种景象又属于醒后的景象呢？

　　曰：好仁者，多梦松、柏、桃、李；好义者，多梦兵、刀、金、铁；好礼者，多梦簠、簋、笾、豆①；好智者，多梦江、湖、川、泽；好信者②，多梦山岳、原野。役于五行③，未有不然者。然梦中或闻某事，或思某事，梦亦随变，五行不可拘。圣人御物以心，摄心以性④，则心同造化⑤，五行亦不可拘。

【注释】

①簠（fǔ）：古代祭祀、宴享时盛谷物的器皿，长方形，有足。多以竹木或铜制成。簋（guǐ）：古代祭祀、宴享时盛食物的器皿，圆口，两耳。多以竹木或铜制成。笾（biān）：古代祭祀和宴会时用来装食物的一种竹器。豆：古代的一种装食物的器皿，形似高脚盘。

②信：诚信，诚实。

③役于五行：受到五行的约束。役，役使，约束。作者认为，好仁者多梦见树木，好义者多梦见金属，好智者多梦见水泽，好信者多梦见土地，把仁、义、智、信四种品德与木、金、水、土四行对应起来，唯有好礼者多梦见簠、簋、笾、豆，没有与火对应。也许作者认为，这些食器里的食物都是由火烧煮而成的，故与火也有一定关系。

④摄心以性：用自己的美好天性去控制自己善恶不定的思想。道家认为，大自然赋予人们的天性是最为美好的，但人进入社会之后，受到各种污染，于是人们的心就变得有好有坏。人们要做的事情，

就是擦洗善恶不定的人心,恢复美好的天性。

⑤造化:造物主。这里指大道。

【译文】

关尹子说:喜欢仁爱的人,经常梦见松树、柏树、桃树、李树;喜欢正义的人,经常梦见兵器、刀枪、金属、铁器;喜欢礼仪的人,经常梦见籩、簋、笾、豆;喜欢智慧的人,经常梦见大江、大湖、大川、大泽;喜欢诚信的人,经常梦见山岳、原野。因为人们受到五行的约束,所以做梦无不是如此。然而人在梦中,有时听到某件事情,有时想到某件事情,梦中的景象也会随之发生变化,五行也就无法完全约束人的梦境了。圣人用自己的思想去驾驭万物,用自己的美好天性去控制自己的思想,那么自己的思想就会与大道融为一体,五行也就无法约束圣人了。

曰:汝见蛇首人身者,牛臂鱼鳞者,鬼形禽翼者,汝勿怪。此怪不及梦,梦怪不及觉。有耳有目,有手有臂,怪尤矣①。大言不能言②,大智不能思。

【注释】

①怪尤:是怪异事物中的突出者。尤,突出。以上三句是说,“有耳有目,有手有臂”的人,才是最为奇怪的事物。

②大言不能言:最精妙的语言也无法把人的问题描述清楚。

【译文】

关尹子说:如果你见到一个长着蛇首人身的怪物,或者长着牛臂鱼鳞的怪物,或者长着鬼形鸟翼的怪物,你都不必感到奇怪。这些怪物比不上我们在梦中见到的怪物,梦中见到的怪物还比不上我们醒后见到的怪物。那些长有耳目、手脚的人,才是最怪异的事物。最精妙的语言也无法把人的问题描述清楚,最伟大的智慧也无法把人的问题思考明白。

曰：有人问于我曰："尔何族何氏^①？何名何字^②？何衣何食？何友何仆？何琴何书？何古何今^③？"我时默然，不对一字^④。或人扣之不已^⑤，我不得已而应之曰："尚自不见我^⑥，将何为我所^⑦？"

【注释】

①尔：你。族：具有共同血缘关系的亲属。氏：古代同姓贵族各有分支，分支的称号叫作"氏"。比如屈原，他与楚王是同一个族姓，姓芈，而"屈"则是他这一分支的氏。

②何名何字：什么名？什么字？古代贵族，刚刚出生时起一个名，二十岁成年，举行冠礼时再起一个字，合称"名字"。

③何古何今：过去在干什么？现在又在干什么？古，过去。

④对：回答。

⑤或人：有的人。扣：叩问，询问。

⑥尚自不见我：我自己尚且忘却了自己。说明作者已经达到了圣人的境界，完全忘掉了自我的存在。

⑦将何为我所：还有什么将会是我所需要的呢？所，所需要的。

【译文】

关尹子说：有人问我说："你是哪个家族的？是什么姓氏？名叫什么？字叫什么？穿什么衣服？吃什么食物？朋友是谁？仆人是谁？用的什么琴？读的什么书？过去在干什么？现在在干什么？"我一时默然无语，不能回答一个字。有人不停地追问我，我迫不得已地回答说："我自己已经完全忘却了自己的存在，还有什么将会是我所需要的呢？"

曰：形可分可合，可延可隐。一夫一妇，可生二子，形可分；一夫一妇，二人成一子，形可合。食巨胜则寿^①，形可延；夜无月火，人不见我，形可隐。以一炁生万物②，犹弃发可换③，所以分形；以一炁合万物④，犹破唇可补，所以合形。以神存炁⑤，以炁存形，所以延形；合形于神，合神于无⑥，所以隐形。汝欲知之乎？汝欲为之乎？

【注释】

①巨胜：胡麻的别称。胡麻即芝麻，一说专指黑芝麻。古人认为胡麻为八谷（黍、稷、稻、粱、禾、麻、菽、麦）之胜，故名"巨胜"。

②以一炁（qì）生万物：万物都是同一的气生出来的。炁，同"气"。道家认为，万物的形体是来自气（最细微的物质颗粒），而精神（如本能、本性等）则来自大道（规律）。所以道家有时讲道生万物，有时又讲气生万物。

③弃发可换：毛发掉落之后，可以重新长出新的毛发。

④一炁合万物：万物都可以合并为同一的阴阳二气。古人认为，阴阳二气可以变化为具体的事物；具体的事物死后，又变化为阴阳二气。也就是所谓的气聚则物生，气散则物死。

⑤以神存炁：用我们的精神去存养我们的阴阳二气。

⑥合神于无：把我们的精神与虚无的状态融为一体。

【译文】

关尹子说：事物的形体既可以分开，也可以组合在一起；既可以延长生存时间，也可以隐藏不见。一对夫妇，可以生出两个孩子，这说明形体是可以分开的；一对夫妇，两个人可以共同生出一个孩子，这说明形体可以组合在一起。经常吃芝麻就可以长寿，这说明形体是可以延长生存时间的；在夜晚没有月光、灯光的情况下，别人就看不见我们，这说明形体是可以隐藏不见的。因为万物都是由同一的阴阳二气产生出来的，比如毛发掉落之后能够生出新的毛发，所以说形体是可以分开的；因为万物都可以合并为同一的阴阳二气,比如破了的嘴唇可以修补,所以说形体是可以合并在一起的。用我们的精神去存养我们的阴阳二气,用我们的阴阳二气去存养我们的形体,这就是延长形体寿命的方法;让我们的形体与精神融为一体,让我们的精神与虚无的状态融为一体,这就是使我们的形体隐藏不见的方法。你想知道这种方法吗? 你想做到这些吗?

　　曰:无有一物不可见,则无一物非吾之见;无有一物不可闻①,则无一物非吾之闻。五物可以养形②,无一物非吾之形③;五味可以养气④,无一物非吾之气。是故吾之形气⑤,天地万物。

【注释】

①物:这里专指声音。

②五物:五种事物,说法不一。这里应指金、木、水、火、土五行。

③无一物非吾之形:没有任何一种事物不是我的形体。既然我们的身体是由各种事物构成的,那么反过来也可以说,任何事物都可能会成为我们的身体。

④五味:指酸、苦、甘、辛、咸五种味道。这里泛指各种食物。养气:养护我们的阴阳二气。实际就是养护我们的身体。

⑤形气:形体,身体。

【译文】

　　关尹子说:没有任何一种事物是不能够被看见的,那么就没有任何一种事物不是我所能见到的事物;没有任何一种声音是不能够被听到的,那么就没有任何一种声音不是我所能听到的声音。五行可以用来保养我们的形体,那么就没有任何一种事物不是我们的形体;五味可以用来养护我们的身体,那么就没有任何一种事物不是我们的身体。因此我们的身体,就等同于天地万物。

曰:耕夫习牛则犷^①,猎夫习虎则勇,渔夫习水则沉^②,
战夫习马则健^③,万物可为我^④;我之一身,内变蛲蛔^⑤,外蒸
虱蚤^⑥,瘕则龟鱼^⑦,瘘则鼠蚁^⑧,我可为万物。

【注释】

①耕夫:农夫。习:熟悉。这里引申为长期在一起。犷:粗野,粗犷。

②沉:沉入水中。这里指熟悉水性。

③战夫:战士。健:强壮有力。

④万物可为我:万物的品性可以变为人们的品性。我,泛指人们。

⑤蛲蛔(náo huí):指蛲虫和蛔虫。这里泛指人体内的寄生虫。

⑥外蒸虱蚤:体外能够生出虱子和跳蚤。蒸,熏染,化为。这里指生出。

⑦瘕(jiǎ):肚子里结块的病。龟鱼:指人的腹内长出的结块大了,
　人的模样看起来就像龟、鱼一样。

⑧瘘(lòu):颈肿病。又名鼠瘘病。西医叫淋巴腺结核。

【译文】

关尹子说:农夫与耕牛打交道多了就会变得粗犷,猎人与老虎打交
道多了就会变得勇敢,渔夫与水打交道多了就能潜游水中,战士与战马
打交道多了就会变得刚健,万物的品性都可以变为人们的品性;我们的
一个身体,体内可以长出蛲虫和蛔虫,体外能够长出虱子和跳蚤,患上瘕
病之后我们的身体就变得像龟、鱼一样,患上瘘病之后我们的身体就变
得像老鼠、蚂蚁一般,我们也可以变成其他万物。

曰:我之为我,如灰中金^①,而不若矿沙之金^②。破矿得
金,淘沙得金,扬灰终身,无得金者。

【注释】

①如灰中金:就好比变为金粉掺入灰土中一样。指人死后又变为阴
　阳二气,无法再看到成型的人体。

②矿:金矿。沙:金沙。

【译文】

关尹子说:我们作为一个人,死后就好像掺入灰土中的金粉,而不像
金矿和金沙中的金子那样。开采金矿可以得到黄金,淘洗金沙也可以得
到黄金,而簸扬灰土一辈子,也无法找到成型的黄金。

曰:一蜂至微,亦能游观乎天地;一虾至微,亦能放肆乎
大海①。

【注释】

①放肆:尽情遨游。

【译文】

关尹子说:一只非常微小的蜜蜂,也可以飞翔、纵观于天地之间;一
只非常微小的小虾,也可以尽情遨游于大海之中。

曰:土偶之成也①,有贵有贱,有士有女②。其质土③,其
坏土,人哉!

【注释】

①土偶:泥塑的人像。

②士:男子。

③质:成,做成。《尔雅·释诂下》:"质,成也。"土:指泥塑的人像。
　本段用土比喻阴阳二气,用人比喻大道,用人支配土偶的成坏,比
　喻大道支配万物的成坏。

【译文】

关尹子说：泥土塑成了人像，有的高贵有的低贱，有的是男人有的是女子。塑成泥像的，毁坏泥像的，都是人啊！

曰：目自观目，无色①；耳自听耳，无声；舌自尝舌，无味；心自揆心②，无物。众人逐于外，贤人执于内③，圣人皆伪之④。

【注释】

①"目自观目"二句：让自己的眼睛看自己的眼睛，什么也看不到。色，色彩。这里指事物、东西。

②揆（kuí）：揣测，思考。

③执于内：执守于内心修养。

④皆伪之：把内内外外的所有事情都看作是虚假不实的。圣人视万物为虚假，超然于万物之上。

【译文】

关尹子说：让自己的眼睛观看自己的眼睛，看不到任何事物；让自己的耳朵倾听自己的耳朵，听不到任何声音；让自己的舌头品尝自己的舌头，品尝不出任何味道；让自己的心揣摩自己的心，揣摩不到任何东西。众人追逐外界的名利，贤人重视内心的修养，而圣人则认为这一切都是虚假不实的。

曰：我身五行之炁①，而五行之炁，其性一物②。借如一所③，可以取水，可以取火，可以生木，可以凝金，可以变土。其性含摄④，元无差殊⑤。故羽虫盛者⑥，毛虫不育⑦；毛虫盛者，鳞虫不育⑧。知五行互用者⑨，可以忘我⑩。

【注释】

①我身：我们的身体。这里的"我"是泛指，不仅包括人类的身体，甚至包含了所有动物的身体。

②其性一物：五行之气的性质是同一样东西。这个东西，指元气。古人认为，元气一分为二，形成阴阳二气；阴阳二气再分化为五行之气；五行之气不断变化，从而形成万物。

③借如一所：假借到同一个身体之中。如，往，到。一所，指一身。

④其性含摄：万物本性中所包含的东西。含摄，包含。

⑤元无差殊：原无差别。元，通"原"。

⑥羽虫：指长有羽毛的鸟类。盛者：生长兴盛的地方。

⑦毛虫：指兽类。不育：不能很好地生长。

⑧鳞虫：指鱼类。

⑨知五行互用者：懂得万物可以相互借用五行之气的人。

⑩可以忘我：就能够做到忘我。一旦明白万物都是五行之气形成的，而且五行之气可以相互转化，比如五行之气形成了人，人死后又变为五行之气，而这些五行之气又可能变为其他的鸟类、兽类、鱼类，于是就明白了万物一体的道理。明白了这一道理，就能够做到忘我。

【译文】

关尹子说：我们的身体都是由五行之气所形成的，而五行之气，其本质是同一样东西。假借五行之气形成一个物体，可以从中取水，可以从中取火，可以从中生出木，可以从中聚为金，也可以把它变为泥土。所有身体所包含的事物，原本就没有什么差别。因此鸟类兴盛的地方，兽类就无法很好地生长；兽类兴盛的地方，鱼类就无法很好地生长。一旦明白了万物可以相互借用五行之气的人，可以忘却自我。

曰：枯龟无我^①，能见大知^②；磁石无我，能见大力；钟鼓无我,能见大音;舟车无我,能见远行。故我一身③,虽有智有力,有行有音,未尝有我。

【注释】

①枯龟:枯干的龟甲。古人用龟甲占卜以预测吉凶。

②见(xiàn):同"现"。显现,呈现。以下几个"见"字同此。知:同"智"。智慧。

③我:根据下文,这个"我"指圣人。

【译文】

关尹子说:枯干的龟甲忘却了自我,能够呈现出高超的智慧;磁石忘却了自我,能够呈现出巨大的力量;钟鼓忘却了自我,能够呈现出很大的声音;车船忘却了自我,能够呈现出远行的能力。因此那些圣人的身体,虽然有智慧有力量,能行走能发音,但从未执着于自我。

    曰:蜮射影能毙我①,知夫无知者亦我②,则溥天之下,我无不在。

【注释】

①蜮(yù):古代传说中的在水里暗中害人的怪物。据说它口含沙粒或水射击人身或人的影子,被射中者就会生疮、生病、乃至死亡。

②无知者亦我:无知的东西也是我们自身。无知者,指影子。作者认为,既然蜮射击无知的影子可以杀死我们,说明无知的东西也是我们自身;再类推开去,天下所有无知的事物也都是我们的身体。作者的这一推理不伦不类。

【译文】

关尹子说:蜮含沙射击我们的身影就能够杀死我们,知道所有无知的事物也是我们自身,那么普天之下,我们就是无处不在了。

　　曰:心忆者犹忘饥[①],心忿者犹忘寒,心养者犹忘病,心激者犹忘痛。苟吸炁以养其和[②],孰能饥之?存神以滋其暖,孰能寒之?养五脏以五行[③],则无伤也,孰能病之?归五脏于五行[④],则无知也,孰能痛之?

【注释】

①忆:思念,回想。

②苟:如果。吸炁(qì):深深吸入阴阳二气。养其和:保持自己的身体和谐。

③养五脏以五行:用五行之气养护我们的五脏。五脏,指肝、心、脾、肺、肾。古人把五行与五脏相配,具体为:木配肝、火配心、土配脾、金配肺、水配肾。所以要"养五脏以五行"。

④归五脏于五行:通过修养,把五脏恢复到五行之气的状态。归,恢复。五行之气是没有痛感的。

【译文】

关尹子说:心在极为思念的时候尚且能够忘记饥饿,心在极为愤怒的时候尚且能够忘记寒冷,心在集中养神的时候尚且能够忘记疾病,心在非常激动的时候尚且能够忘记疼痛。如果能够深深地吸入阴阳二气以保持自身的和谐状态,谁还能够使他感到饥饿?能够存养精神以滋养自身的温暖之气,谁还能够使他感到寒冷?用五行之气来保养自己的五脏,那么内脏就不会受到伤害,谁还能够使他患上疾病?把五脏修养、恢复到五行之气的状态,内脏就不会再有感觉,谁还能使他感到疼痛?

　　曰:人无以无知、无为者为无我[①],虽有知、有为,不害其为无我。譬如火也，躁动不停，未尝有我。

【注释】

①无以：不要认为。以，以为，认为。

【译文】

关尹子说：人们不要把没有知觉、没有作为看作是忘却自我，即使有知觉、有作为，仍然不妨碍他能够达到忘却自我的境界。比如一团火，虽然在不停地跳动燃烧，但是火从来就没有执着于自我。

七 釜篇（釜者，化也。）

【题解】

釜，古代的一种炊具，类似于今天的锅。作者自注："釜者，化也。"可能是因为食材在釜中能够发生变化，所以作者以"釜"命篇，阐述万物变化的道理。

本篇认为，万物在大道的支配下，千变万化，一刻也不曾停息。这一观点本来是正确的，但作者夸大了变化的程度，认为只要掌握了大道，就能够"召风雨""易鸟兽""骑凤鹤""席蛟鲸""制鬼神"等等。特别是其中的"可以成腹中之龙虎……可以成女婴……可以成炉冶"等词句，与后世的内丹术非常相似。不少学者以此为证，认为《关尹子》非先秦作品，因为先秦还没有内丹术。关于这一点，还需要学界进一步去研究和澄清。

作者还认为，虽然包括人在内的万物永远处于不断变化之中，但掌握了大道的圣人在顺应变化的同时，还能够保持一些不变的原则。因为圣人懂得万物的本质是一致的，所以他们能够忘却古今之异、物我之分、生死之别，从而能够在千变万化的物质世界里，保持一颗永远不变的平和心境。

关尹子曰：道本至无，以事归道者，得之一息^①；事本至有^②，以道运事者^③，周之百为^④。得道之尊者^⑤，可以辅世；得道之独者^⑥，可以立我^⑦。知道非时之所能拘者，能以一日为百年，能以百年为一日；知道非方之所能碍者^⑧，能以一里为百里，能以百里为一里；知道无气能运有气者^⑨，可以召风雨；知道无形能变有形者^⑩，可以易鸟兽^⑪。得道之清者^⑫，物莫能累，身轻矣，可以骑凤鹤；得道之浑者，物莫能溺^⑬，身冥矣^⑭，可以席蛟鲸^⑮。有即无，无即有^⑯，知此道者，可以制鬼神；实即虚，虚即实，知此道者，可以入金石；上即下，下即上，知此道者，可以侍星辰^⑰；古即今，今即古，知此道者，可以卜龟筮^⑱；人即我，我即人，知此道者，可以窥他人之肺肝；物即我，我即物，知此道者，可以成腹中之龙虎^⑲。知象由心变^⑳，以此观心，可以成女婴^㉑；知炁由心生，以此吸神^㉒，可以成炉冶^㉓。以此胜物，虎豹可伏；以此同物，水火可入。惟有道之士能为之，亦能能之而不为之^㉔。

【注释】

①息：生息，生机。道家认为，万物的形体是物质性的气构成的，但物质性的气本身是死寂而无生机的，由于大道的作用，这些物质性的气才能够构成具有活力、可以运动的万物。

②事本至有：万物原本是真实的存在。事，万物。有，存在。

③以道运事者：因为大道可以使万物运行起来。

④周之百为：能够周全地安排万物的各种行为。

⑤得道之尊者：受到世人尊重的得道之人。也即得到国家重用的得道之人。

⑥独者：独自生活的人。也即没有受到国家重用、一个人生活的得道之人。

⑦立我：自立于社会。

⑧方：方位。这里指空间。

⑨道无气：不包含气的大道。大道是万事万物规律的总称，其中不包含阴阳二气。能运：能够推动。有气者：指万物的形体。万物的形体是由阴阳二气构成的。

⑩道无形：无形无象的大道。

⑪易鸟兽：改变鸟兽的形体模样。易，改变。

⑫得道之清者：掌握了能够使自己变得"轻清"的规律。

⑬溺：溺毙，淹死。

⑭冥：沉潜。

⑮席：坐，乘坐。

⑯"有即无"二句：大道能够使无变为有，使有变为无。

⑰侍星辰：来到星辰的旁边。侍，在尊长旁边陪着。

⑱卜龟筮：用龟甲、蓍草占卜。龟甲和蓍草是古人用来占卜的两种用具。

⑲成腹中之龙虎：在腹中形成龙虎之物。后来的炼丹家，认为所谓龙虎，就是指的铅和汞，而铅和汞是炼丹用的两种原料。后世一些学者据此认为《关尹子》为伪作，因为先秦时期还没有炼丹术。

⑳象：物象，万物。

㉑女婴：女孩。一说指炼丹术中讲的水银，道教称水银为姹女。

㉒吸神：吸入精华之气。神，指阴阳二气中的精华之气。"吸神"是类似于气功的一种健身术。《庄子·刻意》："吹呴呼吸，吐故纳新。"

㉓炉冶：冶炼炉子。一说指炼内丹的炉子。道教炼内丹，以自身为炼丹炉，以精、气、神为炼丹原料，以炼制内丹。

㉔亦能能之而不为之：也能够做到虽然有能力做这些事情而不去做这些事情。

【译文】

关尹子说：大道原本是无形无象的，之所以要把万物归属于大道的原因，是因为大道赋予万物以生机；万物原本是真实存在的，是大道推动了万物的运行，大道能够周全地安排万物的各种行为。得道的人如果能够受到国家的重用，他就可以辅助君主以治理社会；得道的人如果独自一人生活，他也可以立身于社会。明白大道不是时间所能够束缚的人，就能够把一天当作一百年，也能够把一百年看作一天；明白大道不是空间所能够阻碍的人，就能够把一里当作一百里，也能够把一百里看作一里；明白不含阴阳二气的大道能够推动阴阳二气形成的万物，就能够呼风唤雨；明白无形无象的大道能够改变有形体的万物，就能够改变鸟兽的形体模样。掌握了能够使自己变得"轻清"的大道，就没有任何事物能够拖累他，因为他的身体非常的轻盈，可以骑在凤凰、仙鹤的背上；掌握了能够使自己变得"沉浊"的大道，就没有什么东西能够淹死他，因为他的身体能够沉潜于水中，可以乘坐在蛟龙、巨鲸的身上。大道可以使有变成无，也可以使无变成有，明白这种大道的人，可以控制、指挥鬼神；大道可以使实变为虚，也可以使虚变为实，明白这种大道的人，可以进入金属、石头；大道可以使上变为下，也可以使下变为上，明白这种大道的人，可以升至星辰的旁边；大道可以使古变为今，也可以使今变为古，明白这种大道的人，可以用龟甲、蓍草占卜以预测吉凶；大道可以使他人变为自我，也可以使自我变为他人，明白这种大道的人，可以窥见他人内心的思想；大道可以使其他事物变为我自身，也可以使我自身变为其他事物，明白这种大道的人，就可以在自己的腹中产生龙虎之象。知道物象都是由自心变化出来的，就可以静观自心，从而在内心显现出女婴；知道阴阳二气都是由自心所产生的，因此就去吸取阴阳二气中的精华，从而把自身当作炼丹的炉子以修炼养生。依据大道去征服万物，就可以使虎豹驯服；依据大道与万物融为一体，就可以安全地进入水火。只有那些得道之人，能够做这些事情，也能够做到虽然有能力做这些事情而不去做这些事情。

　　曰：人之力，有可以夺天地造化者，如冬起雷，夏造冰^①，死尸能行，枯木能华^②，豆中摄鬼^③，杯中钓鱼，画门可开^④，土鬼可语^⑤，皆纯炁所为^⑥，故能化万物。今之情情不停^⑦，亦炁所为。而炁之为物，有合有散。我之所以行炁者^⑧，本未尝合，亦未尝散。有合者生，有散者死；彼未尝合、未尝散者，无生无死；客有去来，邮常自若^⑨。

【注释】

①夏造冰：夏天造出冰块。关于夏天造出冰块的事情，《庄子·徐无鬼》也有记载："吾能冬爨鼎而夏造冰矣。"据说是把水放入瓦器，在开水中加热，然后把瓦器放入深井，很快就会结冰。

②华（huā）：同"花"。鲜花。

③豆中摄鬼：把鬼魂限制在盘子里。豆，古代的一种装食物的器具，形似高脚盘。一说是用豆子去震慑鬼魂。

④画门可开：图画上的门可以被打开。

⑤土鬼可语：泥塑的鬼能够开口说话。

⑥纯炁（qì）：至纯至真的元气。炁，同"气"。

⑦情情：各种感情。

⑧我之所以行炁者：我所修炼的元气。行气，古代修炼的方术之一。又叫"服气""炼气"。以呼吸吐纳为主，辅以导引的一种养生方法。包括本书作者在内的一些人，把行气慢慢发展为一种巫术。

⑨邮常自若：客店原地不动。邮，指邮亭、客舍。自若：保持原样。

【译文】

关尹子说：人的力量，有的时候能够巧夺天工，比如人能够在冬天造出雷电，在夏天造出冰块，能够让死尸行走，能够让枯木开出鲜花，可以把鬼魂限制在盘子之中，可以在一杯水里面钓出鱼儿，能够把图画上的门打开，能够让泥塑的鬼开口说话，所有这些都是人们利用纯气的作用所形成的，因此能够使万物发生各种变化。如今我们的感情一个接着一个地出现，这也是纯气引起的。阴阳二气作为事物，有时聚合有时散开。我所修炼的纯气，原本就未尝有什么聚合，也就没有所谓的什么散开。阴阳二气聚合在一起就意味着事物的产生，阴阳二气的散开就意味着事物的死亡；我所修炼的纯气没有什么聚合也就没有什么散开，因此也就没有所谓的产生和死亡；这就好比旅客有来有往，而旅店却一直保持着原样。

曰：有诵咒者①，有事神者，有墨字者②，有变指者③，皆可以役神御炁④，变化万物。惟不诚之人，难于自信，而易于信物，故假此为之⑤。苟知惟诚，有不待彼而然者⑥。

【注释】

①诵咒：念诵咒语。

②墨字：以墨写字。这里应指画符。符，方士画的所谓能够驱使鬼神、消灾求福的图形或线条。

③变指：变幻指法。古代的一种方术。一说指改变别人的心意。指，通"旨"。旨意。一说指某种魔术。

④役神：役使鬼神。御炁（qì）：驾驭纯气。

⑤假此：借用这些方术。假，假借，借用。此，指上文说的诵咒、事神、墨字、变指。

⑥然：代词。代指"役神御炁"。

【译文】

关尹子说：有的人去念诵咒语，有的人去祭拜鬼神，有的人去描画符咒，有的人去变换指法，这些人都可以役使神鬼而驾驶纯气，使万物发生变化。只有那些没有诚心的人，他们很难相信自我的力量，而容易相信外物的力量，因此才去借用这些方术去役使神鬼、驾驭纯气。如果懂得了诚心的力量，就能够不依赖这些方术而做到役使神鬼、驾驭纯气。

曰：人之一呼一吸①，日行四十万里，化可谓速矣，惟圣人不存不变②。

【注释】

①一呼一吸：即上文说的"行气"。

②不存：不心存自我。也即忘我。

【译文】

关尹子说：有方术的人依靠行气的方法，一日之内可以行走四十万里，这种变化可以说是神速啊，而只有圣人能够做到忘我而不发生任何变化。

曰：青鸾子千岁而千岁化①，桃子五仕而心五化②。圣人宾事去物③，岂不欲建立于世哉④！有形数者，惧化之不可知也⑤。

【注释】

①青鸾子：人名。生平不详。

②桃子：人名。生平不详。仕：出仕，做官。

③宾事：排除世俗事务。宾，同"摈"。排除。

④岂：表示期望或命令。相当于"其"。建立：建功立业。

⑤惧化之不可知也：担心自己不知道将来会变化为其他什么事物。

【译文】

关尹子说：青鸾子活了一千年，他在这一千年之中不断变化；桃子五次出仕,他的心态发生了五次变化。而圣人排除俗事、忘却万物,他们并不愿意在世俗社会里建功立业。有形体、有数量的包括人在内的事物,总是担心自己不知道将来会变化为其他什么事物。

曰:万物变迁,虽互隐见^①,炁一而已^②,惟圣人知一而不化^③。

【注释】

①互:交互,交替。见(xiàn):同"现"。出现,显现。

②炁(qì)一而已:都是同一的阴阳二气形成的而已。炁,同"气"。

③知一:懂得万物的本质一样。不化:不发生变化。这里说的"不化",主要是指心境不受外界影响,因而情绪不会发生任何变化。

【译文】

关尹子说:万物都在不断变化之中,虽然它们有时隐灭不见有时显现出来,但都是同一的阴阳二气形成的而已,只有圣人懂得万物的本质一样而不发生任何变化。

曰:爪之生^①,发之长,荣卫之行^②,无顷刻止^③。众人皆见之于著^④,不能见之于微^⑤;贤人见之于微,而不能任化^⑥;圣人任化,所以无化^⑦。

【注释】

①爪:指甲。

②荣卫:泛指气血。荣,荣气。又叫营气。指人体营养机能和血液循环状况。卫,卫气,指人体保护自我的功能和状况。

③顷刻:片刻。

④著:显露在外。

⑤微：隐秘的、精妙的。

⑥任化：顺应变化。任，顺应。

⑦无化：平和的心境没有任何变化。

【译文】

关尹子说：指甲的长出，毛发的生长，血气的运行，没有片刻停止。众人都能够看到一些显露在外的现象，而看不到隐秘的微妙大道；贤人虽然能够看到隐秘的微妙大道，却不能顺应着大道而变化；圣人能够顺应着大道变化，因此圣人的平和心境从来不会被改变。

曰：室中有常见闻矣，既而之门、之邻、之里、之党①，既而之郊、之山、之川，见闻各异，好恶随之，和竞从之②，得失成之，是以圣人动止有戒。

【注释】

① 既而：后来，然后。之：到。里：古代的一种居民组织，先秦以二十五家为里。党：古代的一种居民组织，五百家为党。

② 和竞：应和与竞争的行为。

【译文】

关尹子说：坐在自己的家里会有一些习以为常的见闻，然后到了门口、到了邻居、到了里、到了党，然后又到了郊外、到了山上、到了河边，于是就会遇到一些不同的景象与声音，那么喜好与厌恶的情绪就跟着产生了，接着应和与竞争的行为也就跟着出现了，再接着就会出现有得有失的情况，因此圣人对自己的所有行为都会有所警惕。

曰：譬如大海，变化亿万蛟鱼，水一而已。我之与物，翕然蔚然①，在大化中，性一而已②。知夫性一者，无人无我，无死无生。

【注释】

①蓊（wěng）然：繁多的样子。蔚然：繁盛的样子。

②性：本性，本质。

【译文】

关尹子说：比如在大海之中，能够变化出亿万种蛟龙与鱼虾，然而它们生活的水却是一样的。我们人类与自然万物，种类是那样的繁多，虽然大家都处于巨大的变化之中，但大家的本质都是一样的。知道大家的本质是一样的，就能够做到不分彼此，生死无别。

曰：天下之理：是或化为非，非或化为是；恩或化为雠，雠或化为恩，是以圣人居常虑变①。

【注释】

①居常：处于正常的情况下。虑变：考虑到突发的变故。

【译文】

关尹子说：天下的道理是：正确的事情也许会变为错误的事情，错误的事情也许会变为正确的事情；感恩也许会变为仇恨，仇恨也许会变为感恩，因此圣人即使在正常的情况下，也要考虑到突发的变故。

曰：人之少也，当佩乎父兄之教①；人之壮也，当达乎朋友之箴②；人之老也，当警乎少壮之说③。万化虽移，不能厄我④。

【注释】

①佩：牢记，听从。

②达：明白，听从。箴（zhēn）：告诫，劝告。

③警：告诫。这里是"被告诫"的意思。

④厄：困厄，困境。

【译文】

关尹子说：一个人在年轻的时候，应当听从父辈、兄长的教诲；到了壮年的时候，应当听取朋友的劝诫；到了老年的时候，应当听听少壮人的话以提醒自己。那么千万种的变化即使不断发生，自己也不会陷入困境之中。

曰：天下之理：轻者易化①，重者难化。譬如风云，须臾变灭；金玉之性，历久不渝②。人之轻明者③，能与造化俱化而不留④，殆有未尝化者存⑤。

【注释】

①轻者：轻巧的事物。

②渝：变化。

③轻明者：轻巧而聪慧的人。

④造化：造物主。指大道。留：固执。

⑤殆：大概。有未尝化者存：不曾变化的原则存在于心中。这个不曾变化的就是指顺应大道的原则与平和的心态。最后三句是说，圣人能够把"轻者"与"重者"两种特性结合于一身，该变化的就变化，不该变化的就不变化。

【译文】

关尹子说：天下的道理是：轻巧的事物容易变化，而厚重的事物难以变化。比如轻巧的风云，须臾之间就会变化无常、无影无踪了；黄金与白玉的性质，时间很久了也不会发生改变。那些轻巧而聪慧的人，能够顺应着大道一起变化而从不固执己见，但是大概也有一些永远不变的原则存在于他们的心中。

曰：二幼相好，及其壮也，相遇则不相识；二壮相好，及其老也，相遇则不相识。如雀鸽鹰鸠之化，无昔无今①。

【注释】

①无昔无今：不分古今。意思是无论古今都是如此。

【译文】

关尹子说：两个人小时候非常友好，到了壮年的时候，在路上相遇也会互不认识；两个人在壮年的时候非常友好，到了老年，在路上相遇也可能互不认识了。这就好比雀、鸽子、飞鹰、斑鸠那样变化无常，从古到今都是如此。

八 筹篇（筹者，物也。）

【题解】

筹，谋划，思考。关尹子自注："筹者，物也。"本章是对人世间万事万物的思考。其内容主要有以下几点。

第一，作者首先指出，使用占卜的方法可以预测人世间的吉凶祸福，因此，灵验的占卜术也就符合大道。承认人事吉凶的可预测性是正确的，但把预测的方法寄托在占卜术上，显然是错误的。

第二，作者强调五行的重要性，认为五行是形成所有事物的基本物质，由于五行相生相克，变化无穷，从而出现了丰富多彩的世界。作者特别指出，人与其他事物之间是很难相互了解的。

第三，作者提出了一种非常独特的万物生成论。他认为人心可以创造出万物，因为心中一旦有了意愿，爱欲和精气就会跟随着这种意愿，于是就会凝结成水，然后水生木，木生火，火生土，土生金，金生水，最终形成了万物。

第四，万物在不停地运动，即使天地、圣人也不能使万物片刻不动，而主使万物运动的就是无形无象的大道，因此，人们应该效法大道。

关尹子曰：古之善撰蓍灼龟者①，能于今中示古②，古中示今；高中示下，下中示高；小中示大，大中示小；一中示多，

多中示一；人中示物，物中示人；我中示彼，彼中示我。是道
也，其来无今③，其往无古；其高无盖④，其低无载⑤；其大无
外⑥，其小无内⑦；其本无一，其末无多⑧；其外无物，其内无
人⑨；其近无我，其远无彼。不可析⑩，不可合；不可喻⑪，不
可思。唯其浑沦⑫，所以为道。

【注释】

①揲蓍（shé shī）：用蓍草占卜。揲，按照一定的数量去计算数字。
　　多用于占卜。蓍，蓍草。植物名。古人用蓍草占卜。具体做法是，
　　用蓍草五十根，先取其一，把剩余的四十九根分为两叠，然后四根
　　一数，以定阳爻或阴爻，再根据卦辞和爻辞来预测吉凶祸福。灼
　　龟：古代用火烧灸龟甲，视其裂纹以测吉凶。

②能于今中示古：能够从当今的事情中去推知古代的事情。

③其来无今：看不到它的发展尽头。来，向前发展。无今，无古无今。
　　在时间上没有尽头。以下数句，是描写占卜术的模样，因为作者
　　认为占卜术是符合大道的，因此作为无形无象的占卜术与大道有
　　许多相似之处。

④其高无盖：从它的高度看，没有顶部。盖，顶部。

⑤其低无载：从它的下端看，没有底部。载，承载物体的东西。

⑥其大无外：它庞大得找不到外围。

⑦其小无内：它渺小得找不到内部。

⑧"其本无一"二句：它的根本也谈不上只有一个，它的末端也谈不
　　上有很多分支。《四库全书》本无此二句，据《百子全书》补。

⑨无人：没有内核。人，同"仁"。果仁，内核。

⑩析：分开，分割。

⑪不可喻：无法用语言描述。喻，说明，描述。

⑫浑沦：浑然一片。

【译文】

关尹子说：古代善于用蓍草和龟甲占卜的人，能够从当今的事情中推知古代的事情，也能够从古代的事情中预测当今的事情；能够从高处推知低处的状况，也能够从低处预测高处的状况；能够从小迹象中推测大事件，也能够从大事件中窥探小细节；能够从一件事情中推测其他许多事情，也能够从许多事情中推知某一件事情；能够从人类社会中看出自然界的变化，也能够从自然变化中看出人事的祸福；能够从自身推知别人，也能够从别人推知自身。这些占卜之道，既看不到它的发展终点，也找不到它的起始源头；它高大得没有顶部，低矮得没有底部；它庞大得没有外围，细小得没有内部；它的根本也谈不上只有一个，它的末端也谈不上有很多分支；它的外部没有什么物质，它的内部也没有什么内核；从近处看它忘却了自我，从远处看它忘却了万物。它不可分割，也不能合并；不能描述，也不可思议。正是因为它浑然一体，所以才符合大道。

曰：水潜①，故蕴为五精②；火飞，故达为五臭③；木茂，故华为五色④；金坚，故实为五声⑤；土和，故滋为五味⑥。其常五⑦，其变不可计；其物五⑧，其杂不可计⑨。然则万物在天地间，不可执谓之万⑩，不可执谓之五⑪，不可执谓之一⑫；不可执谓之非万，不可执谓之非五，不可执谓之非一。或合之⑬，或离之。以此必形⑭，以此必数⑮，以此必气⑯，徒自劳尔⑰。物不知我，我不知物。

【注释】

①潜：向下沉降。

②五精：中医指心、肺、肝、脾、肾五脏的精气。

③达：散发出。五臭（xiù）：膻、熏、香、腥、腐五种气味。臭，气味。

④华（huā）：同"花"。五色：指青、黄、赤、白、黑五种颜色。

⑤实：器物。这里具体指乐器。五声：中国古代音乐中宫、商、角、徵、羽五种音阶。

⑥滋：滋生。五味：指酸、苦、甘、辛、咸五种味道。

⑦其常五：五行各自所具有的东西大致是五种。其，代指五行。常，常见的，大致的。五，指上文说的五精、五臭、五色、五声、五味。

⑧其物五：五行所代表的物质有五种。即金、木、水、火、土。

⑨杂：杂糅起来。指把五行相互杂糅起来所形成的器物。

⑩不可执谓之万：不能固执地认为事物的数量就是一万种。

⑪五：指五行。

⑫一：本质是一样的。

⑬或合之：有的事物是各种物质混合而成的。

⑭以此必形：认为万物一定都有形体。以，以为，认为。此，指万物。

⑮数：数量。

⑯气：阴阳二气。

⑰徒自劳尔：都是白白地浪费自己的精力而已。

【译文】

关尹子说：水是向下沉降的，因此能够孕育出五种精华之气；火是向上飞扬的，所以能够散发出五种气味；树木是繁荣茂盛的，所以能够绽放出五种色彩的花朵；金属是坚固的，所以铸造出来的乐器能够击打出五种音调；土的特性是柔和的，所以能够滋养出五种味道。五行各自所具有的东西大致是五种，但是它们的变化却数不胜数；五行对应的物质有五类，但是它们杂糅起来所产生的器物却无法计算。那么天地间的所有事物，我们不能固执地认为就是一万种，也不能固执地认为就是五种（五行），同时也不能固执地认为万物的本质是一样的；我们也不能固执地认为事物就不是一万种，也不能固执地认为事物就不是五种（五行），同时也不能固执地认为万物本质就不是一样的。有的事物是各种物质混合而成的,有的物质则是某种事物分割而成的。如果认为万物一定都有形体,认为万物一定都有数量,认为万物一定都有阴阳二气,那只不过是徒劳而已。其他事物无法了解我们人类,而我们人类也无法了解其他事物。

曰:即吾心中可作万物[1]。盖心有所之[2],则爱从之;爱从之,则精从之[3]。盖心有所结[4],先凝为水:心慕物,涎出;心悲物,泪出;心愧物,汗出。无暂而不久[5],无久而不变。水生木,木生火,火生土,土生金,金生水;相攻相克[6],不可胜数。婴儿蕊女[7],金楼绛宫[8],青蛟白虎,宝鼎红炉,皆此物有[9],非此物存者[10]。

【注释】

[1] 即吾心中可作万物:我们的心可以创造出万物。本段的观点,既非唯心论的"心生万物",也不是唯物的观点,而介于二者之间,显得似是而非。

[2] 心有所之:心里有意愿。之,到,去。这里引申为意愿。

[3] 精:指形成万物的精气。从之:追随着它。

[4] 所结:所系,所挂念的。

[5] 无暂而不久:可理解为"没有'暂而不久'的情况"。也即:短暂的情感都会发展为长久的情感。暂,暂时,短暂。

[6] 相攻相克:指五行之间发生相互克制的关系。具体是,金克木、木克土、土克水、水克火、火克金。

[7] 婴儿蕊(ruǐ)女:幼小的儿童,花样的女孩。蕊,同"蕊"。花蕊。本句及以下几句,有人从炼丹的角度加以解释,并以此为证,认为《关尹子》为伪书。先秦时期,还没有炼丹的实证,因此我们还是按照字面意思去理解。

⑧金楼：金碧辉煌的楼阁。绛宫：华美壮丽的宫殿。绛，深红色。

⑨此物：指心。有：存有，产生。

⑩非此物存者：不是以心的形态而存在着。

【译文】

关尹子说：我们的心可以创造出万物。心里有所意愿，那么爱欲就会跟随着它；爱欲跟随着它，那么精气也会跟随着它。心里有所系结，就会先凝结成水；心里爱慕某种事物，就会流口水；心里为某种事情悲哀，就会流眼泪；心里对某种事物感到惭愧，就会流汗水。短暂的情感都会发展成为长久的情感，时间长久了就会发生各种变化。水生木，木生火，火生土，土生金，金生水；五行还会相互克制，于是变化起来就会无休无止。幼小的婴儿和花样的女孩，金碧辉煌的高楼和华丽壮美的宫殿，青色的蛟龙和白色的老虎，贵重的宝鼎和红色的火炉，都是心的产物，只是不再以心的形态存在而已。

曰：鸟兽，俄呦呦①，俄旬旬②，俄逃逃③；草木，俄茁茁④，俄停停⑤，俄萧萧⑥。天地不能留⑦，圣人不能系⑧，有运者存焉尔⑨。有之在彼⑩，无之在此⑪，鼓不桴则不鸣⑫；偶之在彼⑬，奇之在此⑭，桴不手则不击⑮。

【注释】

①俄呦呦（yōu）：一会儿在那里鸣叫。俄，一会儿。呦呦，鸟兽的鸣叫声。

②旬旬：到处游走的样子。

③逃逃：四下逃散的样子。

④茁茁：草木刚刚萌芽、苗壮生长的样子。

⑤停停：通"亭亭"。耸立的样子。这里指长大成熟的样子。

⑥萧萧：枯萎凋谢的样子。

⑦留：停止。

⑧系(jì)：拴住，使停住。

⑨有运者存焉尔：有一个推动万物运行的事物存在于其中。这个事物指大道。

⑩有之在彼：运行的主宰者在于大道。之，代指"运者"。彼，指大道。

⑪无之在此：不能主动运行的是万物。此，指万物。古人认为，万物作为物质，本身是无法运动的，运动的动力在于大道。

⑫鼓不桴(fú)则不鸣：这就好比如果不去敲击而鼓就不会响起一样。桴，鼓槌。这里用作动词。敲鼓。作者用鼓比喻万物，用鼓槌敲击比喻大道的作用。

⑬偶之在彼：能够使规律与物质相互配合的是大道。物质如果没有规律的支配，就是一团死物而毫无生机；规律离开物质，就没有一个落脚处，而能够使规律与物质完美配合的就是大道。

⑭奇(jī)之在此：没有能力主宰配合的是万物。奇，单数的，不配合的。

⑮桴不手则不击：就好比鼓槌没有手就无法敲击一样。作者用鼓槌比喻万物，用手比喻大道。

【译文】

关尹子说：那些飞禽走兽，一会儿在那里呦呦鸣叫，一会儿在那里四处游荡，一会儿又在那里四下奔逃；那些青草树木，一会儿茁壮地破土生出，一会儿又高高地耸立在那里，一会儿又枯萎凋谢了。天地也不能使它们片刻不动，圣人也无法使它们停留下来，因为有一个推动万物运行变化的事物存在于其中。使万物运行变化的主宰者是大道，不能主动运动变化的是万物自身，这就好比鼓不敲不响一样；能够使规律与物质相互配合的是大道，没有能力主宰配合的是万物本身，这就好比鼓槌没有手就不能敲击一样。

曰：均一物也^①，众人惑其名^②，见物不见道^③；贤人析其理，见道不见物^④；圣人合其天^⑤，不见道不见物^⑥。一道皆道^⑦，不执之即道，执之即物。

【注释】

①均一物也：万物的本质都是一样的。均一，同一。古人认为，万物都是大道与阴阳二气的产物，因此其本质也是一样的。

②惑其名：被不同事物的名称给弄得迷惑不解。

③见物不见道：众人只看到不同的事物而看不到大道的存在。

④见道不见物：只看到大道的存在而看不到具体事物的不同。

⑤合其天：与天道融为一体。

⑥不见道不见物：既忘却了大道，也忘却了万物。

⑦一道皆道：任何一种事物的规律都属于大道的范畴。第一个"道"指某种具体事物的规律，第二个"道"指所有规律的总称。

【译文】

关尹子说：万物的本质是一样的，众人却被各种不同事物的不同名称给弄糊涂了，这是因为众人只看到具体的事物而看不到大道；贤人分析万事万物的规律，只看见了大道的存在而看不到具体事物的差异；圣人和天道融为一体，既忘却了大道，也忘却了万物。任何一种具体事物的规律都属于大道的范畴，只要不偏执于某种事物的具体规律，那就是大道；一旦偏执于某种具体事物，那就只能属于某种事物的具体规律。

曰：知物之伪者^①，不必去物。譬如见土牛木马，虽情存牛马之名^②，而心忘牛马之实。

【注释】

①物之伪：事物都是虚假的存在。这一观点类似佛教的"万法皆空"

　　的理论。

　　②情：心里。

【译文】

　　关尹子说：知道万物都是虚假存在的人，也不必把万物的概念一起抛弃。就好比看见了土塑的牛和木雕的马一样，虽然心里还存在牛马这些名称，但是心里已经不把它们看作真实的存在。

九 药篇（药者，杂治也。）

【题解】

药，比喻纠正人们错误的良方。关尹子自注："药者，杂治也。"意思是说，除了以上各章所论述的主要问题之外，其他较为杂碎的问题就放在本章来集中讨论。

正因为本章属于"杂治"，所以论述的内容杂而多。主要有：一，告诫人们不要轻视小事。二，一切都要依靠自己而不要去依靠别人。三，一切都非个人所有，因此不可执着于所有的事物。四，主张守柔、谦退。五，反对用一种标准去要求所有的事和人。六，不要自高自大而轻视别人，不要非议社会。七，多次强调大道不可言传。八，不要舍近求远，舍亲就疏。九，一切行为都要顺应自然。

本章最后的"圆尔道，方尔德，平尔行，锐尔事"数句，可以视为作者对本书的总结，同时也是对世人的带有总结性的告诫。

关尹子曰：勿轻小事，小隙沉舟①；勿轻小物，小虫毒身；勿轻小人，小人贼国②。能周小事③，然后能成大事；能积小物，然后能成大物；能善小人，然后能契大人④。天既无可必者人⑤，人无能必者事，惟去事离人⑥，则我在我⑦，惟可即可⑧。未有当繁⑨，简可；当戒⑩，忍可；当勤⑪，惰可。

【注释】

①小隙：小的缝隙。

②贼：伤害，祸害。

③周：周全处理，妥善安排。

④契：契合，配合。大人：品德高尚的人。

⑤天既无可必者人：既然上天也不能完全保证一个人是好是坏。必，肯定，保证。

⑥惟去事离人：就只能不去依赖某些事情，不去依赖别人。

⑦则我在我：那么我就要依靠自己。

⑧惟可即可：只要自己认为可以，那就可以了。

⑨未有当繁：没有遇到一定要用繁琐的办法去处理的事情。

⑩当戒：这两个字前面承上省去"未有"二字。没有遇到应当需要特别警惕的事情。

⑪当勤：这两个字前面承上省去"未有"二字。没有遇到必须辛苦对待的事情。

【译文】

关尹子说：不要忽略小事情，小的缝隙能够导致大船的沉没；不要忽略小事物，小的虫子能够使人中毒；不要忽略小人，小人能够危害国家。能够周全地处理好小事，然后才能够做成大事；能够不断地积累小事物，然后才能够成就大事物；能够妥善地安排小人，然后才能够配合好品德高尚的大人。既然上天都无法完全保证一个人是好是坏，人也就无法保证每一件事情都能够成功，那么就只能不去依靠其他的事情和其他的人，自己的事情就完全依靠自己，只要自己认为可以就行。如果没有遇到一定需要繁琐办法才能做成的事情，那么简单处理就可以了；如果没有遇到需要特别警惕的事情，那么稍微忍耐一下就可以了；如果没有遇到必须辛苦对待的事情，那么懒散一点就可以了。

曰：智之极者，知智果不足以周物①，故愚；辩之极者，知辩果不足以喻物②，故讷③；勇之极者，知勇果不足以胜物，故怯。

【注释】

①果：真的，确实。周物：解决一切事情。周，完全，全部。

②喻物：说明所有的事物。喻，说明。

③讷（nè）：不善言谈。

【译文】

关尹子说：具有最高智慧的人，知道仅仅依靠智慧确实不可能解决一切事情，因此有时就显得愚笨一些；具有最好辩论技巧的人，知道仅仅依靠辩论确实不可能说明全部事物，因此有时就显得不善言谈一些；具有最大勇气的人，知道仅仅依靠勇气确实不可能战胜所有敌对事物，因此有时就显得胆怯一些。

曰：天地万物，无一物，是吾之物。物非我，物不得不应；我非我①，我不得不养。虽应物，未尝有物②；虽养我，未尝有我。勿曰外物，然后外我；勿曰外形，然后外心③。道一而已，不可序进④。

【注释】

①我非我：我自己也不归我所有。道家认为，包括自身在内的万事万物，都不可以据为己有。《庄子·知北游》："舜问乎丞曰：'道可得而有乎？'曰：'汝身非汝有也，汝何得有夫道？'舜曰：'吾身非吾有也，孰有之哉？'曰：'是天地之委形也。生非汝有，是天地之委和也；性命非汝有，是天地之委顺也；孙子非汝有，是天地之

委蜕也。故行不知所往,处不知所持,食不知所味,天地之强阳气也,又胡可得而有邪?'"丞的意思是:"身体不过是天地托付给你的形体而已。生命非你所有,是自然给予的和气形成的;性命非你所有,是自然给予的顺气形成的;子孙非你所有,是自然委托你生育的。所以圣人出门不知去哪里,在家不知做什么,吃饭不知滋味,一切都是自然之气强力运动的结果,又怎能把道据为己有呢?"

②未尝有物:心里并没有惦记着万物。也即忘却万物。

③外心:排除自己的意念。

④不可序进:不可以按照顺序进行。意思是,掌握大道之后,可以瞬间忘却一切,而不是一步一步地逐次忘却。这一观点与庄子的"朝彻"和禅宗的顿悟十分相似。

【译文】

关尹子说:天地间的万物,没有任何一种事物属于我们个人所有。外物不属于我们所有,但我们不得不应对外物;我们自身也不属于我们所有,但我们不得不去保养自身。虽然要应对外物,但心里不要总是惦记着外物;虽然要保养自身,但心里不要总是惦记着自身。不要说先去忘却外物,然后再去忘却自身;也不要说先去忘却自我形体,然后再去忘却自我意念。修习大道要保持一个整体,不可以分出顺序逐步进行。

曰:谛毫末者①,不见天地之大;审小音者②,不闻雷霆之声。见大者亦不见小,见迩者亦不见远③;闻大者亦不闻小,闻迩者亦不闻远。圣人无所见④,故能无不见;无所闻,故能无不闻。

【注释】

①谛:弄清楚。这里指看清楚。毫末:毛的尖端。比喻细小。毫,长

而尖锐的毛。

②审：弄清楚。这里指听清楚。

③迩者：近处的物体。迩，近。

④无所见：不把自己的视力集中在任何一个固定的物体上。

【译文】

关尹子说：一心要看清楚细小物体的人，就无法看清楚广大的天地；一心要听清楚细微声音的人，就无法听到雷霆的声音。一心观察巨大物体的人也无法看清细小的物体，一心观察近处物体的人也无法看清远处的物体；一心谛听宏大声音的人也无法听到细小的声音，一心谛听近处声音的人也无法听到远处的声音。圣人不把自己的视力固定在任何一种物体上，所以他能够看到所有的物体；不把自己的听力固定在任何一种声音上，所以他能够听到所有的声音。

曰：目之所见，不知其几何，或爱金①，或爱玉，是执一色为目也②。耳之所闻，不知其几何，或爱钟，或爱鼓，是执一声为耳也。惟圣人不慕之③，不拒之，不处之④。

【注释】

①或：有的人。

②是执一色为目也：这就是让自己的眼睛执着于某一种事物之上了。色，景象，物象。这里指事物。

③不慕之：不羡慕任何事物。

④不处之：不执着于任何事物。处，占有，执着。

【译文】

关尹子说：眼睛能够看见的，不知有多少事物，有人爱黄金，有人爱白玉，这就是因为把自己的眼睛执着于某一种事物之上了；耳朵能够听到的，不知有多少声音，有人喜欢钟声，有人喜欢鼓声，这就是因为把自己的耳朵执着于某一种声音之上了。只有圣人能够做到不羡慕任何事物，也不拒绝任何事物，更不执着于任何事物。

曰：善今者可以行古①，善末者可以立本。

【注释】

①善今者：善于处理当代事情的人。行古：推行古代的各种原则。古人认为，古今一理，因此善于处理当代事务的人也能够推行古代的原则。

【译文】

关尹子说：善于处理当代事务的人也能够推行古代的原则，善于处理细节的人也能够做好根本性的大事。

曰：狡胜贼，能捕贼；勇胜虎，能捕虎。能克己，乃能成己；能胜物①，乃能利物②；能忘道，乃能有道。

【注释】

①能胜物：能够战胜外物诱惑。

②利物：从外物中获利。

【译文】

关尹子说：狡猾的程度超过盗贼，才能够捕捉盗贼；勇猛的程度超过老虎，才能够捕捉老虎；能够克制自己情欲的人，才能够成就自己的事业；能够战胜外物诱惑的人，才能够从外物中获利；能够忘记大道的人，才能够真正得道。

曰：函坚①，则物必毁之，刚斯折矣；刀利，则物必摧之，锐斯挫矣。威凤以难见为神②，是以圣人以深为根；走麕以遗香不捕^③，是以圣人以约为纪^④。

【注释】

①函坚：铠甲太坚硬了。函，铠甲。

②威凤：即凤凰。凤有威仪，故称"威凤"。

③麝：动物名。雄麝肚脐和生殖器之间的腺囊的分泌物，干燥后形成的香料，即为麝香。麝香是一种十分名贵的药材，也是极名贵的香料，这就导致麝的数量急剧下降，因为人们为了获得麝香而猎杀它们。遗香：抛弃自己的香囊。遗，遗弃，抛弃。

④约：简约。即不要过多的名利。纪：原则。

【译文】

关尹子说：铠甲坚硬，也一定会有东西摧毁它，因为太刚强了必定会折断；刀刃锋利，也一定会有外物摧毁它，因为太锐利了必定会受挫。仪态庄重的凤凰因为难得一见而被人们视为神物，所以圣人的基本原则是深藏不露；奔跑的麝鹿因为抛弃自己的麝香而不被捕杀，所以圣人的生活准则是尽量简约。

曰：瓶存二窍，以水实之，倒泻闭一^①，则水不下，盖不升则不降。井虽千仞^②，汲之水上^③，盖不降则不升。是以圣人不先物^④。

【注释】

①倒泻闭一：闭住一个小孔去倾倒瓶子中的水。

②仞（rèn）：七尺或八尺叫作一仞。

③汲之水上：从里面取水之后，而井水又会向上补充。

④不先物：不去抢占在别人的前面。按照"不升则不降"的道理，不去抢先，也就不会落后。

【译文】

关尹子说：把瓶子开两个小孔，然后灌满了水，如果闭住一个小孔去倾倒瓶子里的水，另一个小孔就流不出水来，这就说明了没有升起就没有降下的道理。水井即使有千丈那么深，只要从里面取水，而井水马上又会向上补充，这也说明了没有降下就不会有升起的道理。因此圣人从不会抢占在别人的前面。

曰：人之有失，虽已受害于已失之后，久之，窃议于未失之前①。惟其不恃己聪明②，而兼人之聪明；惟其无我③，而兼天下之我④。终身行之，可以不失。

【注释】

①窃议于未失之前：在还没有出现过失之前就私下商讨办法以防止再次发生过失。窃，私下。

②聪明：耳朵听得清叫作"聪"，眼睛看得清叫作"明"。这里泛指智慧。

③我：泛指天下每一个人。

【译文】

关尹子说：人们犯了错误，虽然在犯了错误之后已经受到伤害，但时间久了，人们就会事先私下商议以避免再次犯错误。只有不依赖自己的智慧，才能够采纳所有人的智慧；只有做到无我，才能够兼顾天下所有人的利益。如果能够终身遵循这一原则，才能不再发生错误。

曰：古今之俗不同，东西南北之俗又不同，至于一家一身之善又不同，吾岂执一豫格后世哉①？惟随时同俗②，先机后事③，捐忿塞欲④，简物恕人⑤，权其轻重⑥，而为之自然⑦，合神不测⑧，契道无方⑨。

【注释】

①执一：执着于一种固定的原则、标准。豫：通"预"。预先。格：纠正，要求。

②随时：随着时代而变化。

③先机后事：先察觉苗头，而后采取措施。机，通"几"。苗头，征兆。

④捐忿：不要怨恨。捐，放弃。塞欲：克制欲望。

⑤简物：节约财富。简，简要，节约。恕人：宽容别人。

⑥权：权衡，衡量。

⑦为之自然：做事要顺应自然。为，做事。

⑧合神：符合神奇、玄妙的道理。

⑨契道无方：符合大道于无形之中。契，合，符合。无方，不固定于一处，无形。

【译文】

关尹子说：古代和现在的风俗不一样，东西南北各地的风俗也不一样，以至于每个家庭和每个人对"善"的理解也不一样，我怎么能够拿一种固定的标准预先去要求后世的人们呢？只有随时变化而入乡随俗，先察觉苗头而后采取行动，抛弃怨恨而克制个人欲望，节约财富而宽恕别人，衡量事情的轻重，做事要顺应自然，这样才能符合神奇的事理而变化莫测，才能契合大道于无形之中。

　　曰：有道交者①，有德交者②，有事交者。道交者，父子也，出于是非贤愚之外，故久；德交者，则有是非贤愚矣，故或合或离；事交者，合则离③。

【注释】

①有道交者：有的人在天然的大道层面上交往。大道是自然的，所以这里代指自然天性。用今天的话讲，就是天然的血缘关系。

②有德交者：有的人在品德层面上交往。

③合则离：有交往必有分离。在做事层面上交往的人，需要相互配
　合做事的时候，就在一起；事情做完了，也就分手了。

【译文】

关尹子说：有的人在天然的大道层面上交往，有的人在品德层面上
交往，有的人在做事层面上交往。在天然的大道层面上交往的人，就好
比父子的关系一样，已经超出了是非、贤愚的范畴之外，因此这种交往能
够持久；在品德层面上交往的人，就会有是非、贤愚的相处标准，因此有
的时候交往，有的时候又分手了；那些在做事层面上交往的人，在共事之
后必然会分手。

曰：勿以拙陋，曰道之质当乐敏捷；勿以愚暗，曰道之晦
当乐轻明①；勿以傲易②，曰道之高当乐和同；勿以汗漫③，曰
道之广当乐要急④；勿以幽忧⑤，曰道之寂当乐悦豫⑥。古人
之言，学之多弊⑦，不可不救。

【注释】

①晦：深暗，深奥。轻明：轻巧聪明。

②傲易：傲慢。易，轻视别人。

③汗漫：散漫，做事迟缓。

④道之广：无所不在的大道。广，广大，无所不在。要急：急迫。

⑤幽忧：忧伤，郁闷。

⑥道之寂：寂静的大道。大道无声无息，故曰"寂"。悦豫：愉悦，高兴。

⑦学之多弊：学习古人的言论会产生许多弊端。这两句的意思不是
　反对向古人学习，而是反对胶柱鼓瑟式的学习。

【译文】

关尹子说：不要因为看到一些人笨拙，就说大道的本质就是喜欢敏

捷；不要因为看到一些人愚昧，就说深奥的大道就是喜欢聪明；不要因为看到一些人高傲，就说高妙的大道就是喜欢和顺；不要因为看到一些人散漫，就说无处不在的大道就是喜欢急迫的性格；不要因为看到一些人忧伤，就说寂静的大道就是喜欢愉悦。古人说的话，如果领会不当就会造成许多弊端，不能不加以纠正。

曰：不可非世是己①，不可卑人尊己②，不可以轻忽道己③，不可以讪谤德己④，不可以鄙猥才己⑤。

【注释】

①非世：批评社会。是己：认为自己正确。是，正确。这里为意动用法。以……为正确。

②卑人：瞧不起别人。尊己：以自己为尊贵。

③轻忽：轻视别人。道己：以为自己掌握了大道。

④讪谤：毁谤别人。德己：以为自己具有美德。

⑤鄙猥：鄙视别人。才己：以为自己有才华。

【译文】

关尹子说：不可以非议社会而自以为正确，不可以瞧不起别人而自以为尊贵，不可以轻视别人而自以为掌握了大道，不可以诋毁别人而自以为具备了美德，不可以鄙视别人而自以为有才华。

曰：困天下之智者，不在智而在愚①；穷天下之辩者②，不在辩而在讷③；伏天下之勇者，不在勇而在怯。

【注释】

①不在智而在愚：不是聪明人，而是一些看似愚笨的人。

②穷：堵住，让对方无话可说。辩者：善于言谈的人。

③讷（nè）：说话迟钝，不善于言谈。

【译文】

关尹子说：能够难倒天下智者的人，往往不是那些聪明人，而是一些看似愚笨的人；能够使天下善辩者哑口无言的人，往往不是那些善于辩论的人，而是一些看似不善言谈的人；能够征服天下勇士的人，往往不是那些勇敢的人，而是一些看似胆怯的人。

曰：天不能冬莲春菊①，是以圣人不违时；地不能洛橘汶貉②，是以圣人不违俗；圣人不能使手步足握，是以圣人不违我所长；圣人不能使鱼飞鸟驰，是以圣人不违人所长。夫如是者，可动可止，可晦可明，惟不可拘③，所以为道。

【注释】

①冬莲：使莲花冬天开放。春菊：使菊花春天开放。

②洛橘：在洛水一带长出橘子。洛，河流名。在今陕西、河南一带。

　汶貉：在汶水一带生出貉兽。汶，河流名。在今山东。貉，动物名。

③不可拘：不受束缚。

【译文】

关尹子说：上天不能让莲花在冬天开放，也不能让菊花在春天开放，因此圣人从不违背天时；大地不能让洛水一带长出橘子，也不能让汶水一带生出貉兽，因此圣人从不违背各地习俗；圣人不能用手走路，也不能用脚拿东西，因此圣人不会背逆自己的长处；圣人不能让鱼在天上飞翔，也不能让鸟在地上奔跑，因此圣人从不背逆他人的长处。能够做到这一点的圣人，该动则动，该止则止，该暗则暗，该明则明，可以不受任何事物的束缚，因此这才叫作符合大道。

曰：少言者，不为人所忌；少行者，不为人所短①；少智者,不为人所劳;少能者,不为人所役。

【注释】

①所短:所指责。短,意动用法。认为……有短处。

【译文】

关尹子说:讲话少的人,不会被别人所忌恨;做事少的人,不会被别人所指责;智慧少的人,不会被别人所劳烦;能力小的人,不会被别人所役使。

曰:操之以诚①,行之以简,待之以恕,应之以默②,吾道不穷。

【注释】

①操:操守,品德。

②应之以默:应对世务时尽量保持沉默。

【译文】

关尹子说:品德一定要真诚,做事一定要简易,待人一定要宽厚,应对世务时一定要保持沉默,那么我的大道就可以应对无穷无尽的事务了。

曰:谋之于事①,断之于理;作之于人,成之于天②。事,师于今;理,师于古;事,同于人;道,独于己。

【注释】

①谋之于事:要依据具体的事情去进行谋划。

②"作之于人"二句:这两句话的意思类似于人们经常说的"尽人事,
　听天命"。

【译文】

关尹子说：要依据具体的事情去进行谋划，要依据真理去做出决断；做事要依靠众人，成功则依靠天命。考察一般的事情，则要向今人学习；考察真理，则要向古人学习；做事，则要和别人同心同德；大道，则只能归自己一人所掌握。

曰：金玉难捐，土石易舍。学道之士，遇微言妙行^①，慎勿执之^②，是可为而不可执^③；若执之者，腹心之疾^④，无药可疗。

【注释】

①微言：微妙的言论。

②慎：表示告诫，相当于"千万"，用于否定。

③是可为而不可执：这些微妙的言论和奇妙的行为，可以效仿，但不可以执着于心中。因为心中一旦执着于某件事情，就不可能随机应变、挥洒自如了。

④腹心之疾：指严重的疾病，病入膏肓。

【译文】

关尹子说：金玉难以舍弃，土石容易扔掉。学习大道的人，遇到高明玄妙的言行，千万不要把这些言行执着于心中，这些言行可以效仿但是不可以执着；如果执着于心中，就会是一种严重的疾病，无药可治了。

曰：人不明于急务，而从事于多务、他务、奇务者，穷困灾厄及之。殊不知道无不在，不可舍此就彼^①。

【注释】

①就彼：跑到别处去寻求大道。就，接近。

【译文】

关尹子说:世人不明白学习大道是最紧迫的事情,而去从事杂多的事务、其他的事务、奇奇怪怪的事务,结果一生穷困潦倒、多灾多难。人们根本就不知道大道无所不在,不应该舍近求远去追寻大道。

曰:天下之理:舍亲就疏^①,舍本就末,舍贤就愚,舍近就远,可暂而已^②,久则害生。

【注释】

①就疏:亲近疏远的人。就,接近,亲近。

②暂:暂时。这里指暂时没有问题。

【译文】

关尹子说:天下公认的道理是:如果舍弃亲人而去亲近疏远的人,舍弃根本而去追求细枝末节,舍弃贤人而去亲近愚人,舍弃近处的人而去亲近远方的人,这样做暂时还不会出现什么问题,时间久了就会发生灾难。

曰:昔之论道者,或曰凝寂,或曰邃深,或曰澄澈^①,或曰空同^②,或曰晦冥^③,慎勿遇此而生怖退^④。天下至理,竟非言意^⑤,苟知非言非意^⑥,在彼微言妙意之上,乃契吾说^⑦。

【注释】

①澄澈:清澈剔透。

②空同:空虚,无形无象。

③晦冥:晦暗幽深。

④怖退:因畏惧而退缩。

⑤竟非言意:根本就不是语言所能够表达的思想。

⑥苟知非言非意:如果懂得了最高真理不是语言所能够表达的思想。

⑦乃契吾说：这才合乎我的说法。契，合，合乎。

【译文】

关尹子说：从前那些谈论大道的人，有的说大道是寂静的，有的说大道是深邃的，有的说大道是清澈的，有的说大道是虚无的，有的说大道是幽暗的，我们千万不要听到这些言论就畏惧退缩了。天下真正的最高真理，根本就不是用语言所能表达的，如果知道最高真理不是语言所能表达出的那些思想，而在微妙的语言、奇妙的思想之上，这才符合我的说法。

曰：圣人大言金玉，小言桔梗、苿苢①。用之当，桔梗、苿苢生之②；不当，金玉毙之。

【注释】

①桔梗：植物名。可入药。苿苢（fú yǐ）：植物名。可入药。

②生之：救人。之，泛指人。

【译文】

关尹子说：圣人讲的大道理就好比黄金、美玉，讲的小道理就好比桔梗、苿苢。使用得正确，桔梗、苿苢可以救人；使用得不正确，黄金、美玉可以杀人。

曰：言某事者，甲言利，乙言害，丙言或利或害①，丁言俱利俱害，必居一于此矣，喻道者不言②。

【注释】

①或：有的人。

②喻道者不言：明白大道的人一言不发。因为世俗之人都是从利害的角度去考虑问题，而掌握大道的人超然于利害之上，因此一言不发。

【译文】

关尹子说：人们在谈论某件事情的时候，甲说这是件好事，乙说这是件坏事，丙说这件事对有的人来说是好事，对有的人来说是坏事，丁说这件事对大家都有好处，同时也都有坏处，这种种说法必定会有一种说对了事情的结果，明白大道的人对此则一言不发。

曰：事有在①，事言有理②；道无在③，道言无理④。知言无理，则言言皆道；不知言无理，虽执至言，为梗为翳⑤。

【注释】

①事有在：事物是具体的存在。

②事言有理：有关具体事物的言论听起来有理有据。

③道无在：大道是无形无象的。无在，不是指不存在，而是指无形无象，不可捉摸。

④道言无理：有关大道的言论听起来好像不合常理。比如世俗人喜欢占先，而大道却要求人们处后；世俗人爱好名利，而大道却要求人们淡泊名利。

⑤梗：病，灾难。《广雅·释诂一》："梗，病也。"翳（yì）：眼球上所生长的遮蔽视线的膜。这里比喻灾难。

【译文】

关尹子说：事物是具体而真实的存在，所以有关事物的言论听起来有理有据；大道无形无象而不可捉摸，所以有关大道的言论听起来好像不合常理。明白了这些看似不合常理的言论，那么就明白这些言论句句都符合大道；不明白这些看似不合常理的言论，即使掌握了几句名言，仍然会给自己带来灾难。

曰：不信愚人易，不信贤人难；不信贤人易，不信圣人难；不信一圣人易，不信千圣人难。夫不信千圣人者^①，外不见人^②，内不见我；上不见道^③，下不见事。

【注释】

①夫不信千圣人者：那些不相信千万个圣人的人。指超越圣人的得道之人，得道之人一切都以大道为标准，而不再以任何人的言论为标准。

②外不见人：对外忘却了所有的人。

③上不见道：对上他们忘却了大道。得道之人已经与大道融为一体，因此也就忘却了大道；当一个人需要时时刻刻牢记大道的时候，说明他与大道还处于分离状态。

【译文】

关尹子说：不相信蠢人容易，不相信贤人就很难；不相信贤人容易，不相信圣人就很难；不相信一个圣人容易，不相信千万个圣人就很难。那些不相信千万个圣人的得道之人，对外忘却了别人，对内忘却了自我；对上忘却了大道，对下忘却了具体事务。

曰：圣人言蒙蒙^①，所以使人聋^②；圣人言冥冥^③，所以使人盲；圣人言沉沉^④，所以使人瘖^⑤。惟聋则不闻声，惟盲则不见色，惟瘖则不音言^⑥。不闻声者，不闻道，不闻事，不闻我；不见色者，不见道，不见事，不见我；不音言者，不言道，不言事，不言我。

【注释】

①蒙蒙：朦朦胧胧不好懂的样子。

②所以使人聋：因此让听的人像聋人一样听不明白。

③冥冥：幽暗而使人看不清楚的样子。

④沉沉：深奥而使人不太明白的样子。

⑤瘖（yīn）：失音病，讲不出话来。

⑥不音言：不讲话。

【译文】

关尹子说：圣人说的话朦朦胧胧，因此让听的人像聋人一样听不明白；圣人说的话佶屈晦涩，因此让听的人像盲人一样看不明白；圣人说的话深奥难懂，因此让听的人像哑巴一样无法开口回应。聋了就听不见任何声音了，瞎了就看不见任何物象了，哑了就说不出任何言辞了。听不见任何声音的人，就不去听别人讲说大道，不去听别人讲说事情，甚至也不去听自我言论；看不见任何物象的人，就不去观察大道，不去观察事物，甚至也不去观察自我；说不出任何言辞的人，就不去谈论大道，不去谈论事情，甚至也不去谈论自我。

曰：人徒知伪得之中有真失①，殊不知真得之中有真失；徒知伪是之中有真非②，殊不知真是之中有真非③。

【注释】

①徒：仅仅。伪得：虚假的获得。表面上得到了某种东西，实际并没有得到。

②伪是：表面看似正确，实际并不正确。即虚假的正确。是，正确。

③真是之中有真非：真正的正确行为之中也存在真正的错误。比如一些非常正确的行为，随着时间和环境的改变，也会变为错误。

【译文】

关尹子说：人们只知道虚假的获得中存在着真正的失去，而根本不知道真正的获得中也存在着真正的失去；人们只知道虚假的正确言行中存在着真正的错误，而根本不知道真正正确的言行中也存在着真正的错误。

曰：言道者如言梦①。夫言梦者曰："如此金玉，如此器皿，如此禽兽。"言者能言之，不能取而与之②；听者能闻之，不能受而得之。惟善听者，不泥不辩③。

【注释】

①言梦：谈论梦中的景象。

②不能取而与之：不能拿过来送给听的人。大道是规律、真理，无形无象，因此无法以手授人。

③泥：拘泥。

【译文】

关尹子说：谈论大道的人就像谈论梦中景象一样。谈论梦中景象的人说："这些是金玉，这些是器皿，这些是禽兽。"谈论的人能够谈论梦中景象，却不能把梦中的东西拿来送给听者；听者能够听到梦中的东西，却也不能用手把它们接过来。只有善于聆听的人，不去拘泥也不去辩说。

曰：圆尔道①，方尔德②，平尔行，锐尔事③。

【注释】

①尔：你，你的。泛指人们。

②方：方正，正直。

③锐：迅速，敏捷。

【译文】

关尹子说：你的处世之道一定要圆融，你的品德一定要正直，你的行为一定要公平，你做事一定要敏捷。

尸　子

前言

在漫长的中国历史长河中，《尸子》一书虽然不如《老子》《论语》等书的影响之大，但仍然占有非常重要的地位。认真研读《尸子》，不仅能够使我们对先秦的思想获取更深入、更全面的认识，其中很多内容也能够对我们的思想有所启迪，从而为今天的生活提供某种程度的借鉴作用。

一、作者生平

《尸子》的作者是尸佼。关于尸佼的生平，留下的资料十分有限，他的生卒年月已无法确考。因为尸子是商鞅同时代的人，我们就以商鞅的生卒年月（约前390—前338）为参考，再考虑到商鞅死后，尸子入蜀，并著书立说，因此可以把尸子的生卒年月大约圈定在前390—前328年左右。

关于尸子的籍贯及其对后世的影响，《史记·孟子荀卿列传》记载说：

> 楚有尸子、长卢……世多有其书，故不论其传云。

按照这一记载，尸子应该是楚国人，而且一直到汉代，其思想还具有较大的影响，因为司马迁说"世多有其书"，《尸子》这本书在当时社会上颇为流行，人们对他的生平也很了解，所以司马迁就不再对尸子做过多的介绍了。

但就在这一记载的下面，裴骃"集解"引用刘向的《别录》说：

刘向《别录》曰:"楚有尸子,疑谓其在蜀。今案《尸子》书,晋人也,名佼,秦相卫鞅客也。卫鞅商君谋事画计,立法理民,未尝不与佼规之也。商君被刑,佼恐并诛,乃亡逃入蜀。自为造此二十篇书,凡六万余言。卒,因葬蜀。"

刘向是大学问家,而且亲眼见过《尸子》全书,因此他的记载是可信的。这段记载的文字不多,但信息量不小,我们从中可以了解尸子的大致生平。

尸子是晋地人,也即今天的山西一带的人。刘向认为,《史记》之所以说他是楚人,是因为尸子后来逃亡到了蜀地,战国时,蜀地的部分地区曾一度属楚,所以《史记》说尸子是楚人。刘向说尸子是晋人,较为可信。战国时期,从晋国分裂出来的魏、韩、赵被称为"三晋",而商鞅在入秦之前,曾经在魏国为官,也许就在此时,尸子与商鞅有了交往,从而打下了后来二人在秦国合作变法的基础。

商鞅在秦国变法期间,尸子曾是商鞅的重要谋士,以至于"卫鞅商君谋事画计,立法理民,未尝不与佼规之也"。由此可见,尸子在商鞅的变法过程中,起到了重要作用。

商鞅被杀之后,作为主要谋士的尸子担心受到牵连,于是就逃到尚属于楚国管辖的蜀地。作为一位失败的逃亡政治家,其抑郁之情可想而知。正如司马迁说的那样:"意有所郁结,不得通其道也,故述往事,思来者。"(《史记·太史公自序》)在类似情形下,尸佼总结自己的政治经验与教训,发奋著述,一吐心中郁结之气,于是就有了《尸子》一书的问世。尸子最终去世于蜀地,并葬于蜀地。

从以上记载可以看出,尸子的生平大致可分为三个阶段:第一个阶段,即在晋地生活时期。第二个阶段,即在秦国从政时期,主要是为商鞅变法出谋划策。第三个阶段,即在蜀的逃亡时期,也是他的著书立说时期。

关于尸子的籍贯,《汉书·艺文志》有不同记载:

《尸子》二十篇。名佼,鲁人,秦相商君师之,鞅死,佼逃入蜀。

《汉书》的记载有两点值得注意：

一是尸子是鲁国人，而不是晋国人。对此，汪继培在《尸子》辑本的"自序"中推测说："《汉志》班固自注，又以佼为鲁人，晋、鲁字形相近，未能定其然否云。"汪继培怀疑"鲁"字是"晋"之误。这种推测是合理的，如《庄子·天地》说："子贡南游于楚，反于晋……反于鲁，以告孔子。"《庄子》明显把"鲁"字误写为"晋"字，而班固则可能是把"晋"字误写为"鲁"字。

二是身份稍有不同。刘向认为尸子只是商鞅的门客，而班固则认为尸子是商鞅的老师，虽然古代有师友不分的说法，但师与友毕竟还是有很大差异的，这不仅涉及身份的不同，另外还涉及二人年龄差距的问题。

关于尸子的生平及其与商鞅之间的关系，还有待我们进一步研究，一时还很难拿出结论。

二、本书的思想内容

《尸子》一书的思想是驳杂的，其汲取了道、儒、法、名等各家思想，以为现实政治、人生服务，因此《尸子》一书的归类，也成了一个聚讼纷纭的问题。《汉书·艺文志》把《尸子》列入杂家，《宋史·艺文志四》把《尸子》列为儒家，成书于清代的《百子全书》则把《尸子》列为法家。现代的一些学者，把《尸子》的内容与尸子参与商鞅变法的经历综合起来考量，认为尸子应是一位较为典型的黄老学派的学者，他既接受了老子的哲学理论，又较为务实地重视刑名、法制思想，是介于道家与法家之间的一位学者。当然，我们也不能否认，尸子也接受了儒家的思想。司马谈《论六家之要指》说：

　　道家……因阴阳之大顺，采儒、墨之善，撮名、法之要，与时迁移，应物变化，立俗施事，无所不宜，指约而易操，事少而功多。（《史记·太史公自序》）

能够博采各家之长，正是道家思想的一个特点。司马谈所说的道家，既然能够"采儒、墨之善,撮名、法之要",显然不是指孔、墨之前的老子,而是指黄老道家。《尸子》的思想符合这一特征。

第一,尸子的哲学观。

由于《尸子》遗失文字较多,他的哲学思想看起来较为零碎而不成体系,然而就在这些只言片语之中,我们不难看出其与道家思想的联系。

1. 尸子继承了老子的重道思想。

《老子》二十五章说:"人法地,地法天,天法道,道法自然。"《尸子·贵言》(以下引《尸子》文,只注篇名或卷数)也说:"天地之道,莫见其所以长物而物长,莫见其所以亡物而物亡。圣人之道亦然:其兴福也,人莫之见而福兴矣;其除祸也,人莫之知而祸除矣,故曰'神人'。"尸子认为,思想境界最高的人,就是能够效法天地之道的人,这就把老子思想中的最高概念——道,完整地移植到自己这里,成为自己思想体系中的最高概念。既然道是尸子思想中的最高概念,那么自然就会得出"从道必吉,反道必凶,如影如响"(卷下)的结论。这一观念,可以说与道家是一脉相承的。

2. 尸子继承道家的传统,注重探索自然奥秘,而探索自然的最终目的还是为政治、人生服务。

从总体来说,先秦的儒家对自然奥秘的兴趣较为淡漠,他们把自己的主要精力放在社会、人生方面。而道家虽然也把主要精力放在社会、人生方面,但他们往往要从自然规律的角度去把握社会规律,使他们对自然现象具有较大的兴趣,从而提出效法自然的观念。

尸子在探索自然这一方面也做出了自己的贡献,其中最为人所津津乐道的是他对"宇宙"的定义:

> 天地四方曰宇,往古来今曰宙。(《卷下》)

尸子认为,整个空间就是宇,整个时间就是宙,而宇宙就是具有时空属性的运动着的客观世界。这是中国典籍中最早的与现代"时空"对应得最好的概念。在此基础之上,《庄子·庚桑楚》对宇宙做了更详细的说明："出无本,入无窍;有实而无乎处,有长而无乎本剽,有所出而无窍者有实。有实而无乎处者,宇也。有长而无本剽者,宙也。"从此之后,"宇宙"一词就成为中国文化中的一个重要概念,一直沿用到今天。

除此之外,《尸子》还专有一篇探讨自然界"九州险阻,水泉所起"的文章,可惜已经失传。在现存的《尸子》中,也不时能够看到有关研究自然现象的文字。比如《太平御览》卷三十七引《尸子》说："八极之内,有君长者,东西二万八千里,南北二万六千里。故曰:天左舒而起牵牛,地右辟而起毕、昴。"再如《北堂书钞》卷一百五十六引《尸子》："朔方之寒,冰厚六尺,木皮三寸。北极左右,有不释之冰。"

重视自然,最终目的还是为了治国安民,所以尸子说："天无私于物,地无私于物,袭此行者,谓之天子。"(《治天下》)探索自然奥秘,从中汲取治国的灵感,这是道家的一贯传统。

3. 初步探讨了心性的作用。

从战国开始,心性的探讨越来越受到思想家的重视,尸子应该属于其中较早探讨心性学的一位学者。他在《贵言》中说:

> 故曰:心者,身之君也。天子以天下受令于心,心不当则天下祸;诸侯以国受令于心,心不当则国亡;匹夫以身受令于心,心不当则身为戮矣。

尸子通过层层类推的方法,把人之安危、国之安危、天下之安危统统归因于"心"的作用。尸子对心性的研究程度,远不如其后学者的深入和全面,但把心性的作用提高到如此程度,无疑会引起后世学者对心性学研究的兴趣。换句话说,尸子对心性的研究无疑是后来心性学兴起之先声。

第二,尸子的政治主张。

同古代大多数思想家一样,尸子的主要精力还是放在治国安民的问题上。对此,他提出了比较系统的主张。《治天下》列出了其治理天下的基本纲领:

治天下有四术:一曰忠爱,二曰无私,三曰用贤,四曰度量。度量通,则财足矣;用贤,则多功矣;无私,百智之宗也;忠爱,父母之行也。

尸子提出治理天下的四个基本原则:一是真诚爱民,二是大公无私,三是任用贤能,四是确立法度。接着,尸子重点论述的是爱民和用贤两个问题。他认为,君主如果能够像父母爱护子女那样去爱护百姓,那么天下就能安定祥和;君主如果能够重用贤人,那么不仅可以过着安逸的生活,而且还能建立大功,获取美名。

尸子特别指出,统治者施行仁政,必须体现在让百姓受益上:

益天下以财为仁,劳天下以力为义,分天下以生为神。(《贵言》)

这种明确地把利与仁结合起来的主张,具有十分重要的意义,既可以避免空谈仁爱而无实利的理论弊端,更有利于揭露统治者以仁爱口号骗人、以实利归己的丑恶行径。

在用人方面,尸子提出要不避亲疏、无论贵贱、唯贤是举的主张:"古者明王之求贤也,不避远近,不论贵贱,卑爵以下贤,轻身以先士。故尧从舜于畎亩之中,北面而见之,不争礼貌,此先王之所以能正天地、利万物之故也。"(《明堂》)

作为一位介于道家和法家之间的黄老道家学者,尸子也非常重视"正名"的问题。他说:

治天下之要,在于正名;正名去伪,事成若化;苟能正名,天成地平。(《发蒙》)

正名去伪,事成若化;以实核名,百事皆成。夫用贤使能,不劳而治;正名覆实,不罚而威。(《分》)

尸子不仅把正名放在治国的一个异常重要的位置上,而且还把正名与举贤、用法结合了起来。他说:"君臣、父子、上下、长幼、贵贱、亲疏,皆得其分,曰治。"(《分》)尸子把人们是否能够各得其分、各守其分视为社会能否安定的主要标准之一。

从以上可以看出,尸子在接受道家、法家思想的同时,也受到儒家的

影响，只是他没有独尊儒术，所以孙星衍批评他说："尸子以为孔子贵公，与诸子并论，不亦失言乎？"(《〈尸子〉集本叙》)

尸子也特别强调君主无私的重要性，他说："因井中视星，所视不过数星；自丘上以视，则见其始出，又见其入。非明益也，势使然也。夫私心，井中也；公心，丘上也。故智载于私，则所知少；载于公，则所知多矣。"(《广泽》)主张君主在治国的时候，要出于公心地博爱天下百姓，不可为私心所蒙蔽，以至于颠倒了是非，混淆了黑白。

在古代社会，君主是至高无上的人，而尸子则要求至高无上的君主要特别注意谦卑的态度。他说："孔子曰：'大哉河海乎，下之也！'夫河下天下之川故广，人下天下之士故大。故曰：下士者得贤，下敌者得友，下众者得誉。"(《明堂》)君主不仅要对贤人表示谦卑，对民众也要谦卑，甚至对敌人也要如此。

最后，我们重点要指出的是，尸子还特别强调道家"上无为而下有为"的政治主张，他说："明王之治民也，事少而功立，身逸而国治，言寡而令行。事少而功多，守要也；身逸而国治，用贤也；言寡而令行，正名也。"(《分》)尸子接着举例说：

> 周公之治天下也，酒肉不彻于前，钟鼓不解于悬，听乐而国治，劳无事焉；饮酒而贤举，智无事焉；自为而民富，仁无事焉。知此道也者，众贤为役，愚智尽情矣。(《分》)

在儒家心目中，周公是一位"一沐三捉发，一饭三吐哺"(《史记·鲁周公世家》)的勤政者。到了尸子这里，为了说明"上无为而下有为"的道理，周公竟然成了"酒肉不彻于前，钟鼓不解于悬"的生活安逸之人，成了道家心目中无为而治的典范。

第三，个人修养。

身国同治，不仅是道家、也是其他各家所共有的思想特征。因此，尸子在重视治国的同时，也非常关注个人修养问题。

1.重视学习。尸子把《劝学》放在全书的首篇，比较系统地论述了学习的重要性以及学习的主要内容等问题。尸子说"学不倦,所以治己也;教不厌,所以治人也。夫茧,舍而不治,则腐蠹而弃;使女工缲之,以为美锦,大君服而朝之。身者,茧也,舍而不治,则知行腐蠹;使贤者教之,以为世士,则天下诸侯莫敢不敬。"学习,可以化腐朽为神奇;不学习,则会变神奇为腐朽。

2. 提倡忠孝思想。尸子在《劝学》中说:"曾子曰:'父母爱之,喜而不忘;父母恶之,惧而无怨。'然则爱与恶,其于成孝无择也。史鳝曰:'君亲而近之,至敬以逊;貌而疏之,敬无怨。'然则亲与疏,其于成忠无择也。"尽忠行孝,是做臣、子的本分,无论父母是否爱护自己,自己都要毫无怨言地行孝;无论君主是否亲近自己,自己都要毫无怨言地尽忠。这一思想与儒家几乎一样。

3. 主张恕道。尸子说:"恕者,以身为度者也。己所不欲,毋加诸人。恶诸人,则去诸己;欲诸人,则求诸己。此恕也。"(《恕》)在此基础上,尸子进一步提出严于律己、宽以待人的主张:"孔子曰:'自娱于櫽括之中,直己而不直人,以善废而不邑邑,蘧伯玉之行也。'"(《劝学》)对己严,待人宽,即使受到不公正待遇,也绝不怨天尤人。

4. 保持内心平和。尸子重视修养的另一个目的,就是让自己无论在任何情况下都能够保持内心的平静、祥和。卷下说:"为令尹而不喜,退耕而不忧,此孙叔敖之德也。"无论生活是得意还是失意,都能够心如止水,这不仅有利于自身的健康,同时也有利于以更理智的方式去处理各种事务。

第四,为后人提供了不少极具价值的各种研究史料。

《尸子》虽然已经残破不全,但仍然为我们保留了许多极有价值的政治史料和思想史料。我们各举一例。

首先我们看一例政治史料:

　　神农氏七十世有天下,岂每世贤哉? 牧民易也。(卷下)

虽然我们不能说神农氏统治天下达七十世之久的记载是完全可信

的，但可以说明与黄帝战败后南迁的炎帝并非第一代炎帝（即神农氏），而是其后代。司马贞索隐在《史记·五帝本纪》"轩辕之时，神农氏世衰"下注："世衰，谓神农氏后代子孙道德衰薄，非指炎帝之身。"尸子的记载可与司马贞的注解相互印证，证明南迁的神农并非被尊为华夏民族始祖的那位神农。

我们再看一例思想史料：

> 禹治水，为丧法曰：毁必杖，哀必三年，是则水不救也。故使死于陵者葬于陵，死于泽者葬于泽，桐棺三寸，制丧三日。（卷下）

这一记载清晰地告诉我们，大禹是在极为困难的治水情况下，制定了薄葬之礼。而墨家在相对安定的时代去模仿洪水泛滥时代的大禹的节俭生活，故而难以得到民众的响应。这一史料客观上揭示了墨家思想衰败的原因。

此类有价值的史料还很多，如卷下中的"武王亲射恶来之口，亲斫殷纣之颈，手污于血，不温而食。当此之时，犹猛兽者也"，"昔者，武王崩，成王少，周公旦践东宫，履乘石，祀明堂，假为天子七年"等记载，都可以弥补正史记载之不足。

《尸子》一书的思想远较上述内容丰富，由于我们看到的《尸子》已经残缺不全，其整体面貌已经无法复现，比如《后汉书·宦者列传》李贤注记载：

> 尸子，晋人也，名佼，秦相卫鞅客也。鞅谋计，未尝不与佼规也。商君被刑，恐并诛，乃亡逃入蜀，作书二十篇，十九篇陈道德仁义之纪，一篇言九州险阻，水泉所起也。

这就是说，《尸子》有一篇专门记述山河地理的文章，而这篇文章已经失传。而其他失传的内容则更多，这对于研究整体尸子思想、乃至于整体先秦思想，都是一个极大的遗憾。

三、关于《尸子》的流传、辑佚及注释

刘向《别略》说尸子"造此二十篇书,凡六万余言",《汉书·艺文志》也说"《尸子》二十篇"。由此可见,《尸子》原书共二十篇,六万多字。就当时的社会环境和学术环境来看,这样的篇幅算是相当大的。

到了东汉时期,《尸子》开始散佚。《隋书·经籍志》说:"《尸子》二十卷,目一卷。梁十九卷。秦相卫鞅上客尸佼撰。其九篇亡,魏黄初中续。"这就是说,到了曹丕黄初年间,《尸子》就已经散失了九卷,当时的人们对它加以续补。《旧唐书·经籍志下》记载:"《尸子》二十卷,尸佼撰。"似乎是说,在唐代,《尸子》还有完整的二十卷。

宋代是儒学思想高涨的时代,汲取儒家思想但又不独尊儒术的《尸子》慢慢退居到了学界的边缘,再加上战乱,《尸子》散失的情况更加严重。孙星衍《〈尸子〉集本序》说:"至南宋,而全书散佚。"

到了明清时期,学者开始整理、收集散失的《尸子》。明代的《尸子》辑本主要有陶宗仪和归有光的两种。陶宗仪的辑本收录他编辑的《说郛》卷六的《读子随识》;归有光的辑本则收录于《诸子汇函》卷九。清代对《尸子》进行整理和辑佚的有惠栋、任兆麟、孙志祖、孙星衍、汪继培五家,其中影响最大的是孙星衍的辑本和汪继培的辑本。

综合各种《尸子》辑本,以汪继培的辑本为优。汪继培在该书辑本的《序》中说:"(本辑本)以《群书治要》所载为上卷,诸书称引与之同者分注于下;其不载《治要》而散见诸书者为下卷;引用违错及各本误收者别为存疑,附于后。"因为汪继培的生活时代较晚,他以唐代魏徵的《群书治要》中的《尸子》十三篇为主体,综合其前诸位学者辑本的长处,拾遗纠谬,得《尸子》上下两卷,上卷列有十三篇,下卷则为散见于各种古籍中的佚文。另有存疑的二十三条《尸子》佚文,则列于辑本最后。

本次译注的原文就是以汪继培的辑本为蓝本(见上海古籍出版社《续修四库全书》第1121册),对其中的一些误字加以纠正。在本书的写作过程中，我们吸取了现代学者的研究成果，如朱海雷先生的《尸子译注》（上海古籍出版社 2006 年版）等。在此，我们一并表示感谢！

由于《尸子》散佚较多，讹误时见，历代对《尸子》的注释较少，更由于我们的学识有限，本书的注释和译文一定会有许多不当之处，希望各位读者予以批评指正。

张景　　张松辉

2019 年 10 月

卷上

一　劝学

【题解】

劝学，鼓励学习。劝，鼓励、勉励。本文比较系统地论述了学习的重要性、学习的内容等问题，反复强调德行贵于官爵的观点，进一步批判了世俗社会重官爵、轻德行的不良风气。

学不倦，所以治己也；教不厌^①，所以治人也。夫茧，舍而不治，则腐蠹而弃^②；使女工缲之^③，以为美锦^④，大君服而朝之^⑤。身者，茧也，舍而不治，则知行腐蠹；使贤者教之，以为世士^⑥，则天下诸侯莫敢不敬。是故子路^⑦，卞之野人^⑧；子贡^⑨，卫之贾人^⑩；颜涿聚^⑪，盗也；颛孙师^⑫，驵也^⑬；孔子教之，皆为显士。夫学，譬之犹砺也^⑭。昆吾之金^⑮，而铢父之锡^⑯，使干越之工^⑰，铸之以为剑，而弗加砥砺^⑱，则以刺不入，以击不断。磨之以奢砺^⑲，加之以黄砥^⑳，则其刺也无前^㉑，其击也无下^㉒。自是观之，砺之与弗砺，其相去远矣。今人皆知砺其剑，而弗知砺其身。夫学，身之砺砥也。

【注释】

① 厌：厌倦，懈怠。

② 蠹（dù）：虫名。蛀蚀树木、器物的虫子。这里用作动词，蛀蚀、坏掉的意思。

③ 缫（sāo）：把蚕茧浸在热水里抽丝。这里泛指抽丝、纺织、刺绣。

④ 锦：有彩色花纹的丝织品。

⑤ 大君：君主。朝之：上朝接见群臣。

⑥ 世士：社会名士。

⑦ 子路：孔子的弟子。姓仲，名由，字子路，一字季路。

⑧ 卞：地名。在今山东泗水县东。野人：不懂礼仪的粗野之人。另外，在古代，农夫也称"野人"。

⑨ 子贡：孔子的弟子。姓端木，名赐，字子贡。

⑩ 卫：诸侯国名。在今河北南部和河南北部一带。贾（gǔ）人：商人。

⑪ 颜涿聚：人名。孔子的弟子。《吕氏春秋·尊师》："颜涿聚，梁父之大盗也，学于孔子。"

⑫ 颛孙师：人名。孔子的弟子。姓颛孙，名师，字子张。陈国人。

⑬ 驵（zǎng）：牲畜交易的经纪人。后泛指市场经纪人。

⑭ 砺：磨刀石。

⑮ 昆吾：传说中的山名。据说山上多赤铜。金：金属。这里主要指铜。

⑯ 铢父：地名。据说此地多产锡。先秦时，人们通常以锡杂铜铸造兵器。

⑰ 干越：吴国和越国。干，亦作"邗"。国名。后被吴国兼并，这里代指吴国。工：指铸剑工匠。先秦时期，吴、越多出名匠、名剑。

⑱ 砥（dǐ）砺：磨刀石。这里用作动词，磨砺。

⑲ 砻（lóng）：磨刀石。

⑳ 黄砥：细密的磨石。黄，本指幼儿。这里引申为细小的意思。另外，"黄"还有美好的含义。

㉑刺也无前：向前直刺，前无所阻。指剑十分锋利，能够刺穿所有的事物。

㉒击也无下：向下砍击，下无所阻。

【译文】

努力学习而不知厌倦，是用来修养自身的方法；教诲别人而不知懈怠，是用来教化他人的方法。蚕茧，弃置一旁而不加整理，就会变质坏掉而被抛弃；如果使女工缫丝纺织，就可以制成漂亮的锦绣，那么天子就会穿着它上朝接见百官。每个人的身体，就像蚕茧一样，弃置一旁而不加以修养，那么他就会知识贫乏、行为败坏；如果让贤人教诲他，他就会成为当世名士，天下的诸侯就没有谁敢对他不尊敬。因此，子路，是下地的粗野之人；子贡，是卫国的商人；颜涿聚，是个强盗；颛孙师，是个市场经纪人；孔子教导他们之后，他们都成了名士。学习，就好像磨刀石一样。即使是昆吾的铜，铢父的锡，让吴、越的良工把它们铸造成剑，如果不加以磨砺，那么用它刺击也刺不进去，用它砍击也无法砍断。如果先用粗磨石打磨，再用细磨石精磨，那么用它向前直刺就会无物可阻，用它向下砍击就会无物可拦。由此看来，磨砺与不磨砺，其结果相差太远了。现在的人们都知道磨砺他们的剑，却不知道磨砺他们自身。学习，就是对自身的磨砺。

夫子曰①："车，唯恐地之不坚也；舟，唯恐水之不深也。有其器，则以人之难为易②。夫道③，以人之难为易也。"是故曾子曰④："父母爱之，喜而不忘；父母恶之，惧而无怨⑤。"然则爱与恶，其于成孝无择也。史䲡曰⑥："君亲而近之，至敬以逊；貌而疏之⑦，敬无怨。"然则亲与疏，其于成忠无择也。孔子曰："自娱于櫽括之中⑧，直己而不直人，以善废而不邑邑⑨，蘧伯玉之行也⑩。"然则兴与废，其于成善无择也。

屈侯附曰^⑪："贤者易知也，观其富之所分，达之所进^⑫，穷之所不取。"然则穷与达，其于成贤无择也。是故爱恶、亲疏、废兴、穷达皆可以成义，有其器也^⑬。

【注释】

①夫子：对老师的尊称。一说指孔子，一说指老子。

②则以人之难为易：就能够把人们感到困难的事情变得容易了。

③道：天地间所有规律、真理的总称。

④曾子：即曾参，孔子的弟子。字子舆。著名的孝子。

⑤惧而无咎：感到恐惧但不会责怪父母。咎，责怪。

⑥史鳝（qiú）：人名。字子鱼，春秋时卫灵公的贤臣，以仁德出名。

⑦貌（miǎo）：通"藐"。藐视。疏：疏远。

⑧檃（yǐn）括：矫正曲木的工具，比喻纠正人们行为的礼仪法度。

⑨以善废：因为善良的言行而被废弃不用。邑邑：愁苦不安的样子。

⑩蘧（qú）伯玉：人名。春秋时卫国的贤大夫。

⑪屈侯附：人名。战国时期魏国的贤臣。

⑫达之所进：显达得势的时候所举荐的人。进，举荐。

⑬器：比喻大道。

【译文】

夫子说："有了车，就唯恐道路不够坚硬；有了船，就唯恐水积不够深邃。有了车、船这些工具，就能够把人们感到困难的事情变得容易。大道，是把人们感到困难的事情变得容易的。"因此曾子说："父母爱自己，心情快乐而不忘记父母的爱；父母讨厌自己，深感恐惧而不责怪父母。"那么无论父母对自己是喜爱还是讨厌，对于自己完成孝行来说，都是无可选择的。史鳝说："君主亲近自己，自己要尊敬君主而谦逊谨慎；君主轻视、疏远自己，自己依然尊敬君主而毫无怨言。"那么无论是君主亲近自己还是疏远自己，对于自己尽忠君主来说，都是无可选择的。孔子说："快乐地生活在礼仪法度之中，要求自己正直而不苛求他人，因品行优秀而被废置不用，却不郁郁寡欢，这就是蘧伯玉的行为。"那么无论是被举用还是被废弃，对于自己的修德行善来说，都是无可选择的。屈侯附说："贤明的人是很容易看出来的，观察他富有的时候分财给什么样的人，显达得势的时候举荐什么样的人，穷困潦倒的时候不愿获取什么样的事物。"那么无论是困窘还是显达，对于自己成就自己的贤德来说，都是无可选择的。因此无论是受到父母的喜爱或讨厌、君主的亲近或疏远、被废弃或者被举用、困窘或者显达，都可以成就自己的美德，这是因为自己掌握了大道。

桓公之举管仲①，穆公之举百里②，比其德也③。此所以国甚僻小，身至秽污④，而为政于天下也⑤。今非比志意也⑥，而比容貌；非比德行也，而论爵列⑦，亦可以却敌服远矣⑧。农夫比粟⑨，商贾比财，烈士比义⑩，是故监门、逆旅、农夫、陶人，皆得与焉⑪。

【注释】

①桓公：即齐桓公，齐国的君主。春秋五霸之一。管仲：人名。春秋时著名政治家，辅佐齐桓公建立霸业。

②穆公：即秦穆公，秦国的君主。春秋五霸之一。百里：即百里奚。复姓百里，名奚。春秋时秦穆公的贤相，辅佐秦穆公成就了霸业。

③比：比较，考核。

④秽污：败坏。这里说齐桓公、秦穆公的品德败坏，是为了反衬管仲与百里奚的德才，事实上，齐桓公与秦穆公虽然比不上一流的圣君，但都有各自的过人之处，属于贤君之列。

⑤为政：发号施令，治理。

⑥比志意：考核志向、思想。

⑦爵列：爵位。

⑧亦可：清学者汪继培认为，"可"字前疑脱"不"字。译文从之。却敌：打退敌人。

⑨粟：谷子。这里泛指粮食。

⑩烈士：壮士。

⑪"是故"二句：意思是，即使社会地位低下的人，也能够具备崇高的品德，可与"烈士"并肩。监门，看门人。逆旅，旅店。这里指开旅店的人。陶人，制陶器的人。得与焉，能够参与品德的考核。

【译文】

齐桓公重用管仲，秦穆公重用百里奚，都是因为考核了他们的德行而予以重用。这就是桓公、穆公虽然国家僻远狭小，自身品德污秽，却能够号令天下的原因。如今不去考核人们的志向与思想，而去考核容貌的好坏；不去考核德行，而只注重爵位的高低，这样做是无法抗击敌人、怀柔远方的。农夫考核的是粮食，商贾考核的是财富，壮士考核的是品德，因此即使看门小吏、旅店主人、田野农夫、制陶工人，都可以参与品德的考核。

爵列，私贵也①；德行，公贵也②。奚以知其然也③？司城子罕遇乘封人而下④，其仆曰："乘封人也，奚为下之？"子罕曰："古之所谓良人者，良其行也；贵人者，贵其心也。今天爵而人⑤，良其行而贵其心，吾敢弗敬乎？"以是观之，古之所谓贵，非爵列也；所谓良，非先故也⑥。

【注释】

①爵列，私贵也：爵位很高的人，未必就能够得到众人的尊重。私贵，属于私人的尊贵。

②公贵：人们公认的尊贵。

③奚以：即"以奚"。凭什么。然：代词。这样。

④司城子罕：又称"乐喜"。姓戴，名喜，字子罕。春秋时期任宋国的
　司城，兼管刑罚。司城，官名。负责国家的土木建筑。乘：地名。
　封人：守卫边疆的地方官。下：下车。

⑤天爵而人：上天把尊贵的道德爵位赋予这个人。天爵，与"人爵"
　相对，指美好的品德。《孟子·告子上》："孟子曰：'有天爵者，有
　人爵者。仁义忠信，乐善不倦，此天爵也；公卿大夫，此人爵也。
　古之人修其天爵，而人爵从之。今之人修其天爵，以要人爵；既得
　人爵，而弃其天爵，则惑之甚者也，终亦必亡而已矣。'"

⑥非先故也：不是因为年长的缘故。先，在先。这里指年长。

【译文】

　　爵位，是属于个人的尊贵；美好的德行，是公认的尊贵。根据什么知
道是这样的呢？司城子罕遇到一个守卫乘地的地方官便下车致敬，他的
仆人问："他不过是守卫乘地的地方官而已，您为什么还要下车向他致敬
呢？"子罕回答说："古代所说的优秀之人，是指他的品行优秀；所说的贵
人，是指他的品德高贵。现在上天把尊贵的道德爵位赋予这个人，此人
行为优秀而品德高贵，我岂敢不尊敬他？"由此看来，古人所说的高贵，
不是指爵位；所说的优秀，不是指年长。

　　人君贵于一国①，而不达于天下②；天子贵于一世，而不
达于后世；惟德行与天地相弊也③。爵列者，德行之舍也④，
其所息也⑤。《诗》曰⑥："蔽芾甘棠⑦，勿翦勿败⑧，召伯所憩⑨。"
仁者之所息，人不敢败也。天子诸侯，人之所以贵也，桀、纣
处之则贱矣⑩。是故曰：爵列，非贵也。今天下贵爵列而贱
德行，是贵甘棠而贱召伯也，亦反矣。夫德义也者，视之弗见，

听之弗闻，天地以正⑪，万物以遍⑫，无爵而贵，不禄而尊也。

【注释】

①人君：君主。这里指诸侯国君，与下文的"天子"相对。天子是整个天下的君主，而诸侯国君只是自己封地的君主。

②不达于天下：不可能把这种尊贵推行到整个天下。意思是，仅仅凭借爵位，诸侯国君只可能在本封地内得到尊重，不会得到全天下人的尊重。

③与天地相弊：与天地相始终，与天地共存。

④德行之舍：是德行的住所。意思是，爵位应该赐予有德行的人。

⑤所息：所憩息的地方。

⑥《诗》：书名。即《诗经》，我国第一部诗歌总集，儒家的五经之一。下引诗句出自《诗经·召南·甘棠》。

⑦蔽芾（fèi）：树木葱茏、浓荫覆蔽的样子。甘棠：树名。即杜梨，又名棠梨、白棠，叶圆有尖，花红色，果实扁圆而小。

⑧翦：同"剪"。砍伐。

⑨召（shào）伯：姓姬，名奭（shì），初封于召地，故称召公。周武王灭商后，改封于燕国，史称燕召公。《史记·燕召公世家》："召公之治西方，甚得兆民和。召公巡行乡邑，有棠树，决狱政事其下，自侯伯至庶人各得其所，无失职者。召公卒，而民人思召公之政，怀棠树不敢伐，歌咏之，作《甘棠》之诗。"憩（qì）：休息。

⑩桀：人名。即夏桀，夏朝的亡国之君，以残暴著称。纣：人名。即商纣王。商朝的亡国之君，著名的暴君。

⑪天地以正：天地因为人们的美德而变得正常。古人认为，人们具有美德，就会影响自然，使大自然日月明亮、四季正常、风调雨顺。即古人常说的天人感应思想。

⑫万物以遍：万物也因此而普遍得到恩惠。

【译文】

诸侯国君可以在自己一个国家里显得尊贵,不可能把这种尊贵推行到整个天下;天子可以在自己的统治时期显得尊贵,不可能把这种尊贵延续到后世;只有美好的德行可以与天地相始终。爵位,应该赐给那些德行美好的人,是德行美好人憩息的地方。《诗经》说:"茂盛的甘棠树啊,不要砍伐、伤害它,那是召伯休息过的地方。"仁人在它的下边休息过,人们都不忍心毁坏它。天子、诸侯这些位置,是人们视为尊贵的爵位,而夏桀、商纣身处此位却受到人们的蔑视。因此可以说,爵位,并不是真正的尊贵。如今天下的人们尊崇高贵的爵位却轻视美好的德行,这就好像尊崇甘棠树却轻视召伯一样,把本末倒置了。美好的德义,看它看不见,听它听不到,然而天地因为人们的美德而变得正常,万物因为人们的美德而普受恩惠,有美德的人即使没有爵位也会变得高贵,没有俸禄也会受到尊重。

鹿驰走无顾^①,六马不能望其尘^②;所以及者^③,顾也。

【注释】

①驰走:奔跑。走,跑。顾:回头张望。

②六马:六匹骏马驾的车。古代帝王的车驾用六马。不能望其尘:连鹿扬起的尘土都看不见。比喻被远远地抛在后面。

③及:被赶上。

【译文】

鹿奔跑起来如果不回头张望,就连六匹骏马驾的车也会被远远地抛在后面;鹿之所以能够被追上,是因为它总是回头张望。

土积成岳,则梗、楠、豫章生焉^①;水积成川,则吞舟之鱼生焉;夫学之积也,亦有所生也^②。

【注释】

①楩（pián）：树名。又叫黄楩树。豫章：树名。即樟树。以上三种树木，
　都是高大的树木。

②亦有所生也：也会产生出一些东西。指获取美好的道德和事业的
　成功。

【译文】

土堆积成山岳，就会长出高大的楩树、楠木、樟树；水汇积成大河，就
会长出吞舟的大鱼；不断地积累学问，也会获取美好的道德与事业的成功。

未有不因学而鉴道①，不假学而光身者也②。

【注释】

①鉴：察见，明白。

②假：借助。光身：使自身荣耀。光，光耀，荣耀。

【译文】

没有不通过学习而能够认识大道的，也没有不通过学习而能够使自
身荣耀的。

二 贵言

【题解】

贵言,重视别人的谏言。本文除了第一段阐述接受谏言的重要性之外,接着还讨论了以下几个问题:一是心(思想)的重要性,认为"心"的正确与否直接关系到个人乃至整个天下的生死存亡;二是提醒人们要防微杜渐,消除祸乱于无形之中;三是强调圣人对人类生活的重要作用。

范献子游于河①,大夫皆在。君曰②:"孰知栾氏之子③?"大夫莫答。舟人清涓舍楫而答曰④:"君奚问栾氏之子为?"君曰:"自吾亡栾氏也,其老者未死,而少者壮矣,吾是以问之。"清涓曰:"君善修晋国之政,内得大夫,而外不失百姓,虽栾氏之子,其若君何?君若不修晋国之政,内不得大夫,而外失百姓,则舟中之人皆栾氏之子也⑤。"君曰:"善哉言!"明日朝⑥,令赐舟人清涓田万亩,清涓辞。君曰:"以此田也,易彼言也⑦,子尚丧⑧,寡人犹得也⑨。"古之贵言也若此。

【注释】

①范献子:即范鞅,又名士鞅,"献"是他的谥号,史称范献子。范献

子长期在晋国执政,在与另一位晋国贵族栾氏的争斗中,击败栾氏。河:指黄河。

②君:指范献子。

③孰知栾氏之子:谁知道栾氏的儿子在哪里? 栾氏,指晋国贵族栾盈。《史记·晋世家》:"晋栾盈有罪,奔齐。八年,齐庄公微遣栾盈于曲沃,以兵随之。齐兵上太行,栾盈从曲沃中反,袭入绛。绛不戒,平公欲自杀,范献子止公,以其徒击盈,盈败走曲沃。曲沃攻盈,盈死,遂灭栾氏宗。"范献子灭掉了反叛的栾氏之后,担心栾氏之子复仇,因此要清查其下落。

④舟人:船夫。清涓:人名。舍楫:放下船桨。舍,放下。楫,船桨。

⑤则舟中之人皆栾氏之子也:那么现在船里的人都会成为像栾氏之子那样的仇人。意思是,如果范献子不能把晋国治理好,人人都是他的仇人。

⑥朝:上朝。

⑦易彼言:交换您说的那些话。易,交换。

⑧子尚丧:您尚且吃亏。意思是,一万亩土地还没有您的那些话的价值高。

⑨得:获得。这里引申为占了便宜。

【译文】

范献子在黄河游览,大夫们都在旁边。范献子问:"谁知道栾氏儿子的情况?"大夫们没有人回答。船夫清涓放下船桨回答说:"您为什么要问栾氏儿子的情况呢?"范献子说:"自从我诛杀栾氏以后,栾氏家族的老人还没死,而他们的年轻人又长大了,我因此要查问一下。"清涓说:"您如果能够治理好晋国的政事,在朝廷之内能够得到大夫们的支持,在朝廷之外能够得到百姓的拥戴,即使栾氏之子还活着,又能把您怎么样呢? 您如果不能治理好晋国的政事,在朝廷之内不能得到大夫们的支持,在朝廷之外不能得到民众的拥戴,那么船上的人个个都会成为像栾氏之子那样的仇人。"范献子说:"说得太好了!"第二天上朝,下令赏赐船夫清涓一万亩田地,清涓辞让不受。范献子说:"用这一万亩田地,换您讲的那些话,您还有点吃亏,我还占了便宜。"古人就是如此重视良言的。

臣天下^①,一天下也。一天下者,令于天下则行,禁焉则止。桀、纣令天下而不行,禁焉而不止,故不得臣也。目之所美,心以为不义,弗敢视也;口之所甘,心以为不义,弗敢食也;耳之所乐,心以为不义,弗敢听也;身之所安,心以为不义,弗敢服也^②。然则令于天下而行,禁焉而止者,心也。故曰:心者,身之君也。天子以天下受令于心^③,心不当则天下祸;诸侯以国受令于心,心不当则国亡;匹夫以身受令于心,心不当则身为戮矣^④。

【注释】

①臣天下:臣服天下。也即让整个天下臣服于自己。

②服:使用。

③天子以天下受令于心:天子是依据自己的内心想法去治理整个天下的。

④为戮:被杀掉。为,被。戮,杀。

【译文】

所谓的臣服天下,就是统一天下。统一天下,就是自己的命令一旦下达而整个天下人都要执行,自己的禁令一旦下达而整个天下人都要停止。夏桀、商纣颁布命令而天下没人执行,下达禁令而天下没人停止,所以他们就无法臣服天下了。眼睛认为美好的事物,而心认为这是不义的,就不敢再去看;嘴巴以为甘甜的食物,而心以为这是不义的,就不敢再去吃;耳朵以为优美的声音,而心认为这是不义的,就不敢再去听;身体感觉舒适的事物，而心认为这是不义的，就不敢再去使用。那么命令下达而天下人就能执行，禁令下达而天下人就能停止，最终的原因在于君主的心。所以说：心，是身体的主宰。天子依据自己的内心想法去治理整个天下，内心的想法不正确则祸及天下；诸侯依据自己的内心想法去治理自己的国家，内心的想法不正确就会导致国家灭亡；百姓依据自己的内心想法去决定自身的行为，内心的想法不正确就会遭受杀身之祸。

祸之始也，易除；其除之不可者，避之。及其成也，欲除之不可，欲避之不可。治于神者①，其事少而功多。干霄之木②，始若蘖足③，易去也④；及其成达也⑤，百人用斧斤⑥，弗能偾也⑦。爂火始起⑧，易息也；及其焚云梦、孟诸⑨，虽以天下之役，抒江汉之水⑩，弗能救也。夫祸之始也，犹爂火、蘖足也，易止也；及其措于大事⑪，虽孔子、墨翟之贤⑫，弗能救也。屋焚而人救之，则知德之⑬；年老者使涂隙戒突⑭，故终身无失火之患，而不知德也。入于囹圄⑮，解于患难者，则三族德之⑯；教之以仁义慈悌⑰，则终身无患，而莫之德。夫祸亦有突⑱，贤者行天下而务塞之⑲，则天下无兵患矣，而莫之知德也。故曰：圣人治于神，愚人争于明也⑳。

【注释】

①治于神者：用微妙的方法在不知不觉中办事成功的人。神，神奇，微妙。

②干霄：高入云霄。干，触碰。木：树。

③蘖（niè）足：新芽的根。蘖，树木砍去后又长出来的新芽。这里泛指新芽。

④易去：容易除掉。去，去除，除掉。

⑤成达：长成。

⑥斧斤：斧头。斤，大斧头。

⑦偾（fèn）：倒下。

⑧熛（biāo）火：火焰。熛，火。

⑨云梦：大泽名。在今湖北、湖南一带。孟诸：又叫作"孟渚"。大泽
　　名。在今河南商丘一带。

⑩抒：舀出，汲取。江汉：长江和汉水。汉水为长江的支流，在今陕西、
　　湖北一带。

⑪措：形成。大事：指大的错事。

⑫墨翟（dí）：即墨子。战国的思想家，墨家的创始人。

⑬德之：感谢他们。

⑭涂隙：堵塞灶台的缝隙。涂，涂抹，堵塞。戒突：防止烟囱冒火。突，
　　烟囱。《淮南子·说山训》："淳于髡之告失火者。"高诱注："淳于
　　髡，齐人也。告其邻突将失火，使曲突徙薪。邻人不从，后竟失火。
　　言者不为功，救火者焦头烂额为上客。"

⑮囹圄（líng yǔ）：监狱。

⑯三族：说法很多，一说指父母、兄弟、妻子，一说指父族、母族、妻
　　族。这里泛指全家。

⑰慈：父母对儿女好叫"慈"。悌（tì）：敬爱兄长叫"悌"。

⑱祸亦有突：灾祸的发生也有原因。突，本指烟囱。这里比喻引起
　　灾难的原因。

⑲务塞之：努力消除这些原因。务，努力。塞，堵塞，消除。

⑳愚人争于明：愚人对于非常明白的事情依然争执不休。说明愚人
　　不明事理。

【译文】

　　祸乱刚刚开始时，容易消除；如果消除不掉，也可以躲避过去。等到
大的祸乱形成时，想消除也消除不了，想躲避也躲避不开。用微妙的方

法在不知不觉中办事成功的人，做的事情少而收到的功效大。高耸入云的大树，刚出生的时候小得像刚萌芽的根，很容易就清除掉了；等到它长成大树，上百人用斧头砍伐，也无法砍倒。火灾刚刚发生时，容易扑灭；等到烧遍云梦、孟诸大泽时，即使发动全天下的人力，引来长江、汉水的水，也无法扑救。祸乱刚刚开始的时候，就好像小火苗、小萌芽一样，容易消除；等到形成了大祸，即使孔子、墨子这样的贤人，也无法挽救了。房子失火而别人帮助救火，房主就知道感谢这些救火的人；如果有老人事先让房主堵塞灶台裂缝、防止烟囱冒火，因而终身没有发生火灾，房主却不知道感谢这位老人。身陷牢狱，有人把他解救出来，那么他的全家都知道感谢这位解救者；如果有人用仁义慈悌的美德去教导他，使他终生没有牢狱之灾，他却不知道感谢这位教导者。祸乱的发生也有自己的原因，贤者巡行天下以努力消除引起祸乱的原因，那么天下就没有战争灾难，却没有人知道感激这些贤者。所以说：圣人用微妙的方法在不知不觉之中就把事情办理成功了，而愚人在非常明确的事情上却还争执不休。

　　天地之道，莫见其所以长物而物长①，莫见其所以亡物而物亡。圣人之道亦然②：其兴福也，人莫之见而福兴矣；其除祸也，人莫之知而祸除矣，故曰"神人"③。益天下以财为仁④，劳天下以力为义⑤，分天下以生为神⑥。修先王之术⑦，除祸难之本，使天下丈夫耕而食⑧，妇人织而衣，皆得戴其首⑨，父子相保⑩。此其分万物以生，益天下以财，不可胜计也。神也者⑪，万物之始，万事之纪也。

【注释】

　　①所以长物：使万物生长的方法。所以，……方法。

　　②然：这样。

③神人：指思想境界最高的人。

④益：增加。

⑤劳天下以力：为天下人操劳出力。

⑥分天下以生：给予天下万物以生命。分，分配，给予。神：神明。

⑦先王：对古代圣君的尊称。

⑧丈夫：男子。

⑨戴其首：保有自己的脑袋。即不被杀害，能够生存下来。

⑩父子相保：父子团聚。

⑪神："神人"的简称。

【译文】

　　大自然的规律，就是没有人觉察它是如何让万物生长的而万物自然生长出来了，没有人察觉它是如何使万物死亡的而万物自然死亡了。圣人的处事原则也是这样：他们造福于人类，没有人知道他们是如何造福的而福祉自然出现了；他们清除祸乱，没有人知道他们是如何清除的而祸乱自然被清除了，所以称他们为"神人"。为天下增益财富叫作"仁"，为天下操劳出力叫作"义"，给予天下万物以生命叫作"神"。神人修习先王的治国方法，清除灾难的根源，使天下的男子能够耕作而有粮食吃，使妇女能够织布而有衣服穿，人们都能够保有自己的生命，让父子团聚。这些神人给予万物以生命，增益天下的财富，其功德大得无法计算。这些思想境界最高的神人，就是万物的创始者，是万事纲纪的制定者。

三 四仪

【题解】

四仪,四种行为准则。一是立志有所作为的时候不要忘记仁爱,二是使用智谋的时候不要忘记正义,三是尽力做事的时候不要忘记忠诚,四是开口说话的时候不要忘记诚信。作者认为,只要终身奉行这四条准则,就能够建功立业,名垂青史。

行有四仪①,一曰志动不忘仁②,二曰智用不忘义,三曰力事不忘忠,四曰口言不忘信③。慎守四仪,以终其身,名功之从之也④,犹形之有影、声之有响也⑤。是故志不忘仁,则中能宽裕;智不忘义,则行有文理⑥;力不忘忠,则动无废功⑦;口不忘信,则言若符节⑧。若中宽裕而行文理,动有功而言可信也,虽古之有厚功大名,见于四海之外⑨,知于万世之后者,其行身也,无以加于此矣⑩。

【注释】

①仪:标准,准则。

②志动:立志有所作为。

③信：诚实。

④名功之从之也：功名就会伴随着他。也即能够建功立业，名垂青史。

⑤响：回声。

⑥文理：条理，秩序。

⑦无废功：不会徒劳无功。

⑧符节：古代朝廷用作凭证的信物，君臣各执一半，以验真假。

⑨四海之外：中国之外。古人认为中国的四周有大海包围，故称中
国之外为"四海之外"。

⑩无以加于此：没有什么比"行有四仪"的人更加优秀的了。

【译文】

做事有四项准则，一是立志有所作为的时候不忘记仁爱，二是使用
智谋的时候不忘记正义，三是尽力做事的时候不忘记忠诚，四是开口说
话的时候不忘记诚信。谨慎地守住这四项准则，而且终身奉行，那么功
名就会伴随着他，就像影子伴随着形体、回声伴随着声音一样。立志的
时候不忘记仁爱，心中就能够宽厚待人；使用智慧的时候不忘记正义，行
为就能够有条有理；尽力做事的时候不忘记忠诚，行动就不会劳而无功；
开口讲话的时候不忘记诚信，说话就会像符节一样被信任。如果能够做
到内心宽厚而行事有条理，行动有功劳而讲话被信任，即使是古代那些
建立大功大名、传扬于四海之外、留名于万世之后的人，他们的行为品
德，也没有能够超越这四项准则。

四　明堂

【题解】

　　明堂，是古代帝王所建的最隆重的建筑物。除了在此举行朝会、祭祀、庆赏等大典之外，君主还在这里举行选拔贤士的活动。本文的重点谈贤士对治国安民的重要性。作者首先鼓励贤士要努力进取，占据高位，因为只有掌握政权，才有可能施恩惠于万民；接着又提醒君主要主动、诚恳地去礼贤下士，因为只有得到贤士的辅佐，君主才能够建功立业，名垂青史。

　　夫高显尊贵，利天下之径也[①]，非仁者之所以轻也。何以知其然耶？日之能烛远[②]，势高也；使日在井中，则不能烛十步矣。舜之方陶也[③]，不能利其巷下[④]；南面而君天下[⑤]，蛮夷戎狄皆被其福[⑥]。目在足下，则不可以视矣。天高明，然后能烛临万物；地广大，然后能载任群体[⑦]。其本不美[⑧]，则其枝叶茎心不得美矣[⑨]。此古今之大径也[⑩]。是故圣王谨修其身以君天下，则天道至焉[⑪]，地道稽焉[⑫]，万物度焉[⑬]。

【注释】

　　①利天下之径也：是施恩利于天下的途径、方法。

②烛：照耀。

③舜之方陶：舜在当陶工的时候。方，正在。《史记·五帝本纪》："舜
　　耕历山，渔雷泽，陶河滨。"舜在即位天子之前，曾经当过农夫、渔
　　民、陶工。

④巷：巷里，邻里。

⑤南面：古代以面向南为尊，因此君主接见大臣时，一般面向南而
　　坐，而大臣则面向北朝拜。君：用作动词。君临，治理。

⑥蛮夷戎狄：对少数民族的统称。古人有南蛮、东夷、西戎、北狄的
　　说法。

⑦群体：万物。

⑧本：树的主干。

⑨心：植物的花蕊。

⑩此：代指高贵显赫的地位。

⑪至：来到。这里引申为获取。

⑫稽：稽查，观察。

⑬度（duó）：测量。这里指测量清楚。

【译文】

　　获取高贵显赫的地位，是施恩利于天下的途径，仁义之人不应该对
此有所轻视。根据什么知道是这样的呢？太阳之所以能够普照大地，是
因为它所处的位置很高；假如太阳处于井里，那么它连十步远也照不到。
当舜正在做陶工的时候，不能施恩利于自己的邻里；一旦面向南方君临
天下，就连蛮夷戎狄这些少数民族都能够得到他的福泽。眼睛如果长在
脚下，就无法看到东西了。上天高远明亮，然后才能够普照万物；大地宽
广博大，然后才能够承载众物。树木的主干不美好，那么它的枝叶、茎条、
花朵也一定无法美好。占有高贵显赫的地位是自古至今治理天下的重
要途径。因此圣王谨慎地修养自身以君临天下，那么就能够掌握上天的
规律，观察大地的情况，明白万物的生存法则了。

古者明王之求贤也，不避远近①，不论贵贱，卑爵以下贤②，轻身以先士③。故尧从舜于畎亩之中④，北面而见之，不争礼貌，此先王之所以能正天地、利万物之故也。今诸侯之君，广其土地之富，而奋其兵革之强以骄士⑤；士亦务其德行，美其道术以轻上⑥，此仁者之所非也。曾子曰："取人者必畏⑦，与人者必骄⑧。"今说者怀畏⑨，而听者怀骄⑩，以此行义，不亦难乎？非求贤务士，而能致大名于天下者，未之尝闻也。

【注释】

①远近：指道路的远近，也可理解为关系的亲疏。

②卑爵：看轻爵位。下贤：礼贤下士。

③轻身：看轻自我。先士：把贤士放在首位。

④尧：人名。传说中的圣君，后来把自己的帝位禅让给舜。从：寻找。畎（quǎn）亩：田野。畎，田间的垄沟，代指田野。

⑤革：加工过的皮子。这里指皮制的甲胄。骄士：在贤士面前傲慢，轻视贤士。

⑥轻上：轻视君主。上，君主。

⑦取人者必畏：接受对方的恩惠必然会畏惧对方。

⑧与人者必骄：施舍给对方恩惠就会轻视对方。与，给予，施舍。

⑨说（shuì）者：指游说君主的人。游说君主的人是想从君主那里获取利益，所以对君主就怀着畏惧心理。

⑩听者：指听取意见的君主。

【译文】

古代的圣明君主为了寻求贤士，不考虑道路的远近，也不考虑对方地位的贵贱，看轻爵位而礼贤下士，看轻自身而以贤士为先。因此尧在田野之中寻访到舜，就面朝北而拜访他，不计较礼节，这就是先王能够使天地正常运行、施恩惠于万物的缘故。如今的那些诸侯国君，尽力扩张自己的土地，展示自己兵力的强大，对贤士傲慢无礼；士人则努力修身养性，完善自己的品德学问以轻视这些君主，这些行为是仁爱之人所反对的。曾子说："接受对方的恩赐必然会畏惧对方，施舍给对方恩惠就会傲视对方。"如今那些游说君主的士人怀着畏惧心理，而听取意见的君主则怀着傲慢心理，如此而想推行正义的事业，不是也很困难吗？不去求贤纳士，而能够使自己名扬天下的事，还从来没有听说过。

夫士不可妄致也①。覆巢破卵②，则凤皇不至焉；刳胎焚夭③，则麒麟不往焉④；竭泽漉鱼⑤，则神龙不下焉。夫禽兽之愚，而不可妄致也，而况于火食之民乎⑥？是故曰：待士不敬，举士不信，则善士不往焉；听言，耳目不瞿⑦，视听不深，则善言不往焉。孔子曰："大哉河海乎，下之也⑧！"夫河下天下之川故广⑨，人下天下之士故大⑩。故曰：下士者得贤，下敌者得友⑪，下众者得誉。故度于往古⑫，观于先王，非求贤务士而能立功于天下、成名于后世者，未之尝有也。夫求士，不遵其道而能致士者⑬，未之尝见也。然则先王之道可知已⑭，务行之而已矣。

【注释】

①妄致：随便就能够招来。妄，随便的，胡乱的。

②覆巢破卵：打翻鸟巢，击破鸟卵。关于这几句话的含义，可参阅《史记·孔子世家》："孔子既不得用于卫，将西见赵简子。至于河而闻窦鸣犊、舜华之死也，临河而叹曰：'美哉水，洋洋乎！丘之不济此，命也夫！'子贡趋而进曰：'敢问何谓也？'孔子曰：'窦鸣犊、

舜华,晋国之贤大夫也。赵简子未得志之时,须此两人而后从政;及其已得志,杀之乃从政。丘闻之也,刳胎杀夭则麒麟不至郊,竭泽涸渔则蛟龙不合阴阳,覆巢毁卵则凤皇不翔。何则?君子讳伤其类也。夫鸟兽之于不义也尚知辟之,而况乎丘哉!'乃还息乎陬乡,作为《陬操》以哀之。"

③刳(kū)胎:剖开腹部挖出野兽胎儿。刳,剖开后再挖空。焚夭:烧杀群兽。夭,成双的兽。《集韵·小韵》:"夭,兽双为夭。"这里泛指群兽。"焚夭"也即《淮南子·本经训》说的"焚林而田,竭泽而渔"。

④麒麟:传说中的祥瑞之兽。

⑤漉(lù)鱼:也即竭泽而渔。漉,使干涸。

⑥火食之民:吃熟食的人。作者用"火食"说明人类已经开化,具有聪明才智了。

⑦瞿(jù):通"惧"。恐惧。这里有敬畏的意思。

⑧下之:指黄河、大海处于百川之下。因为黄河、大海的地势低于百川,所以百川的水都流向黄河、大海,因此黄河、大海才能够变得深邃阔大。作者以此比喻君主如果能够对贤士表示谦卑,贤士就会前来辅佐,从而成就伟大的事业。

⑨下:处于……之下。

⑩人:这里主要指君主。

⑪下敌者得友:谦恭地对待敌人就能够化敌为友。

⑫度(duó):推测,揣摩。

⑬道:原则。这里指尊敬贤士的原则。

⑭已:通"矣"。

【译文】

贤士是无法随便就能够招来的。打翻鸟巢,击破鸟卵,那么凤凰就不会再到这里来了;剖杀兽胎,焚烧群兽,那么麒麟就不会再到这里来了；淘干河水，竭泽而渔，那么神龙就不会再到这里来了。禽兽如此愚昧无知，尚且无法随便招来，更何况具有聪明才智的人呢？所以说，对待贤士不够尊敬，任用贤士却不信任，那么贤士就不会再来了；君主听贤士谈话的态度不够敬畏，精神不够深入专注，那么金玉良言就不会再讲给他听了。孔子说："黄河、大海真是阔大啊，原因就是它们能够处于百川之下。"黄河能够处于天下的百川之下，因此才能变得阔大；君主能够在贤士面前表示谦卑，因此才能够成就伟大的事业。所以说：对士人表示谦卑才能得到贤人，对敌人表示谦卑就能化敌为友，对民众表示谦卑才能赢得美好的名声。所以揣摩古代的经验，观察先王的行事，不去访求贤良而能够建功立业、流芳百世的事情，还从来没有出现过。访求贤良，不遵守谦卑真诚的原则而能够招致贤士的事情，也从来没有看到过。那么先王的求士原则是可以知道的，关键是自己要努力遵照这些原则去做就可以了。

五　分

【题解】

分，在本文中具有两层相互联系密切的含义，一是"名分"，作者认为圣王要为每个人确定名分；二是做事要"恰如其分"。既然每个人都有各自不同的名分，那么办事时，就要恰如其分。除此之外，本文还论述了君主要清静无为、善于选才、出言谨慎等问题。

天地生万物，圣人裁之^①。裁物以制分^②，便事以立官^③。君臣、父子、上下、长幼、贵贱、亲疏，皆得其分，曰治^④。爱得分^⑤，曰仁；施得分，曰义；虑得分，曰智；动得分，曰适；言得分，曰信。皆得其分，而后为成人^⑥。

【注释】

①裁：裁处，安排。

②制分：制定各自的名分。

③便事：为了方便做事。

④治：安定，井然有序。

⑤爱得分：爱护别人恰如其分。

⑥成人：完人，德才兼备的人。

【译文】

天地化生了万物，而圣人对万物进行裁处。所谓裁处就是为他们制定各自的名分，为了方便做事而设置各种官职。君臣、父子、上下、长幼、贵贱、亲疏，都能够各自遵守自己的名分，这叫作太平安定。爱护别人恰如其分，这叫作"仁"；施恩百姓恰如其分，这叫作"义"；思考问题恰如其分，这叫作"智"；行动恰如其分，这叫作"适"；讲话恰如其分，这叫作"信"。处处都能够做到恰如其分，这样就可以成为德才兼备的完人。

明王之治民也，事少而功立，身逸而国治，言寡而令行。事少而功多，守要也①；身逸而国治，用贤也；言寡而令行，正名也②。君人者③，苟能正名，愚智尽情；执一以静④，令名自正⑤，令事自定；赏罚随名，民莫不敬。周公之治天下也⑥，酒肉不彻于前⑦，钟鼓不解于悬⑧，听乐而国治，劳无事焉⑨；饮酒而贤举，智无事焉；自为而民富⑩，仁无事焉。知此道也者，众贤为役，愚智尽情矣。

【注释】

①守要：把握住要领。古人认为，君主治国时，只要把握住主要问题就行，不要处处插手，事事操劳。

②正名：辨正名分，确定名分。也即儒家所提倡的"君君，臣臣，父父，子子"。

③君人者：统治别人的人。也即君主。君，动词。统治，治理。

④执一以静：坚守着大道而清静无为。一，独一无二的大道。

⑤令名自正：让各自的名分自然而然地自我确定。

⑥周公：姓姬名旦。为周文王之子，周武王之弟，辅佐周武王灭商后，又辅佐周武王之子周成王，为周朝开国功臣，被封于鲁。

⑦彻：通"撤"。撤去。

⑧悬：悬挂钟、磬等乐器的架子。

⑨劳无事焉：即"无劳事焉"。不需要再去做劳累的事情。

⑩自为：百姓自主去劳作。

【译文】

圣王在治理百姓的时候，事情很少而能建立大功，自身安逸而国家非常安定，讲话不多而政令得以施行。事情很少而能建立大功，那是因为圣王能够把握住治国要领；自身安逸而国家非常安定，那是因为圣王能够任用贤才；讲话不多而政令得以施行，那是因为圣王能够确定臣民的名分。统治别人的君主，如果能够确定臣民的名分，不论是愚是智，臣民们都能够尽心尽力；圣王坚守大道而清静无为，使各自的名分自然确定，使各种事务自然安排恰当；圣王根据不同的名分进行赏罚，民众没有不敬畏的。周公在治理天下的时候，面前摆设的酒肉不用撤去，钟鼓也不必从架子上卸下来，听着音乐而国家就治理好了，不需要再去做劳累的事情；喝着酒而贤人就得以任用，不需要再去使用自己的智慧了；百姓自主劳作而丰衣足食，不需要再去做仁爱的事情了。懂得这一治国原则的圣王，众多的贤人都会为他服务，无论是愚笨还是聪慧，人人都能够尽心尽力了。

明王之道易行也。劳不进一步①，听狱不后皋陶②；食不损一味③，富民不后虞舜④；乐不损一日⑤，用兵不后汤武⑥。书之不盈尺简⑦，南面而立，一言而国治，尧舜复生，弗能更也⑧；身无变而治，国无变而王，汤武复生，弗能更也。执一之道，去智与巧。有虞之君天下也⑨，使天下贡善⑩；殷周之君天下也⑪，使天下贡才。夫至众贤而能用之⑫，此有虞之盛德也。

【注释】

①劳不进一步：不用付出多走一步路的劳累。

②听狱：判决案件。不后皋陶（gāo yáo）：不会落在皋陶的后面。皋
　　陶，舜帝时的司法官员，执法严明公正。

③损：减少。

④虞舜：即舜帝。虞，朝代名。传说中夏代之前的朝代，君主是舜。

⑤乐：用作动词。听音乐。

⑥汤武：商汤与周武王。商汤用武力灭掉夏朝，建立商朝。周武王
　　用武力灭掉商朝，建立周朝。

⑦书之不盈尺简：治国文书没有写满一尺长的竹简。简，用来写字
　　的竹简。

⑧更：改变，更改。

⑨有虞：即虞舜。有，名词词头，无义。君：用作动词。统治，治理。

⑩贡善：献出自己的美德。

⑪殷：指商朝。商朝后来迁都于殷，故商又称为殷。这里主要指商
　　朝的明君，如商汤。

⑫至：招致。

【译文】

　　圣王的治国原则很容易施行。不用付出多走一步的劳累，而判案断
狱却不会落在皋陶的后面；进餐不用减少一味菜肴，而在富民强国方面
不会落在虞舜的后面；欣赏音乐不用减少一天，而用兵打仗不会落在商
汤、周武王的后面。治国文书不用写满一尺长的竹简，只要面向南站在
那里，一句话就能使国家太平安定，即使是尧舜复生，也无法改变这一治
国原则；自身没有任何改变而国家大治，国家没有任何改变而能称王于
天下，即使是商汤、周武王复生，也无法改变这一治国原则。坚守大道的
原则，抛弃各种巧智。在虞舜治理天下的时候，让天下的人们贡献各自
的美德；商朝与周朝在治理天下的时候，让天下的人们奉献各自的才华。

招致众多的贤人而任用他们，这就是虞舜的盛德。

三人之所废①，天下弗能兴也；三人之所兴，天下弗能废也。亲曰不孝②，君曰不忠，友曰不信，天下弗能兴也；亲言其孝，君言其忠，友言其信，天下弗能废也。夫符节合之③，则是非自见④。行亦有符，三者合⑤，则行自见矣，此所以观行也。

【注释】

① 三人：三种人。指下文说的父母、君主、朋友。所废：所废弃的人。

② 亲曰不孝：做父母的说此人不孝。亲，父母。

③ 符节合之：把符节的两半合并在一起。符节，古代朝廷用作凭证的信物，君臣各执一半，以验真假。

④ 见(xiàn)：同"现"。显现。

⑤ 三者合：把父母、君主、朋友三种人的意见合并在一起去考察。

【译文】

三种人所抛弃的人，即使整个天下的人也无法使他兴盛；三种人所褒奖的人，即使整个天下的人也无法把他废弃。如果父母说他不孝，君主说他不忠，朋友说他不讲信用，那么整个天下的人都无法使他兴盛；如果父母说他孝顺，君主说他忠诚，朋友说他讲信用，那么整个天下的人也无法废弃他。把符节的两半合并在一起，是与非自然就显现出来了。人的行为也有验证的"符节"，那就是把父母、君主、朋友三种人的意见合并起来考察，那么这个人的行为好坏自然就显现出来了，这就是用来考察一个人行为好坏的方法。

诸治官临众者①，上比度以观其贤②，案法以观其罪③，吏虽有邪僻④，无所逃之，所以观胜任也。群臣之愚智日效于前⑤，择其知事者，而令之谋；群臣之所举日效于前⑥，择其知人者，而令之举；群臣之治乱日效于前⑦，择其胜任者，而令之治。群臣之行，可得而察也。择其贤者而举之，则民竞于行；胜任者治，则百官不乱；知人者举，则贤者不隐；知事者谋，则大举不失⑧。

【注释】

①诸：众多。治官：治理百姓的官员。临众：治理民众。

②上：君主。比度：按照法度。比，比照，按照。

③案法：按照法律。案，按照。

④邪僻：邪恶，品行不端。

⑤日效于前：每天都展现在君主的面前。效，表现，展现。

⑥所举：所具备的举荐能力。也即知人的能力。

⑦治乱：有的善于治国，有的总是添乱。实际就是指治国能力的好坏。

⑧则大举不失：那么大事就不会出现失误。大举，大的举措，大事。

【译文】

对于众多的治理民众的官员，君主要按照法度去观察他们是否贤能，依照法律去检查他们是否犯罪，即使那些邪恶奸佞的官吏，也无法隐藏自己，这就是用来考察官员是否胜任的办法。群臣的愚昧和智慧每天都展现在君主的面前，君主就选择那些明白事理的大臣，让他们为国出谋划策；群臣的知人善举能力每天都展现在君主面前，君主就选择那些善于知人的大臣，让他们去举荐人才；群臣的治国能力好坏每天都展现在君主面前，君主就选择那些胜任治国的大臣，让他们去治理国家。群臣的行为好坏，是可以考察清楚的。选择那些贤人重用他们，那么民众就会竞相行善了；让胜任的大臣去治理国家，百官的职事就不会混乱，让善于知人的大臣去举荐贤人，那么贤人就不会被埋没；让明白事理的大臣去出谋划策，那么大的举措就不会有所失误。

　　夫弩机^①，损若黍则不钩^②，益若□则不发^③。言者，百事之机也^④，圣王正言于朝，而四方治矣。是故曰：正名去伪，事成若化^⑤；以实核名，百事皆成。夫用贤使能，不劳而治；正名覆实^⑥，不罚而威。达情见素^⑦，则是非不蔽；复本原始^⑧，则言若符节。良工之马易御也^⑨，圣王之民易治也，其此之谓乎！

【注释】

①弩：一种利用机械力量发射箭的弓。机：弓弩上发射箭的机关。

②损：减少。若黍：像黍米那样一点点。黍，谷物名。碾成米叫黄米。古代建立度量衡，以黍为标准。制定长度时，则取黍的中等米粒，以一个纵放着的米粒为一分，百黍为一尺。则不钩：就无法勾住弩弦。弩最重要的部分是弩机，弩机一般为铜制，装在弩的后部，前端是用于挂弩弦的挂钩，发射弩时，要先张开弦，将弦挂在弩机的挂钩上，将箭装在弩臂上的箭槽内，扳动弩机使前端的挂钩下缩，弦脱钩，利用张开的弓弦急速回弹形成的动能，高速将箭射出。

③益若□则不发：如果增加一点点长度就无法把箭发射出去。益，增加。本句原缺一字，据上文，应为"黍"或"米"字。《吕氏春秋·察微》："夫弩机，差以米则不发。"

④百事之机：是做任何事情的"弩机（关键）"。

⑤事成若化：办事成功就像天地化物一样自然。

⑥覆实：审查实际情况。覆，审查。

⑦达情：通达情理。见素：洞见本质。素，本色，本质。

⑧复本原始：恢复人们的本始天性。道家认为，人的原始天性是美
　　好而真诚的。

⑨良工：指善于训马的人。

【译文】

　　弓弩上的扳机，如果把它的长度减少一点点就无法勾住弓弦，把它
的长度增加一点点就无法把箭发射出去。言语，就是做各种事情时的"弩
机"，圣王在朝廷上的言语如果正确，那么整个天下都能太平安定。所以
说：如果能够端正名分去除伪诈，那么行事成功就像天地化物一样自然
而然；根据实际情况去核实对方的名分，各种事情都能成功。举用贤能，
君主不用劳累就能使国家安定；确定名分以检查对方的实际情况，不用
惩罚也能获取威严。通达事理而洞见本质，那么就不会被是是非非所蒙
蔽；恢复人们的原始天性，那么人们讲话就会像符节那样具有信用。善
于训马的人训练出来的马易于驾驭，圣王教化出来的民众易于治理，大
概说的就是这种情况吧！

六 发蒙

【题解】

发蒙，启发蒙昧，解决迷惑。本文主要讨论了三个问题，一是强调君主要为臣民确定名分与职责，然后循名责实，要求臣民各负其责，名实相符，如此就能纲举目张，事半功倍。二是告诫君主要言行正确，容貌端庄，虚静少欲，做事不急躁，不迷惑，如果能够做到这些，君主即使锦衣玉食，也照样能使国强民富。三是提醒君主重用贤人，并提出举荐贤人、任用贤人、考核贤人的一些方法和赏罚措施。

若夫名分，圣之所审也。造父之所以与交者少^①，操辔^②，马之百节皆与^③；明王之所以与臣下交者少，审名分，群臣莫敢不尽力竭智矣。天下之可治，分成也；是非之可辨，名定也。无过其实^④，罪也；弗及，愚也^⑤。是故情尽而不伪^⑥，质素而无巧。故有道之君，其无易听^⑦，此名分之所审也。

【注释】

①造父：西周时期善于驾车的人。后被封于赵城。与交者少：与交往的马匹之间很少纠葛、麻烦。交，交往，纠葛。

②操辔（pèi）：手中握着马缰绳。辔，驾驭牲口的嚼子和缰绳。

③百节：上百的骨节，代指马的各个部位。与：帮助，配合。

④无过其实：名过其实。无，汪继培曰："'无'字可疑，案当作'夫'。"

⑤愚：憨愚。作者既不主张名过其实，也不赞成名不及实，认为名实

　相符最好。

⑥情尽：完全展示实情。情，实际情况。

⑦其无易听：不要轻易听信别人的言谈。

【译文】

　　名分，是圣王所要审查清楚的。造父之所以与马匹之间的纠葛很少，是因为他手拉着马缰绳，马的各个部位都会与他相配合；圣王之所以与臣下之间的纠葛很少，是因为圣王审定了大臣的名分，大臣们没有人敢不尽心尽力。天下之所以能够治理好，是因为确定了各自的职分；是非之所以能够分辨清楚，是因为确定了各自的名称。名过其实，是自己的过错造成的；名不及实，是自己的憨愚造成的。因此要完全展示实情而不作假，本质朴素而无巧诈。因此那些掌握大道的君主，是不会轻易听信别人的言谈，这样就能够审查清楚一个人是否名实相符了。

　　若夫临官①，治事者案其法②，则民敬事③；任士，进贤者保其后④，则民慎举；议国，亲事者尽其实⑤，则民敬言。孔子曰："临事而惧⑥，希不济⑦。"《易》曰："若履虎尾⑧，终之吉。"若群臣之众皆戒慎恐惧，若履虎尾，则何不济之有乎？

【注释】

①临官：管理百官。临，统理，管理。

②案其法：依法行事。

③敬事：认真做事。敬，认真。

④保其后：保证被举荐者将来不犯错误。

⑤亲事者：亲自办理政事的人。尽其实：完全如实汇报。

⑥惧：畏惧，谨慎。

⑦希不济：很少不成功的。希，稀少，很少。济，成功。

⑧若履虎尾：就像踩在老虎的尾巴上一样战战兢兢。履，踩。《周易·履卦》："履虎尾，愬愬，终吉。"

【译文】

君主在统理百官的时候，要让治理政事的官员们依法行事，那么民众就能认真做事；在任用人才的时候，要让举荐者必须保证被举荐者将来不犯错误，那么民众就会谨慎地举荐；在议论国事的时候，要让亲自参与政事的官员必须如实汇报，那么民众就会认真对待自己的言论。孔子说："做事的时候如果能够谨慎、敬畏，很少有不成功的。"《周易》说："像踩住老虎尾巴一样战战兢兢，最终就会吉祥如意。"如果大臣们做事时都能够谨慎小心、战战兢兢，就像踩住老虎尾巴那样，那么怎么还会有办不成功的事情呢？

君明则臣少罪。夫使众者，诏作则迟①，分地则速②，是何也？无所逃其罪也。言亦有地③，不可不分也。君臣同地④，则臣有所逃其罪矣。故陈绳⑤，则木之枉者有罪⑥；措准⑦，则地之险者有罪；审名分，则群臣之不审者有罪⑧。

【注释】

①诏作则迟：遵照君主的命令一起劳作，人们就会消极怠工。诏，诏令。迟，迟缓，消极怠工。

②分地：分一块土地给他。

③言亦有地：语言也像"土地"一样。

④君臣同地：君主与大臣如果在同一块土地上干活。比喻大臣跟着君主一起做事，没有分清彼此的责任。

⑤陈绳：拉上墨绳。陈，摆出，拉上。绳，木工用来画直线的工具。

⑥枉：弯曲。

⑦措准：摆上水平仪。措，拿出，摆上。准，水准，水平仪。

⑧不审者：不符合审查标准的人。

【译文】

君主圣明，那么臣下就会少犯错误。君主在使唤民众的时候，如果下令让他们与自己一起劳作，他们就会消极怠工；如果分一块土地给他们劳作，他们就积极肯干，这是为什么呢？这是因为他们在分得的土地上劳作出了错就无法推诿逃避。言语也像土地一样，不能不分清责任。君臣的言论如果像大家共同耕种一块土地那样不分清责任，臣下就可以逃避自己的罪责。因此拉上墨绳，那么有缺陷的弯曲木头就显露出来了；摆出水平仪，那么有缺陷的险要不平的地面就显露出来了；审查各自的名分，那么有罪过的不符合审查标准的大臣就显露出来了。

　　夫爱民，且利之也；爱而不利，则非慈母之德也。好士，且知之也；好而弗知，则众而无用也。力于朝，且治之也；力而弗治，则劳而无功矣。三者虽异，道一也。是故曰：审一之经①，百事乃成；审一之纪②，百事乃理。名实判为两③，合为一。是非随名实，赏罚随是非。是则有赏，非则有罚，人君之所独断也④。

【注释】

①审一之经：明白统一的原则。审，明白。经，原则。

②纪：纲纪。

③判：分开。

④独断：独立做出判断。

【译文】

爱护百姓，就要为百姓谋取福利；爱护百姓却不为他们谋取福利，那就不是慈母般的美德。爱好士人，就要了解士人；爱好士人却不能了解他们，士人再多也没有什么用处。在朝廷上勤于政事，就要治理好国家；勤于政事却没有治理好国家，那就是劳而无功。这三种情况虽然不同，但道理是一样的。所以说：明白了统一的原则，各种事情都能成功；明白了统一的纲纪，各种事情都能得以治理。名称与事实分开看是两件事情，合起来实际上就是一件事情。正确和错误要依据名称与事实来确定，奖赏与惩罚要依据正确与错误来施行。正确的就要奖赏，错误的就要惩罚，这些需要君主自己做出判断。

明君之立也正，其貌庄，其心虚①，其视不躁②，其听不淫③，审分应辞④，以立于廷，则隐匿疏远⑤，虽有非焉，必不多矣。明君不用长耳目⑥，不行间谍，不强闻见，形至而观⑦，声至而听，事至而应。近者不过⑧，则远者治矣；明者不失⑨，则微者敬矣⑩。家人子侄和，臣妾力⑪，则家富，丈人虽厚衣食⑫，无伤也；子侄不和，臣妾不力，则家贫，丈人虽薄衣食⑬，无益也，而况于万乘之君乎⑭？

【注释】

①心虚：内心虚静少欲。

②其视不躁：君主在观察事物的时候不急躁。

③不淫：不会被迷惑。淫，迷惑。

④审分应辞：确定名分以应答臣民。

⑤隐匿：隐藏的奸人。疏远：指疏远的人。

⑥不用长耳目：不用博闻远视。长，增长，增加。

⑦形至而观:可视的事物出现在面前就注意观察。

⑧近者不过:身边的人不犯过错。

⑨明者:社会名人。如高官、名士等。

⑩微者:不显要的人。指普通百姓。微,不明显。敬,认真,认真做事。

⑪臣妾力:男女仆人努力劳作。臣妾,先秦时对奴隶的称谓,男奴叫臣,女奴叫妾。

⑫丈人:老人。指家庭主人。厚衣食:吃好穿好,锦衣玉食。

⑬薄衣食:节衣缩食。

⑭万乘(shèng)之君:大国的君主。万乘,指拥有万辆战车的大国。乘,古时一车四马叫一乘。

【译文】

圣明的君王在位时言行正确,他们的容貌端庄严肃,他们的内心虚静少欲,观察事物时不急躁,听取意见时不迷惑,审定名分以应答臣民,如此立身于朝堂之上,即使有一些隐藏的奸人和一些关系疏远的人,对这样的明君有所非议,但也一定不会很多。明君不需要博闻远视,不需要秘密侦探,不需要多闻强识,可视的事物来到面前就注意观察,可听的声音传到耳边就注意聆听,需要处理的事情出现了就注意应对。君主身边的人不犯错误,那么远处的人也就安宁无事;社会名人没有过失,那么普通百姓就会认真做事。一个家庭里面子侄和睦,男女仆人努力劳作,那么这个家庭就会富裕,家里的老人即使吃好的、穿好的,也没有什么问题;如果一个家庭子侄不和睦,男女仆人不努力劳作,那么这个家庭就会贫困,即使家里的老人节衣缩食,也没有什么益处,更何况是大国的君主呢?

国之所以不治者三:不知用贤,此其一也;虽知用贤,求不能得,此其二也;虽得贤,不能尽①,此其三也。正名以御之②,则尧、舜之智必尽矣;明分以示之③,则桀、纣之暴必止矣。贤者尽,暴者止,则治民之道不可以加矣。

【注释】

①不能尽：不能人尽其用。也即不能完全发挥他们的作用。

②正名：定立名分。也即给予贤人以恰当的名分，以便他们能够名
　　正言顺地做事。御之：驾驭群臣。

③明分：明确职分。示之：公示于天下。

【译文】

　　国家之所以不能治理好的原因有三个：不知道任用贤人，这是第一个
原因；虽然知道任用贤人，但求贤却又得不到，这是第二个原因；虽然得到
了贤人，但不能完全发挥他们的才智，这是第三个原因。定立名分以使用
贤人，即使像尧、舜那样的才华也能够充分地发挥出来；明确职分以公示
天下，即使像桀、纣那样的暴行也必定能够制止。贤人能够充分发挥自己
的才华，残暴的行为得以阻止，这种治国理民的方法也就是最好的了。

　　听朝之道①，使人有分。有大善者，必问孰进之②；有大
过者，必云孰任之，而行赏罚焉，且以观贤不肖也③。今有大
善者，不问孰进之；有大过者，不问孰任之，则有分无益已④。
问孰任之，而不行赏罚，则问之无益已。是非不得尽见谓之
蔽⑤，见而弗能知谓之虚⑥，知而弗能赏谓之纵。三者，乱之
本也。明分则不蔽，正名则不虚，赏贤罚暴则不纵，三者，治
之道也。于群臣之中，贤则贵之，不肖则贱之；治则使之，不
治则□之⑦；忠则爱之，不忠则罪之。贤不肖，治不治，忠不
忠，由是观之⑧，犹白黑也。陈绳而斫之⑨，则巧拙易知也。
夫观群臣亦有绳，以名引之⑩，则虽尧、舜不服矣⑪。

【注释】

①听朝：临朝听政。

②孰进之：是谁举荐了他。进，推举。

③不肖：不贤良。

④有分无益已：即使定立了名分也没有任何益处。已，通"矣"。

⑤蔽：受蒙蔽。

⑥虚：徒然，无用。

⑦□：缺一字。根据上下文义，应缺一"废"字。

⑧是：代词。代指以上所述的观察群臣的方法。

⑨斫之：砍削木材。

⑩以名引之：用各自的名分去考量他们。引，引用，考量。

⑪不：应为"必"字之误。汪继培曰："疑'必'。"

【译文】

治理朝政的原则，就是让每个大臣都有自己的职责。出现了非常优秀的朝臣，一定要问清楚他是谁举荐的；出现了犯下大错的朝臣，也一定要问清楚他是谁保举的，从而对举荐者进行赏罚，并以此来考察谁贤良、谁不贤良。如今出现了非常优秀的朝臣，也不去问清楚是谁举荐的；出现了犯下大错的朝臣，也不去问清楚是谁保举的，那么即使给臣下确定了职责也没有任何益处。虽然问清楚了是谁举荐的，但对举荐的人不进行相应的赏罚，那么即使问清楚了也没有什么用处。是与非不能完全看清楚就叫作受到蒙蔽，虽然看清楚了却不能知其所以然就叫作徒劳无益，虽然知其所以然却不能进行相应的赏罚就叫作放纵。这三种做法，就是国家混乱的根源。明确了群臣的职责就不会受到蒙蔽，定立群臣各自的名分就不会徒劳无益，奖赏贤能、惩罚凶暴就不会放纵，这三种方法，就是治国的原则。对于群臣，贤能的就推崇他，不贤能的就贬低他；善于治国的就重用他，不善于治国的就罢免他；忠诚的就爱护他，不忠诚的就责罚他。贤能还是不贤能，善于治国还是不善于治国，忠诚还是不忠诚，用这种办法去考察，就会像白与黑一样清清楚楚。拉上墨绳让木工去砍削木材，那么这个木工是灵巧还是笨拙就很容易考察出来。观察群臣也有"墨绳"，依照各自的名分职责去考量他们，那么即使是尧、舜也一定会心服口服。

　　虑事而当，不若进贤；进贤而当，不若知贤；知贤又能用之，备矣①。治天下之要，在于正名；正名去伪，事成若化；苟能正名，天成地平②。为人臣者，以进贤为功；为人君者，以用贤为功。为人臣者进贤，是自为置上也③，自为置上而无赏，是故不为也④；进不肖者，是自为置下也，自为置下而无罪，是故为之也。使进贤者必有赏，进不肖者必有罪，无敢进也者，为无能之人，若此，则必多进贤矣。

【注释】

①备：完备，十全十美。

②天成地平：万事万物都能够安定祥和。天地，代指自然界的万事万物。

③是自为置上也：这就是自己为自己安排了一位上级。

④不为：不去举荐。为，举荐。

【译文】

考虑事情恰当，不如举荐贤人；举荐贤人恰当，不如理解贤人；理解贤人而又能任用贤人，那就十全十美了。治理天下的关键，就在于确定每个人的名分。确定名分而消除伪诈，事情成功就像天地化生万物一样自然而然；如果能够确定名分，那么万事万物都能够安定祥和。作为臣下，要以举荐贤人为功劳；作为君主，当以任用贤人为功劳。作为臣下去举荐贤人，这就等于为自己安置了一个上级，为自己安置上级而得不到奖赏，因此就不去举荐贤人了；保举不贤良的人，这就等于为自己安置了一个手下，为自己安置手下而没有受到责罚，所以就去保举不贤良的人。

假如举荐贤人必定受到奖赏,保举不贤的人必定受到责罚,不敢举荐的人,被视为无能之辈,如果能够这样,那么一定会有许多的贤人被举荐上来了。

七　恕

【题解】

恕，推己及人叫作"恕"。也即自己所不愿要的事物，就不要施加在别人的身上。《论语·卫灵公》说："其恕乎！己所不欲，勿施于人。"本文除了首段讨论"恕"之外，其他文字主要提醒人们在思想、言论、行为各个方面，都要符合道义；至于自己的善行能否为别人所了解，则置之度外。

　　恕者①，以身为度者也②。己所不欲，毋加诸人。恶诸人③，则去诸己；欲诸人④，则求诸己。此恕也。

【注释】

①恕：推己及人叫"恕"。《论语·卫灵公》说："其恕乎！己所不欲，勿施于人。"

②度：尺度，标准。

③恶（wù）：讨厌，不愿意。

④欲诸人：希望别人做到的事情。

【译文】

　　所谓恕，就是以自身为尺度去考虑别人的感受。自己所不愿要的事物，就不要施加在别人的身上。讨厌别人身上的某些缺点，那么就要去除自己身上的同类缺点；希望别人做到的事情，那么就要求自己做到。这就是"恕"。

农夫之耨①，去害苗者也；贤者之治，去害义者也。虑之无益于义而虑之，此心之秽也②；道之无益于义而道之③，此言之秽也；为之无益于义而为之，此行之秽也。虑中义，则智为上；言中义，则言为师；事中义，则行为法。射不善而欲教人，人不学也；行不修而欲谈人④，人不听也。夫骥⑤，惟伯乐独知之⑥，不害其为良马也。行亦然，惟贤者独知之，不害其为善士也。

【注释】

①耨（nòu）：锄地。

②心之秽：心中的污秽。

③道：谈论。

④谈：谈论，教导。

⑤骥：骏马名。

⑥伯乐：姓孙名阳，字伯乐。先秦时期善于相马的人。

【译文】

农夫锄地，要除去妨害禾苗生长的杂草；贤人治理国家，要除去妨害道义的坏人。如果思考某些事情对道义没有益处却还要去思考它们，那就是内心的污秽；谈论某些道理对道义没有益处却还要去谈论它们，那就是言语的污秽；做某些事情对道义没有益处却还要去做它们，那就是行为的污秽。思考能符合道义，那么这样的智慧就是上等智慧；言论符合道义，那么这样的言论就能够成为别人学习的内容；行为符合道义，那么这样的行为就能够成为别人效法的榜样。射技不精的人却还想指导别人学习射箭,别人是不愿意向他学习的;自身行为不善却还想教导别人,别人是不会听从他的。那些骏马,即使只有伯乐一个人知道它们是骏马,那些骏马依旧不失为骏马。善良的行为也是这样,即使只有贤人一个人知道他的善行,此人依然不失为一位善士。

八 治天下

【题解】

  本文主要阐述治理天下的四种原则：一是真诚爱民，二是大公无私，三是任用贤能，四是确立法度。其重点论述的是爱民和用贤两个问题。作者认为，君主如果能够像父母爱护子女那样去爱护百姓，那么天下就能安定祥和；君主如果能够重用贤人，那么君主不仅可以过着安逸的生活，而且还能建立大功，获取美名。

  治天下有四术：一曰忠爱①，二曰无私，三曰用贤，四曰度量②。度量通③，则财足矣；用贤，则多功矣；无私，百智之宗也④；忠爱，父母之行也。奚以知其然？父母之所畜子者⑤，非贤强也，非聪明也⑥，非俊智也，爱之忧之⑦，欲其贤己也⑧，人利之与我利之无择也⑨，此父母所以畜子也。然则爱天下，欲其贤己也，人利之与我利之无择也，则天下之畜亦然矣，此尧之所以畜天下也。

【注释】

  ①忠爱：真诚地爱护百姓。

②度量：计量长短的标准和计算容积的量器。这里用来比喻法度。

③通：通行无阻。

④"无私"二句：无私，是产生各种智慧的根源。古人认为，一个人的私心杂念太强烈，这些私心杂念就会遮蔽自己的眼睛，使自己看问题的时候无法做到客观和深刻。

⑤畜子：养育儿女。

⑥聪明：耳聪目明。耳朵听得清叫作"聪"，眼睛看得清叫作"明"。

⑦忧之：为儿女担忧。

⑧贤己：即"贤于己"。超过自己。

⑨人利之与我利之无择也：至于将来是别人获益于儿女还是自己获益于儿女，父母并不在意。无择，没有区别。意思是，父母对儿女的爱护出自天性，并非是为了获得儿女的回报。

【译文】

治理天下有四个原则：第一是真诚仁爱，第二是大公无私，第三是任用贤能，第四是确立法度。法度得以通行，那么就能够使财用富足；任用贤能，那么就能够多立功绩；大公无私，是产生众多智慧的根本；真诚仁爱，是父母所具备的品行。凭什么知道是这样呢？父母养育孩子，靠的不是贤能强壮，不是耳聪目明，也不是高明的智慧，而是真诚地爱护儿女，处处为儿女担忧，希望儿女将来能够超过自己。至于将来儿女是对别人有用还是对自己有用，父母并不放在心上，这就是父母养育儿女的态度。那么天子爱护天下百姓，也应该希望天下百姓能够超过自己，至于将来这些百姓是对别人有用还是对自己有用，天子不应放在心上，天子养育天下百姓就应该是这样，这就是尧养育天下百姓的态度。

有虞氏盛德，见人有善，如己有善；见人有过，如己有过。天无私于物，地无私于物，袭此行者①，谓之天子。诚爱天下者，得贤。奚以知其然也？弱子有疾②，慈母之见秦医也③,不争礼貌④;在囹圄,其走大吏也⑤,不爱资财。视天下若子,是故其见医者⑥,不争礼貌;其奉养也,不爱资财。故文王之见太公望也⑦,一日五反⑧;桓公之奉管仲也⑨,列城有数⑩。此所以国甚僻小⑪,身至秽污⑫,而为正于天下也⑬。

【注释】

①袭:效法,符合。

②弱子:幼子。弱,年少。

③秦医:指先秦时的名医扁鹊,扁鹊原名秦越人。这里用"秦医"代指良医。

④不争礼貌:不计较使用任何礼节。意思是,慈母为了治疗孩子的疾病,对良医行任何礼节都是愿意的。

⑤走大吏:奔走于高官之间以拯救孩子。

⑥医者:比喻能够救国救民的圣贤。

⑦文王:周文王姬昌。著名的贤君,为周朝的建立打下了坚实的基础,其子周武王灭商,建立周朝。太公望:即姜太公。姓姜名牙,又称吕尚、太公望。西周初年人,协助周武王灭商后,被封于齐。

⑧反:同"返"。往返。

⑨桓公:齐桓公。春秋五霸之一。管仲:春秋时著名政治家,辅佐齐桓公建立霸业。

⑩列城有数:赐给他的城池有几座。

⑪国甚僻小:国家非常偏僻弱小。指周文王而言,当时周国地处西疆,为商朝的诸侯国之一。

⑫身至秽污:个人品德十分低下。指齐桓公而言。《史记·齐太公世家》记载:"桓公好内,多内宠,如夫人者六人。"到了晚年,桓公怠于政事,重用小人,引起齐国内乱。

⑬为正：为政，发号施令。正，通"政"。

【译文】

舜帝品德高尚，见到别人有善行，就好像是自己的善行一样；见到别人有过错，就好像是自己的过错一样。上天不偏爱某一种事物，大地也不偏爱某一种东西，能够效法天地这种无私行为的人，可以称之为天子。能够真诚爱护天下百姓的君主，就能够得到贤人的辅助。凭什么知道是这样呢？幼小的孩子生了病，慈母去求见良医，不会计较使用任何礼节；孩子被关进监狱，父母奔走于官吏之间设法营救，不会吝惜钱财。天子如果能够把天下百姓视为自己的孩子，那么他在求见能够治国的贤人时，就不会计较使用任何礼节；在奉养贤人时，也不会吝惜钱财。因此周文王在拜访太公望的时候，一日之内往返五次；齐桓公尊奉管仲，赐给他数座城池。这就是文王虽然国家僻远狭小，桓公虽然品德低下，却能够发号施令于天下的原因。

郑简公谓子产曰①："饮酒之不乐，钟鼓之不鸣，寡人之任也；国家之不乂②，朝廷之不治，与诸侯交之不得志③，子之任也④。子无入寡人之乐⑤，寡人无入子之朝。"自是以来，子产治郑，城门不闭，国无盗贼，道无饿人。孔子曰："若郑简公之好乐，虽抱钟而朝可也⑥。"夫用贤，身乐而名附，事少而功多，国治而能逸。

【注释】

①郑简公：春秋时期郑国的君主。子产：公孙侨，字子产。春秋时期郑国的贤相。

②乂（yì）：治理，安定。

③不得志：不能称心如意。

④子：您。对子产的尊称。

⑤入：介入，干预。

⑥虽抱钟而朝可也：即使抱着乐器上朝也是可以的。钟，乐器名。代指乐器。

【译文】

郑简公对子产说："饮酒不能尽兴，钟鼓不能奏响，这是我的责任；国家不能安定，朝廷政务紊乱，与诸侯交往不能称心如意，这是您的责任。您不要干预我的快乐，我也不干预您的朝政。"从此以后，子产把郑国治理得井然有序，城门不用关闭，国内没有盗贼，道路上没有饥饿的人。孔子说："像郑简公那样爱好音乐，即使是抱着乐器上朝也是可以的。"能够任用贤能，君主自身快乐而又能获取美好的名声，自己做的事情很少而建立的功业很多，国家安定祥和而自身又能过上安逸的日子。

凡治之道，莫如因智①；智之道，莫如因贤。譬之犹相马而借伯乐也，相玉而借猗顿也②，亦必不过矣。今有人于此，尽力以为舟，济大水而不用也③；尽力以为车，行远而不乘也，则人必以为无慧。今人尽力以学，谋事则不借智，处行则不因贤④，舍其学不用也。此其无慧也，有甚于舍舟而涉、舍车而走者矣⑤。

【注释】

①因智：使用智慧。因，依靠，使用。

②猗（yī）顿：人名。春秋鲁国人，著名的商人。在发家致富方面，与陶朱公范蠡齐名。据说，猗顿对玉石具有很高的鉴赏能力。

③济：渡河。

④处行：做事。

⑤涉：徒步过河。走：徒步奔跑。

【译文】

　　大凡治国的方法，最好就是使用智慧；而使用智慧的方法，最好就是任用贤人。这就好比观察马的优劣要借助于伯乐，观察玉的好坏要借助于猗顿一样，这样也就不会有什么失误了。如果有这样的人，他尽心尽力地制造船只，而渡大江大河的时候却不去使用这些船只；他尽心尽力地制造车辆，到远方去的时候却不乘坐这些车辆，那么人们一定会认为这个人不够聪明。如今有人尽心尽力地学习，谋划事情的时候却不去使用学到的知识，做事的时候也不去任用贤人，这就是舍弃自己的智慧而不去使用。这种人愚昧的程度，远远超过了那些舍弃船只而徒步过河、舍弃车辆而徒步奔跑的人。

九　仁意

【题解】

仁意,仁爱。本文的主旨是赞美舜帝的美德。作者认为,舜帝一切政务都交给臣下,自己拱手无为,然而却赢得了天下百姓的拥戴,其原因就是舜帝衷心地爱护百姓。正是由于舜帝的爱民,才使得贤人辐辏,四季和顺,国家安定,百姓的生活美满祥和。

治水潦者①,禹也②;播五种者③,后稷也④;听狱折衷者⑤,皋陶也。舜无为也,而天下以为父母,爱天下莫甚焉。天下之善者,惟仁也。夫丧其子者⑥,苟可以得之,无择人也⑦,仁者之于善也亦然。是故尧举舜于畎亩,汤举伊尹于雍人⑧。内举不避亲⑨,外举不避仇。仁者之于善也,无择也,无恶也,惟善之所在。尧问于舜曰:“何事?”舜曰:“事天。”问:“何任?”曰:“任地。”问:“何务?”曰:“务人。”平地而注水,水流湿⑩;均薪而施火,火从燥,召之类也。是故尧为善,而众美至焉;桀为非,而众恶至焉。

【注释】

①潦（lǎo）：雨后的积水。这里指洪水。

②禹：人名。夏朝的第一代君主，传说他曾治理洪水，使百姓能够安居乐业。

③五种：即五谷。指黍、稷、稻、麦、菽。这里泛指粮食。

④后稷：名弃，周民族的祖先，因擅长农业，舜时为农官。

⑤听狱：判断案件。折衷：公平适中。

⑥丧：丢失。

⑦无择人：无论是谁找到的都可以。

⑧汤：商王汤。商朝的开国君主。伊尹：人名。商汤的贤相，辅佐商汤建立商朝。雍人：宫中掌管烹调的官员。据说伊尹曾借助烹调手艺以接近商汤。《战国策·赵策四》："伊尹负鼎俎而干汤，姓名未著，而受三公。"

⑨内举不避亲：举荐身边有才能的人，即使是亲属也不回避。

⑩水流湿：水朝着潮湿的地方流。

【译文】

治理洪水的人，是大禹；播种五谷的人，是后稷；判决案件使刑罚适中的人，是皋陶。舜帝清静无为，而天下百姓却把他视为自己的父母，因为没有谁能够比舜帝更爱护天下百姓的了。天下最善良的品质，就是仁爱。丢失了自己的孩子，如果能够找到，那就无论是谁找到的都可以。仁爱的人对于善良品质的态度也是如此。因此尧帝提拔舜帝于田野农夫之中，商王汤选拔伊尹于厨师之中。举荐身边有才能的人，即使是亲属也不用回避；举荐关系疏远的人，即使是仇人也不会遗漏。仁爱的人在观察善良品质的时候，不会对人有所区别，也不会对某人感到讨厌，只看谁具备了善良的品质。尧问舜："将从事什么？"舜回答说："从事于遵循天道。"又问："将以什么为己任？"回答说："将以敬事大地为己任。"又问："将要做些什么事情？"回答说："要做爱护百姓的事情。"在平整的地面上倒上水,水就会流向潮湿的地方;在放置均匀的柴草上点着火,火就会向干燥的地方燃烧,这就是同类相召的缘故。因此尧帝行善,众多的善人就聚集到了他的身边;夏桀作恶,众多的恶人就聚集到了他的身边。

烛于玉烛①,饮于醴泉②,畅于永风③。春为青阳④,夏为朱明⑤,秋为白藏⑧,冬为玄英⑨。四时和,正光照⑩,此之谓玉烛;甘雨时降,万物以嘉,高者不少⑪,下者不多,此之谓醴泉;其风,春为发生⑫,夏为长赢,秋为方盛,冬为安静,四气和⑬,为通正⑭,此之谓永风。

【注释】

①烛于玉烛:被照耀着的是美好的阳光。烛,照耀。玉烛,比喻美好的阳光。

②饮于醴(lǐ)泉:饮用的是甘甜的雨水。醴泉,甘甜的泉水。醴,甜酒。形容泉水甘甜如醴酒。这里用"醴泉"比喻甜美的雨水。

③畅于永风:沐浴在四季的祥和之风中。永风,永远祥和的风。

④春为青阳:春天叫作"青阳"。古人把颜色与四季相配,青与春相配,朱(红)与夏相配,白与秋相配,玄(黑)与冬相配。春天阳气上升,气候温暖,故称春天为青阳。《尔雅·释天》:"春为青阳。"郭璞注:"气清而温阳。"

⑤夏为朱明:夏天叫作"朱明"。《尔雅·释天》:"夏为朱明。"郭璞注:"气赤而光明。"

⑧白藏:秋天是万物收藏的季节,又与白色相配,故称秋天为白藏。《尔雅·释天》:"秋为白藏。"郭璞注:"气白而收藏。"

⑨玄英:冬天给人以清洁明净的感觉,又与黑色相配,故称冬天为"玄英"。英,清英。清洁明净的样子。《尔雅·释天》:"冬为玄英。"

　　郭璞注:"气黑而清英。"

⑩正光:美好的阳光。

⑪高者不少:高处的雨水不少。

⑫春为发生:美好的春风叫作"发生"。以下"长赢""方盛""安静"
　　分别为美好的夏、秋、冬三季风的名称。

⑬四气和:四季的风都祥和美好。四气,四季的风。

⑭通正:普遍美好。

【译文】

　　照耀的是"玉烛",饮用的是"醴泉",沐浴的是"永风"。春天叫作
青阳,夏天叫作朱明,秋天叫作白藏,冬天叫作玄英。四季和煦适宜,美
好的阳光普照,这叫作"玉烛"。甘甜的雨水及时落下,万物因此而欣欣
向荣,高处的雨水不少,低处的雨水不多,这叫作"醴泉"。对于风来说,
美好的春风叫作"发生",美好的夏风叫作"长赢",美好的秋风叫作"方
盛",美好的冬风叫作"安静",四季的风都很祥和,这就是普遍美好的风,
这叫作"永风"。

　　舜南面而治天下,天下太平。烛于玉烛,息于永风①,食
于膏火②,饮于醴泉。舜之行,其犹河海乎!千仞之溪亦满
焉③,蝼蚁之穴亦满焉④。由此观之,禹、汤之功不足言也。

【注释】

①息:呼吸。

②膏火:指用火烧熟的熟食。

③仞(rèn):七尺或八尺为一仞。

④蝼(lóu)蚁:蝼蛄与蚂蚁。蝼,虫子名。蝼蛄。

【译文】

　　舜帝南面端坐而治理天下,天下太平安定。人们沐浴着和煦的阳光,

呼吸着四季的祥风,吃着美好的熟食,喝着甘甜的雨水。舜帝的行为,就像那伟大的大河大海一样,千仞深的溪流也能注满,蝼蛄与蚂蚁的小穴也能注满。由此看来,夏禹、商汤的功劳根本不值得一提了。

十 广泽

【题解】

广泽，博施恩泽。本文主张在治国的时候，要出于公心地博爱天下百姓，不可为私心所蒙蔽，以至于颠倒了是非；对待各种学术观点，也要出于公心，不可囿于一己之见而相互排斥，应该看到诸子百家殊途同归的思想本质。

因井中视星，所视不过数星；自丘上以视，则见其始出，又见其入。非明益也^①，势使然也^②。夫私心，井中也；公心，丘上也。故智载于私^③，则所知少；载于公，则所知多矣。何以知其然？夫吴越之国^④，以臣妾为殉^⑤，中国闻而非之^⑥；怒，则以亲戚殉一言^⑦。夫智在公，则爱吴越之臣妾；在私，则忘其亲戚。非智损也，怒弇之也^⑧。好亦然^⑨，语曰^⑩："莫知其子之恶也^⑪。"非智损也，爱弇之也。是故夫论贵贱、辨是非者，必且自公心言之，自公心听之，而后可知也^⑫。匹夫爱其宅，不爱其邻；诸侯爱其国，不爱其敌；天子兼天下而爱之，大也。

【注释】

①非明益也：不是因为视力变好了。明，视力，看得清。

②势使然：地势使他能够这样。然，这样。

③智载于私：出于私心的智慧。也即把智慧用在私心方面。

④吴越：先秦的两个诸侯国。吴，在今长江下游一带。越，在今浙江一带。

⑤以臣妾为殉：用奴隶殉葬。臣妾，先秦时对奴隶的称谓，男奴叫臣，女奴叫妾。殉，殉葬。

⑥中国：中原地区的诸侯国。非之：批评他们，谴责他们。

⑦怒，则以亲戚殉一言：中原也有人因为一时发怒，不惜因为一句气话而让自己的亲人受到连累。本句意思是，中原人在冷静的时候，知道批评以奴隶殉葬的恶习；而在生气时，却被怒气冲昏了头脑，做事不计后果，与人争斗，结果让自己的亲人也受到牵连。

⑧弇（yǎn）：遮蔽，蒙蔽。

⑨好亦然：爱好也是如此。然，这样。

⑩语：谚语，俗话。

⑪恶：丑。

⑫可知：可以明白正确道理。

【译文】

　　坐在井里看星星，能够看到的不过只有几颗星星；如果站在高山上看星星，不仅能够看到星星刚刚出现的情况，还能够看到星星消失时的景象。这并不是因为视力提高了，而是地势使他能够这样。有了私心，就像坐在井里看星星一样；有了公心，就像站在山上看星星一般。因此出于私心的智慧，所知道的事情就很少；出于公心的智慧，所知道的事情就很多。凭什么知道是这样呢？吴国和越国，有用男女奴隶殉葬的习俗，中原各国听说后便谴责这种野蛮的行为；然而中原人也会因为一句话被激怒，而不惜连累自己的亲人。有了出于公心的智慧，就会爱护吴国与越国的奴隶；智慧一旦被私心蒙蔽，就会忘记亲人的安危。这不是因为智慧降低了，而是被怒气蒙蔽了。爱好也是如此，俗话说："没有哪个父母感到自己儿子长得丑。"这不是因为智慧降低了，而是被爱子的私心蒙蔽了。因此在讨论贵贱、辨别是非的时候，一定要从公心出发去评论它，从公心出发去聆听它，然后才能得出正确的结论。普通百姓只爱自己的住宅，不爱邻居的住宅；诸侯只爱自己的国家，不爱别人的国家；天子能够普遍爱护整个天下的人，这才是真正的心胸宏大。

　　墨子贵兼①，孔子贵公②，皇子贵衷③，田子贵均④，列子贵虚⑤，料子贵别囿⑥。其学之相非也⑦，数世矣而已⑧，皆弇于私也。天、帝、皇、后、辟、公、弘、廓、宏、溥、介、纯、夏、帆、冢、晊、贩⑨，皆大也，十有余名，而实一也。若使兼、公、虚、衷、平易、别囿⑩，一实也⑪，则无相非也。

【注释】

①墨子贵兼：墨子重视兼爱。墨子，即墨翟，墨家的创始人。兼爱，平等地爱护所有的人。

②公：大公无私。

③皇子贵衷：皇子重视真诚。皇子，先秦思想家，生平不详。《列子·汤问》："周穆王大征西戎，西戎献锟铻之剑、火浣之布。其剑长尺有咫，练钢赤刃；用之切玉如切泥焉。火浣之布，浣之必投于火；布则火色，垢则布色；出火而振之，皓然疑乎雪。皇子以为无此物，传之者妄。"《庄子·达生》："桓公田于泽，管仲御，见鬼焉。公抚管仲之手曰：'仲父何见？'对曰：'臣无所见。'公反，诶诒为病，数日不出。齐士有皇子告敖者曰：'公则自伤，鬼恶能伤公！'"《列子》中的皇子、《庄子》中的皇子告敖，与《尸子》中的皇子可

能同为一人。

④田子贵均：田子重视均平。田子，即田骈，又称陈骈，先秦的思
想家。

⑤列子贵虚：列子重视虚静。列子，即列御寇，先秦的道家学者。

⑥料子贵别囿（yòu）：料子重视区别善恶、宽容别人。料子，先秦思
想家，生平不详。别囿，即《庄子·天下》说的"别宥"，意思是区
别善恶，宽容别人。宥，宽容。

⑦相非：相互非议，相互批评。

⑧而已：汪继培曰："何氏焯云，'而'下疑脱'不'字。"

⑨后：君主。辟（bì）：君主。廓：大，宽大。溥：广大，丰厚。介：大。纯：
大。夏：大，伟大。恢（hū）：大。冢：大。旺（zhì）：大。昄（bǎn）：
大。《尔雅·释诂》："天、帝、皇、王、后、辟、公、侯，君也。弘、廓、
宏、溥、介、纯、夏、恢……昄、旺、将、业、席，大也。"

⑩平易：本指地势平坦。这里比喻做事公平。易，平坦。别囿：区别
善恶而宽容别人。

⑪一实：实际内容是一致的。

【译文】

墨子重视兼爱，孔子重视大公无私，皇子重视真诚，田子重视均平，
列子重视虚静，料子重视区别善恶而宽容别人。他们各立学派而互相非
难，已经持续了几代人还未停止，他们都是因为被私心私见所蒙蔽了。
天、帝、皇、后、辟、公、弘、廓、宏、溥、介、纯、夏、恢、冢、旺、昄，都有"大"
的意思，十多个名称，而实际上意思都是一样的。如果使人们明白兼爱、
大公无私、虚静、均平、真诚、平均、区别善恶而宽容别人，这些不同的概
念本质都是一样的，那么他们就不会互相非难了。

十一 绰子

【题解】

绰子，宽厚仁慈。绰，宽缓，宽厚。子，仁爱，仁慈。本文主要讨论圣王的爱民之心。作者认为，圣王之所以能够安危怀远，就在于他们能够置个人于度外，一心爱护百姓。本文最后两句是讽刺一些人孤陋寡闻，似与前文无关。

尧养无告^①，禹爱辜人^②，汤、武及禽兽^③，此先王之所以安危而怀远也^④。圣人于大私之中也^⑤，为无私；其于大好恶之中也^⑥，为无好恶^⑦。舜曰："南风之薰兮^⑧，可以解吾民之愠兮^⑨。"舜不歌禽兽而歌民。汤曰："朕身有罪，无及万方^⑩；万方有罪，朕身受之。"汤不私其身，而私万方。文王曰："苟有仁人，何必周亲^⑪？"文王不私其亲，而私万国。先王非无私也，所私者与人不同也。

【注释】

①无告：指身处困境而无处诉说、无可依靠的人。

②辜人：原指被杀后陈尸示众的犯人。这里泛指罪人。辜，罪。

③及：指恩泽施及。

④安危：使危者复安。也即拯救危难。怀远：怀柔远方。也即通过施恩的方式使远方的人归附。

⑤大私：指爱护整个人类。

⑥大好恶：指与所有百姓具有共同的好恶。

⑦无好恶：没有个人的好恶。

⑧南风之薰：南风是那样的温暖柔和。南风，古人认为南风是生养之风，而北风是肃杀之风。薰，温暖柔和。

⑨愠：怒，烦恼。

⑩无及万方：不要连累各地的百姓。万方，万邦，各地。

⑪周亲：最亲近的人。周，至。《论语·尧曰》："周有大赉，善人是富。'虽有周亲，不如仁人。百姓有过，在予一人。'"

【译文】

尧养育孤苦无告的人，大禹同情有罪的人，商汤、周武王的恩泽施于飞禽走兽。这就是先王们能够拯救危难、怀柔远方的原因。圣人在爱护整个人类的"大私"之中，而没有个人的私心；圣人在与百姓的好恶相同的"大好恶"之中，而没有自己的好恶。舜唱道："南风是那样的温暖柔和啊，可以解除我们百姓的烦恼啊。"舜歌唱的不是禽兽而是百姓。商汤说："如果我自身有罪，不要祸及各地百姓；如果各地百姓有罪，就让我一人承受罪责。"商汤不爱护自身，而爱护天下百姓。周文王说："假如天下有仁爱的人，为什么一定要任用自己的亲人呢？"周文王不偏爱自己的亲人，而爱护各国百姓。先王们不是没有私心，只是他们私心的内容与一般人不同罢了。

松柏之鼠，不知堂密之有美枞①。

【注释】

①堂密：地势如房屋的高山。这里泛指高山。《尔雅·释山》："山如堂者，密。"意思是，地形像房屋的山，叫作"密"。枞（cōng）：树名。常绿乔木。即冷杉。树皮多呈鳞片状，叶线形，可高达数丈。

【译文】

松柏林里的小松鼠，不知道高大的山上还有美好的枞树。

十二　处道

【题解】

处道,处世之道,治国之道。本文主要讨论三个问题,一是要求人们好好学习,努力劳作,以获取知识、美德、衣食;二是阐述"上有所好,下必甚之"的道理,要求君主以身作则以治理好国家;三是提醒人们,在治国方面,不可急于求成。

孔子曰:"欲知则问,欲能则学,欲给则豫①,欲善则肆②。国乱,则择其邪人而去之,则国治矣;胸中乱,则择其邪欲而去之,则德正矣。天下非无盲者也,美人之贵,明目者众也;天下非无聋者也,辨士之贵③,聪耳者众也;天下非无乱人也,尧、舜之贵,可教者众也。"

【注释】

①给(jǐ):富足。豫:提前。这里指提前劳作。

②肆(yì):劳苦。

③辨士:善于讲话的人。辨,通"辩"。善辩,能言善语。

【译文】

孔子说:"想要有知识就要多多请教,想要有能力就要勤学苦练,想要丰衣足食就要提前劳作，想要具备善德就要不怕吃苦。国家动乱了，就把那些奸邪的人找出来清除掉，那么国家就安定了；心中烦乱了，就把那些邪恶的欲望找出来清除掉，那么品德就端正了。天下不是没有盲人，而美女之所以受到人们的喜爱，那是因为眼睛明亮的人占了多数；天下也不是没有聋人，善辩之人之所以受到人们的推崇，那是因为听力正常的人占了多数；天下不是没有胡作非为的人，尧、舜之所以受到人们的尊敬，那是因为能够接受教化的好人占了多数。"

　　孔子曰："君者，盂也①；民者，水也。盂方则水方，盂圆则水圆。"上何好而民不从②？昔者，句践好勇而民轻死③，灵王好细腰而民多饿④。夫死与饿，民之所恶也，君诚好之，百姓自然⑤，而况仁义乎？桀、纣之有天下也，四海之内皆乱，而关龙逢、王子比干不与焉⑥，而谓之皆乱，其乱者众也。尧、舜之有天下也，四海之内皆治，而丹朱、商均不与焉⑦，而谓之皆治，其治者众也。故曰：君诚服之⑧，百姓自然；卿大夫服之⑨，百姓若逸⑩；官长服之，百姓若流。夫民之可教者众，故曰犹水也。

【注释】

①盂：盛液体的敞口器具。

②上：君主，上级。

③句（gōu）践：人名。即越王勾践。勾践被吴王夫差打败后，卧薪尝胆，发愤图强，最终灭掉了吴国。《尹文子·大道上》："越王勾践谋报吴，欲人之勇，路逢怒蛙而轼之。比及数年，民无长幼，临敌，虽汤火不避。"

④灵王：即楚灵王。春秋楚国君主。细腰：身材苗条的女子。一说

指身材苗条的大臣。《韩非子·二柄》："楚灵王好细腰，而国中多
饿人。"

⑤自然：自然如此。然，这样，如此。

⑥关龙逢（páng）：人名。是夏桀的贤臣，因直谏被杀。王子比干：
是商纣王的叔父，因直谏被杀。因比干是国王的儿子，故称"王子
比干"。不与焉：没有参与动乱。

⑦丹朱：人名。尧的儿子。据说丹朱顽愚不化。商均：人名。舜的儿子，
相传品行不好。《孟子·万章上》："丹朱之不肖，舜之子亦不肖。"

⑧君诚服之：君主如果能够真诚地去做某种事情。服，从事，实行。

⑨卿：古代高级官爵名。在公之下，大夫之上。大夫：古代高级官爵
名。在卿之下，士之上。大夫又分上、中、下三级。

⑩逸：奔跑。形容百姓非常急切地去效法卿大夫的行为。

【译文】

　　孔子说："君主，就好像盘盂一样；民众，就好像水一样。盘盂如果是
方形的那么水也就是方形的，盘盂如果是圆形的那么水也就是圆形的。"
君主有什么喜好而民众不去模仿呢？从前，越王勾践喜欢勇武而他的民
众就不怕死，楚灵王喜欢腰身纤细的美人而楚国民众就有很多人为减肥
而挨饿。死亡与饥饿，是人们所讨厌的事情，因为君主喜欢这些事情，民
众就会自然而然地去做这些事情，更何况君主去爱好仁义呢？夏桀与商
纣王治理天下的时候，四海之内全都陷入动乱，而关龙逢、王子比干没有
参与动乱，之所以说"全都陷入动乱"，是因为参与动乱的人占了多数；尧
与舜在治理天下的时候，四海之内全都安定，而丹朱、商均却不在安定者
之中，之所以说"全都安定"，是因为安定的人占了多数。所以说：君主如
果能够真诚地去做某件事情，百姓就会自然而然地去效法；卿大夫如果
能够真诚地去做某件事情，百姓就会急切地前去追随；一般官员们如果
能够真诚地去做某件事情，百姓就会像流水一样跟随在后面。百姓中能
够接受教化的人很多，所以说百姓就像水一样。

　　德者，天地万物得也①；义者，天地万物宜也；礼者，天地万物体也②。使天地万物皆得其宜，当其体者③，谓之大仁。食，所以为肥也④，壹饭而问人曰："奚若⑤？"则皆笑之。夫治天下，大事也，今人皆壹饭而问"奚若"者也⑥。善人以治天地则可矣⑦，我奚为而人善⑧？仲尼曰："得之身者，得之民；失之身者，失之民。不出于户而知天下⑨，不下其堂而治四方，知反之于己者也⑩。"以是观之，治己则人治矣。

【注释】

① 得：各得其所。

② 体：区别，分别。《墨子·经上》："体，分于兼也。"孙诒让《墨子间诂》："《周礼·天官·叙官》郑注云：'体，犹分也。'《说文·秝部》云：'兼，并也。'盖并众体则为兼，分之则为体。"

③ 当其体者：各种区别都很恰当。礼仪是用来区别人们的身份、等级的，这种区分一定要恰当，不然就会引起争端。

④ 所以为肥也：是吃胖的方法。所以，……的方法。

⑤ 奚若：如何，怎么样。意思是问吃胖没有。

⑥ 今人皆壹饭而问"奚若"者也：如今的人们都好像那个吃一顿饭就急着询问"我吃胖没有"的人一样。批评人们过于急躁，希望治国能够立竿见影。

⑦ 善人：使人们变得善良。治天地：治理自然。

⑧ 我：代指君主。奚为：如何做。

⑨ 不出于户而知天下：不用出门就知道天下的情况。户，门。《老子》四十七章："不出户，知天下。"

⑩ 知反之于己者也：这是因为圣王懂得根据自己的感受而去推知百姓的感受。《韩诗外传》卷三说："昔者不出户而知天下，不窥牖而

见天道，非目能视乎千里之前，非耳能闻乎千里之外，以己之度度之也，以己之情量之也。己恶饥寒焉，则知天下之欲衣食也；己恶劳苦焉，则知天下之欲安佚也。"圣人根据自己讨厌饥寒，就知道天下人都需要衣食；根据自己讨厌劳苦，就知道天下人都喜欢安逸。

【译文】

所谓美德，就是让天地万物都能够各得其所；所谓道义，就是让天地万物都能够行为恰当；所谓礼仪，就是让天地万物都能够合理区别。使天地万物都能够行为恰当，等级区分合情合理，这叫作大仁。吃饭，是把自己变胖的方法，仅仅吃了一顿饭就急着问别人："我吃胖了没有？"别人都会觉得他可笑。治理天下，是大事，当今的人们都好像那个吃一顿饭就急着问人"吃胖没有"的人一样急躁。先使人们变得善良，然后再去治理天地自然就可以了，我们怎么做才能够使人们变得善良呢？孔子说："自身行为正确，百姓也就跟着正确；自身总犯错误，百姓也就跟着犯错误。不走出大门就能够知道天下的情况，不走下大堂就能够治理好国家，这是因为圣王懂得根据自己的感受而推知百姓的感受。"由此看来，君主只要治理好自己，就能够治理好百姓了。

十三 神明

【题解】

　　神明，圣明。此指圣明的君主。本文认为，圣王的作用可以与天地相媲美。只要圣王能够以身作则，百姓自然就会品行端正，国家自然就会安定祥和。作者特别强调，如今天下大乱，正是圣王推行仁政的大好时机。

　　仁义圣智参天地①。天若不覆，民将何恃何望②？地若不载，民将安居安行③？圣人若弗治，民将安率安将④？是故天覆之，地载之，圣人治之。圣人之身犹日也，夫日圆尺⑤，光盈天地；圣人之身小，其所烛远⑥。圣人正己，而四方治矣。上纲苟直⑦，百目皆开⑧；德行苟直，群物皆正⑨。政也者，正人者也，身不正则人不从。是故不言而信，不怒而威，不施而仁⑩。有诸心而彼正⑪，谓之至政⑫。今人曰："天下乱矣，难以为善。"此不然也。夫饥者易食⑬，寒者易衣，此乱而后易为德也。

【注释】

　　①仁义圣智：代指圣王。因为圣人具备了这四种美德。参：并列，等同。

②恃：依赖。

③安：如何，怎么。

④率：遵循。将：奉行。

⑤日圆尺：圆圆的太阳只有直径一尺大小。

⑥烛：照耀。这里引申为影响。

⑦上纲：上面的纲绳。纲，提网的总绳。直：拉直。这里引申为撒开。

⑧目：网眼。

⑨群物：万事万物。这里主要指百姓。

⑩不施而仁：不用布施衣食就能够施行仁爱。古人认为，君主治国，并非一定要拿出衣食救济百姓，只要君主不穷兵黩武，不盘剥百姓，不占有农时，能够使百姓安心生产，自由生活，这就是仁政。

⑪有诸心：有仁爱在心中。诸，"之于"的合音字。之，代指仁爱。彼正：百姓自然品质端正。彼，代指百姓。

⑫至政：最美好的政治。

⑬易食：更容易提供食物。

【译文】

具有仁义圣智的圣王可以与天地并列。上天如果不覆庇百姓，百姓将依赖什么？盼望什么？大地如果不负载百姓，百姓将如何安居？如何行走？圣王如果不去治理百姓，百姓将遵循什么？奉行什么？因此上天覆庇着百姓，大地负载着百姓，圣王治理着百姓。圣王就像太阳一样，圆圆的太阳直径只有一尺大小，而它的光芒却能照耀于天地之间；圣王的身体虽然很小，但他的影响力却能达到遥远的地方。圣王端正自我，而天下就能够安定祥和。如果把网纲撒开了，千百个网孔就都张开了；圣王的德行如果公平正直了，百姓的德行也都能够端正了。所谓的政治，就是使人们的品行端正，君主自身不正而百姓就不会服从。因此圣王能够做到不用讲话就能取信于民，不用发怒就能显示威严，不用布施衣食就能做到仁爱。圣王内心具有仁爱而百姓品德自然端正，这可以称之为最美好的政治。如今的人们说："天下已经乱作一团了,很难推行善政了。"这样的言论是不对的。饥饿的人容易给他提供食物,寒冷的人容易给他提供衣服,天下动乱之后就更容易推行仁政。

卷下

一　散见诸书文汇辑

【题解】

汪继培在前人的《尸子》辑本的基础上，广泛搜罗，把散见于各种古籍中的《尸子》佚文编为下卷。因为属于零碎的辑佚，不成篇章，故以下各段不再安排"题解"。本卷虽然属于零碎的辑佚，但一些史料也值得我们重视，如："禹治水，为丧法曰：'毁必杖，哀必三年，是则水不救也。'故使死于陵者葬于陵，死于泽者葬于泽，桐棺三寸，制丧三日。"这就说明了禹是在特殊情况下执行薄葬原则，而后世的墨家不分场合地效法禹的节俭，故而难以得到民众的响应。除此，这些佚文中也有不少警句值得重视，如"圣人畜仁而不主仁，畜知而不主知，畜勇而不主勇""诎寸而信尺，小枉而大直，吾为之也""卑墙来盗"等等，这些格言至今仍不失其借鉴意义。

1.天地四方曰宇①，往古来今曰宙②。（《世说新语·排调篇》注、《庄子·齐物论》释文）

【注释】

①宇：空间。

②宙：时间。

【译文】

天地四方形成的空间叫作"宇"，古往今来形成的时间叫作"宙"。

2. 日五色[①]，至阳之精[②]，象君德也。五色照耀，君乘土而王[③]。（《太平御览》三，《事类赋·日赋》注，《路史·后纪七》注）

【注释】

①五色：指青、黄、赤、白、黑五种主要颜色。

②至阳之精：属于最大阳气中的精华。古人认为太阳属于阳，月亮属于阴。

③乘土：生活在大地上。

【译文】

太阳具备了青、黄、赤、白、黑五种颜色，属于最大阳气中的精华，象征君主的美德。太阳的五色照耀着大地，君主生活在大地上而称为帝王。

3. 少昊金天氏[①]，邑于穷桑[②]，日五色，互照穷桑[③]。（《太平御览》三，《事类赋》注，《路史·后纪七》注，《天中记》一，《海录碎事》一）

【注释】

①少昊：传说中的部落首领名。据说是黄帝之子。金天氏：古人把金、木、水、火、土五行与王朝相配，少昊与金德相配，故又称金天氏。

②邑：城邑。这里用作动词，建城邑，居住在。穷桑：地名。一般认为穷桑在今山东北部一带。

③互照：交替照耀。

【译文】

少昊金天氏，居住在穷桑，太阳的五色光芒，交替照耀着穷桑。

4.使星司夜^①,月司时^②,犹使鸡司晨也^③。(《艺文类聚》一,《北堂书钞》一百五十)

【注释】

①使星司夜:根据星象以了解晚上的时间。司,掌管。

②月司时:根据月亮的盈亏来了解年月的时间。

③司晨:报晓。

【译文】

根据星象以了解晚上的时间,根据月亮来了解年月的时间,这就好像让公鸡报晓一样。

5.虹霓为析翳^①。(《文选·西都赋》注,《文选·荐祢衡表》注)

【注释】

①虹霓:为雨后或日出、日没之际天空中所出现的七色圆弧。也即彩虹。析翳(yì):彩虹的别名。

【译文】

虹霓又叫作析翳。

6.彗星为欃枪^①。(《开元占经》五)

【注释】

①欃(chán)枪:彗星的别名。

【译文】

彗星又叫作欃枪。

7.春为忠。东方为春^①。春,动也^②,是故鸟兽孕宁^③,

草木华生④，万物咸遂⑤，忠之至也。（《艺文类聚》三）

【注释】

①东方为春：东方与春天相配。古人把四方与四季相配，东与春相配，南与夏相配，西与秋相配，北与冬相配。

②春，动也：春天，是万物开始活动的季节。另外，"春"通"蠢"。活动。

③孕宁：怀孕生育。宁，疑为"字"之误。字，生育。汪继培曰："'宁'疑'字'。"

④华（huā）生：开花。华，同"花"。

⑤咸遂：都能够顺利生长。咸，都。遂，顺利。

【译文】

春天是真诚的象征。东方与春天相配。春天，是万物开始活动的季节，因此鸟兽怀孕生育，草木开花展叶，万物都能够顺利生长，春天对万物真诚爱护到了极致。

8.夏为乐。南方为夏。夏，兴也；南，任也①。是故万物莫不任兴，蕃殖充盈②，乐之至也。（《艺文类聚》三，《太平御览》二十二）

【注释】

①任：任情，任意。这里指任意生长。

②蕃殖：生长。充盈：茂盛。

【译文】

夏天是快乐的象征。南方与夏天相配。夏天，是万物兴起的季节；南方，象征着自由任意地生长。因此万物莫不自由兴起，生长繁荣，万物快乐到了极点。

9.秋为礼。西方为秋。秋,肃也^①,万物莫不肃敬^②,礼之
至也。(《艺文类聚》三,《太平御览》二十四、五百二十三)

【注释】

①肃:肃杀,凋落。

②敬:警惕,戒备。

【译文】

秋天是礼敬的象征。西方与秋天相配。秋天,万物开始凋落了,因
此万物莫不凋零警惧,这是礼敬到了极致。

10.冬为信。北方为冬。冬,终也;北,伏方也^①。是故
万物至冬皆伏,贵贱若一,美恶不减^②,信之至也。(《太平御
览》二十七)

【注释】

①伏方:代表万物隐藏的方位。伏,隐伏,隐藏。

②美恶:美好与丑陋。恶,丑。不减:同等,没有区别。

【译文】

冬天是诚信的象征。北方与冬天相配。冬天,就是万物终结的时候;
北方,是万物隐藏的方位。因此万物到了冬天都隐藏起来,贵贱都是如
此,美丑都是一样,冬天诚信到了极点。

11.昼动而夜息,天之道也。(《文选·陶渊明〈杂诗〉》注)

【译文】

万物白天活动而夜晚休息,这是大自然的运行规律。

12. 八极之内^①，有君长者^②，东西二万八千里，南北二万六千里。故曰：天左舒而起牵牛^③，地右辟而起毕、昴^④。（《太平御览》三十七，《事类赋·地赋》注）

【注释】

①八极：八方极远的地方。代指整个天下。

②有君长者：有君主的地方。代指有人类生活的地方。

③天左舒：天空向左边舒展开去。起牵牛：从牵牛星开始。牵牛，星名。

④地右辟：大地向右边舒展开去。辟，开辟，伸展。毕、昴（mǎo）：两个星宿名。古人把天上的星空区域与地上的国、州对应起来，在天叫分星，在地叫分野。毕、昴星区所对应的是赵地，在今山西北部、河北西部和南部地区。《汉书·地理志下》："赵地，昴、毕之分野。"

【译文】

整个天下，凡是有君主治理、民众生活的地方，东西有二万八千里的长度，南北有二万六千里的长度。因此说：天空从牵牛星开始向左边伸展开去，大地从毕、昴星区对应的分野赵国地区向右边伸展开去。

13. 八极为局^①。（《文选·左太冲〈杂诗〉》注）

【注释】

①局：狭小，局促。左太冲《杂诗》："高志局四海。"

【译文】

整个天下依然显得局促狭小。

14. 凡水，其方折者有玉^①，其圆折者有珠，清水有黄

金,龙渊有玉英②。(《艺文类聚》八,《太平御览》五十八、七十八)

【注释】

①方折者:方形转弯的地方。

②龙渊:可以藏龙的深渊。玉英:美玉。

【译文】

大凡所有的河流,呈方形转弯的地方有玉石,呈圆形转弯的地方有宝珠,清澈的水里有黄金,可以藏龙的深渊里面有美玉。

15.朔方之寒①,冰厚六尺,木皮三寸。北极左右②,有不释之冰③。(《初学记》三,《北堂书钞》一百五十六,《太平御览》三十四)

【注释】

①朔方:北方。

②北极:极远的北方地区。左右:一带。

③释:融化。

【译文】

在寒冷的北方,冰冻有六尺厚,树皮有三寸厚。在极远的北方一带,有终年不会融化的冰。

16.寒,凝冰,裂地。(《文选·上林赋》注)

【译文】

寒冷,能够凝结冰块,冻裂地面。

17. 荆者①，非无东西也②，而谓之南，其南者多也。(《文选·魏都赋》注)

【注释】

①荆：楚国。先秦时期，楚国又叫作荆国。

②东西：指处于东边和西边的国土。

【译文】

楚国，并非没有处于东边和西边的国土，而把它叫作南方国家，是因为它处于南方的国土多。

18. 傅岩在北海之洲①。(《尚书·说命》正义，《史记·殷本纪》集解)

【注释】

①傅岩：地名。一般认为在今山西平陆境内。相传商朝的贤相傅说曾经在这里服过劳役。洲：水中的陆地。

【译文】

傅岩处于北海中的岛屿上。

19. 赤县州者①，实为昆仑之墟②。其东则卤水、岛山③，左右蓬莱④。玉红之草生焉⑤，食其一实而醉卧，三百岁而后寤⑥。(《太平御览》三十八、四百九十七)

【注释】

①赤县州：即赤县、神州。古代的中国又称赤县、神州。

②实为昆仑之墟：实际上就属于昆仑山地区。昆仑，传说中的神山名。

③卤水：咸水。这里指海水、大海。岛（dǎo）：同"岛"。岛屿。

④左右：指旁边。蓬莱：传说中的仙岛名。

⑤玉红之草：传说中的仙草名。

⑥瘳：醒来。

【译文】

赤县、神州，实际上就属于昆仑山地区。赤县、神州的东边就是大海和山峰高耸的岛屿，旁边有蓬莱仙岛。玉红之草就生长在这座仙岛上，吃了它的一颗果实就会醉倒，三百年以后才能醒来。

20. 泰山之中有神房、阿阁、帝王录①。（《初学记》五，《太平御览》三十九、一百八十四、一百八十五）

【注释】

①神房：祭祀神灵的建筑。阿阁：四面有檐的楼阁。帝王录：关于帝王事迹的记录。《史记·封禅书》："管仲曰：'古者封泰山、禅梁父者七十二家。'"帝王录可能就是关于这些帝王封禅泰山的记录。

【译文】

泰山上有祭祀神灵的建筑、四面有檐的楼阁、记录帝王事迹的簿册。

21. 燧人上观辰星①，下察五木②，以为火。（《艺文类聚》八十，《太平御览》八百七十）

【注释】

①燧人：即燧人氏。传说中的帝王。《韩非子·五蠹》："有圣人作，钻燧取火以化腥臊，而民说之，使王天下，号之曰燧人氏。"辰星：星宿。这里具体指大火星。

②五木：五种取火用的木材。古代钻木取火时，春取榆、柳之火，夏

取枣、杏之火，季夏（夏末）取桑、柘之火，秋取柞、楢之火，冬取槐、檀之火，一年轮换一次。

【译文】

燧人氏上面观察天上的大火星，下面观察五种取火用的木材，然后发明了钻木取火的方法。

22. 燧人之世，天下多水，故教民以渔。（《广韵·九鱼》，《初学记》二十二，《太平御览》八百三十三，《北堂书钞》十，《路史·前纪五》）

【译文】

燧人氏在位的时候，天下的水域很多，因此他就教会百姓打鱼的方法。

23. 虙牺氏之世①，天下多兽，故教民以猎。（《广韵·二十九叶》，《太平御览》八百三十二，《北堂书钞》十，《路史·后纪一》）

【注释】

①虙（fú）牺氏：即伏羲氏。传说中的帝王。

【译文】

伏羲氏在位的时候，天下野兽很多，因此他就教会百姓打猎。

24. 伏羲始画八卦①，列八节②，而化天下。（《北堂书钞》一百五十三）

【注释】

①八卦：《周易》中的八个符号，分别为 ☰ 乾（天）、☱ 兑（泽）、☴ 巽

（风）、☳震（雷）、☵坎（水）,☲离（火）,☷坤（地）、☶艮（山）,用

作占卜。

②八节:指立春、春分、立夏、夏至、立秋、秋分、立冬、冬至八个

节气。

【译文】

伏羲氏开始画出八卦,制定八个节气,以此来教化天下。

25.神农氏治天下①,欲雨则雨。五日为行雨②,旬为

谷雨③,旬五日为时雨。正四时之制④,万物咸利⑤,故谓之

"神"。(《艺文类聚》二,《太平御览》十、八百七十二,《路史·后纪三》

注,《路史·余论一》)

【注释】

①神农氏:传说时代的帝王。据说他发明了农业。

②行雨:每隔五天下的一场雨叫作"行雨"。

③旬:十天。

④正:端正,调整好。四时:四季。

⑤咸:都。

【译文】

神农氏在治理天下的时候,人们想下雨而天就下雨。每隔五天下的

一场雨叫作行雨,每隔十天下的一场雨叫作谷雨,每隔十五天下的一

场雨叫作时雨。他调整好四季的节候,万物都得到了益处,因此他被

称为"神"。

26.神农氏夫负妻戴①,以治天下。尧曰:"朕之比神农,

犹旦与昏也②。"(《太平御览》七十八)

【注释】

①夫:丈夫。指神农氏。负:背上背着东西。妻:指神农氏的妻子。戴:头上顶着东西。本句是说,神农氏夫妻两人一边劳动,一边治理天下。

②犹旦与昏:就好像白天和夜晚那样差距很大。旦,早晨,白天。本句意思是尧在感叹自己远远比不上神农氏。

【译文】

神农氏夫妻两人背的背、顶的顶,一边劳作一边治理天下。尧说:"我与神农氏相比,就好像白天和夜晚那样差距很大。"

27.神农氏七十世有天下,岂每世贤哉?牧民易也①。(《太平御览》七十八)

【注释】

①牧民:治理百姓。

【译文】

神农氏连续七十代人占有天下,难道他的每一代后裔都很贤良吗?主要是因为那时的百姓容易治理啊。

28.子贡问孔子曰①:"古者黄帝四面②,信乎③?"孔子曰:"黄帝取合己者四人,使治四方,不谋而亲④,不约而成,大有成功,此之谓四面也。"(《太平御览》七十九、三百六十五,《天中记》十一)

【注释】

①子贡:人名。孔子的弟子。姓端木,名赐,字子贡。

②四面:四张面孔。

③信:真实。

④不谋而亲:不用谋划而百姓自然亲近。

【译文】

　　子贡问孔子说:"古时候的黄帝有四张面孔,这是真的吗?"孔子说:"黄帝任用了与自己志同道合的四位大臣,委派他们去治理四方百姓,他们不用谋划而百姓自然亲近,不用约束而一切成功,建立了很大的功业,这才是'黄帝有四张面孔'的真正含义。"

29.黄帝斩蚩尤于中冀①。(《事物纪原》十)

【注释】

①蚩尤:传说中的部落首领,后因反叛,被黄帝所杀。中冀:中州,中原地区。

【译文】

黄帝斩杀蚩尤于中原地区。

30.四夷之民①,有贯匈者②,有深目者,有长肱者③,黄帝之德,尝致之。(《山海经》六注)

【注释】

①四夷(yí):四方的少数民族。夷,同"夷"。

②贯匈:胸前有孔,直达背部。贯,贯通。匈,同"胸"。胸部。

③长肱(gōng):手臂很长。肱,胳膊上从肩到肘的部分。这里泛指胳膊。

【译文】

　　四方的少数民族,有的民族胸部是贯通的,有的民族眼部是凹陷的,有的民族胳膊非常的长,具有美德的黄帝,曾经把他们招到了中国。

31. 尧有建善之旌①。(《初学记》二十)

【注释】

①建善之旌：进谏善言的旗帜。旌，旗帜。《汉书·贾谊传》："进善之旌。"颜师古曰："进善言者，立于旌下。"

【译文】

帝尧的时候设置有供人们进谏善言的旗帜。

32. 尧立诽谤之木①。(《史记·孝文本纪》索隐，《后纪》十一注)

【注释】

①诽谤之木：供民众书写批评意见的木板。诽谤，批评。

【译文】

尧帝的时候设置有专供人们书写批评意见的木板。

33. 尧南抚交趾①，北怀幽都②，东西至日月之所出入，有余日而不足于治者③，恕也④。(《荀子·王霸篇》注。)

【注释】

①交趾：地名。在今两广及部分越南地区。

②怀：怀柔。幽都：地名。在今河北北部。

③有余日：有闲暇的时间。不足于治：还不够自己治理。本句意思是，尧治理如此大的国土，依然有用不完的时间和精力。

④恕：推己及人叫"恕"。《论语·卫灵公》："其恕乎！己所不欲，勿施于人。"

【译文】

尧帝向南安抚了交趾地区，向北怀柔了幽都地区，把东西方向日月所升起和落下的地方都治理得安定祥和,自己还有闲暇的时间,如此大的国土还不够他治理的原因,就是因为他推行了己所不欲、勿施于人的政策。

34.人之言君天下者①,瑶台九累②,而尧白屋③;黼衣九种④,而尧大布⑤;宫中三市⑥,而尧鹑居⑦;珍羞百种⑧,而尧粝饭菜粥⑨;骐驎青龙⑩,而尧素车玄驹⑪。(《初学记》九,《太平御览》八十,《文选·辨命论》注)

【注释】

①君:君临,统治。

②瑶台:美玉砌成的高台。极言其华丽。九累:九层。泛指其高大。

③白屋:指不施装饰的简陋房屋。一说是用白茅覆盖的房子。为平民的住房。

④黼(fǔ)衣:华美的衣服。黼,古代礼服上的花纹。九:泛指多。

⑤大布:粗布。

⑥三市:指有三个市镇那么大。

⑦鹑(chún)居:居不求安。鹑,鸟名。即鹌鹑。鹌鹑野居而无定所。

⑧珍羞:又作"珍馐"。山珍海味。

⑨粝(lì)饭:粗米饭。粝,糙米,粗米。

⑩骐驎(qí lín):即麒麟,传说中的一种瑞兽。这里代指骏马。青龙:这里代指骏马。

⑪素车:没有任何装饰的车子。玄驹:小马。

【译文】

人们都说统治天下的君主,应该住在高大华丽的楼台之上,而尧帝住的却是茅草覆盖的简陋房子;都说君主应该穿着各种各样的华美服装,而尧帝穿的却是粗布衣服;都说君主的宫殿应该有三个市镇那么大,而尧帝却居无定所;都说君主应该吃各种各样的山珍海味,而尧帝吃的却是粗米饭和野菜粥；都说君主应该乘坐着高大的骏马，而尧帝乘坐的却是小马拉着的朴素车子。

35.舜兼爱百姓，务利天下。其田历山也^①，荷彼耒耜^②，耕彼南亩^③，与四海俱有其利；其渔雷泽也^④，旱则为耕者凿渎^⑤，俭则为猎者表虎^⑥。故有光若日月，天下归之若父母。
（《太平御览》八十一）

【注释】

①田历山：在历山耕种。田，耕种。历山，地名。一说在今山东历城南，一说在今河南范县东南，等等。《史记·五帝本纪》："舜耕历山，渔雷泽，陶河滨。"

②荷：扛着。耒耜（lěi sì）：两种农具名。

③南亩：南边土地。这里泛指田地。

④雷泽：亦作"靁泽""雷夏泽"。古泽名。在今山东菏泽境内，已淤。

⑤凿渎：开凿水渠。渎，水渠。

⑥俭：歉收年。表虎：标记出猎物的出没处。也即帮助猎人打猎。表，做标记。虎，泛指野兽。一说"表虎"指用兽皮做衣服。表，外衣，做外衣。

【译文】

舜博爱百姓，努力地施恩惠于天下。他在历山种地的时候，肩上扛着耒耜，在田地里耕种，分利益于天下百姓；他在雷泽打鱼，干旱的时候就为农民开凿水渠，歉收年就为打猎的人标记出野兽出没的地方。因此舜的恩德就像日月的光芒，天下百姓归附于舜就像儿女归附于父母一样。

36.舜事亲养老^①，为天下法。其游也^②，得六人，曰雒陶、方回、续牙、伯阳、东不识、秦不空,皆一国之贤者也。
(《太平御览》八十一,《北堂书钞》四十九)

【注释】

①亲:父母。

②游:交游,交往。

【译文】

　　舜事奉父母、供养老人,成为天下人的榜样。他在与人交往的时候,得到了六个人,他们的名字是雒陶、方回、续牙、伯阳、东不识、秦不空,都是全国著名的贤人。

　　37.舜一徙成邑①,再徙成都②,三徙成国③,其致四方之士。尧闻其贤,征之草茅之中④。与之语礼,乐而不逆⑤;与之语政,至简而易行;与之语道,广大而不穷。于是妻之以媓⑥,媵之以娥⑦,九子事之⑧,而托天下焉。(《艺文类聚》十一,《太平御览》八十一、一百三十五、一百五十六)

【注释】

①徙:迁徙。成邑:形成城镇。因为追随舜的百姓很多,所以舜所到
　　之处,都能形成都市。

②再:二,第二次。

③国:大都市。

④草茅:田野,农村。

⑤不逆:没有意见不合之处。逆,违背,相反。

⑥媓(huáng):人名。又名娥皇,尧的长女。

⑦媵(yìng):陪嫁的妾。娥:人名。又名女英,舜的次女。

⑧九子事之：让自己的九个儿子在舜的手下做事。《史记·五帝本纪》："舜年二十以孝闻，三十而帝尧问可用者，四岳咸荐虞舜，曰可。于是尧乃以二女妻舜以观其内，使九男与处以观其外。"

【译文】

舜第一次迁徙就形成了城镇，第二次迁徙就形成了城市，第三次迁徙就形成了一个大都市，他招来了全国的贤士。尧听说他很贤能，就把他从田野之中招来。尧与他谈论礼制，感到非常愉快而没有任何意见不合之处；与他讨论政治，感到舜的政见非常简要而且易于施行；与他谈论大道，感到他的大道博大深邃而无穷无尽。于是尧就把自己的长女媓嫁给舜为妻，并且让次女蛾陪嫁，还让自己的九个儿子在舜的手下做事，而把整个天下托付给了舜。

38. 舜受天下，颜色不变①；尧以天下与舜，颜色不变，知天下无能损益于己也②。（《太平御览》八十）

【注释】

①颜色：面部表情。

②损益于己：对自己的心境没有任何影响。损益，减少与增加。这里指改变、影响。

【译文】

舜接受整个天下的时候，表情没有任何变化；尧把整个天下禅让给舜的时候，表情也没有任何变化，他们明白整个天下的去留对自己不会有任何影响。

39. 务成昭之教舜曰①："避天下之逆②，从天下之顺③，天下不足取也；避天下之顺，从天下之逆，天下不足失也。"

（《荀子·大略篇》注，《后纪》十二）

【注释】

①务成昭：人名。舜时的贤人。

②逆：逆势，不利的形势。

③从：顺从，顺应。顺：顺利的形势，有利的形势。

【译文】

务成昭教导舜说："避开天下的不利形势，顺应天下的有利形势，很容易就能够取得天下；避开天下的有利形势，却在不利的形势下有所行动，那么就会很容易失去天下。"

40.舜云："从道必吉，反道必凶，如影如响①。"（《太平御览》八十一）

【注释】

①如影：就好像影子跟随着形体一样。如响：就好像回响跟随着声音一样。响，回响，回音。

【译文】

舜说："遵循大道必然吉祥，违背大道必然凶险，这就好像影子跟随着形体、回响跟随着声音那样自然而然。"

41.舜举三后①，而四死除②。何为四死？饥渴、寒暍、勤劳、斗争③。（《太平御览》八十一）

【注释】

①三后：三位诸侯。后，诸侯王。《尚书·吕刑》说，三后指伯夷、大禹、

后稷。《淮南子·人间训》认为指的是大禹、契、后稷。

②四死：四种死亡原因。

③寒暍（yē）：寒冷与暑热。暍，暑热，中暑。勤劳：辛苦，劳累。斗争：
争斗。

【译文】

舜任用了三位诸侯之后，而四种死亡的原因就被消除了。什么叫作
四种死亡原因？就是饥渴、寒冷与暑热、劳累、争斗。

42. 古者，龙门未辟①，吕梁未凿②，河出于孟门之上③，
大溢逆流④，无有丘陵⑤，高阜灭之⑥，名曰洪水。禹于是疏
河决江⑦，十年不窥其家⑧，手不爪⑨，胫不生毛⑩，生偏
枯之病⑪，步不相过⑫，人曰禹步⑬。（《山海经》三注，《荀子·非相篇》
注，《太平御览》四十、八十二，《天中记》十一）

【注释】

①龙门：地名。叫龙门的地方很多，这里的龙门指今河南洛阳南的
龙门，又叫作伊阙。《汉书·沟洫志》：“昔大禹治水，山陵当路者
毁之，故凿龙门，辟伊阙。”未辟：还未凿开。

②吕梁：山名。在今山西西部。

③河：黄河。孟门：山名。在今山西吉县西，横亘黄河两岸。

④大溢：河水大涨。逆流：黄河水倒着流。

⑤无有丘陵：指丘陵全部被淹没。

⑥高阜（fù）灭之：高大的山峰也被淹没了。阜，土山。这里泛指山。

⑦江：指长江。

⑧窥其家：回家看望。

⑨手不爪：手上长不出指甲。爪，指甲。因为常年劳作，指甲被磨掉了。

⑩胫不生毛：小腿上的汗毛全部被磨掉了。胫，小腿。

⑪偏枯之病：偏瘫。

⑫步不相过：指走路困难，迈步时，后面的一步无法超过前面的一步。

⑬禹步：关于禹步的走法，《抱朴子·仙药》记载说："禹步法：前举左，右过左，左就右；次举右，左过右，右就左；次举右，右过左，左就右。如此三步，当满二丈一尺，后有九迹。"大意是，先向前迈出左脚，右脚超过左脚，左脚再向右脚靠近；再向前迈出右脚，左脚超过右脚，右脚再向左脚靠近；再向前迈出左脚，右脚超过左脚，左脚再向右脚靠近。

【译文】

古时候，龙门还没有开辟，吕梁山也没有凿开，黄河的水从孟门山上流过，涨得很大的水倒着流，看不到丘陵，就连高山也被淹没了，人们称之为洪水。大禹于是疏通黄河、开挖长江，十年没有回家看望一次，手指上没有指甲，小腿上的汗毛也被磨光，患上了偏瘫疾病，后面的一步无法超过前面的一步，人们称这种走法叫作"禹步"。

43.山行乘樏①，泥行乘蕝②。(《尚书·益稷》正义、释文，《史记·河渠书》集解)

【注释】

①樏（léi）：一种登山用的工具。

②蕝（jué）：一种在泥地行走时用的工具。

【译文】

在山地行走乘坐樏，在泥地行走乘坐蕝。

44.禹治水，为丧法曰①："毁必杖②，哀必三年③，是则水不救也。"故使死于陵者葬于陵，死于泽者葬于泽，桐棺三

寸④,制丧三日⑤。(《宋书·礼志二》,《后汉书·王符传》注)

【注释】

①为丧法:制定丧礼。为,制定。

②毁必杖:因哀伤而身体衰弱不堪,必须扶着拐杖才能行走。毁,指身体因哀伤而瘦弱不堪。

③哀必三年:悲伤的儿女必须为父母守丧三年。

④桐棺三寸:桐木制成的棺材只有三寸厚。

⑤制丧三日:治丧的礼仪只持续三天。

【译文】

大禹为了治水,在制定丧礼的时候说:"如果必须因哀伤而身体衰弱不堪,要扶着拐杖才能行走,悲伤的儿女还必须为父母守丧三年,如此就无法去抗击洪水了。"因此就把丧礼改为死于山区的人就葬于山区,死于大泽的人就葬于大泽,桐木做的棺材只有三寸厚,丧礼只需持续三天。

45.禹兴利除害,为万民种也①。(《文选·求自试表》注)

【注释】

①种:种德,施行恩德。

【译文】

大禹为民兴利,清除祸害,造福于万民。

46.禹长颈鸟喙①,面貌亦恶矣②,天下从而贤之者③,好学也。(《初学记》九、十九,《太平御览》八十二、三百六十五、三百六十九、三百八十二)

【注释】

①鸟喙（huì）：嘴巴尖尖的，像鸟的嘴巴一样。喙，鸟嘴。

②恶：丑陋。

③从：追随。贤之：认为他贤良。

【译文】

大禹长着长长的脖子和尖尖的鸟喙一样的嘴巴，面貌也是丑陋极了，然而天下的人们追随着他并认为他很贤良的原因，就是因为他好学啊。

47. 汤问伊尹曰："寿可为耶①？"伊尹曰："王欲之，则可为；弗欲，则不可为也。"（《艺文类聚》十八）

【注释】

①为：动词。延长。

【译文】

商汤问伊尹说："寿命可以延长吗？"伊尹说："如果大王想延长它，就可以延长；如果不想延长，就不可以延长。"

48. 汤之德及鸟兽矣。（《文选·贤良诏》注，《文选·四子讲德论》注）

【译文】

商汤的恩德惠及鸟兽。

49. 汤之救旱也，乘素车白马①，著布衣②，身婴白茅③，以身为牲④，祷于桑林之野⑤。当此时也，弦歌鼓舞者禁之⑥。（《艺文类聚》八十二，《初学记》九，《太平御览》三十五、八十三、八百七十九、九百九十六）

【注释】

①素车：白色的车子。素，白色。

②著布芪(dài)：穿的是布衣。布，指用麻、葛织成的粗布。芪，草的模样。这里代指麻、葛等植物。

③婴：缠绕。白茅：一种多年生的草。

④以身为牲：把自身当作祭品。牲，牺牲。用来祭祀的牛、羊、猪。

⑤桑林：地名。据说在今河南商丘夏邑境内。

⑥弦：琴弦。用作动词，弹琴。

【译文】

商汤在抗旱救灾的时候，乘坐的是白车、白马，穿的是用葛、麻织成的粗布衣，身上缠绕着白茅，把自身当作祭品，在桑林的原野里祈祷神灵。在这个时候，是禁止弹琴、唱歌、击鼓、跳舞的。

50.武王伐纣①，鱼辛谏曰②："岁在北方③，不北征④。"武王不从。(《荀子·儒效篇》注)

【注释】

①武王：周武王。周文王之子。武王灭掉商朝，建立周朝。纣：商纣王。商朝的亡国之君，也是著名的暴君。

②鱼辛：人名。周武王的大臣。

③岁：岁星。也即木星。

④不北征：不可北伐。古人根据星象来决定人事，鱼辛认为，岁星正处于北方，因此不可以北伐。当时商朝的都城在殷(在今河南安阳)，处于周国的东北方向，因此他反对周武王去进攻商纣王。

【译文】

周武王讨伐商纣王，大臣鱼辛进谏说："岁星正处于北方，不可以向北征讨。"武王没有听从他的话。

51. 武王亲射恶来之口^①，亲斫殷纣之颈^②，手污于血，不温而食^③。当此之时，犹猛兽者也。（《荀子·仲尼篇》注）

【注释】

①恶来：人名。商纣王的邪恶之臣。因为恶来善于进谗言，所以武王用弓箭射击他的嘴巴。

②斫：砍杀。殷纣：即商纣王。

③温（wèn）：通"揾"。擦拭。

【译文】

周武王亲自射击恶来的嘴巴，亲自砍断商纣王的脖子，手上沾满了鲜血，没有擦拭就吃起饭来。在这个时候，周武王就像一头猛兽一样。

52. 武王已战之后，三革不累^①，五刃不砥^②，牛马放之历山^③，终身弗乘也。（《太平御览》三百二十七）

【注释】

①三革：指用皮革制成的甲（铠甲）、胄（头盔）、盾（盾牌）。不累：不再积累。也即不再收藏，表示不再打仗了。

②五刃：指刀、剑、矛、戟、箭五种兵器。这里泛指各种兵器。砥：磨砺，整理。

③历山：山名。应在今陕西一带。《史记·周本纪》："（周武王）纵马于华山之阳，放牛于桃林之虚；偃干戈，振兵释旅，示天下不复用也。"

【译文】

周武王战胜商纣王之后，不再收藏铠甲、头盔、盾牌，也不再整理刀、剑、矛、戟、箭等各种兵器，把作战用的牛马放归历山之上，终身不再去乘坐。

53.昔者,武王崩^①,成王少^②,周公旦践东宫^③,履乘石^④,祀明堂^⑤,假为天子七年^⑥。(《艺文类聚》六,《文选·百辟劝进今上笺》注)

【注释】

①崩:古代帝王或王后去世叫作"崩"。

②成王:周成王。周武王之子。

③周公旦:周公姬旦。周武王之弟,周成王之叔。践:来到。东宫:太子所居之宫。

④履:踩着。乘石:天子登车用的垫脚石。

⑤明堂:宫殿名。明堂是古代帝王所建的最隆重的建筑物,在这里举行朝会、祭祀、庆赏等大典。

⑥假:非正式的,临时代理的。

【译文】

从前,周武王去世的时候,周成王年龄还很小,周公旦就来到东宫,踏着君主登车用的乘石,在明堂举行祭祀,当了七年的代理天子。

54.昔周公反政^①,孔子非之曰^②:"周公其不圣乎^③? 以天下让,不为兆人也^④。"(《长短经·惧诫篇》,《三国志·魏志二》注)

【注释】

①反政:把政权还给周成王。周成王长大之后,周公就把政权还给了成王。反,同"返"。返还。

②非:批评。

③其:表示推测的语词,相当于"大概""也许"的意思。

④兆人：亿万百姓。兆，万亿为兆。形容数目极多。

【译文】

从前周公把政权还给了周成王，孔子批评他说："周公大概算不上是位圣人吧？他把天下让给别人，而不为亿万百姓着想。"

55. 人之欲见毛嫱、西施①，美其面也；夫黄帝、尧、舜、汤、武美者，非其面也。人之所欲观焉，其行也；所欲闻焉，其言也。而言之与行，皆在《诗》《书》矣②。（《太平御览》七十七）

【注释】

①毛嫱（qiáng）、西施：春秋时的两位美女，都是越国人。

②《诗》：即《诗经》，我国第一部诗歌总集，儒家五经之一。《书》：即《尚书》，儒家五经之一。

【译文】

人人都想见到毛嫱、西施，是因为她们的容貌美好；而黄帝、尧、舜、汤、武的美好，不在于他们的容貌。人人都想见到的，是他们的行为；人人都想听到的，是他们的言论，而他们的言论和行为，都记载在《诗经》和《尚书》里面。

56. 黄帝曰合宫①，有虞氏曰总章②，殷人曰阳馆③，周人曰明堂，此皆所以名休其善也④。（《初学记》十三，《艺文类聚》三十八，《太平御览》五百三十三，《隋书·宇文恺传》，《唐会要》十一，《事物纪原》二，《后纪》十二注）

【注释】

①合宫：黄帝正殿的名字。

②有虞氏：即舜。总章：舜帝正殿的名字。

③殷：指商朝。商朝在商王盘庚时迁都于殷（在今河南安阳西北），因此商朝又被称为"殷"。阳馆：商朝的正殿。

④所以名休其善也：用名称来赞美他们品德的美好。休，美好，赞美。

【译文】

黄帝的正殿叫作合宫，舜帝的正殿叫作总章，商朝的正殿叫作阳馆，周朝的正殿叫作明堂，这都是用宫殿的名称来赞美他们品德的美好啊。

57.欲观黄帝之行于合宫，观尧、舜之行于总章。（《文选·东京赋》注）

【译文】

很想看看黄帝在合宫里的言行，还想看看尧、舜在总章宫里的言行。

58.有虞氏身有南亩①，妻有桑田②，神农并耕而王③，所以劝耕也④。（《艺文类聚》六十五，《太平御览》八百二十二，《北堂书钞》八）

【注释】

①南亩：南边的土地。这里泛指土地。古代帝王于春耕之前，亲自到田里耕种，以奉祀宗庙，且寓有劝农之意。

②桑田：种桑养蚕的土地。古代后妃亲自采桑养蚕，以鼓励天下女子纺织。

③并耕：与百姓一起种地。王：统治，治理。

④劝：鼓励。

【译文】

舜帝亲自在田地里耕种，他的夫人亲自在桑田里采桑养蚕，神农氏一边与百姓一起种地,一边治理天下,这就是他们用来鼓励农桑的方法。

59.尧瘦①,舜墨②,禹胫不生毛,文王至日昃不暇饮食③,故富有天下,贵为天子矣。(《太平御览》七十七)

【注释】

①尧瘦:尧很瘦。根据下文,是指尧为了治理天下,操劳过度而变得很瘦。

②墨:黑色。

③文王:周文王。日昃(zè):太阳偏西。不暇饮食:没有时间喝水吃饭。

【译文】

尧因劳累而变得很瘦,舜因劳累而面容很黑,大禹因操劳而小腿的汗毛都被磨掉了,周文王一直忙碌到太阳偏西还没有时间喝水吃饭,因此他们才能够富有天下,贵为天子。

60.昔者,舜两眸子,是谓重明①,作事成法②,出言成章③。
(《荀子·非相篇》注,《太平御览》八十一、三百六十六)

【注释】

①重明:双重的明智。这里的"重明"是一语双关,字面意思是说舜的眼中有两个眸子,所以眼睛具有双重的明亮,实际是说舜具有双重的明智。

②法:法则,原则。

③章:文采。

【译文】

从前,舜的眼睛里有两个眸子,这可以说是具有了双重的明智,因此他做的事情就成为别人效法的原则,他讲出的话非常有文采。

61. 文王四乳,是谓至仁。(《太平御览》四百十九)

【注释】

①四乳:四个乳房。乳房是哺育孩子的,所以说是至仁的表现。

【译文】

周文王有四个乳房,这可以说是极为仁爱了。

62. 夫尧、舜所起①,至治也②;汤、武所起,至乱也。问其成功孰治③? 则尧、舜治;问其孰难? 则汤、武难。(《太平御览》七十七)

【注释】

①所起:开始兴起的时候。

②至治:国家非常安定。治,安定。

③其成功孰治:在他们成功之后,谁的天下最安定?

【译文】

尧、舜刚刚兴起的时候,天下非常安定;商汤、周武王刚刚兴起的时候,天下非常混乱。如果问在他们成功之后,谁的天下最安定? 那么就是尧、舜的天下最安定;如果问谁的事业最艰难? 那么商汤、周武王最艰难。

63. 人戴冠蹑履①,誉尧非桀,敬士侮慢②,故敬侮之誉毁,知非其取也③。(《太平御览》八十)

【注释】

①蹑履:穿着鞋子。蹑,穿。履,鞋子。

②侮慢:轻视傲慢的人。侮,羞辱,轻视。

③非其取也:不是由自己决定的。意思是,一个人是受到尊敬还是
　受到轻视,是由自己的言行决定的,不是想得到别人的尊敬就能
　得到尊敬的。

【译文】

凡是戴着帽子、穿着鞋子的人,都会去赞美帝尧而批判夏桀,都知道
尊敬士人而轻视傲慢的人,因此是受到尊敬、羞辱,还是受到赞美、批判,
人们都知道这不是由自己所能决定的。

64.昔夏桀之时,至德灭而不扬①,帝道掩而不兴②,容台
振而掩覆③,犬群而入泉④,彘衔薮而席隩⑤,美人婢首墨面而
不容⑥,曼声吞炭内闭而不歌⑦,飞鸟铩翼⑧,走兽决蹄⑨,山
无峻干⑩,泽无佳水。(《太平御览》八十二,《路史·发挥》六)

【注释】

①至德:最美好的品德。

②帝道:做帝王的原则。掩:遮掩,消失。

③容台:练习礼仪的高台。容,礼容,礼仪。振:通"震"。震动,地震。
　掩覆:倒塌。

④犬群而入泉:狗成群结队地冲入泉水中。古人认为,在一个国家
　即将动乱的时候,无论人、鸟兽,还是植物、山河,都会出现许多反
　常现象。

⑤彘(zhì)衔薮(sǒu)而席隩(yù):猪口含野草把野草铺设在水湾
　处。彘,猪。薮,草。席,铺设。隩,河岸弯曲的地方。

⑥婢首：头部装扮成婢女的模样。婢，婢女，女奴。墨面：把脸抹黑。
　　不容：不修饰容貌。

⑦曼声：优美曼妙的声音。这里指善于歌唱的人。吞炭：吞咽木炭，
　　使自己的声音变得沙哑。内闭：闭气，不发出声音。

⑧铩（shā）翼：摧残自己的翅膀。铩，摧残。

⑨决蹄：伤害自己的蹄子。决，撕裂，伤害。

⑩峻干：高大的树木。干，树干，树木。

【译文】

从前夏桀统治天下的时候，美德灭失而没有被继承下来，帝王的治国原则搁置一边而不被使用，学习礼仪的高台被震坏而坍塌，狗成群结队地冲入泉水，猪口叼着野草把野草铺设在水湾处，美女打扮作婢女模样，把脸抹黑而不修饰容貌，善于唱歌的人吞食木炭、闭气而不再唱歌，飞鸟摧残自己的翅膀，走兽损坏自己的蹄子，山上没有高大的树木，泽中没有洁净的清水。

65.桀为璇室、瑶台、象廊、玉床①，权天下②，虐百姓。于是汤以革车三百乘③，伐于南巢④，收之夏宫⑤，天下宁定，百姓和辑⑥。（《太平御览》八十二，《后纪》十四注）

【注释】

①为：建造。璇（xuán）室：玉饰的宫殿。这里泛指华丽的宫殿。璇，
　　美玉。瑶台：美玉砌的楼台。这里泛指雕饰华丽的楼台。瑶，美玉。
　　象廊：用象牙装饰的走廊。玉床：玉雕的床。

②权天下：独揽天下权利。

③革车：用皮革包裹的战车。战车用皮革包裹后会更加坚固。革，
　　皮革。乘（shèng）：古时一车四马叫一乘。

④南巢：地名。《史记·夏本纪》集解引《括地志》云："庐州巢县有

巢湖,即《尚书》'成汤伐桀,放于南巢'者也。"据此,南巢应在今
安徽巢湖一带。

⑤收:收捕,逮捕。夏宫:又称"夏台"。夏桀的宫殿名。

⑥和辑:和睦安定。

【译文】

夏桀建造了华美的宫殿、奢华的楼台、象牙装饰的走廊、玉雕的床
榻,他独揽天下的权力,虐待全国的百姓。于是商汤率领着三百辆用皮
革包裹的战车,在南巢一带讨伐夏桀,并在夏宫俘获了他,于是天下才安
定下来,百姓才过上安宁和睦的生活。

66.昔者,桀、纣纵欲长乐,以苦百姓。珍怪远味①,必
南海之荤②,北海之盐,西海之菁③,东海之鲸④,此其祸天下
亦厚矣。(《太平御览》八十二、八百六十五,《后纪》十四注)

【注释】

①珍怪:各种古怪的珍稀食物。远味:远方来的食物。

②荤:葱、蒜等带刺激性的蔬菜,也指肉类。

③菁(jīng):蔬菜名。即蔓菁。这里泛指蔬菜。

④鲸:鲸鱼。这里泛指鱼类。

【译文】

从前,夏桀、商纣恣意纵欲,追求无休止的享乐,而苦了全国百姓。
他们吃的是远方运来的珍稀怪味,比如一定要吃南海的荤菜,北海的盐,
西海的蔬菜,东海的鱼类,这种做法对天下百姓的祸害也太深重了。

67.六马登糟丘①,方舟泛酒池②。(《太平御览》七百六
十八)

【注释】

①六马登糟丘：夏桀乘坐着六匹马拉的车登上酒糟堆成的山丘。糟，米、麦、高粱等酿酒后剩余的残渣。本句极言夏桀酗酒过度。《韩诗外传》卷四："桀为酒池，可以运舟；糟丘，足以望十里；而牛饮者三千人。"另外，关于商纣王酗酒的情况，也有类似的记载。

②方舟泛酒池：乘坐着并在一起的两只船在酒池里游玩。方舟，把两只船并在一起。泛，漂游。

【译文】

夏桀乘坐着六匹马拉的车登上酒糟堆成的山丘，乘坐着并在一起的两只船在酒池里游玩。

68.伯夷、叔齐饥死首阳①，无地故也②；桀放于历山③，纣杀于鄗宫④，无道故也。有道无地则饿，有地无道则亡。

（《太平御览》八十二）

【注释】

①伯夷、叔齐：两个人名。他们是商代孤竹国君的两个儿子。他们先为相互推让君主之位而逃到周，后因反对周武王灭商，坚决不食周粟，而饿死于首阳山。古人把他们视为廉洁的典范。首阳：山名。在今山西永济南。

②地：封地，土地。

③桀放于历山：夏桀被流放到了历山。夏桀亡国之后，商汤把他流放了，至于流放的地点，说法不一，一说流放到了南巢，一说流放到了历山。

④纣杀于鄗（hào）宫：商纣王被杀死在鄗宫。鄗，通"镐"。地名。周武王的都城，在今陕西长安西北。《史记·殷本纪》记载商纣王自杀于鹿台："纣兵败。纣走，入登鹿台，衣其宝玉衣，赴火而死。"

鹿台故址在今河南汤阴朝歌镇南。

【译文】

伯夷、叔齐饿死在首阳山上，因为他们没有自己的土地；夏桀被流放到了历山，商纣王被杀于鄗宫，因为他们没有大道。有大道而无土地就会饿死，有土地而无大道就会灭亡。

69. 鲁哀公问孔子曰[1]："鲁有大忘[2]，徙而忘其妻[3]，有诸？"孔子曰："此忘之小者也。昔商纣有臣曰王子须，务为谄[4]，使其君乐须臾之乐[5]，而忘终身之忧；弃黎老之言[6]，而用姑息之谋[7]。"（《太平御览》四百九十，《绎史》二十）

【注释】

①鲁哀公：春秋时期鲁国君主。姬姓，名将，鲁定公之子，前494—前468年在位。

②大忘：非常善忘的人。也即记忆力特别差的人。

③徙：迁徙，搬家。

④务为谄：努力讨好君主。谄，谄媚，讨好。

⑤乐：享受。须臾之乐：短暂的快乐。须臾，时间很短，片刻之间。

⑥黎老：老人。

⑦姑息：妇女和小儿。姑，妇女。息，小儿。一说，"姑息之谋"指苟且偷安的计谋。

【译文】

鲁哀公问孔子说："鲁国有一位非常善忘的人，搬家的时候竟然忘记了自己的妻子，有这样的事吗？"孔子曰："这还属于轻微的善忘者。从前商纣王有一个大臣名叫王子须，一心讨好君主，使他的君主为了享受片刻的快乐，而忘记了亡国的终身之苦；抛弃了老人的忠告，而听信妇女和小孩子的计谋。"

70. 孔子谓子夏曰[①]："商,汝知君之为君乎？"子夏曰："鱼失水则死[②],水失鱼犹为水也。"孔子曰："商,汝知之矣。"（《艺文类聚》十一,《太平御览》七十七、六百二十)

【注释】

①子夏:春秋末晋国温(今河南温县)人。姓卜,名商,字子夏,孔子的弟子。

②鱼失水则死:鱼离开水就会死亡。比喻君主失去百姓的支持就会灭亡。

【译文】

孔子对子夏说："商,你知道君主如何才能当好君主吗？"子夏说："鱼离开了水就会死亡,水离开了鱼仍然是水。"孔子说："商,你懂得当君主的道理了。"

71. 费子阳谓子思曰[①]："吾念周室将灭,涕泣不可禁也。"子思曰："然今以一人之身,忧世之不治,而涕泣不禁,是忧河水浊而以泣清之也[②]。"（《艺文类聚》三十五,《太平御览》三百八十七)

【注释】

①费子阳:人名。鲁国的大臣。子思:姓孔,名伋(jí),字子思,孔子的嫡孙,战国初期著名的思想家。

②河水:黄河的水。以泣清之:用眼泪把它变清澈。

【译文】

费子阳对子思说："我一想到周室就要灭亡了,眼泪就不由自主地流了下来。"子思说："然而如今以一个人的力量,去担忧社会的不安定,而不由自主地流泪,这就好比担忧黄河的水太浑浊,而想用眼泪把它变清澈一样。"

72. 人知用贤之利也,不能得贤,其何故也?夫买马不论足力,而以白黑为仪①,必无走马矣②;买玉不论美恶,而以大小为仪,必无良宝矣;举士不论才,而以贵势为仪③,则伊尹、管仲不为臣矣。(《艺文类聚》五十三)

【注释】

①以白黑为仪:以毛色的黑白为标准。仪,标准。

②走马:跑得快的马。走,跑。

③贵势:高贵的地位。

【译文】

人们都知道任用贤人的好处,却又找不到贤人,这是什么原因呢?买马的人不考察马的脚力如何,而以毛色的黑白为标准,肯定买不到跑得快的马;买玉的人不考察玉质的好坏,而以玉石的大小为标准,肯定买不到美玉;举荐士人不考察他们的才能,而以地位的贵贱为标准,那么就找不到伊尹、管仲这样的贤人做自己的大臣了。

73. 有医疛者①,秦之良医也。为宣王割痤②,为惠王治痔③,皆愈。张子之背肿④,命疛治之,谓疛曰:"背,非吾背也,任子制焉⑤。"治之,遂愈。疛诚善治疾也,张子委制焉⑥。夫身与国亦犹此也,必有所委制,然后治矣。(《太平御览》三百七十一、七百二十四、七百四十三)

【注释】

①医竘（kǒu）：名字叫竘的医生。战国时期秦国的名医。

②宣王：应指齐宣王（前？—前 301）。秦国无宣王，有秦宣公，秦宣公于前 664 年即去世，与下文的秦惠王相距三百年左右，而齐宣王与秦惠王为同时代的人。痤（cuó）：痤疮。

③惠王：秦惠王，又称秦惠文王。秦孝公之子。战国时期秦国国君，前 337—前 311 年在位。痔：痔疮。

④张子：当指张仪，战国时魏国人。著名的纵横家和谋略家。秦惠文王时为秦相。

⑤任子制焉：任凭您处置。子，对医竘的尊称。

⑥委制焉：委托对方医治自己的疾病。

【译文】

有一位名叫竘的医生，是秦国的良医。他为宣王割治痤疮，为惠王医治痔疮，都痊愈了。张子的脊背肿了，要求医竘为他治疗，张子对医竘说："这个脊背，不是我的脊背，任凭您来治疗了。"于是医竘就为他治疗，接着也痊愈了。医竘的确善于治病，所以张子就完全委托他为自己治疗。治疗身体与治理国家的道理是一样的，一定要完全委托给善于治国的人去治理，然后国家才能安定。

74. 我得民而治①，则马有紫燕、兰池②，马有秀骐、逢駃，马有骐骦、径骏。（《文选·赭白马赋》注，《文选·七命》注）

【注释】

①我：某位君主。所指不详。

②紫燕、兰池：均为良马名。下文的秀骐、逢駃、骐骦、径骏，也均为良马名。

【译文】

我得到百姓的拥戴而治理天下,有良马紫燕、兰池,还有良马秀骐、逄鸼,还有良马骐骥、径骏。

75.夫马者,良工御之①,则和驯端正,致远道矣;仆人御之②,则驰奔毁车矣。民者,譬之马也:尧、舜御之,则天下端正;桀、纣御之,则天下奔于历山③。(《太平御览》七百四十六)

【注释】

①良工:技术精湛的驾车人。

②仆人:这里指不懂驾车技术的仆人。

③奔:"驰奔毁车"的省略。失败,毁灭。历山:上文说"桀放于历山"。这里用来代指夏桀、商纣的失败地。

【译文】

那些马匹,如果让技术精湛的驾车人去驾驭,就会性格和顺、步伐整齐,能够达到遥远的目的地;如果让不懂驾车技术的仆人去驾驭,就会胡乱奔跑、毁坏车辆了。百姓,就好比马匹一样:让尧、舜去治理他们,那么天下就会安定太平;让桀、纣去治理他们,那么就会毁灭于历山了。

76.车轻道近①,则鞭策不用②;鞭策之所用,远道重任也。刑罚也者,民之鞭策也。(《太平御览》六百三十六、七百七十三,《北堂书钞》四十三,《后汉书·虞诩传》注)

【注释】

①车轻:指车子上装载的东西很轻。

②策：马鞭。

【译文】

车子上装载的东西很轻而且路途很近，那么就不需使用鞭子；使用鞭子的原因，是因为路途很远而且装载的东西很重。刑罚，就是驾驭百姓的鞭子。

77. 为刑者①，刑以辅教，服不听也②。（《北堂书钞》四十三）

【注释】

①为：制订。

②服：征服。

【译文】

制定刑法的人，目的是要用刑法辅助教化，征服那些不服从的人。

78. 秦穆公明于听狱①，断刑之日，揖士大夫曰②："寡人不敏③，教不至，使民入于刑，寡人与有戾焉④。二三子各据尔官⑤，无使民困于刑。"缪公非乐刑民⑥，不得已也，此其所以善刑也。（《太平御览》六百三十六，《北堂书钞》四十四）

【注释】

①秦穆公：一作秦缪公。嬴姓，名任好，秦德公少子，春秋时期秦国国君，前659—前621年在位。明于听狱：善于处理案件。

②揖：古时的拱手礼。

③不敏：不聪敏。

④与有戾焉：与他们一样有罪。戾，罪过。

⑤二三子：你们，诸位。对众臣的称呼。各据尔官：各自在你们的职权之内。

⑥缪（mù）公：即穆公。缪，通"穆"。

【译文】

　　秦穆公善于处理案件，每到判案的时候，他就对大臣们拱手致意说："我不聪敏，教化没有做好，使百姓陷入刑罚，我与他们一样是有责任的。诸位在各自的职权之内，不要让百姓遭受刑罚之苦。"秦穆公并不乐于惩罚百姓，只是不得已而为之，这就是他善于使用刑罚的原因。

　　79.夫知众类①，知我②，则知人矣。天雨雪③，楚庄王披裘当户④，曰："我犹寒，彼百姓、宾客甚矣⑤！"乃遣使巡国中⑥，求百姓、宾客之无居宿、绝粮者，赈之，国人大悦。（《艺文类聚》五，《太平御览》三十四，《北堂书钞》一百五十六）

【注释】

①众类：众生都是相似的。类，类似，相似。

②知我：了解自己。这里指了解自己的感受。

③雨：落下。

④楚庄王：又称荆庄王，芈姓，熊氏，名旅（又作侣、吕），楚穆王之子，春秋时期楚国国君，前613—前591年在位，春秋五霸之一。当户：正对着门，站在门口。当，对着。户，门。

⑤宾客：指外地到楚国的旅行者。

⑥国：国家。理解为国都也可以。

【译文】

　　要知道众生的感受是相似的，知道自己的感受，也就知道别人的感受了。有一天下了大雪，楚庄王披着皮衣站在门口，说："我尚且感到寒冷，那些百姓、外地人比我更冷了！"于是就派使者到全国各地巡视，寻找那些没有房屋、没有粮食的百姓和外地人，对他们予以救济，楚国人感到十分高兴。

80. 悦尔而来远①。(《尔雅·释诂》注)

【注释】

①尔:同"昵"。亲近。这里指近处的人。

【译文】

让近处的人感到高兴,让远方的人前来归附。

81. 先王岂无大鸟、怪兽之物哉①? 然而不私也。(《文选·西京赋》注)

【注释】

①先王:对已经去世的明君的称呼。

【译文】

先王时代难道就没有大鸟、怪兽这一类的东西吗? 只是他们不占为私人所有而已。

82. 徐偃王好怪①,没深水而得怪鱼,入深山而得怪兽者,多列于庭。(《山海经》一注)

【注释】

①徐偃王:西周时徐国国君。嬴姓,名偃,一说名诞。徐国处于汉水之东,一说在今淮、泗一带。

【译文】

徐偃王喜好各种奇怪的事物,潜入深水去捕捉奇怪的鱼,进入深山去捕捉奇怪的野兽,然后把它们陈列在大庭里。

83. 徐偃王有筋而无骨。(《山海经》十七注,《史记·秦本纪》

集解,《后汉书·东夷传》注,《荀子·非相篇》注,《文选·西征赋》
注,《太平御览》三百七十五)

【译文】

徐偃王长有筋肉而没有骨头。

84.莒君好鬼巫而国亡[①]。(《水经注》二十六)

【注释】

①莒(jǔ):周朝诸侯国名。在今山东一带。原都计斤(在今山东胶
　　州),后迁都莒(今山东莒县),前431年被楚国所灭。

【译文】

莒国君主因为爱好鬼神、巫师而亡国。

85.天子忘民则灭,诸侯忘民则亡。(《北堂书钞》九)

【译文】

天子忘记了百姓就会灭亡,诸侯忘记了百姓就会亡国。

86.娶同姓,以妾为妻,变太子,专罪大夫,擅立国[①], 绝邻好[②],则幽[③];改衣服[④],易礼刑[⑤],则放[⑥]。(《北堂书钞》 四十三)

【注释】

①擅立国:擅自建立诸侯国。本段是针对诸侯君主讲的,没有天子
　　的允许,诸侯君主是无权擅自立诸侯的。

②绝邻好:与邻国断绝友好关系。

③幽：囚禁。

④改衣服：改变服装样式。古代的衣服样式代表一个人的社会等级，因此，随意改变服装，是违背礼制的行为。

⑤易：改变。

⑥放：流放。

【译文】

娶同姓女子为妻，立小妾为正夫人，变更太子，把所有罪责都推给大夫，擅自建立诸侯国，与邻国断绝友好关系，就把这样做的诸侯君主囚禁起来；更改衣服的等级式样，改变礼制、刑法，就把这样做的君主流放到远方。

87. 好酒忘身。（《北堂书钞》二十一）

【译文】

因爱好饮酒而忘记了自身的安危。

88. 障贤者死①。（《北堂书钞》十一）

【注释】

①障：阻碍，阻挡。

【译文】

阻碍贤士的人就是死罪。

89. 古有五王之相①，秦公牙、吴班孙、尤夫人、冉赞、公子麇②。（陶潜《集圣贤群辅录》下）

【注释】

①五王之相：五位可以辅佐王业的宰相。

②秦公牙、吴班孙、尤夫人、冉赞、公子麋：五个人名。生平均不详。

【译文】

古代有五位可以辅佐王业的宰相,他们是秦公牙、吴班孙、尤夫人、冉赞、公子麋。

90.古者倕为规矩、准绳①,使天下效焉。(《太平御览》七百五十二,《事物纪原》七)

【注释】

①倕:人名。传说中的能工巧匠。规:木工用来画圆的工具。矩:木匠用来画方的工具。准:用来测量平面的水准器。绳:用来画直线的墨绳。

【译文】

古代的倕发明了规矩、准绳,使天下的人都去效法他。

91.造历者①,羲和之子也②。(《太平御览》十六,《艺文类聚》五)

【注释】

①历:历法。

②羲和:人名。相传是帝尧时掌管天象、四时的官员。一说“羲和”是羲氏、和氏的合称,都是尧帝时负责观察天文的官员。

【译文】

创造历法的人,是羲和的儿子。

92.造冶者①,蚩尤也。(《太平御览》八百三十三)

【注释】

①冶：冶炼技术。

【译文】

发明冶炼技术的人，是蚩尤。

93. 造车者，奚仲也①。（《文选·演连珠》注）

【注释】

①奚仲：人名。任姓，相传是夏朝时期工匠，发明了车子。

【译文】

发明车子的人，是奚仲。

94. 昆吾作陶①。（《太平御览》八百三十三,《广韵·六豪》）

【注释】

①昆吾：人名。相传是颛顼之后，夏朝的诸侯，陶器制造的发明者。
　　陶，制造陶器。

【译文】

昆吾开始制造陶器。

95. 皋陶择羝裘以御之①。（《北堂书钞》一百二十九,《广博物志》三十八）

【注释】

①皋陶（gāo yáo）：人名。相传是舜帝时的司法官员，执法严明公正。
　　羝（dī）：公羊。御之：抵御寒冷。之，代指寒冷。

【译文】

皋陶选择公羊皮做成的皮衣以抵御寒冷。

96.蒲衣生八年^①,舜让以天下;周王太子晋生八年^②,而服师旷^③。(《太平御览》三百八十五,《庄子·应帝王》释文)

【注释】

①蒲衣:人名。舜帝时的贤人。

②太子晋:姬姓,名晋,字子乔,是东周时周灵王的太子。

③师旷:人名。字子野。是春秋晋国的盲人乐师,也是著名的贤臣。

【译文】

蒲衣八岁的时候,舜帝就想把天下禅让给他;周灵王的太子晋八岁的时候,就使师旷十分佩服。

97.虎豹之驹^①,未成文而有食牛之气^②;鸿鹄之鷇^③,羽翼未全而有四海之心;贤者之生亦然^④。(《意林》,《艺文类聚》九十,《太平御览》四百二、八百九十一、九百十六,《史记·陈涉世家》索隐,《事类赋·虎赋》注)

【注释】

①驹:小马。这里指幼虎、幼豹。

②文:同"纹"。指皮毛上的花纹。

③鸿鹄:两种鸟名。大雁与天鹅。一说鸿鹄是凤凰类的鸟,《史记·陈涉世家》索隐:"鸿鹄是一鸟,若凤皇然,非谓鸿雁与黄鹄也。"鷇(kòu):幼鸟。

④亦然:也是如此。意思是,贤人幼年时就像虎豹的幼崽和鸿鹄的

幼鸟一样,具有远大的理想。然,这样。

【译文】

虎豹的幼崽,皮毛上还未长出花纹就具有吞牛的气概;鸿鹄的幼鸟,羽翼还未长成就有翱翔四海的志向;贤人从小也是如此。

98.仲尼曰:“面貌不足观也。先祖①,天下不见称也,然而名显天下,闻于四方,其惟学者乎!”(《北堂书钞》八十三)

【注释】

①先祖:所指不详。孔子是商朝天子的后裔,这里说的先祖,可能是指商朝的开国君主汤。

【译文】

孔子说:“一个人的面容长相不值得重视。我的先祖,天下没有人称赞他的相貌美好,然而他名显天下,传扬于四方,这大概就是因为他好学的原因吧!”

99.家有千金之玉而不知①,犹之贫也,良工治之,则富弇一国②;身有至贵而不知③,犹之贱也,圣人告之④,则贵最天下。(《太平御览》四百七十二)

【注释】

①金:先秦的黄金重量单位。二十四两(一说二十两)黄金叫作一“金”。

②弇(yǎn):超过,压倒。

③至贵:最可贵的。指可以通过修养、学习而获取的德才。

④告之:告诉他。实际指教育他。

【译文】

　　家里藏有价值千金的美玉而自己不知道，这与穷人是一样的，如果让技术精良的玉工对美玉加以雕琢，那么他就会成为国家最富有的人；自身具有最值得珍惜的德才而不知道去修养，这与低贱的人是一样的，如果圣人对他进行教育，他就会成为天下最高贵的人。

　　100.孔子曰："诵《诗》读《书》，与古人居①；读《书》诵《诗》，与古人谋。"（《意林》，《太平御览》六百十六）

【注释】

　　①居：生活在一起。

【译文】

　　孔子曰："吟诵《诗经》，阅读《尚书》，就等于和古人生活在一起；阅读《尚书》，吟诵《诗经》，就等于和古人在一起商议事情。"

　　101.仲尼志意不立①，子路侍②；仪服不修，公西华侍③；礼不习，子贡侍；辞不辨④，宰我侍⑤；亡忽古今⑥，颜回侍⑦；节小物⑧，冉伯牛侍⑨。曰："吾以夫六子自厉也⑩。"（《集圣贤群辅录》上，《广博物志》二十）

【注释】

　　①志意不立：意志衰弱，思想颓废。

　　②子路侍：就让子路陪在自己的身边。子路，孔子的弟子。姓仲，名由，字子路，一字季路。因为子路有勇气，敢作敢为，当孔子思想颓废的时候，就让子路陪着自己，以增加自己的勇气。以下以此类推。侍，在尊长旁边陪着。

③公西华:孔子的弟子。鲁国人。姓公西,名赤,字子华。比孔子小
　　四十二岁。公西华懂礼仪。

④辞不辨:措辞遇到困难的时候。辨,通"辩"。善于言谈。

⑤宰我:孔子的弟子。姓宰名予,字子我,也称宰我。宰我善于言辞。

⑥亡忽:忘记。亡,通"忘"。忘记。

⑦颜回:姓颜,名回,字子渊,鲁国人。是孔子最得意的弟子。

⑧节小物:在处理一些事情的细节时。节,节制,处理。

⑨冉伯牛:孔子弟子。鲁国人。姓冉,名耕,字伯牛。

⑩厉:鞭策,磨炼。

【译文】

　　孔子在自己思想颓废的时候,就让子路来陪自己;仪态服饰不够修
整的时候,就让公西华来陪自己;礼制生疏的时候,就让子贡来陪自己;
措辞遇到困难的时候,就让宰我来陪自己;忘记古今典故的时候,就让颜
回来陪自己;在处理事情细节的时候,就让冉伯牛来陪自己。孔子说:"我
是让这六位弟子来鞭策自己的。"

　　102.闵子骞肥①,子贡曰:"何肥也?"子骞曰:"吾出见
其美车马,则欲之;入闻先王之言,则又思欲之,两心相与
战②。今先王之言胜,故肥。"(《太平御览》三百七十八)

【注释】

①闵(mǐn)子骞(qiān):人名。孔子的弟子。鲁国人。姓闵,名损,
　　字子骞。比孔子小十五岁。

②相与战:相互矛盾。战,冲突,矛盾。

【译文】

　　闵子骞吃胖了,子贡问他:"你怎么吃胖了?"闵子骞回答说:"我过

去出门看见那些漂亮的车马，就想得到它们；回来后听到先王的至理名言，又想按照这些至理名言做人做事，这两种想法相互冲突。如今先王的至理名言战胜了内心的物质欲望，所以我吃胖了。"

103. 子夏曰："君子渐于饥寒而志不僻①，侉于五兵而辞不慑②，临大事不忘昔席之言③。"（《荀子·大略篇》注）

【注释】

①渐：严重。僻：邪僻，邪恶。

②侉（huá）：疼痛。五兵：五种兵器。说法不一，一说指矛、戟、钺、盾、弓矢。这里泛指刑罚。辞：辞气，言辞语调。这里泛指态度、神色。慑：恐惧。

③昔席：平时的讲席。也即平时的讲学。

【译文】

子夏说："君子饥寒交迫而思想不会变得邪恶，面对酷刑而毫不畏惧，每逢大事都不会忘记平时学习时所讲的话。"

104. 仁则人亲之，义则人尊之，智则人用之也。（《太平御览》四百十九）

【译文】

具有仁爱之心的人，人们都会亲近他；具有道义的人，人们都会尊重他；具有智慧的人，人们都会任用他。

105. 树葱韭者①，择之则蕃②，仁义亦不可不择也。惟善无基③，义乃繁滋；敬灾与凶④，祸乃不重。（《意林》）

【注释】

①树：种植。

②择：区别，选择。指对葱韭的种苗进行选择。蕃：茂盛。

③无基：无限，无尽。

④敬：认真，认真对待。

【译文】

种植葱和韭菜的人，必须对种苗加以选择才会长得茂盛，人们在做仁义之事的时候也不能不加以选择啊。只有不停地行善，道义才能宣扬开去；认真地对待灾难和凶险，灾祸才不会重复发生。

106. 草木无大小，必待春而后生，人待义而后成。（《意林》）

【译文】

草木无论大小，必须等到春天才能够生长，人必须具备了道义才能够有所成就。

107. 十万之军，无将①，军必大乱。夫义，万事之将也。国之所以立者，义也；人之所以生者，亦义也。（《太平御览》二百三十七、四百二十一，《北堂书钞》六十四，《史记·司马穰苴传》索隐）

【注释】

①将：将军，主帅。

【译文】

十万大军，如果没有主帅，军队一定会陷入混乱。道义，就是做各种事情的"主帅"。一个国家之所以能够建立，靠的就是道义；一个人之所以能够生存，靠的也是道义。

108. 众以亏形为辱^①，君子以亏义为辱。（《文选·上建平王书》注）

【注释】

①亏形：形体、容貌有所欠缺。也即容貌不佳。

【译文】

众人以自己的容貌不佳为耻辱，君子以自己的品德不佳为耻辱。

109. 贤者之于义，曰："贵乎^①？义乎？"曰："义。"是故尧以天下与舜。曰："富乎？义乎？"曰："义。"是故子罕以不受玉为宝^②。曰："生乎？义乎？"曰："义。"是故务光投水而殪^③。三者^④，人之所重，而不足以易义^⑤。（《太平御览》四百二十一，《天中记》六）

【注释】

①贵：指高贵的地位。

②子罕：人名。又称"皇喜"。乐氏，名喜，字子罕。春秋时期任宋国的司城，兼管刑罚。以不受玉为宝：把不接受别人的宝玉视为自己的"珍宝"。也即把不贪财视为自己珍惜的品德。《韩非子·喻老》："宋之鄙人得璞玉而献之子罕，子罕不受。鄙人曰：'此宝也，宜为君子器，不宜为细人用。'子罕曰：'尔以玉为宝，我以不受子玉为宝。'"

④务光：人名。传说商汤让天下与他，他表示拒绝，并负石投水自杀。殪（yì）：死亡。《庄子·让王》："汤又让务光，曰：'知者谋之，武者遂之，仁者居之，古之道也。吾子胡不立乎？'务光辞曰：'废上，非义也；杀民，非仁也；人犯其难，我享其利，非廉也。吾闻之曰：

"非其义者,不受其禄;无道之世,不践其土。"况尊我乎! 吾不忍久见也。'乃负石而自沉于庐水。"

④三者:指上文提到的贵、富、生。

⑤易:交换,代替。

【译文】

贤人对待道义的态度是这样,如果有人问:"你是选择高贵的地位呢? 还是选择道义?"贤人的回答是:"选择道义。"因此尧把天下禅让给了舜。如果有人问:"你是选择财富呢? 还是选择道义?"贤人的回答是:"选择道义。"因此子罕把不接受别人的宝玉视为自己的"珍宝"。如果有人问:"你是选择生命呢? 还是选择道义?"贤人的回答是:"选择道义。"因此务光投水而死。高贵的地位、财富和生命这三样东西,是人人所看重的,却不足以交换贤人的道义。

110. 义必利,虽桀杀关龙逢①,纣杀王子比干②,犹谓义之必利也。(《文选·非有先生论》注,《文选·运命论》注)

【注释】

①关龙逢(páng):人名。夏桀的贤臣,因直谏被杀。

②王子比干:人名。商纣王的叔父,因直谏被杀。因比干是国王的儿子,故称"王子比干"。

③犹谓义之必利也:我还是认为行义必能获利。作者的意思是,虽然有一些具有道义的贤人被杀了,但从总体看,具有道义的人大多是获得了益处,而被杀的只是少数,属于个例。古人还认为,少数贤人被杀,但他们能够因此而名垂青史,受世人爱戴,这仍然是一种"利"。

【译文】

行义的人必然会获利,即使夏桀杀害了关龙逢,商纣王杀害了王子比干，我还是认为行义的人必然会获利。

111.箕子胥余①，漆体而为厉②，披发佯狂③，以此免也④。（《文选·非有先生论》注，《庄子·大宗师》释文）

【注释】

①箕子：商末贤臣。一说为商纣王的叔叔，一说为商纣王的堂兄。

　胥余：是箕子的名。

②漆体：把身上涂上漆。厉：通"疠"。恶疮。

③佯狂：装疯。

④以此免也：用这种办法免除商纣王的迫害。

【译文】

箕子，名叫胥余，他把漆涂抹在身上装作身生恶疮的样子，披散着头发假装疯了，用这种办法免除商纣王的迫害。

112.莒国有名焦原者①，广数寻②，长五十步③，临百仞之溪④，莒国莫敢近也。有以勇见莒子者⑤，独却行⑥，齐踵焉⑦。莒国莫之敢近，已独齐踵焉，所以服莒国也。夫义之为焦原也⑧，亦高矣。是故贤者之于义也，必且齐踵焉，此所以服一世也。（《太平御览》四百二十一，《文选·魏都赋》注，《文选·思玄赋》注，《文选·长笛赋》注，《后汉书·张衡传》注）

【注释】

①莒（jǔ）国：周朝诸侯国名。焦原：山名。在今山东莒县南，又名横山、峥嵘谷。

②广：宽。寻：古代的长度单位。八尺为一寻。

③步：古代的长度单位。历代不一，周代以八尺为步。

④仞（rèn）：七尺或八尺为一仞。

⑤莒子：莒国的君主。

⑥却行：退着走。却，退。

⑦齐踵焉：脚后跟与悬崖的边沿相齐。也即背对着站在悬崖边。

⑧夫义之为焦原也：道义就如同焦原一样。意思是，实行道义，就像站在焦原的边沿一样，也需要极大的勇气。

【译文】

莒国有一座名叫焦原的高山，其山顶宽数丈，长五十步，面临数百丈的深谷，莒国没有人敢靠近它。有一位凭借勇气去拜见莒君的人，他敢于一个人倒退着走，一直走到脚后跟与悬崖的边沿相齐的地方。莒国没有一个人敢于靠近，而他敢于独自一人站在悬崖的边沿，这就是他能够征服整个莒国人的原因。道义就如同焦原一样，也非常的高峻。因此那些贤人对待道义的态度，就是一定要站在道义的最险要处，这就是贤人能够征服整个社会的原因。

113. 中黄伯曰①："余左执太行之獶②，而右搏雕虎③，惟象之未与④，吾心试焉⑤。"有力者，则又愿为牛，欲与象斗以自试。今二三子以为义矣，将恶乎试之⑥？夫贫穷，太行之獶也；疏贱者⑦，义之雕虎也。而吾日遇之⑧，亦足以试矣。（《后汉书·张衡传》注，《后汉书·袁绍传》注，《文选·西京赋》注，《文选·蜀都赋》注，《文选·思玄赋》注，《文选·七命》注，《文选·袁绍檄豫州》注，《山海经》六注，《太平御览》三百八十六、八百九十一，《元和姓纂》一）

【注释】

①中黄伯：古代的勇士。生平不详。

②獶（náo）：通"猱"。猿猴的一种，敏捷善攀，孔勇有力。

③雕虎：毛色斑斓的老虎。

④未与：还没有与它比试过。

⑤心试焉：心里很想与大象比一比力气。

⑥恶（wū）乎试之：用什么来考验自己呢？恶，什么。

⑦疏贱：被君主疏远而地位低贱。

⑧吾：所指不详。可能就是指作者尸子本人，或者是泛指坚守道义的人。日：每天。

【译文】

中黄伯说："我左手提着太行山上的猿猴，右手还能与毛色斑斓的老虎搏斗，只是与大象还没有比试过，我心里很想与大象比一比力气。"有力气的人，就希望自己能够像牛一样，想与大象争斗以比试一下力量的大小。如今诸位都认为自己在施行道义，将用什么事情来检验一下自己呢？贫穷困窘，就好像太行山上的猿猴；被君主疏远而地位低贱，就好像施行道义时遇到的老虎。而我每天都会遇到这些情况，也足以检验我了。

114. 人谓孟贲曰①："生乎？勇乎？"曰："勇。""贵乎？勇乎？"曰："勇。""富乎？勇乎？"曰："勇。"三者②，人之所难，而皆不足以易勇，此其所以能摄三军、服猛兽故也③。

（《太平御览》四百三十七，《汉书·东方朔传》注）

【注释】

①孟贲（bēn）：人名。先秦时期的勇士，据说孟贲能生拔牛角。

②三者：指上文提到的与生命相对的死亡，与高贵地位相对的低贱，与富裕相对的贫穷。

③摄：通"慑"。震慑。三军：全军。先秦的大国一般有上、中、下三军。

【译文】

有人问孟贲:"你是选择生命呢? 还是选择勇气呢?"孟贲回答:"选择勇气。""你是选择高贵的地位呢? 还是选择勇气呢?"孟贲回答:"选择勇气。""你是选择富有呢? 还是选择勇气呢?"孟贲回答:"选择勇气。"死亡、低贱、贫穷这三样东西,是人人都感到畏惧、讨厌的东西,然而都不足以改变孟贲的勇气,这就是他能够震慑全军、征服猛兽的原因。

115. 孟贲水行不避蛟龙,陆行不避虎兕①。(《史记·袁盎传》索隐)

【注释】

①兕(sì):犀牛类的野兽。

【译文】

孟贲在水里不惧怕、回避蛟龙,在陆地不惧怕、回避虎兕。

116. 飞廉、恶来①,力角犀兕②,勇搏熊、罴也。(《太平御览》三百八十六)

【注释】

①飞廉、恶来:都是商纣王的大臣。飞廉,又作"蜚廉"。《史记·秦本纪》记载:"蜚廉生恶来。恶来有力,蜚廉善走,父子俱以材力事殷纣。"根据这一记载,飞廉与恶来则为父子关系。

②角:角斗,角力。

【译文】

飞廉、恶来,他们的力量可以与犀牛相争斗,勇气可以去搏击熊与犀牛。

117.田成子问勇①,颜歜聚之答也不敬②,田子之仆填剑曰③:"更言则生④,不更则死。"歜聚曰:"以死为有智⑤,今吾生是也⑥。是吾所以惧汝⑦,而反以惧我!"(《太平御览》四百三十七)

【注释】

①田成子:春秋时期齐国的大臣,后来杀死齐国君主齐简公,拥立齐平公,从此齐国的政权完全由田氏控制。

②颜歜(chù)聚:人名。可能即颜浊邹,又作颜浊聚。颜浊邹曾为大盗,后拜孔子为师。

③填(zhèn)剑:手按着剑柄。填,通"镇"。压着,按着。

④更言:改正你的话。更,更改,改正。

⑤以死为有智:认为死后有知觉。也即死后有灵魂。智,同"知"。

⑥今吾生是也:如今我活着就与死了一样。是,代词。代指死后。以上两句意思是,我死后有灵魂,活着也有灵魂,那么生与死就是一样的。颜歜聚这样讲,是表示自己视死若生、不惧死亡。

⑦是:代指死亡。惧:恐吓。

【译文】

田成子询问什么叫作勇敢,颜歜聚的回答不恭敬,田成子的仆人就手按着剑柄说:"改正你的话就让你活下去,不改正就杀死你。"颜歜聚说:"人们都认为死后有知觉,那么如今我活着就与死后是一样的。死亡,是我用来恐吓你的,你反而拿死亡来恐吓我!"

118.圣人畜仁而不主仁①,畜知而不主知②,畜勇而不主勇。昔齐桓公胁于鲁君③,而献地百里;句践胁于会稽④,而身官之三年⑤;赵襄子胁于智伯⑥,而以颜为愧⑦。其卒,

桓公臣鲁君⑧，句践灭吴，襄子以智伯为戮。**此谓勇而能怯者也**⑨。（《太平御览》四百三十七、四百九十九）

【注释】

①畜：蓄养，积累。不主仁：不被仁义所主宰。意思是，圣人满心仁爱，但不会盲目地去行仁爱之事。

②知：同"智"。智慧。

③昔齐桓公胁于鲁君：从前齐桓公受到鲁国君主的胁迫。鲁君，指鲁庄公。《史记·刺客列传》："曹沫为鲁将，与齐战，三败北。鲁庄公惧，乃献遂邑之地以和。犹复以为将。齐桓公许与鲁会于柯而盟，桓公与庄公既盟于坛上，曹沫执匕首劫齐桓公，桓公左右莫敢动，而问曰：'子将何欲？'曹沫曰：'齐强鲁弱，而大国侵鲁亦以甚矣，今鲁城坏即压齐境，君其图之！'桓公乃许尽归鲁之侵地。"

④句（gōu）践：即勾践，春秋末年越国国君。前497—前465年在位。勾践即位三年，被吴军败于夫椒，被迫求和，与范蠡一起入吴为人质三年，后被释放回越国。返国后，勾践重用范蠡、文种，卧薪尝胆，使越国国力渐渐恢复起来。勾践二十四年（前473），破吴都，迫使吴王夫差自尽，灭吴称霸。会稽：山名。在今浙江绍兴。勾践战败后，曾被困于会稽山上。

⑤身官之：亲自在吴国做官。也即为吴王服务。

⑥赵襄子胁于智伯：赵襄子受到智伯的胁迫。赵襄子是战国初期晋国大夫，赵氏家族的首领，赵国的创始人。前455年，晋国另一贵族智伯率韩、魏两家军队围困赵襄子于晋阳，在赵襄子的精心策划下，暗中联合韩、魏两军，共灭智伯。智伯：又作"知伯"。晋国贵族，后被赵、魏、韩三家所灭。

⑦而以颜为愧：因为脸上被智伯泼了酒而深感羞愧。颜，额头，脸。《史记·赵世家》："晋出公十一年，知伯伐郑。赵简子疾，使太子

毋恤将而围郑。知伯醉,以酒灌击毋恤。毋恤群臣请死之。毋恤曰:‘君所以置毋恤,为能忍诟。’然亦愠知伯。”智伯与赵襄子(即太子毋恤)一同讨伐郑国,智伯喝醉后,竟将酒泼到襄子脸上。

⑧臣鲁君:使鲁君臣服。

⑨勇而能怯者:勇敢的人在需要示弱的时候也能够示弱。怯,胆怯,示弱。

【译文】

圣人不断积累仁义但不会被仁义所主宰,不断积累智慧但不会被智慧所主宰,不断积累勇气但不会被勇气所主宰。从前齐桓公受到鲁君的胁迫,而献给鲁国方圆一百里的土地;句践受到吴国的胁迫而困于会稽山上,自己亲自在吴国服务了三年;赵襄子受到智伯的胁迫,因脸上被智伯泼酒而深感羞愧。到了最后,齐桓公使鲁君臣服于自己,句践灭掉了吴国,赵襄子杀死了智伯。这些都说明勇敢的人,在需要示弱的时候也能够示弱。

119.汤复于汤丘①,文王幽于羑里②,武王羁于玉门③,越王役于会稽④,秦穆公败于殽塞⑤,齐桓公遇贼⑥,晋文公出走⑦。故三王资于辱⑧,而五伯得于困也⑨。(《太平御览》四百八十六)

【注释】

①汤:商汤。复:通“覆”。倾覆。这里指生活不得意,受困。汤丘:地名。说法很多,一说在今河南商丘一带。

②文王:周文王。幽:幽闭,囚禁。羑(yǒu)里:地名。在今河南安阳汤阴羑里城遗址,为商纣王囚禁周文王的地方。

③武王:周武王。羁:稽留,犹豫不决。《史记·周本纪》记载,武王

第一次伐纣时,走到盟津,"是时,诸侯不期而会盟津者八百诸侯。诸侯皆曰:'纣可伐矣。'武王曰:'女未知天命,未可也。'乃还师归。"这说明武王对伐纣之事,曾经犹豫不决。玉门:对宫门的美称。一说是地名。在今陕西。

④役:服役,做奴仆。

⑤殽(xiáo):山名。又称嶔崟山、崤山、肴山,在今河南西部,是古代军事战略要塞。前627年,秦穆公趁晋丧而派兵偷袭郑国,后因郑有备而退回。晋襄公率军在崤山隘道设伏,全歼回师的秦军。

⑥遇贼:遇到伤害。齐襄公时,内政混乱。管仲、召忽保护公子纠逃到鲁国,鲍叔牙保护公子小白逃到莒国。齐襄公死后,小白赶回齐国即位。鲁国听说后,发兵送公子纠回国,并派管仲带兵堵截小白,管仲一箭射中小白衣带钩。小白假装倒地而死,管仲派人回鲁国报捷。鲁国于是就不慌不忙地送公子纠回国,而此时小白已兼程赶回齐国,立为国君,是为齐桓公。

⑦晋文公:姬姓,名重耳,晋献公之子,前636—前628年在位。在骊姬之乱时,重耳被迫流亡在外十九年,后回国即位,为春秋五霸之一。

⑧三王:指上文提到的商汤、周文王、周武王。资于辱:在羞辱中增长了才干。

⑨五伯(bà):即春秋五霸。伯,通"霸"。说法不一,一说指齐桓公、晋文公、楚庄王、吴王阖闾、越王勾践;一说指齐桓公、晋文公、宋襄公、楚庄王、秦穆公。得于困:受益于困境。得,受益。

【译文】

商汤受困于汤丘,周文王被囚禁于羑里,周武王羁留于玉门,越王勾践在会稽山受困之后当了奴仆,秦穆公在崤山的要塞遭遇惨败,齐桓公遇到伤害,晋文公被迫出逃。所以说三位帝王在羞辱中增长了才干,而五霸在困境中获得了益处。

120. 鲍叔为桓公祝曰①:"使臣无忘在莒时②,管子无忘在鲁时③,甯戚无忘车下时④。"(《太平御览》七百三十六、七百七十三)

【注释】

①鲍叔:春秋齐国大夫鲍叔牙。祝:祈祷神灵以求福。《史记·管晏列传》:"(管仲)少时常与鲍叔牙游,鲍叔知其贤。……已而鲍叔事齐公子小白,管仲事公子纠。及小白立为桓公,公子纠死,管仲囚焉。鲍叔遂进管仲。管仲既用,任政于齐,齐桓公以霸。"

②臣:指鲍叔牙自己。莒:莒国。齐桓公与鲍叔牙曾逃亡于莒国。

③管子:即管仲。管仲曾经辅佐公子纠逃亡于鲁国。

④甯戚:人名。卫国人。齐桓公的大臣,与管仲、隰朋、鲍叔等一起辅佐齐桓公。无忘车下时:不要忘记在车下喂牛的时候。甯戚出仕前,因家贫为人赶车,至齐,喂牛于车下,扣牛角而歌。

【译文】

鲍叔牙为齐桓公祈祷神灵以求福说:"让我不要忘记困于莒国的时候,管子不要忘记困于鲁国的时候,甯戚不要忘记困于车下喂牛的时候。"

121. 为令尹而不喜①,退耕而不忧②,此孙叔敖之德也③。(《文选·登池上楼诗》注)

【注释】

①令尹:楚国官名。相当于后世的宰相。

②退耕:退职回家种地。

③孙叔敖:春秋时期楚国的贤相。

【译文】

当令尹而不感到高兴,退职当农夫而不感到忧愁,这就是孙叔敖的品德。

122.孔子至于胜母[1],暮矣,而不宿[2];过于盗泉[3],渴矣,而不饮。恶其名也。(《文选·猛虎行》注,《水经注》二十五)

【注释】

①胜母:地名。所在地不详。

②不宿:不在那里住宿。孔子提倡孝道,而“胜母”这一地名的含义有违于孝道,所以孔子不在那里住宿。

③盗泉:泉水名。所在地不详。

【译文】

孔子到了胜母,天色已经晚了,而孔子不在那里住宿;路过盗泉的时候,口中干渴了,而孔子不愿喝盗泉里的水。这是因为讨厌它们的名字。

123.曾子每读丧礼[1],泣下沾襟[2]。(《艺文类聚》二十、三十五,《太平御览》三百八十七、四百八十八,《文选·恨赋》注)

【注释】

①曾子:孔子的弟子。姓曾名参,字子舆。鲁国南武城人,比孔子小四十六岁,以孝闻名。丧礼:指有关丧礼的书籍。另外,《仪礼》也有一篇《士丧礼》。

②沾襟:浸湿了衣襟。沾,浸湿。

【译文】

曾子每次阅读有关丧礼的书籍时,眼泪都浸湿了衣襟。

124.孝己一夕五起[1],视衣之厚薄,枕之高卑[2],爱其亲也[3]。(《北堂书钞》一百二十九、一百三十四,《太平御览》四百十三、

七百七)

【注释】

①孝己:人名。为商王武丁之子,以孝行著称。传说其生母早逝,因
　　遭后母谗言,被放逐而死。

②高卑:高低。卑,低。

③亲:父母。

【译文】

孝己一夜之间五次起床,去看视父母衣服的厚薄,枕头的高低,他太
爱他的父母了。

125.鲁人有孝者,三为母北①,鲁人称之。彼其斗则害亲,不斗则辱羸矣②,不若两降之③。(《太平御览》四百九十六)

【注释】

①北:败逃。

②辱羸(léi):被视为胆怯而受羞辱。羸,羸弱,胆怯。

③两降之:两边都降低标准以求折中。

【译文】

鲁国有一个人非常孝顺,为了赡养母亲三次从战场上败逃下来,鲁
国人都称赞他。他如果拼命作战就会伤害到自己的母亲,不敢作战又会
因为被视为胆怯而受到羞辱,不如两边都降低标准以求折中。

126.韩雉见申羊于鲁①,有龙饮于沂②。韩雉曰:"吾闻之,出见虎,搏之;见龙,射之。今弗射,是不得行吾闻也。"遂射之。(《水经注》二十五,《太平御览》六十三)

【注释】

①韩雉、申羊：两个人名。生平均不详。

②沂（yí）：河流名。发源于山东，流经江苏入海。

【译文】

韩雉去鲁国拜访申羊，看见有一条龙正在沂水边饮水。韩雉说："我听说，出门看见虎，就要搏杀它；看见龙，就要射击它。今天如果不射击它，这就是不能够践行自己所听到的道理。"于是就射击了这条龙。

127. 荆庄王命养由基射蜻蛉①，王曰："吾欲生得之。"养由基援弓射之，拂左翼焉②，王大喜。（《艺文类聚》七十四，《太平御览》七百四十五、九百五十）

【注释】

①荆庄王：即楚庄王。养由基：人名。楚国的神箭手。蜻蛉：虫名。即蜻蜓。

②拂：射中。

【译文】

楚庄王命令养由基射蜻蜓，庄王说："我想要活捉它。"养由基拿起弓箭射击蜻蜓，射中了蜻蜓的左边翅膀，庄王非常高兴。

128. 驸马共为荆王使于巴①，见担酰者②，问之："是何以③？"曰："所以酰人也。"于是请买之，金不足，又益之车马④。已得之，尽注之于江⑤。（《太平御览》四百十九，《天中记》五十九）

【注释】

①驸马共：人名。生平不详。一说，可能即巫马期，汪继培曰："'驸

马’疑‘巫马’之讹。”巫马期是孔子的弟子。姓巫马名施,字子期。

比孔子小三十岁。荆王:楚王。巴:诸侯国名。在今四川东部一带。

②酖(zhèn):毒酒。

③是何以:这是做什么用的? 是,代指毒酒。以,用。

④益:增加,添加。

⑤江:长江。

【译文】

　　驸马共为楚王出使到巴地,看见一个担着毒酒的人,驸马共问他:"这是做什么用的?"那人回答:"是用来毒死人的。"于是驸马共就请求买下那些毒酒,金钱不够,又加上自己的车马。他购得毒酒之后,就把这些毒酒全部倒入了长江。

　　129.公输般为蒙天之阶①,阶成,将以攻宋②。墨子闻之,赴于楚,行十日十夜,而至于郢③。见般,曰:"闻子为阶,将以攻宋,宋何罪之有? 无罪而攻之,不可谓仁,胡不已也④?"公输般曰:"不可,吾既以言之王矣。"墨子曰:"胡不见我于王⑤?"公输般曰:"诺。"墨子见楚王,曰:"今有人于此,舍其文轩⑥,邻有敝舆⑦,而欲窃之;舍其锦绣,邻有短褐⑧,而欲窃之;舍其粱肉⑨,邻有糟糠,而欲窃之。此为何若人?"王曰:"此为窃疾耳。"墨子曰:"荆之地,方五千里;宋之地,方五百里,此犹文轩之与敝舆也。荆有云梦⑩,犀兕、麋鹿盈溢⑪,江汉之鱼鳖、鼋鼍为天下饶⑫,宋所谓无雉兔、鲋鱼者也⑬,犹粱肉之与糟糠也;荆有长松、文梓、梗、楠、豫章⑭,宋无长木,此犹锦绣之与短褐也。臣以王之攻宋也,为与此同类。"王曰:"善哉,请无攻宋。"（《艺文类聚》八十八,《太平御览》三百二十七、四百六十二、九百五十三）

【注释】

①公输般：人名。鲁国人，故又称鲁班，著名的能工巧匠。蒙天之阶：
　很高的用来攻城的云梯。阶，梯子。

②宋：诸侯国名。始封君为商纣王庶兄微子启，都城在今河南商丘，
　前286年，被齐、魏、楚三国所灭。

③郢（yǐng）：地名。楚国的都城，在今湖北江陵附近。

④胡不已：为什么不停止。胡，为什么。

⑤见（xiàn）：引见。

⑥文轩：华美的车辆。文，同"纹"。华丽。轩，古代大夫以上乘坐的
　车辆。

⑦敝舆：破烂的车子。舆，车。

⑧短褐（hè）：粗布短衣。穷人的衣服。褐，粗布衣。

⑨粱肉：代指精美的食物。粱，质量好的小米。

⑩云梦：大泽名。在今湖北、湖南一带。

⑪麋：动物名。又叫驼鹿。

⑫鼋（yuán）：一种鳖。鼍（tuó）：一种鳄鱼。

⑬雉：野鸡。鲋（fù）鱼：即鲫鱼。

⑭长松：高大的松树。文梓：有纹理的梓树。即楸树。楩（pián）：树
　名。今称黄楩木。豫章：樟树。

【译文】

　　公输般制造了很高的云梯，云梯造好以后，准备用它进攻宋国。墨
子听到这件事情之后，马上赶往楚国，走了十天十夜，到了楚国的都城郢
都。墨子见到了公输般，说："听说您在造云梯，将要用它进攻宋国，宋国
有什么罪过？没有罪过而去进攻它，这不能叫作仁义，为什么不停止此
事呢？"公输般曰："不行啊，我已经把这件事告诉楚王了。"墨子说："为
什么不把我引见给楚王呢？"公输般说："好的。"墨子见了楚王，说："如
果有这样一个人，他放弃自己的华美车辆，邻居家有一辆破车，而他想去

偷来;放弃自己的锦绣衣服,邻居家有一件粗布短衣,而他想去偷来;放弃自己的美好食物,邻居家有一些糟糠,而他想去偷来。这是个什么样的人呢?"楚王说:"这是个患上盗窃病的人。"墨子说:"楚国的土地,方圆有五千里;宋国的土地,只有方圆五百里,这就好比华美车辆与破烂车辆的差距一样。楚国有云梦大泽,犀牛、麋鹿充满于其中,长江、汉水的鱼鳖、鼋鼍是天下最富饶的,宋国就是人们所谓的连野鸡、野兔、鲋鱼都没有的地方,这就好比美食与糟糠的差距一样。楚国有高大的松树、纹理华美的楸树、梗树、楠木、樟树,宋国没有高大的树木,这就好比锦绣衣服与粗布短衣的差距一样。我认为大王进攻宋国这件事情,与那个患上偷窃病的人是一样的。"楚王说:"你说得很好,我不再去进攻宋国了。"

130. 齐有田果者,命狗曰"富"①,命子为"乐"。将欲祭也,狗入室,果呼之曰:"富出②!"巫曰:"不祥也!"家果大祸,长子死,哭曰:"乐乎③!"而不似悲也。(《太平御览》七百三十五、九百五,《艺文类聚》三十八)

【注释】

①命:命名。

②富出:富出去! 田果本来是呵斥狗,让狗出去,但给人的感觉是他不要富贵。本段文字主要是说明命名的重要性。

③乐乎:乐啊。田果的本意是在呼喊儿子的名字,但给人的理解是"快乐啊"。

【译文】

齐国有一位名叫田果的人,他给自己的狗取名叫"富",给儿子取名叫"乐"。有一次他准备祭祀神灵的时候,狗跑了进来,田果就呵斥狗说:"富出去!"巫师说:"这不吉利啊!"田果家里果然发生了大祸,儿子死了,田果哭喊着:"乐啊!"这哭喊声又不像是悲哀的。

131. 宋人有公敛皮者，适市①，反呼曰②："公敛皮！"屠者遽收其皮③。(《太平御览》八百二十八)

【注释】

①适市：到市场去。适，到。

②反呼：有人回头喊他。反，反身，回头。

③屠者遽(jù)收其皮：屠宰人急忙把自己的皮毛藏起来了。"公敛皮"本来是人名，屠户们听到了，以为是"公家要来征收皮子了"，所以吓得赶紧把皮毛藏了起来。遽，急忙，赶快。

【译文】

宋国有个名叫公敛皮的人，有一次他到了市场，有人回头喊他："公敛皮！"屠户们急忙把自己的皮毛藏了起来。

132. 夷逸者①，夷诡诸之裔②。或劝其仕③，曰："吾譬则牛也，宁服轭以耕于野④，不忍被绣入庙而为牺⑤。"(《广博物志》四十七)

【注释】

①夷逸：人名。古代隐士。《论语·微子》："逸民：伯夷，叔齐，虞仲，夷逸，朱张，柳下惠，少连。"

②夷诡诸：人名。春秋时周王室的大夫，食邑于夷。晋武公伐夷，俘虏了夷诡诸。周大夫苏国为他求情，后被释放。夷诡诸没有酬谢苏国，苏国乃劝说晋人伐夷，杀了夷诡诸。《左传·庄公十六年》："初，晋武公伐夷，执夷诡诸。苏国请而免之，既而弗报，故子国作乱，谓晋人曰：'与我伐夷而取其地。'遂以晋师伐夷，杀夷诡诸。"

③或：有人。

④轭(è)：驾车、耕地时套在牲口脖子上的曲木。

⑤被(pī)绣：披着绣花的毯子。被，同"披"。入庙：牵入太庙。牺：指牺牛。古代用作祭品的牛。

【译文】

夷逸，是周大夫夷诡诸的后裔。有人劝他出仕，他说："我就好比一头牛，我宁肯背着轭木在田野里耕地，也不愿意披着绣花毯子被牵到太庙里去做祭品。"

133.楚狂接舆①，耕于方城②。(《水经注》三十一，《太平御览》四十三)

【注释】

①楚狂接舆：人名。楚国的隐士。相传姓陆名通，字接舆，因为佯狂，号为"楚狂人"。

②方城：地名。春秋时楚地，在今河南叶县南。

【译文】

楚国有个佯狂的人名叫接舆，在方城那里种地。

134.隐者西乡曹①。(《古今姓氏书辨证》四，《通志·氏族略三》，《后纪》十注)

【注释】

①西乡曹：人名。复姓西乡，名曹。宋国大夫西乡错之后。

【译文】

有一位隐士名叫西乡曹。

135.曼邱氏①。(《元和姓纂》九)

【注释】

①曼邱:复姓。

【译文】

有个姓氏叫作曼邱。

136.北门子①。(《元和姓纂》十,《通志·氏族略三》)

【注释】

①北门子:人名。复姓北门,名子。另外,"子"也可能是"先生"的
　　意思。

【译文】

有位先生叫作北门子。

137.孔子曰:"诎寸而信尺①,小枉而大直②,吾为之
也。"(《太平御览》八百三十)

【注释】

①诎:通"屈"。收缩。信(shēn):通"伸"。伸展。
②枉:弯曲。

【译文】

孔子说:"如果收缩一寸就能够伸展一尺,先有小小的弯曲而能够伸
展得更直,我愿意做这样的事情。"

138.圣人权福则取重①,权祸则取轻。(《文选·运命论》
注,《文选·五等论》注)

【注释】

①权：权衡，衡量。

【译文】

圣人衡量各种幸福而取其大者，衡量各种灾祸而取其轻者。

139. 君子量才而受爵①，量功而受禄。（《文选·求自试表》注）

【注释】

①量才：指衡量一下自己的才能。

【译文】

君子根据自己的才能去接受君主赐给的爵位，衡量自己的功劳去接受君主赐给的俸禄。

140. 能官者必称事①。（《文选·曲水诗序》注）

【注释】

①称（chèn）事：把事情办好。称，相称，办好。

【译文】

能够做官的人一定能够把事情办好。

141. 守道固穷①，则轻王公。（《文选·登石门诗》注）

【注释】

①固穷：甘守贫贱，不失气节。也即穷且益坚的意思。穷，困窘。

【译文】

坚守大道、穷且益坚的人，就会看轻那些王公大人。

142. 卑墙来盗^①。荣辱由中出^②,敬侮由外生^③。(《意林》)

【注释】

①卑墙:低矮的墙。卑,低,矮。

②中:心中。这里指心中的品德。

③外:外人,别人。

【译文】

矮墙会招来盗贼。是荣耀还是羞辱都是由自己的内在品德决定的,是受尊敬还是受侮辱则是由外人决定的。

143. 言美则响美^①,言恶则响恶;身长则影长,身短则影短。名者,响也;行者,影也。是故慎而言^②,将有和之;慎而行,将有随之。(《艺文类聚》十九,《太平御览》三百九十四、四百三十)

【注释】

①响:回音,回声。

②而:你。泛指人们。

【译文】

说话好听那么回音就好听,说话难听那么回音就难听;身材高大那么身影就长,身材矮小那么身影就短。名声,就好像回音一样;行为,就好像身影一样。因此自己讲话要谨慎,就会有人来应和你;行为要谨慎,就会有人来追随你。

144. 夫龙门^①,鱼之难也;太行^②,牛之难也;以德报怨,人之难也。(《艺文类聚》七,《太平御览》四十、八百 九十九)

【注释】

①龙门：山名。在今陕西韩城与山西河津之间，相传鱼如果能够跳
　过龙门，就可变为龙。

②太行：山名。即太行山。是绵延于今山西、河北、河南三省的大山。

【译文】

龙门，是鱼难以跃过的地方；太行，是牛难以攀登的大山；以德报怨，
是人难以做到的事情。

145.厚积不登①，高台不处。高室多阳，大室多阴，故
皆不居。（《太平御览》一百七十四）

【注释】

①厚积：厚厚的积土。

【译文】

厚厚的积土不要去攀登，高高的楼台不要去居住。高处的住室阳气
太重，宽大的住室阴气太重，所以都不适宜居住。

146.天神曰灵，地神曰祇①，人神曰鬼。鬼者，归也②，
故古者谓死人为归人。（《尔雅·释训》注，《五行大义》三）

【注释】

①祇（qí）：地神。

②归：归家。古人认为，大自然才是人的故乡，人们脱离大自然，变
　为人，在人世间生活数十年，就好比在外流浪了数十年一样，最后
　还要回到故乡——大自然。

【译文】

天神叫作"灵"，地神叫作"祇"，人死后的灵魂叫作"鬼"。所谓的鬼，

就是归家的意思,因此古人把死去的人叫作归家的人。

147. 老莱子曰①:"人生于天地之间,寄也②;寄者,固归也。"(《文选·善哉行》注,《文选·豫章行》注,《文选·古诗十九首》注,《文选·归去来辞》注)

【注释】

①老莱子:人名。相传为春秋末期楚国隐士,道家人物,以孝行闻名。

②寄:寄宿,旅行在外。

【译文】

老莱子说:"人生活在天地之间,就好像是暂时寄居在这里一样;既然是暂时寄居在这里,那就肯定是要回去的。"

148. 其生也存,其死也亡。(《文选·赠刘琨诗》注,《文选·门有车马客行》注)

【译文】

人活着就存在于世间,人死了就消失于世间。

149. 人生也,亦少矣①;而岁往之②,亦速矣。(《文选·古诗十九首》注)

【注释】

①少:时间很少,短暂。

②岁:岁月,时间。

【译文】

人生在世,也非常短暂;而时光的流逝,也实在太快了。

150. 先王之祠礼也①, 天子祭四极②, 诸侯祭山川, 大夫祭五祀③, 士祭其亲也④。(《太平御览》五百二十六,《北堂书钞》八十八)

【注释】

①祠礼: 祭祀的礼制。

②四极: 四方极远的地方。代指整个天下。因为普天之下, 莫非王土, 所以天子可以在任何地方举行祭祀活动。

③五祀: 古代祭俗中所祭的五种神祇。各种文献记载不一, 其中说法之一是指户神、灶神、井神、门神、行神(路神)。

④士: 贵族中最低的一级。亲: 父母。

【译文】

先王制定的祭祀礼制是: 天子可以在天下任何地方举行祭祀, 诸侯只能祭祀自己封地内的山川, 大夫只能祭祀五种神灵, 士只能祭祀自己的父母。

151. 钟鼓之声, 怒而击之则武①, 忧而击之则悲, 喜而击之则乐; 其意变, 其声亦变。意诚感之, 达于金石②, 而况于人乎! (《太平御览》五百七十五)

【注释】

①怒: 精神振奋。武: 勇武, 刚健。

②金石: 指用金属和石头做成的乐器。金属做的如钟, 石头做的如磬。

【译文】

钟鼓发出的声音, 如果是在精神振奋的时候去敲击, 其声音就显得勇武刚健; 如果是在忧伤的时候去敲击, 其声音就显得凄凉悲伤; 如果是在高兴的时候去敲击，其声音就显得欢快喜悦；人的心情变了，其声音也就跟着变了。真诚所能够感动的，可以达到用金石制成的乐器身上，更何况是人！

152. 夫瑟①，二十五弦，其仆人鼓之②，则为笑③。贤者以其义鼓之④，欲乐则乐，欲悲则悲，虽有暴君，为之立变⑤。（《太平御览》五百七十六，《北堂书钞》一百九）

【注释】

①瑟（sè）：古代的一种弦乐器，类似琴而弦更多。

②仆人：指没有知识的仆人。鼓：弹奏。

③为笑：被人嘲笑。为，被。

④以其义：依照道义。

⑤立变：马上改变自己的意念、情绪。立，立即，马上。

【译文】

瑟，一共有二十五根弦，如果让没有知识的仆人去弹奏它，就会被别人嘲笑。贤人依照道义去弹奏它，想让听者快乐而听者就会快乐，想让听者悲伤而听者就会悲伤，即使暴君听了，也会因为琴声而马上改变自己的情绪。

153. 绕梁之鸣①，许史鼓之②，非不乐也，墨子以为伤义③，故不听也。（《文选·七命》注，《文选·演连珠》注）

【注释】

①绕梁：形容乐声婉转回旋，令人回味无穷。《列子·汤问》："秦青顾谓其友曰：'昔韩娥东之齐，匮粮，过雍门，鬻歌假食。既去，而余音绕梁欐，三日不绝。'"

②许史：人名。先秦乐师。

③伤义：伤害了道义。墨子反对音乐活动，他认为音乐对百姓的生活没有实际作用，反而还会浪费百姓的财富，因此要禁止音乐。

【译文】

能够发出婉转、优美声音的乐器，由乐师许史去弹奏它，不是不能令人愉悦，然而墨子认为从事音乐活动有伤于道义，因此他就不去听音乐。

154.商容观舞①，墨子吹笙②；墨子非乐，而于乐有是也③。（《艺文类聚》四十四，《北堂书钞》一百十）

【注释】

①商容：商朝末年的贤人，为主管音乐的官员，因不满纣王的暴行，后隐居于太行山中。

②笙：一种簧管乐器。

③有是：发生过这种情况。是，代指墨子吹笙。关于墨子吹笙的原因，《吕氏春秋·贵因》解释说："墨子见荆王，锦衣吹笙，因也。"墨子是反对音乐的，但楚王爱好音乐，所以墨子为了取得楚王的信任，便投楚王之所好，也吹起笙来。

【译文】

乐官商容观看过舞蹈，而墨子也吹过笙；墨子是反对音乐的，而他在音乐方面也出现过吹笙的事情。

155.膳俞兒和之以姜桂①，为人主上食②。（《庄子·骈拇篇》释文引崔注）

【注释】

①膳：膳食。这里指负责膳食的人。俞兒：人名。相传为黄帝时人，

善于辨别味道。桂：肉桂树，常绿乔木。树皮即桂皮，或称肉桂，

　　有香味，可供药用，又可作调料。

②人主：君主。上食：上等的食物。

【译文】

负责膳食的俞兒把姜和肉桂调合起来，成为君主的上等食物。

156. 鸿鹄在上，扞弓瞉弩以待之①。若发若否②，问二五③，曰："不知也。"非二五之难计也，欲鸿之心乱之也④。（《长短经·昏智篇》注，《艺文类聚》七十四，《太平御览》三百四十七）

【注释】

①扞（hàn）弓：拿着弓。瞉（gòu）弩：拉满弓弩。瞉，拉满弓。待之：

　　等待机会射击大雁和天鹅。

②若发若否：将要发箭但还未发箭的时候。

③二五：二乘以五得多少？

④欲鸿：想得到鸿鹄的心。后一"之"字：指计数的心。

【译文】

　　大雁和天鹅在天上飞翔，有人拉满弓弩以等待射击的机会。在箭将发未发的时候，问此人二乘以五是多少，他就会回答："不知道。"这不是因为二乘以五的数字很难计算，是因为他急于获得大雁、天鹅的欲望搞乱了他的计数之心。

157. 文轩六驷题①，无四寸之键②，则车不行。小亡③，则大者不成也。（《艺文类聚》七十一，《太平御览》七百七十三，《文选·七启》注）

【注释】

①文轩:华美的车辆。文,同"纹"。华丽。轩,古代大夫以上乘坐的
车辆。驶(jué)题:又作"驶騠"。良马名。

②键:又叫车辖。插在车轴的两端,使车轮不脱落。

③小亡:细节失败了。小,小事,细节。

【译文】

华美的车辆加上六匹骏马,如果没有四寸长的车辖,那么车子就无
法行驶。细节失败了,那么大事就无法成功。

158.水非石之钻①,绳非木之锯。(《太平御览》七百六十三)

【注释】

①水非石之钻:水不是石头的钻子。本句的意思是,水虽然不是石
头的钻子,但时间久了,可以滴水穿石。主要讲持之以恒的重要
性。下一句同此。

【译文】

水不是石头的钻子,绳不是木头的锯子。

159.利锥不如方凿①。(《太平御览》七百六十三)

【注释】

①方凿:方形的凿子。凿,手工工具,长条形,前端有刃,可用来挖槽
或打孔。因为凿子比锥子要大,所以说锥子不如凿子。

【译文】

锋利的锥子不如方形的凿子。

160.水试断鹄雁①,陆试断牛马,所以观良剑也。(《艺

文类聚》六十,《北堂书钞》一百二十二,《太平御览》三百四十四)

【注释】

①鹄(hú)雁:天鹅和大雁。

【译文】

在水中测试可以斩断天鹅和大雁,在陆上测试可以斩断牛和马,这就是用来检验良剑的方法。

161.昆吾之剑可以切玉①。(《列子·汤问篇》释文)

【注释】

①昆吾:山名。此山出产黄铜,铸成的刀剑特别锋利。一说"昆吾"是宝剑名。

【译文】

昆吾之剑可以切割玉石。

162.玉者,色不如雪,泽不如雨,润不如膏①,光不如烛。取玉甚难,越三江五湖②,至昆仑之山③。千人往,百人反④;百人往,十人至。中国覆十万之师,解三千之围⑤。(《意林》,《太平御览》八百五)

【注释】

①膏:油脂。

②三江五湖:泛指大江、大湖的数量多。

③昆仑之山:山名。在今新疆、西藏、青海一带。

④反:同"返"。返回。

⑤"中国"二句:中原的人牺牲了十万人的军队,才解救了被围的

三千人。比喻付出的代价很高,而获取的却很少。中国,中原地区。

【译文】

玉石,它的颜色不如白雪,光泽不如雨珠,莹润不如油脂,光芒不如烛火。然而要获取玉石却非常艰难,要越过许多大江大湖,才能走到玉石的产地昆仑山。一千个人去采玉,只有一百个人能够返回;一百个人去采玉,只有十个人能够到达目的地。这真好比牺牲了十万人的军队,只解救出被围的三千人。

163. 吉玉,大龟①。(《山海经》二注)

【注释】

①龟:龟的寿命很长,因此被视为吉祥之物。

【译文】

吉祥的玉,硕大的龟。

164. 玉渊之中①,骊龙蟠焉②,颔下有珠也③。(《一切经音义》二十)

【注释】

①玉渊:出产玉石的深渊。

②骊(lí)龙:黑龙。骊,黑色。蟠:盘踞。

③颔(hàn):下巴。

【译文】

在出产玉石的深渊之中,有骊龙盘踞在那里,它的下巴下面有宝珠。

165. 程①,中国谓之豹②,越人谓之貘③。(《列子·天瑞篇》释文)

【注释】

①程:豹子的别称。

②中国:中原地区。

③越:诸侯国名。在今浙江一带。貘(mò):豹子的别称。

【译文】

程这种动物,中原地区的人们称之为豹,越地的人们称之为貘。

166.距虚①,不择地而走②。(《穆天子传》一注)

【注释】

①距虚:传说中的一种兽名。

②走:跑。

【译文】

距虚,无论在什么样的地方都能跑得很快。

167.见骥一毛①,不知其状;见画一色,不知其美。(《意林》)

【注释】

①骥:良马。

【译文】

只看见良马的一根毛,是无法知道它的整个形状的;只看见图画上的一种颜色,是无法了解这幅图画的美好的。

168.屠者割肉,则知牛长少①;弓人劈筋②,则知牛长少;雕人裁骨③,则知牛长少。各有辨焉。(《意林》,《广韵·十一模》,《太平御览》八百二十八)

【注释】

①长少:老幼。长,年老。少,年幼。

②弓人:做弓的人。劙(lí):割。筋:牛筋。牛筋是做弓用的材料。

③雕人:雕刻牛骨的人。裁:裁制,雕刻。

【译文】

屠宰者在割牛肉的时候,就知道牛的年龄大小;做弓的人在割牛筋的时候,就知道牛的年龄大小;雕刻骨头的人在雕刻牛骨的时候,就知道牛的年龄大小。他们都有各自辨别牛的年龄的方法。

169. 使牛捕鼠,不如猫狌之捷①。(《太平御览》九百十二)

【注释】

①狌(shēng):即黄鼬,俗称黄鼠狼。

【译文】

让牛去捕捉老鼠,不如猫和黄鼠狼敏捷。

170. 大牛为犉①,七尺;大羊为羬②,六尺;大豕为豟③,五尺。(《尔雅·释畜》注疏)

【注释】

①犉(chún):大牛的别称。

②羬(qián):大羊的别称。

③豕(shǐ):猪。豟(è):大猪的别称。

【译文】

大牛叫作犉,七尺高;大羊叫作羬,六尺高;大猪叫作豟,五尺高。

171. 五尺大犬为犹。(《颜氏家训·书证篇》,《尔雅·释兽》

释文,《文选·养生论》注)

【译文】

五尺高的大犬叫作犹。

172. 羊不任驾盐车①,橼不可为楣栋②。(《太平御览》九百二)

【注释】

①不任:不能胜任。盐车:运盐的大车。

②橼(chuán):橼子。装于屋顶以支持房屋顶盖材料的木条。楣(méi)
栋:栋梁。

【译文】

羊无法胜任去驾盐车,橼子不可以去做栋梁。

173. 战如斗鸡,胜者先鸣①。(《太平御览》九百十八)

【注释】

①鸣:本指鸟叫。这里指欢呼。

【译文】

战斗就好比斗鸡,胜利的一方先发出欢呼。

174. 扬州之鸡①,裸无毛。(《太平御览》九百十八)

【注释】

①扬州:地名。古九州之一,范围很广,相当于淮河以南及江南地区。

【译文】

扬州那里的鸡,全身裸露而没有羽毛。

175.鸡司夜①,狸执鼠②,日烛人③,此皆不令自全④。
(《意林》)

【注释】

①司夜:报晓。

②狸:野猫。

③烛:照耀。

④自全:自然就会了。

【译文】

公鸡报晓,野猫捉老鼠,太阳照耀人间,这些能力都不用让它们去学习就自然而然会做了。

176.卵生曰琢①,胎生曰乳。(《文选·东征赋》注)

【注释】

①卵生:指从蛋壳中出生的动物。如鸡鸭和各种鸟类。琢:通"啄"。
　鸟类用嘴取食或叩击东西。

【译文】

卵生的动物叫作啄,胎生的动物叫作乳。

177.地中有犬①,名曰地狼;有人,名曰无伤。(《搜神记》十二,《晋书·五行志中》)

【注释】

①地中有犬：地下生活着一种狗。本段记载的事物，古人视为神异现象，因此被列入《搜神记》和《五行志》。

【译文】

地下生活着一种狗，名字叫作地狼；地下还生活着一种人，名字叫作无伤。

178. 木之精气为必方①。(《艺文类聚》八十八，《太平御览》九百五十二)

【注释】

①木：树。精气：精华之气。古人认为，包括天地在内的万事万物，都是由阴阳二气形成的，其中精华者叫作精气。

【译文】

树木的精华之气叫作必方。

179. 大木之奇灵者为若①。(《山海经》二注)

【注释】

①若：即若木。神话传说中的一种树木。《山海经·大荒北经》："大荒之中，有衡石山、九阴山、洞野之山，上有赤树，青叶，赤华，名曰若木。"

【译文】

奇异而有灵气的大树叫作若。

180. 木食之人①，多为仁者，名为若木。(《山海经》二注)

【注释】

①木食:吃树上的果子。木,树。

【译文】

吃树上水果的人,大多都是仁义的人,名叫若木。

181. 春华秋英^①,其名曰桂^②。(《初学记》三,《艺文类聚》八十九)

【注释】

①春华(huā):春天开花。华,同"花"。秋英:秋天也开花。英,花。

②桂:即桂花。桂花品种很多,开花时间也不同,大多数会在秋季开花,而四季桂则会在全年开花。

【译文】

春天开花,秋季也开花,这种花的名字叫作桂花。

182. 疩^①。(《广韵·十五海》)

【注释】

①疩(nǎi):疾病。

【译文】

疾病。

183.《春秋》^①:"隐公五年^②,初献六羽^③。"《榖梁传》云^④:"初,始也。榖梁子曰^⑤:'舞夏^⑥,天子八佾^⑦,诸公六佾^⑧,诸侯四佾^⑨。初献六羽,始僭乐矣^⑩。'尸子曰:'舞夏,自天子至诸侯,皆用八佾,初献六羽,始厉乐矣^⑪。'"(《榖梁

传·隐公五年》集解）

【注释】

①《春秋》：书名。是孔子依据鲁国史书修订的一部编年体史书，儒家的五经之一。在书中，孔子表达了自己对历史人物及事件的褒贬态度。

②隐公五年：鲁隐公即位的第五年，即前718年。

③初献六羽：初次使用六羽这种舞蹈形式。羽，指舞者手执的装饰有雉尾（野鸡尾）的竿子，是一种舞具。六羽，即六佾。解释见下文。

④《穀梁传》：书名。《春秋穀梁传》的简称。为战国穀梁赤撰写，内容是解释《春秋》的义理。

⑤穀梁子：即穀梁赤。战国时期鲁国人。复姓穀梁，名赤。曾受业于子夏。

⑥舞夏：舞蹈名。因舞蹈者每人都手执一根雉尾，故又称"舞羽"。

⑦八佾（yì）：古代天子专用舞乐。八个人为一行，一行叫作一"佾"，八佾就是八行，八八六十四人。

⑧诸公：获得公爵爵位的人。周代爵位为公、侯、伯、子、男五等。六佾：一说指六行，每行八人，共四十八人；一说指六行，每行六人，共三十六人。

⑨四佾：一说指四行，每行八人，共三十二人；一说指四行，每行四人，共十六人。

⑩僭乐：僭越了礼乐制度。《春秋》说的"初献六羽"，是指鲁国在祭祀鲁桓公之母的时候，使用了六羽（六佾），古人认为这不符合礼乐制度。

⑪厉：伤害，违背。

【译文】

《春秋》记载："鲁隐公即位的第五年，初次使用六羽舞。"《穀梁传》解释说:"初,是开始的意思。穀梁赤说:'舞夏这种舞蹈,天子使用六十四人的八佾,诸位公爵使用四十八人的六佾,诸位侯爵使用三十二人的四佾。初次使用六羽,就是开始僭越礼乐制度了。'尸子说:'舞夏这种舞蹈,从天子到诸侯,现在都在使用八佾,说初次使用六羽,就是说那时已经开始违背礼乐制度了。'"

184.《春秋》:"桓公九年冬①,曹伯使其世子射姑来朝②。"《穀梁传》云:"朝不言使③,言使非正也④。使世子抗诸侯之礼而来朝⑤,曹伯失正矣⑥。诸侯相见曰朝,以待人父之道待人之子⑦,以内为失正矣⑧。内失正,曹伯失正,世子可以已矣⑨,则是故命也⑩。尸子曰:'夫已,多乎道⑪。'"(《穀梁传·桓公九年》集解)

【注释】

①桓公九年:鲁桓公即位的第九年,即前703年。

②曹伯:曹国的君主。指春秋时期的曹桓公(?—前702),前756—前702年在位。世子:太子。射(yè)姑(?—前671):人名。春秋时曹庄公,曹桓公之子,前702—前671年在位。来朝:到鲁国来会见鲁君。朝,诸侯相见叫作"朝",与后世的大臣朝见君主的"朝"意思不同。

③朝不言使:既然是诸侯相见,就不应该使用"使(派遣)"这个字。使,指孔子《春秋》"曹伯使其世子射姑来朝"的"使"字。因为射姑既然是以诸侯的身份来鲁国,他就不应该被另一个诸侯"派遣",孔子使用"使(派遣)"这一词汇,就是在委婉地批评曹桓公的做法不妥。

④言使非正也:孔子用"使"字,就说明曹桓公这样做是不正确的。

意思是,这次会见,是诸侯与诸侯之间的会见,而射姑只是太子,
还不是诸侯,让太子代替自己,是不符合礼制的。

⑤抗诸侯之礼:使用诸侯一样的礼节。抗,相等,同等。

⑥失正:失当,不正确。

⑦以待人父之道:用接待父亲的礼节。人父,父亲。指曹桓公。人
之子:指射姑。

⑧内(nà):同"纳"。接受,接待。

⑨已:停止,制止。也即要降低这样的礼节规格。

⑩则是故命:那么这就符合传统的制度了。是,这,这样做。命,法令,
制度。

⑪多乎道:各方面都符合正确的原则了。道,正确原则。

【译文】

《春秋》记载:"鲁桓公即位的第九年冬天,曹伯派遣他的太子射姑来
鲁国'朝见'。"《穀梁传》解释说:"既然是诸侯之间'朝见',就不应该使
用'派遣'一词,孔子使用'派遣'一词就说明曹伯这样做是不正确的。
让太子使用与诸侯一样的礼节来鲁国'朝见',曹伯的做法不够正确。诸
侯之间相见叫作'朝见',鲁国用接待父亲曹桓公的礼节去接待儿子射
姑,这种接待礼节也是不正确的。鲁国用来接待的礼节不正确,曹伯的
做法也不正确,太子射姑可以制止这些行为,那么这就符合传统的制度
了。尸子说:'制止这些行为,各方面就都符合正确的原则了。'"

二 尸子存疑

【题解】

汪继培《尸子》辑本的序说:"引用违错及各本误收者别为存疑,附于后。"这就是说,还有一部分疑似的《尸子》佚文,汪继培把它们收录于此,以供读者参考。

1. 郑人谓玉未理者为璞①。(《文选·演连珠》注)

【注释】

①郑:诸侯国名。前806年,周宣王封其弟友于郑(在今陕西华县东),后迁都于郑(在今河南新郑),前375年,被韩国所灭。

②未理:没有剖凿、琢磨过的玉石。

【译文】

郑国人把没有整理过的玉石叫作璞。

2. 深根固蒂①。(《艺文类聚》八十八)

【注释】

①蒂(dì):瓜、果与茎、枝相连的部分。

【译文】

加深自己的根,加固自己的蒂。

3.晋国苦奢①,文公以俭矫之②,衣不重帛③,食不兼肉④。(《北堂书钞》三十八)

【注释】

①苦奢:苦于奢侈之风。

②文公:即晋文公。以俭矫之:用俭朴的生活来矫正这种奢侈之风。

③重(chóng)帛:两件以上的丝绸衣服。

④兼肉:两种以上的肉食。

【译文】

晋国苦于奢侈之风,晋文公就用俭朴的生活去矫正这种风气,他不穿两件以上的丝绸衣服,不吃两种以上的肉食。

4.黄帝时,公玉带造合宫、明堂①。见《尸子》。(《元和姓纂》十,《通志·氏族略四》)

【注释】

①公玉带:人名。合宫、明堂:都是宫殿的名称。

【译文】

黄帝的时候,公玉带建造了合宫、明堂。这条记载见于《尸子》。

5.穀梁淑,字元始,鲁人,传《春秋》十五卷①。(《元和姓纂》十)

【注释】

①传（zhuàn）：解说经义。

【译文】

穀梁淑，字元始，鲁国人，他写了一本解释《春秋》的著作，共十五卷。

6.申徒狄①，夏贤也②。汤以天下让，狄以不义，闻已③，自投于河。（《元和姓纂》三）

【注释】

①申徒狄：人名。夏末商初的隐士，因不愿接受商汤禅让给自己的天下，投黄河而死。

②夏贤：夏朝的一位贤人。

③已：以后。

【译文】

申徒狄，是夏朝的一位贤人。商汤要把天下让给他，他认为这不符合道义，听到要把天下让给自己的消息以后，就投黄河而死。

7.野鸭为凫①；家鸭为鹜②，不能飞翔，如庶人守耕稼而已。（《证类本草》十九，《埤雅》八）

【注释】

①凫（fú）：野鸭。

②鹜（wù）：鸭子。

【译文】

野鸭叫作凫；家鸭叫作鹜，不能飞翔，就好像普通百姓整天守在地里种庄稼一样。

8. 海水三岁一周流^①,波相薄^②,故地动。(《事类赋·海赋》注)

【注释】

①一周流:环流一圈。

②薄:通"搏"。搏击,冲荡。

【译文】

海水每三年环流一圈,大海的波浪相互冲荡,因此而引发地震。

9. 楚人卖珠于郑者,为木兰之椟^①,薰以桂椒^②,缀以玫瑰^③,辑以翡翠^④,郑人买其椟而还其珠。此可谓善买椟矣,未可谓善鬻珠也^⑤。(《事类赋·珠赋》注)

【注释】

①木兰:树名。一种优质的香木。椟(dú):木匣子。

②桂椒:两种香料名。

③缀:镶嵌,装饰。玫瑰:次于玉的一种美石。

④辑:聚集,铺垫。翡翠:鸟名。其羽毛美丽,可以做装饰品。这里指翡翠鸟的羽毛。一说翡翠为宝玉名。

⑤鬻(yù):卖。

【译文】

有一个楚国人在郑国售卖自己的宝珠,他为这颗宝珠做了一个木兰匣子,用桂椒香料进行熏烤,再用仅次于玉石的玫瑰石加以镶嵌,还用翡翠鸟的羽毛进行铺垫,郑国人买走了他的匣子而把里面的宝珠还给了他。这可以叫作善于买匣子,而不可以叫作善于卖宝珠。

10. 水有四德:沐浴群生^①,通流万物,仁也;扬清激浊^②,

荡去滓秽③,义也;柔而难犯,弱而难胜,勇也;导江疏河④,
恶盈流谦⑤,知也⑥。(《事类赋·水赋》注)

【注释】

①沐浴:润泽。

②扬清激浊:扬起清波以洗涤污浊。

③荡去滓秽:冲刷各种肮脏的渣滓。

④导江疏河:疏通了各条江河。江、河,本指长江与黄河。这里泛指
　　河流。

⑤恶盈:讨厌盈满。水一旦过多,就会溢出流走,所以说水讨厌盈满。
　　流谦:流向空虚不足之处。谦,虚,不足。

⑥知:同“智”。智慧。

【译文】

水具有四种美德:润泽群生,遍及万物,这是仁爱的表现;扬起清波
以洗涤污浊,冲刷掉各种肮脏的渣滓,这是坚持正义的表现;水看似很柔
而难以冒犯,看似很弱却无法战胜,这是勇敢的表现;疏通各条河流,讨
厌盈满而流向空虚不足之处,这是具有智慧的表现。

11. 渔之为事也①,有钓、网、罟、筌、罛、罶、罺、罩、
涔、罾、笱、檿、梁、罨、罺、籱、铦之类②。(《事文类聚·前集》
三十七)

【注释】

①为事:做事。具体指捕鱼。

②罟(gǔ):捕鱼的网。筌(quán):竹编的捕鱼器具。罛(gū):古代
　　的一种大鱼网。罶(liǔ):指捕鱼的竹篓子。罺(cháo):捕鱼用的

小网。罩：捕鱼用的竹器，圆筒形，上小下大，无顶无底。涔（cén）：
积柴木于水中以捕鱼的设施。罾（zēng）：一种用木棍或竹竿做支
架的方形渔网。笱（gǒu）：竹制的捕鱼器具，口小，鱼进去之后就
无法出来。檑（lǐ）：竹木合制的一种捕鱼器具。梁：即鱼梁。筑
堰拦水捕鱼的一种设施。罨（yǎn）：一种捕鱼的网。算（bì）：捕
鱼用的小竹笼子。罿：一种捕捉螃蟹的器具。铦（xiān）：鱼叉之
类的器具。

【译文】

渔民捕鱼的时候，使用钓、网、罟、筌、罘、罶、罠、罩、涔、罾、笱、檑、
梁、罨、算、罿、铦之类的器具。

12.禹理洪水，观于河，见白面长人鱼身①，出曰："吾河
精也②。"授禹《河图》③，而还于渊中。（《广博物志》十四）

【注释】

①长人：身材很高的人。

②河精：黄河之神。

③《河图》：图书名。也可理解为黄河的地图。关于《河图》《洛
书》的说法不一，传统的说法是，《河图》就是八卦；《洛书》即《尚
书·洪范》中的"九畴"，是大禹治国的九类大法。《周易·系辞
上》："河出图，洛出书，圣人则之。"传说伏羲时，有龙马出于黄河，
其背有图案，称龙图，伏羲取之以画八卦。大禹时，有神龟出洛水，
背有花纹如文字，禹取法而作《尚书·洪范》中的"九畴"。

【译文】

大禹治理洪水，正在观察黄河水情的时候，看见一位白面、鱼身的高
身材人，从黄河中走出来说："我是黄河的河神。"他把《河图》交给大禹，
然后又反身进入深水之中。

13.雁衔芦而捍网[①],牛结阵以却虎[②]。(《广博物志》四十四)

【注释】

①衔芦:口衔着芦苇秆。捍网:防止触网。捍,抵御,防备。大雁口中衔着一根横放着的芦苇秆,目的是为了防止自己一不小心钻进网眼之中。

②却:打退,击退。

【译文】

大雁衔着芦苇飞行以防止自己触网,牛结成方阵以击退虎豹的进攻。

14.㲟土[①]。(《升庵外集》三)

【注释】

①㲟(yǐn)土:即"隐土"。地名。在东北方向。《淮南子·地形训》:"何谓九州?东南神州曰农土,正南次州曰沃土,西南戎州曰滔土,正西弇州曰并土,正中冀州曰中土,西北台州曰肥土,正北泲州曰成土,东北薄州曰隐土,正东阳州曰申土。"

【译文】

东北方向的土地叫作㲟土。

15.法螺蚌而闭户[①]。(《升庵外集》八)

【注释】

①法:效法,学习。螺蚌(luó bàng):螺与蚌。两种有硬壳的软体动物。户:门。

【译文】

效法螺蚌而紧闭自己的门窗。

16. 楚人有鬻矛与盾者①，誉之曰："吾盾之坚，莫能陷也②。"又誉其矛曰："吾矛之利，于物无不陷也。"或曰："以子之矛陷子之盾，何如？"其人弗能应也。(《升庵外集》二十二)

【注释】

①鬻（yù）：卖。

②陷：刺穿。

【译文】

楚国有一位卖矛与盾的人，他称赞自己的盾说："我的盾非常坚固，没有什么东西能够刺穿它。"他又称赞自己的矛说："我的矛非常锋利，没有它刺不穿的东西。"有人说："用您的矛去刺您的盾，将会怎么样呢？"那个人就没有办法回答了。

17. 鸿飞天首①，高远难明。楚人以为凫，越人以为乙②，鸿常一尔③。(《升庵外集》五十九)

【注释】

①天首：天空的极高处。

②乙：通"鳦"。燕子。

③鸿常一尔：鸿雁始终还是那一只鸿雁。尔，句末语气词。

【译文】

鸿雁在极高的天空飞翔，又高又远很难看清。一个楚国人看见了以为是野鸭，一个越国人看见了以为是燕子，而鸿雁始终还是那只鸿雁。

18. 禹有进善之鼓^①，备讯唉也^②。（《升庵外集》六十四）

【注释】

①进善之鼓：供进谏善言者敲击的鼓。

②讯唉：询问。唉，惊问。

【译文】

大禹设有供进谏善言者敲击的鼓，以备询问民情。

19. 虞舜灰于常羊^①，什器于寿丘^②，就时于负夏^③，未尝暂息^④。顿丘买贵^⑤，于是贩于顿丘；传虚卖贱^⑥，于是债于传虚^⑦。以均救之^⑧。（《绎史》十）

【注释】

①灰：燃烧。这里可能指烧制陶器。常羊：山名。

②什器：各种生产用具或生活器物。这里用作动词。制造各种器具。
　寿丘：地名。在今山东曲阜东。

③就时：把握时机。这里指把握时机以谋取利润。负夏：地名。在
　今山西垣曲。

④暂：短暂，片刻。

⑤顿丘买贵：顿邱的商品买起来很贵。顿丘，地名。在今河南浚县。

⑥传虚卖贱：传虚的商品卖得很便宜。传虚，地名。

⑦债：索取。这里指购买。

⑧以均救之：用这种平均物价的方法来救济社会。

【译文】

虞舜在常羊烧制陶器，在寿丘制造各种器具，在负夏那里把握时机

以赚取利润,不曾有片刻的休息。如果顿丘的商品买起来很贵,他就把各种商品运到顿丘贩卖;如果传虚的商品卖得很便宜,他就到传虚去购买各种商品。舜用这种平均物价的方法去救济社会。

20.蔡威公闭门而哭[①],三日泣尽,继以血。其邻窥墙[②],问曰:"何故悲哭?"答曰:"吾国且亡。吾闻病之将死,不可为良医;国之将亡,不可为计谋。吾数谏吾君,不用,是知将亡。"(任兆麟辑本引《太平御览》)

【注释】

①蔡威公:人名。生平不详。根据下文,他应是蔡国的贵族,而非君主。

②窥墙:从墙头上看视。

【译文】

蔡威公关着门痛哭,三天后泪水流干了,接着又流出血来。他的邻居从墙头上看见了,问:"为什么如此伤心地痛哭呢?"蔡威公回答说:"我的国家就要灭亡了。我听说,快要去世的病人,即使请良医也无济于事;快要灭亡的国家,即使为它出谋划策也无可挽救。我多次进谏我的君主,而君主不听,因此我知道国家就要灭亡了。"

21.两智不能相救[①],两贵不能相临[②],两辨不能相屈[③],力均势敌故也。(孙星衍辑本引《太平御览》)

【注释】

①两智:两个智慧一样的人。

②相临:相互统辖。临,管理,统治。

③两辨:两位同样善辩的人。辨,通"辩"。能言善辩。

【译文】

两个具有同样智慧的人不能相互救助,两个具有同样高贵地位的人不能相互统辖,两个同样善辩的人不能相互说服对方,这是因为势均力敌的缘故啊。

22.殷纣为肉圃①。(惠栋辑本引《太平御览》)

【注释】

①殷纣:即商纣王。肉圃:存放大量肉类的地方。

【译文】

商纣王建造了肉圃。

23.《帝范·阅武篇》①:"句践轼蛙②,卒成帝业③。"注云④:"《尸子》作'式'。"

【注释】

①《帝范·阅武篇》:《帝范》是书名,作者是唐太宗李世民,主要论述人君之道,《阅武篇》则为其中的一个章节。

②句践轼(shì)蛙:勾践手扶着车轼俯身向一只激愤的青蛙致敬以鼓励将士。句践,即勾践。轼,古代车厢前用来扶手的横木。这里指俯轼以示敬意。《尹文子·大道上》:"越王勾践谋报吴,欲人之勇,路逢怒蛙而轼之。比及数年,民无长幼,临敌,虽汤火不避。"

③卒:最终。帝业:实际上应该是霸业。勾践称霸,而未称帝。古人认为,霸业之上为王业,王业之上为帝业。

④注云:注释说。《新唐书·艺文志三》:"又《帝范》四卷,贾行注。"

【译文】

《帝范·阅武篇》记载："勾践手扶着车轼俯身向一只激愤的青蛙致敬以鼓励将士,最终成就了自己的霸业。"注释说:"《尸子》书中的'轼'写作'式'。"

中华经典名著
全本全注全译丛书
（已出书目）

唐才子传　　　　　　　　　　六韬

大明律　　　　　　　　　　　吕氏春秋

廉吏传　　　　　　　　　　　韩非子

徐霞客游记　　　　　　　　　山海经

读通鉴论　　　　　　　　　　黄帝内经

宋论　　　　　　　　　　　　素书

文史通义　　　　　　　　　　新书

鹖子·计倪子·於陵子　　　　淮南子

老子　　　　　　　　　　　　九章算术(附海岛算经)

道德经　　　　　　　　　　　新序

帛书老子　　　　　　　　　　说苑

鹖冠子　　　　　　　　　　　列仙传

黄帝四经·关尹子·尸子　　　盐铁论

孙子兵法　　　　　　　　　　法言

墨子　　　　　　　　　　　　方言

管子　　　　　　　　　　　　白虎通义

孔子家语　　　　　　　　　　论衡

曾子·子思子·孔丛子　　　　潜夫论

吴子·司马法　　　　　　　　政论·昌言

商君书　　　　　　　　　　　风俗通义

慎子·太白阴经　　　　　　　申鉴·中论

列子　　　　　　　　　　　　太平经

鬼谷子　　　　　　　　　　　伤寒论

庄子　　　　　　　　　　　　周易参同契

公孙龙子(外三种)　　　　　人物志

荀子　　　　　　　　　　　　博物志